中国社会科学院
西方宪政民主观批判文选

中国社会科学院 编

中国社会科学出版社

图书在版编目(CIP)数据

中国社会科学院西方宪政民主观批判文选/中国社会科学院编. —北京：中国社会科学出版社，2016.6
ISBN 978 – 7 – 5161 – 8295 – 6

Ⅰ.①中… Ⅱ.①中… Ⅲ.①宪法—批判—西方国家—文集②民主—批判—西方国家—文集 Ⅳ.①D911.04 – 53②D521 – 53

中国版本图书馆 CIP 数据核字(2016)第 117743 号

出 版 人	赵剑英	
责任编辑	田 文	徐 平
责任校对	王 斐	
责任印制	王 超	

出　　版	中国社会科学出版社	
社　　址	北京鼓楼西大街甲 158 号	
邮　　编	100720	
网　　址	http://www.csspw.cn	
发 行 部	010 – 84083685	
门 市 部	010 – 84029450	
经　　销	新华书店及其他书店	
印　　装	北京君升印刷有限公司	
版　　次	2016 年 6 月第 1 版	
印　　次	2016 年 6 月第 1 次印刷	
开　　本	787×1092　1/16	
印　　张	33.75	
插　　页	2	
字　　数	517 千字	
定　　价	129.00 元	

凡购买中国社会科学出版社图书,如有质量问题请与本社营销中心联系调换
电话:010 – 84083683
版权所有　侵权必究

序

世界历史发展的实践证明，选择什么样的指导思想，选择什么样的社会制度，选择什么样的发展道路，将会深刻地影响一个国家、一个民族的前途命运。当前，面对各种思想文化交流交融交锋的新形势，哲学社会科学战线的一项重要任务是自觉坚持以马克思主义为指导，深入批判"普世价值"论、"宪政民主"观、新自由主义、历史虚无主义、民主社会主义等错误思潮，坚定中国特色社会主义道路自信、理论自信和制度自信。

冷战结束以来，在西方所谓"普世价值"论的鼓吹下，一些国家被折腾得不成样子，有的四分五裂，有的战火纷飞，有的整天乱哄哄的……阿富汗、伊拉克、叙利亚、利比亚、也门等国家就是典型案例。西方资本主义价值体系给这些国家带来的显然不是"福音"或"救世良方"，而是无尽的动荡和灾难。这些国家和地区惨痛的教训证明，根本就没有普遍适用于一切社会、一切国家和一切民族的永恒的价值观。价值观念从来都是一定历史条件下具体社会经济政治形态的产物，都是具体的、历史的、变化的，总是与一定的社会经济政治关系相联系，所谓抽象的、超阶级的、超历史的"普世价值"在现实生活中不可能独立存在。一些人宣扬的"普世价值"论，是一个有特定政治含义和具体企图的思想陷阱，其针对我国的目的，就是要取消马克思主义指导地位，而代之以西方资产阶级意识形态，本质上是要否定中国共产党的领导、否定马克思主义的指导地位、否定人民民主专政的国体、否定社会主义制度。

"宪政民主"观是近年在我国意识形态领域涌现的又一股错误思潮。在党中央作出全面推进依法治国重大战略部署的背景下，有人趁机兴风作浪，故意混淆"依法治国"、"依宪治国"、"依宪执政"与西方"宪政民主"的本质区别。"宪政民主"是伴随西方资本主义的产生而发展起来的政治理念，逐渐演变成为西方资产阶级的主流政治和制度主张，完全是西方资产阶级的国家理念、政治模式和制度设计。他们鼓吹的"宪政民主"，实质上是要彻底否定我国社会主义法治、社会主义制度、中国共产党领导下的人民民主专政的社会主义国体，代之以西方资本主义的法治理念和法治模式，搞"三权分立"、"多党制"和"议会制"，一句话，搞资产阶级专政的资本主义国体。"宪政民主"显然绝对不是什么"普世民主"或"普世价值"，不是适用于一切国家的政治制度。我国是具有本国具体历史和现实特点的社会主义国家。我国适合什么样的制度，适用什么样的模式，是由我国国情决定的。照抄照搬他国的政治制度和政治模式行不通，甚至会把国家前途命运葬送掉。中国是一个社会主义的发展中大国，我们需要借鉴国外政治文明有益成果，但绝不能放弃中国特色社会主义政治制度的根本。

新自由主义思潮是随着我国改革开放而渗入进来的。从本质上看，新自由主义是西方资产阶级的意识形态，代表了国际金融垄断资本的核心利益和价值观念，通过鼓吹完全私有化、彻底市场化、绝对自由化和全球一体化，为以美国为首的国际金融垄断资本开辟全球空间。新自由主义先后被英、美金融垄断资产阶级捧上了西方主流经济学的宝座，逐步由经济思潮转化为附带一系列政策、举措的意识形态主张，并迅速向拉美、亚非、东欧等国家地区广泛蔓延。自90年代后期开始，新自由主义的"副作用"开始显现，先后导致一系列引进新自由主义的国家与地区的经济深受重创，社会动荡不安，人民苦不堪言。2007年美国次贷危机全面爆发，随即蔓延为一场全球性的金融危机。这十年来，为了走出金融危机与经济衰退相互拖累的发展困境，以美国为首的西方主要国家被迫采取加大政府开支、扩大基础建设投入等政府干预政策。可以说，世界金融危机这场肇始于美国的"经济灾难"正式宣告了新自由主义的彻底破产。这一破产表明，当代资本主义并没有从根本上解决生产社会化同生产资料私人占有的内在矛盾，周期性经济危机的爆发是资本主义基本矛盾发展的必然产物。正是由于生产资料占有方式的不同，社会主义市场经济的公有制本质决定了经济危机的可规避性、可防范性。中国特色社会主义的成功实践告诉人们，只有将公有制为主体的制度安排与市场经济紧密结合，同时用好"看得见的手"和"看不见的手"，才能使社会主义制度的优越性更好地发挥出来。

当然，对西方意识形态色彩的错误思潮的否定与批判，并不等于全盘否定西方现代文明所创造的一切有价值的、于我有用的看法与做法。中国特色社会主义是在吸取世界先进文明的基础上发展起来的。

以习近平同志为总书记的党中央坚持马克思主义指导，高扬中国特色社会主义伟大旗帜，坚持中国特色社会主义理论自信、制度自信和道路自信，大力加强意识形态工作，对错误思潮予以鲜明的批判和抵制，不断巩固马克思主义的指导地位，巩固全国人民共同奋斗的思想基础。中国社会科学院党组按照党中央的决策部署，积极组织院内外专家学者，围绕错误思潮的源流、本质及其危害等问题，展开了一系列深入研究与批驳，推出了一批较有影响的论著，受到了社会各界的广泛关注和充分肯定。本套文选选编了近年来公开发表的一些重点文章，这些文章积极运用马克思主义的立场、观点、方法，对各种谬论展开了具体而深入的批判。

我们期望这套文选的出版，能够帮助广大干部群众进一步学好马克思主义，学好习近平总书记系列重要讲话，转化为清醒的理论自觉、坚定的政治信念、科学的思维方法，在推动马克思主义中国化、时代化、大众化，推进中国特色社会主义理论体系创新发展，加快构建中国特色哲学社会科学创新体系，巩固和发展中国特色社会主义方面，发挥更为积极的作用。

是为序。

王伟光

2016年6月

目 录

一 坚持人民民主专政和人民主体地位

坚持人民民主专政,并不输理 …………………………… 王伟光(3)

坚持人民民主专政,完全合理合情合法 ………………… 李崇富(14)

"人民群众是历史的创造者"新论 ……………………… 李景源(33)

全面推进依法治国与坚持人民主体地位 ………………… 金民卿(55)

民主治理与群众路线的制度空间
　　——以学习、贯彻、践行群众路线的"成都探索"为例 ……… 陈承新(65)

对马克思主义代议制思想的错误认识的
　　辨析及实践反思 ………………………… 陈晓丹　薛剑符(80)

世界古代民主与专制政体的判定 ………………………… 易建平(91)

中国国家治理能力现代化和人民民主
　　——一个基层民主历史发展的视角 ……………………… 梁　孝(104)

二 正确理解"党"与"法"的关系

关于"依法治国"十个理论问题的思考
　　——学习习近平总书记系列讲话精神和党的
　　十八届四中全会精神的体会 ……………………… 李慎明(119)

正确认识和处理依法治国与坚持党的领导的关系 …………… 朱佳木(160)

正确理解依法治国　警惕曲解　避免误导 …………… 王一程（164）
坚持党的领导、人民当家作主、依法治国有机统一 …… 辛向阳（172）
论马克思主义国家学说的战斗性 ………………………… 苑秀丽（180）
关于宪政问题研究中应进一步深化的几个问题
　　——基于当前学界研究状况的分析 ………… 牛　跃　李春华（190）
论党与法的高度统一 ……………………………………… 李　林（196）

三　揭露西方民主的虚伪本质

"历史终结论"评析 ……………………………… 程恩富　谢长安（219）
乌克兰转型之殇：西化道路上的民主迷失 ……… 张树华　赵卫涛（227）
国际金融危机把西方民主制推下神坛、打回原形 ……… 徐崇温（236）
一些西式民主化转型国家困境的深层原因及启示 ……… 杨光斌（252）
西方民主衰败的五大原因
　　——近期国内外媒体对西方民主的反思 ……………… 田改伟（260）
正确认识西方自由民主的阶级属性及虚伪本质 ………… 李江静（266）
苏联亡党亡国过程中的几次法治改革陷阱及警示 ……… 朱继东（278）
"街头政治"之火是如何燃起的？
　　——一些国家民主恶性竞争的畸变异化 ……………… 周少来（289）
中东欧民主化与市场化关系初探 ………………………… 高　歌（294）
拉美国家民主巩固与转型的趋势及困境 ………………… 袁东振（314）
中东变局后北非国家民主转型的困境
　　——基于马克思主义民主理论的分析视角 …………… 贺文萍（328）
读《民主的不满——美国在寻求一种公共哲学》有感 … 王　宇（344）
梦醒西式民主 …………………………………… 邓纯东　贺新元（350）
西方多党民主的三大制度性困境 ………………………… 柴尚金（356）

四　坚持中国特色社会主义民主制度的特点和优势

论中国特色社会主义民主制度建设 ……………………… 侯惠勤（363）
中国道路的民主经验 ……………………………………… 房　宁（376）

代表型民主与代议型民主 …………………………… 王绍光(386)

"公正社会"取向的国家治理与制度建设
　　——党的十八大与中国的政治发展 ………… 杨光斌　舒卫方(409)

"五四宪法"与中国特色社会主义民主政治建设
　　——纪念"五四宪法"颁布60周年 ………… 王冠群　薛剑符(425)

创新解读全国人民代表大会权能与形制的中国特色
　　——人民代表大会制度六十周年华诞感怀而作 ……… 陈云生(440)

始终坚持中国特色社会主义辩证分析民主社会主义 ………… 王　浩(455)

要警惕对民族复兴"中国梦"的误导和曲解 …………………… 钟　君(465)

发展导向型参与民主：中国民主建构的路径分析 …………… 周少来(475)

"微自治"与中国基层民主治理 ………………………………… 赵秀玲(491)

中国的基层民主建设与政治建设和政治发展 ………………… 郑　言(509)

网络民主的价值分析 …………………………………………… 贾可卿(518)

一

坚持人民民主专政和人民主体地位

坚持人民民主专政，并不输理

王伟光

党的十八届三中全会明确提出全面深化改革的总目标是完善和发展中国特色社会主义制度，推进国家治理体系和治理能力现代化，这就涉及社会主义国家制度、国家治理体系、民主与专政及其实现形式等重大问题。为了搞清楚这些重大问题，有必要重温马克思主义国家和无产阶级专政学说。

一 为什么提出国家与专政问题

"一个中心，两个基本点"是党在社会主义初级阶段的基本路线。中国特色社会主义的成功实践经验告诉我们，始终不渝地坚持贯彻党的基本路线，就能保证中国特色社会主义事业不走偏、不走样、不变色，进而不断取得新的胜利。坚持人民民主专政是党的基本路线的一个重要原则。邓小平同志明确指出，运用人民民主专政的力量，巩固人民的政权，是正义的事情，没有什么输理的地方。然而，国家与专政问题是一个被资产阶级的学者、作家和哲学家弄得最混乱的问题。在一些人眼中，一提到国家，总是冠以全民的招牌，把资产阶级国家说成是代表全民利益的、超阶级的国家，而把无产阶级国家说成是邪恶的、暴力的、专制的国家；一提到专政，不论是无产阶级专政，还是我国《宪法》规定了的人民民主专政，总是强力抵触。这里有两种情况。一种情况是，一些"好心人"总是认为民主比专政好，认为"专政"这个字眼，是暴力的象征，不像"民主"那么美妙、招人喜欢；另一种情况则是，某些别有用心的人打着反对专政的幌子，把一切专政都说成是坏的，根本不提资产阶级专政，只讲资产阶级民主，把资产阶级民主粉饰为"至善至美"的反专制、反一党制、超阶级、超历史的普世的民主，其实质是反对社会主义制度的无产阶级专政（在我国是人民民主专政）。

这些看法如果仅仅是一个喜欢不喜欢的爱好问题，就没必要兴师动众地长篇大论国家、专政问题，事实不然。按照马克思主义国家学说，民主与专政实质上只不过是构成国家本质属性的两个方面。对于一个国家来说，有民主，就须有专政；有专政，就须有民主，二者有机地统一于国家本身。那么，什么是国家，什么是专政，什么是资产阶级专政，什么是无产阶级专政，什么又是人民民主专政呢？这是关系我国社会主义前途命运的重大理论和现实问题，需要从理论和现实的角度把这个问题说清楚，以廓清人们的模糊认识。而要说明这些重大理论与现实问题，有必要从理论上说清楚马克思主义国家学说，进而说清楚马克思主义关于无产阶级专政、毛泽东思想关于人民民主专政的正确观点，以划清历史唯物主义和历史唯心主义的界限。

二　马克思主义国家学说的基本观点和精神实质

民主与专政、无产阶级专政与人民民主专政，这些都涉及怎样认识国家的起源、发展与消亡，国家的本质与作用等基本问题，这就需要我们重温马克思主义国家学说的主要内容和基本观点，恢复马克思主义国家学说的本来面貌。

第一，国家是历史发展到一定阶段后阶级矛盾不可调和的产物。

恩格斯在《家庭、私有制和国家的起源》中指出，国家不是从来就有的，在人类之初的原始共产主义社会，没有剥削、没有阶级，也就没有国家。当人类社会生产力发展到一定阶段,有了剩余劳动和剩余产品,出现了私有制,社会分裂为经济利益互相冲突的对立阶级,出现了剥削者和被剥削者、压迫者和被压迫者、统治者和被统治者的分裂和对立,统治阶级就需要一种表面上凌驾于社会之上的力量来统治被统治阶级以缓和冲突,于是国家就产生了。社会分裂为阶级之后,才出现了国家。国家不是外部强加给社会的某种力量,也不是像黑格尔所说的什么"伦理理念的现象",更不像封建统治阶级宣传的那样,是上帝赐给的。国家是社会发展到一定阶段,出现了阶级和阶级对立,为了有利于统治阶级不至于在阶级冲突中与被统治阶级同归于尽应运而生的。

国家是阶级分裂、阶级斗争的产物,是随着阶级的产生而产生的。国家是从社会冲突中产生但又自居于社会之上并且日益同社会相脱离的力量。国家是阶级矛盾不可调和的产物和表现。在阶级矛盾客观上达到不能调和的地方、时候和程度,便产生了国家。反过来说,国家的存在表明阶级矛盾的不可调和性。科学地讲,国家是人类社会生产力发展到一定阶段阶级和阶级斗争不可调和的产物,即它不是从来就有的,也不是永恒存在的。

第二,国家是阶级统治的机关,是一个阶级剥削、压迫另一个阶级的工具。

国家是一个政治的、阶级的范畴,是一种政治组织,是统治阶级的权力组织,是建立在一定经济基础之上的政治上层建筑,是上层建筑中最主要的部分,是阶级统治的暴力工具。国家的核心是政权。自从国家产生以来,历史上的统治阶级从来都把国家描绘成至上的、绝对的、不可侵犯的,同时又是超历史、超阶级的力量。譬如,封建君主宣称"朕即是国家"。资产阶级则把国家说成是代表全民利益的超历史、超阶级的全民国家,把国家说成是阶级调和的工具。这些说法都掩盖或歪曲了国家的阶级本质,国家既然是阶级斗争的产物,那么国家就不可能是超历史的、超阶级的、全民的,其本质是具有阶级性的。有奴隶制国家,也有封建制国家,还有资本主义国家、社会主义国家,而从来就没有什么超历史的、超阶级的抽象民主、抽象的、全民的国家。实际上,国家建立的是一种社会秩序,使统治阶级的压迫合法化、固定化，而这种秩序的建立不是阶级调和，而是一个阶级压迫另一个阶级的表现。

在阶级社会中，国家对内的主要职能是依靠暴力和强制机关统治被统治阶级，以保证统治阶级的经济基础、政治地位和根本利益。对外的主要职能是抵御外来侵略，保护本国利益不受侵犯。剥削阶级国家还担负对外侵略、掠夺的作用。国家除了这些主要职能外，还担负调整国内各阶级、阶层关系、维护秩序、组织生产、发展经济、繁荣文化、统一道德、保障公平等职能。

国家是阶级斗争的工具，主要是就国家的阶级实质、主要特征而言。恩格斯说，国家官吏掌握了社会权力和征税权，就作为社会机关而凌驾于社会之上。剥削阶级的国家之所以对劳动人民进行剥削，是因为它照例是最强大的、在经济上占统治地位的阶级的国家，这个阶级借助于国家而在政治上也成为占统治地位的阶级，因而获得了镇压和统治被统治阶级的新手段。列宁认为，国家是占统治地位的阶级用来剥削被压迫阶级的工具，一切剥削阶级的国家都是剥削劳动人民的工具，是一个阶级对另一个阶级进行统治的工具。奴隶制国家是奴隶主压迫、统治奴隶的工具，封建制国家是封建地主阶级压迫、统治农民阶级的工具，资产阶级国家是资产阶级压迫、统治工人阶级的工具。

第三，特殊的军队，监狱、法院、警察等是国家政权的主要强力工具。

恩格斯指出，国家同原始社会比较，有两个基本特征，一方面原始氏族组织是按血缘来区分它的居民，而国家则是按地区来划分它的国民；另一方面氏族组织有自己的自动武装组织，没有军队、警察和官吏等专门从事统治和压迫的社会权力，而国家却设立社会权力，构成这种权力的不仅有武装的人，而且还有监狱和各种强制机关。由于社会分裂为不可调和的敌对阶级，统治阶级为了维护其统治地位，建立了专门用以镇压被统治阶级的特殊的武装队伍、法庭、监狱、警察等强力工具，且特殊的武装队伍等强力工具随着剥削阶级国家国内阶级矛盾的尖锐化和对外侵略竞争的加剧而日益强大起来。

第四，国家随着阶级的消失而消亡，而国家的最终消亡必须经过无产阶级专政国家的过渡。

按照唯物辩证法的观点来看，任何一个事物都是一个过程，都有生、有死。无论是自然界的事物，还是社会领域的事物，都是如此，国家也不例外。恩格斯在《反杜林论》中深刻地揭示了国家产生、发展和消失的经济根源，指出国家是随着阶级的产生而产生的，也将随着阶级的消失而消失。国家不是永恒的，不是永存的。马克思主义认为，国家消亡的前提是阶级消亡，阶级消亡的前提是生产力高度发展，并在高度发展的生产力基础之上，建立公有制的经济基础，国家阶级压迫的职能不需要了，国家才可以消亡。可见，国家完全消亡的经济基础就是共产主义公有制和社会化大生产的高度发展。

但有人曲解恩格斯关于国家消亡的思想，认为资产阶级国家也可以"自行消亡"。列宁坚决反对这种观点，认为这种观点是"对马克思主义的最粗暴的歪曲，仅仅有利于资产阶级"。列宁认为，资产阶级国家是不会"自行消亡"的，而要由无产阶级在革命中消灭它。因为国家是"实行镇压的特殊的力量"，资产阶级国家由无产阶级国家代替，决不能靠"自行消亡"来实现。

恩格斯所说的"自行消亡"的国家是指实行了社会主义革命以后的无产阶级国家。列宁根据马克思在《哥达纲领批判》中的分析强调指出，由于国家是阶级统治、阶级压迫的工具，在从资本主义过渡到共产主义的整个历史时期，必须坚持无产阶级专政，只有到了共产主义阶段，无产阶级专政的国家才可以"自行消亡"。国家消亡是需要一定的经济基础的，一定要把国家消亡同社会经济基础联系起来考察。当社会发展到不再存在需要加以镇压的任何阶级的时候，也就不再需要国家这种实行镇压的特殊力量了。那时"国家"的政治形式是最完全的民主，而最完全的民主也只能自行消亡，这就根本不需要国家了。在社会主义条件下，由于社会主义经济基础的建立，实现了生产资料公有制和按劳分配制，社会主义民主将进一步发展，劳动群众参与国家管理和经济管理，学会管理社会生产和社会事务，这就逐步为国家消亡创造了条件。

三　无产阶级专政是新型的国家

马克思主义的阶级斗争和国家学说告诉我们，阶级的存在仅仅同生产发展的一定历史阶段相联系；阶级斗争必然导致无产阶级专政；这个专政不过是达到消灭一切阶级和进入无阶级社会的过渡。马克思主义指明了无产阶级反对资产阶级的斗争必然导致无产阶级专政，无产阶级专政担负着最终消灭阶级与国家的历史使命。

在《哲学的贫困》《共产党宣言》等著作关于国家问题的论述中，马克思、恩格斯指出，无产阶级用暴力推翻资产阶级统治而建立自己的统治；无产阶级革命的第一步就是使无产阶级变为统治阶级，争得民主。这些表述表达了马克思主义在国家问题上的一个最卓越、最重要的思想，即"无产阶级专政"的思想。无产阶级革命作用的"最高表现是无产阶级专政"，其具体表现为，无产阶级要求建立的国家就是"组织成为统治阶级的无产阶级"；只有无产阶级才能推翻资产阶级，使自己成为统治阶级；只有使无产阶级变为统治阶级，实现无产阶级专政，才能消灭资产阶级；无产阶级专政必须有以马克思主义为指导的无产阶级政党的领导。

1871年，巴黎无产阶级举行武装起义，建立了巴黎公社。这是人类历史上建立无产阶级专政的第一次伟大尝试。马克思科学地总结和分析了巴黎公社的革命经验，在《法兰西内战》中提出"工人阶级不能简单地掌握现成的国家机器，并运用它来达到自己的目的"的著名结论，认为这是对《共产党宣言》必须做的唯一"修改"。马克思总结的巴黎公社这个基本原则具有重大意义。马克思的意思是说工人阶级应当打碎、摧毁"现成的国家机器"，而不只是简单地夺取这个机器。所谓"现成的国家机器"，就是指资产阶级的"官僚军事国家机器"。用什么来代替被打碎的资产阶级国家机器，就是用新型的国家政权来代替之，即由无产阶级专政代替资产阶级专政。无产阶级专政的实质是无产阶级政权，是"生产者阶级同占有者阶级斗争的结果，它是终于发现的、可以使劳动者在经济上获得解放的政治形式"。

无产阶级专政是作为统治阶级的无产阶级实行阶级统治的工具，是新型的国家，是由剥削阶级国家到消灭阶级、消灭国家的必经阶段。不经过无产阶级专政的阶段，就不可能消灭阶级，乃至最终消灭国家。

无产阶级专政的国家也是阶级统治的工具，不过它在阶级性质、历史使命、基本内容上都同以往一切剥削阶级专政有着根本的不同。它是为无产阶级消灭剥削阶级、建立社会主义，向共产主义过渡创建条件的主要工具。

无产阶级专政是新型的国家，之所以是新型的，因为它在根本性质上不同于奴隶主阶级专政的国家、封建地主阶级专政的国家和资产阶级专政的国家，它是占统治地位的无产阶级及广大劳动人民对少数反动分子实行专政的国家，是工人阶级、劳动人民享有最高程度民主的国家，是新型民主与新型专政的统一体，即对无产阶级和广大劳动人民实行最广泛的民主；对一切反动阶级、敌对分子实行专政。无产阶级专政的核心问题是无产阶级通过它的先进组织——共产党，掌握国家政权。

由于各国情况的差异和历史条件的不同，无产阶级专政的国家政权可以有不同的形式。从历史上来看，有巴黎公社无产阶级专政组织形式的最初尝试；有列宁总结俄国革命经验所肯定的俄国无产阶级专政最适宜的形式——苏维埃共和国；有中国工人阶级和人民大众经过长期革命斗争建立起来的工人阶级领导的、以工农联盟为基础的人民民主专政的国家政权形式……

无产阶级专政具有两个基本职能和属性，一是担负对内镇压被统治阶级、对外抵抗外来侵略的阶级工具职能，具有鲜明的阶级属性；二是具有组织生产、发展经济、协调关系、保证公平、繁荣文化、统一道德、提供保障等公共服务职能，具有公共服务的属性。无产阶级专政是建立在消灭阶级对阶级的压迫基础上的，阶级矛盾和阶级斗争不是主要矛盾的社会主义制度条件下的新型国家。无产阶级专政新型国家的阶级工具职能，其范围和作用会逐步缩小、减少，而公共服务职能会逐步扩大、加重。但这不等于放弃阶级工具的职能，在某些特殊情况下，这个职能有可能加重、加大。比如，当出现大规模的外国军事侵略的情况下，当外部敌对势力与内部敌对力量相互勾结，严重威胁社会主义国家安全，包括意识形态安全时，无产阶级专政阶级压迫的作用丝毫不能减轻。

四　实行人民民主专政是我们的主要经验

毛泽东把马克思主义关于国家和无产阶级专政的一般原理同中国具体实际相结合，发展了无产阶级专政的学说，提出了人民民主专政的思想。他指出，总结我们的经验，集中到一点，就是工人阶级（经过共产党）领导的以工农联盟为基础的人民民主专政。这个专政必须和国际革命力量团结一致。这就是我们的公式，这就是我们的经验，这就是我们的主要纲领。人民民主专政是我国社会主义国家政权的实质和主要内容，坚持人民民主专政是我国社会主义制度的基本保障，是中国特色社会主义必须坚持的一个基本原则。

人民民主专政是中国特色的无产阶级专政。这是中国人民在中国共产党领导下，根据中国具体国情，对新中国国家本质及其形式的唯一正确的政治选择。旧中国是半殖民地半封建性质的国家。中国共产党在中国要取得社会主义的胜利，就要打碎旧中国的国家机器，建立一个新型的国家机器，而要做到这一点，必须把革命的实际行动分作两步：第一步进行新民主主义革命；第二步进行社会主义革命。通过革命战争，打碎旧中国的国家机器，建立新的国家机器，这个新型的国家机器就是人民民主专政。中国社会的性质决定中国新民主主义革命的敌人是封建主义、官僚资本主义和帝国主义，领导阶级是工人阶级，革命的主要同盟是农民阶级，其他同盟还有城市小资产阶级和民族资产阶级，只有结成最广泛的统一战线，集中全民众的力量，才能战胜压在中国人民头上的"三座大山"。中国新民主主义革命的胜利，历史地导致不仅仅是无产阶级的专政，而是以无产阶级为领导的、以工农联盟为基础的,包括城市小资产阶级和民族资产阶级的最广泛联盟的人民民主专政。人民民主专政的实质还是无产阶级专政,但它不是单一的无产阶级的专政,而是以工人阶级为领导的、以工农联盟为基础的,包括最广泛同盟者的对少数敌人的专政。

毛泽东科学地阐明了人民民主专政的任务、目的和作用。他说,在中国现阶段,人民是什么,是工人阶级、农民阶级、城市小资产阶级和民族资产阶级,这些阶级在共产党的领导下,团结起来,共同奋斗,赢得了新民主主义革命的胜利,建立自己的国家,即人民民主专政的国家。人民民主专政的国家在人民内部实行民主,对人民的敌人实行专政,这两个方面是分不开的,把这两方面结合起来,就是人民民主专政。人民民主专政是专政与民主的辩证统一。人民民主专政的基础是工人阶级、农民阶级、城市小资产阶级和民族资产阶级的联盟。当然,人民民主专政必须由工人阶级领导,主要基础是工农联盟。

马克思主义无产阶级专政学说、毛泽东人民民主专政思想告诉我们,不能把民主与专政割裂开来、对立起来,认为专政是对民主的否定,讲专政就是不要民主,从而否定人民民主专政的根本性质和作用。对敌人的专政是对人民民主的保障,坚决打击敌人的破坏和反抗,才能维护人民民主,才能保卫社会主义民主。当然,也不能认为民主是对专政的否定,讲专政就是否定民主,从而否定社会主义的民主本质,对人民民主是对敌人专政的前提,只有在人民内部充分发挥民主,才能有效镇压敌人。没有广泛的人民民主,人民民主专政就不能巩固。人民民主专政作为政治手段、阶级工具的第一个任务,就是压迫国家内部的反动阶级、反动派和反抗社会主义的势力,对蓄意破坏和推翻社会主义制度的各种敌对分子实行专政;第二个任务就是防御国家外部敌人的颠覆、"和平演变"、西化、分化活动和可能的侵略,对企图颠覆和推翻社会主义制度的外部敌对势力实行专政。因此,必须强化军队、警察、法庭、监狱等国家机器,以巩固社会主义制度,将我国建设成为一个具有现代工业、现代农业、现代国防和现代科学文化的社会主义国家,最终达到消灭阶级、消灭"三大差别"、实现共产主义的目的。

组织社会主义经济建设、政治建设、文化建设、社会建设、生态文明建设，发展科学、文化、教育和社会保障事业，大力发展社会生产力，建设社会主义物质文明、政治文明、精神文明和生态文明，走共同富裕道路，是人民民主专政长期的、根本的任务。

人民民主专政的要义为：第一，坚持以工人阶级为领导阶级，以工人阶级的先锋队——中国共产党为领导核心；第二，坚持以马克思主义、中国化的马克思主义作为人民民主专政的理论基础和思想指南；第三，坚持以工人阶级和农民阶级联盟为最主要的基础；第四，以一切热爱祖国、热爱社会主义事业的社会主义建设者为最广泛的联盟；第五，对少数敌人实行专政，对大多数人民群众实行最广泛的人民民主；第六，通过社会主义法制实施民主与专政。

人民民主专政是中国特色社会主义须臾不可离开的法宝。今天，我们中国特色社会主义国家仍然处于马克思主义经典作家所判定的历史时代，即社会主义与资本主义两个前途、两条道路、两种命运、两大力量生死博弈的时代，这个时代仍贯穿着无产阶级与资产阶级、社会主义与资本主义阶级斗争的主线索，这就决定了国际领域内的阶级斗争是不可能熄灭的，国内的阶级斗争也是不可能熄灭的。在这样的国际国内背景下，人民民主专政是万万不可取消的，必须坚持，必须巩固，必须使之强大。否则，不足以抵制国外反动势力对我国西化、分化、私有化、资本主义化的图谋，不足以压制国内敌对力量里应外合的破坏作用。必须建设强大的国防军，必须建设强大的公安、政法力量，以人民民主专政的力量保卫和平、保卫人民、保卫社会主义。

当然，在巩固人民民主专政的同时，必须大力发展社会主义民主。建立高度的社会主义民主，是社会主义的本质，是社会主义政治上层建筑的基本内容，是中国特色社会主义的根本目标和根本任务之一。没有民主，就没有社会主义。

坚持人民民主专政，保障社会主义民主，必须加强社会主义法制建设。

社会主义法制是人民民主专政的国家所制定的各种法律、法令等法的规范，以及按照法律规定建立起来并贯彻实施的种种法律制度，它的实质是工人阶级及其领导的广大人民当家作主、管理国家、进行社会主义建设的共同意志的集中体现。执政党、参政党和一切参加社会主义建设的人民群众都必须在宪法和法律规范内活动，任何违反法律的行为，都要受到法律的制裁。

（作者单位：中国社会科学院）

（原载《红旗文稿》2014年第18期）

坚持人民民主专政，完全合理合情合法

李崇富

党的十八届三中全会通过的《中共中央关于全面深化改革若干重大问题的决定》指出："全面深化改革的总目标是完善和发展中国特色社会主义制度，推进国家治理体系和治理能力现代化。"[①] 2014年2月17日，习近平总书记在省部级主要领导干部学习贯彻十八届三中全会决定的专题研讨班开班仪式上的讲话中指出：这是两句话组成的一个整体，必须完整理解和把握全面深化改革这个总目标。他还强调，看待政治制度模式，必须坚持马克思主义政治立场。马克思主义政治立场，首先就是阶级立场，需进行阶级分析。我们治国理政的根本，就是中国共产党的领导和社会主义制度。推进国家治理体系和治理能力现代化，绝不是西方化、私有化、资本主义化。我国的人民民主专政与西方所谓的"宪政"在本质上是不同的。

近期有些人挑起了一场与此相关的争论。其中，有极少数人公开反对我国人民民主专政的"国体"，并对论述《坚持人民民主专政，并不输理》的文章，疯狂地加以围攻、歪曲和无限上纲。这种反常举动，恰好体现了我国人民民主专政与主张西方"宪政"之争的实质，事关我国全面深化改革的大方向，是旨在争夺推进治理体系和治理能力现代化的解释权和话语权的一场

[①] 《党的十八大以来重要文献选编》（上），中央文献出版社2014年版，第511页。

政治博弈。这些人反对人民民主专政的言论，违背了四项基本原则，是根本站不住脚的。而我国坚持人民民主专政，则是完全合理合情合法的。

一 坚持人民民主专政，必须理直气壮

我们说人民民主专政"合理"，是指其符合马克思主义所揭示的客观真理。人民民主专政即无产阶级专政，是新中国的国体和根本的政治制度，是开创和坚持中国特色社会主义的政治前提。其理论根据，是马克思主义的阶级观点及其国家观，是邓小平提出并成为党在现阶段基本路线的"两个基本点"之一的"坚持四项基本原则"中的一项基本原则。

1. 坚持无产阶级专政符合阶级斗争的发展规律之"理"

关于现代社会中存在阶级和阶级斗争，是由一些资产阶级学者在革命时期发现和论述过的客观事实。马克思的新贡献，是立足于历史唯物主义，对之作出科学解释，从而揭示了人类阶级社会产生、发展和经过无产阶级专政，走向消灭阶级、实现共产主义的客观规律。

马克思对于阶级和阶级斗争的发展规律，曾作出过精辟概括。1852年3月5日，马克思在致约瑟夫·魏德迈的信中，高度评价这位学生和友人此前在《纽约民族主义者报》上，针对海因岑把"阶级斗争"说成是"共产主义者的无聊捏造"，嘲笑马克思主义者"玩弄阶级"等谬论所发表的一篇批驳文章，进而对阶级斗争学说作出了简明的科学概括。他写道："至于讲到我，无论是发现现代社会中有阶级存在或发现各阶级间的斗争，都不是我的功劳。在我以前很久，资产阶级的历史学家就已叙述过阶级斗争的历史发展，资产阶级的经济学家也已对各个阶级作过经济上的分析。我的新贡献就是证明了下列几点：（1）阶级的存在仅仅同生产发展的一定历史阶段相联系；（2）阶级斗争必然导致无产阶级专政；（3）这个专政不过是达到消灭一切阶级和进入无阶级社会的过渡。"[①]

[①]《马克思恩格斯全集》第28卷，人民出版社1973年版，第504、509页。

马克思这三句话，作为对整个阶级社会历史的高度概括，深刻地揭示了阶级和阶级斗争产生、发展和灭亡的客观规律。其中第一句话——"阶级的存在仅仅同生产发展的一定历史阶段相联系"——所内蕴的历史逻辑是：阶级"这种划分是以生产的不足为基础的，它将被现代生产力的充分发展所消灭"。①无产阶级专政的整个政治前史，都是源于生产力逐步发展之推动，才导致原始公社解体后家庭、私有制和阶级社会，即奴隶社会、封建社会、资本主义社会的先后产生、发展和更替。随着社会形态这种历史发展和更替，相应地也使奴隶与奴隶主、农民与地主、工人与资本家之间的阶级矛盾和阶级斗争先后产生、发展和更替，这些都成为客观和必然的历史事实；直至最终形成无产阶级埋葬资产阶级、社会主义代替资本主义，以使人类社会经过无产阶级专政进入无阶级社会所必需的物质前提，即"现代生产力的充分发展"。

马克思的第二句话——"阶级斗争必然导致无产阶级专政"——是由资本主义生产方式的基本矛盾，即社会化生产与私有制矛盾运动的客观经济逻辑所必然衍化出的政治逻辑。它表现为代表现代化生产力发展要求的工人阶级，要摆脱其受剥削、受压迫的雇佣奴隶地位，以争得无产阶级和人类的彻底解放，就必须使反抗资本家剥削的阶级斗争，发展为社会革命。而"工人革命的第一步就是使无产阶级上升为统治阶级，争得民主"②，即用革命手段，打碎剥削阶级国家机器，建立无产阶级国家，由无产阶级专政取代资产阶级专政。这是无产阶级捍卫革命政权，"剥夺剥夺者"，开创和发展社会主义事业，最终消灭一切阶级和过渡到共产主义社会的根本政治前提，是防范和制止资本主义复辟的唯一法宝。

马克思的第三句话——"这个专政不过是达到消灭一切阶级和进入无阶级社会的过渡"——是对无产阶级历史使命及其实现途径的简明概括。据此，实行无产阶级专政的历史正当性就在于：一是作为工人阶级劳动结

---

① 《马克思恩格斯文集》第3卷，人民出版社2009年版，第563页。
② 《马克思恩格斯选集》第1卷，人民出版社1995年版，第293页。

晶的现代大工业，为"消灭一切阶级和进入无阶级社会"提供必需的物质基础；二是现代无产阶级作为"大工业本身的产物"和资产阶级的"掘墓人"[1]，作为最具先进性和革命彻底性的领导阶级，才能在马克思主义理论武装下，认识和运用历史规律，以自觉承担起完成无产阶级专政的历史使命；三是无产阶级国家"向前发展，即向共产主义发展，必须经过无产阶级专政，不可能走别的道路，因为再没有其他人也没有其他道路能够粉碎剥削者资本家的反抗"[2]。因此，实行无产阶级的革命和专政，是人类由阶级社会走向无阶级社会的历史必由之路。

2. 坚持无产阶级专政符合自己国家的阶级实质之"理"

马克思主义国家学说，依据历史唯物主义及其阶级分析方法，科学地揭示了国家政权与其统治阶级的根本利益之间的本质联系，并阐明了区别于一切剥削阶级国家的无产阶级国家，在发展社会主义民主的基础上，必须承担和履行无产阶级专政的职能。

唯物史观认为，"国家"是一个与阶级产生和存在密切相关的历史性范畴。当原始公社后期有了生产力和商品交换的一定发展，因而在有了少量剩余产品可供上层人物剥削的条件下，就导致了家庭、私有制的产生和阶级分化。于是在历史上，首先出现了反抗剥削和压迫的奴隶阶级同奴隶主阶级的矛盾与斗争。而奴隶主阶级为了维护其阶级利益和统治秩序，用以镇压奴隶们反抗，就需要和建立奴隶制国家。后来，由于社会生产力的发展，又使封建制国家和资本主义国家，先后代替了奴隶制国家和封建制国家。必须肯定，家庭、私有制和国家的出现、发展和社会更替，是以生产力发展及生产关系变革为基础的社会进步，是文明时代的重要标志。但这种历史进步性，并不能否定一切剥削阶级国家都要为维护其阶级利益和阶级统治而履行其专政职能。

马克思主义在国家学说史上，第一次阐明了"超阶级"国家的虚伪

---

[1] 《马克思恩格斯文集》第2卷，人民出版社2009年版，第41、43页。
[2] 《列宁专题文集·论社会主义》，人民出版社2009年版，第28—29页。

性，从而揭示了国家起源和本质的"历史之谜"。对此，恩格斯概括说："国家是社会在一定发展阶段上的产物；国家是承认：这个社会陷入了不可解决的自我矛盾，分裂为不可调和的对立面而又无力摆脱这些对立面。而为了使这些对立面，这些经济利益互相冲突的阶级，不致在无谓的斗争中把自己和社会消灭，就需要有一种表面上凌驾于社会之上的力量，这种力量应当缓和冲突，把冲突保持在'秩序'的范围以内；这种从社会中产生但又自居于社会之上并且日益同社会相异化的力量，就是国家。"① 列宁对此作出了更为简明的概括："国家是阶级矛盾不可调和的产物和表现"②，即"系统地使用暴力和强迫人们服从暴力的特殊机构……就叫作国家"③。国家的这种专政职能，同现代资产阶级共和国所宣扬的人人平等、多党竞选和议会民主等光鲜外表，以及在日益强化中的社会管理职能，似乎是不太一致的。然而，这并不矛盾。因为，历来剥削阶级的"政治统治到处都是以执行某种社会职能为基础，而且政治统治只有在它执行了它的这种社会职能时才能持续下去"④，才能更好地维护剥削阶级的根本利益和统治秩序。正如恩格斯所说："实际上，国家无非是一个阶级镇压另一个阶级的机器，而且在这一点上民主共和国并不亚于君主国。"⑤ 虽然当代西方国家总是宣扬其"民主"和"人权"，但在镇压劳动人民反抗之时，从来都是毫不手软的。

当然，无产阶级革命在推翻剥削阶级统治以后，也需要建立新型的国家和新型的专政，才能为消灭剥削制度、建设社会主义社会提供政治前提。马克思说："在资本主义社会和共产主义社会之间，有一个从前者变为后者的革命转变时期。同这个时期相适应的也有一个政治上的过渡时期，这个时期的国家只能是无产阶级的革命专政。"⑥ 不过，社会主义国家已经不

---

① 《马克思恩格斯文集》第 4 卷，人民出版社 2009 年版，第 189 页。
② 《列宁选集》第 3 卷，人民出版社 2012 年版，第 114 页。
③ 《列宁全集》第 37 卷，人民出版社 1986 年版，第 62—63 页。
④ 《马克思恩格斯选集》第 3 卷，人民出版社 2012 年版，第 559—560 页。
⑤ 《马克思恩格斯文集》第 3 卷，人民出版社 2009 年版，第 111 页。
⑥ 同上书，第 445 页。

是原来意义上的国家。因为，此前所有国家都只有极少数剥削者才真正享有阶级特权，而对广大劳动人民实行专政，以维护其剥削阶级利益；恰恰相反，无产阶级国家则是在广大人民内部实行民主，而只对反抗社会主义的极少数剥削者实行专政。当"无产阶级上升为统治阶级"和"争得民主"以后，为了解放和发展生产力，必须"一步一步地夺取资产阶级的全部资本，把一切生产工具集中在国家即组织成为统治阶级的无产阶级手里，并且尽可能快地增加生产力的总量"①。只有创造出高于资本主义的劳动生产率，社会主义才能最终战胜资产阶级。但在这之前，正如列宁所说："从资本主义过渡到共产主义是一整个历史时代。只要这个时代没有结束，剥削者就必然存在着复辟希望，并把这种希望变为复辟尝试。被推翻的剥削者不曾料到自己会被推翻，他们不相信这一点，不愿想到这一点，所以他们在遭到第一次严重失败以后，就以十倍的努力、疯狂的热情、百倍的仇恨投入战斗，为恢复他们被夺去的'天堂'、为他们的家庭而斗争"②。因此，社会主义国家必须在发展人民民主的基础上，实行无产阶级专政，捍卫社会主义事业。否则，其初创的社会主义制度，就会在国内外敌人联合进攻下而夭折。苏联和东欧国家被颠覆，就是前车之鉴。

所以，不承认无产阶级国家具有镇压反社会主义敌对势力的专政职能，在理论和实践上都是错误与有害的。当然也应看到，随着社会主义事业在更多国家的开创、巩固和发展，包括社会主义民主和法治的逐步扩大和健全，相应地，该社会的阶级斗争也将逐步趋向和缓。故而从长远看，社会主义国家是走向自行消亡中的"新型民主的"和"新型专政的"国家，列宁称之为"半国家"③。

3. 坚持无产阶级专政符合社会主义"不断革命"之"理"

在新时期，由于"彻底否定文化大革命"和"无产阶级专政下的继续革命理论"，有些人就走向另一个极端，出现了"告别革命"的错误思潮。

---

① 《马克思恩格斯文集》第2卷，人民出版社2009年版，第52页。
② 《列宁选集》第3卷，人民出版社2012年版，第612页。
③ 同上书，第140、124页。

例如，对于我们党已由"无产阶级革命党"转变为"马克思主义执政党"，就有个如何理解的问题。因为"无产阶级革命党"与"马克思主义执政党"，以及社会主义的革命与建设、民主与专政，在本质上是一致和统一的。体制改革就是"中国的第二次革命"①。如果有人把这两者割裂开来、对立起来，那就曲解了无产阶级及其政党的历史使命，从而否定和违背了马克思主义的"不断革命论"。

马克思在《1848年至1850年的法兰西阶级斗争》一文中，把《共产党宣言》中关于"共产主义革命"必须同"传统的所有制"及其"传统的观念"实行"最彻底的决裂"的思想，发展为"不断革命论"。所以，科学社会主义就是不断革命的社会主义。对此，马克思写道："这种社会主义就是宣布不断革命，就是无产阶级的阶级专政，这种专政是达到消灭一切阶级差别，达到消灭这些差别所由产生的一切生产关系，达到消灭和这些生产关系相适应的一切社会关系，达到改变由这些社会关系产生出来的一切观念的必然的过渡阶段。"② 在共产党人看来，必须坚持马克思主义不断革命论与革命发展阶段论的统一，必须通过无产阶级专政把无产阶级的"共产主义革命"进行到底。而这个"底"，就是实现马克思所讲的"四个达到"。只要社会主义中国尚未实现这"四个达到"，那么，我国无产阶级革命就不能停步，就不能放弃无产阶级专政。相反，如果我们不坚持马克思的不断革命论、不坚持无产阶级专政，那么我国改革开放和中国特色社会主义，就会变形走样，就会无法保护劳动人民的根本利益，同时也势必会抛弃马克思主义。

因此，从理论和实践上看，无产阶级专政与消灭阶级的革命过程是共始终的，而且它在马克思主义科学体系中居于核心地位。对此，列宁说："只有懂得一个阶级的专政不仅对一般阶级社会是必要的，不仅对推翻了资产阶级的无产阶级是必要的，而且对介于资本主义和'无阶级社会'即

---

① 《邓小平文选》第3卷，人民出版社1993年版，第113页。
② 《马克思恩格斯文集》第2卷，人民出版社2009年版，第166页。

共产主义之间的整整一个历史时期都是必要的,——只有懂得了这一点的人,才算掌握了马克思主义国家学说的实质。"这还是判别真假马克思主义者的"试金石"。他指出:"只有承认阶级斗争、同时也承认无产阶级专政的人,才是马克思主义者。马克思主义者同平庸的小资产者(以及大资产者)之间的最深刻的区别就在这里。必须用这块试金石来检验是否真正理解和承认马克思主义。"①

故而,我国在阶级和阶级差别完全消灭以前,中国共产党人、马克思主义信奉者都应理直气壮地坚持无产阶级专政,即人民民主专政。

二 坚持人民民主专政,完全切合国情和世情

我们说人民民主专政"合情",是指其完全切合我们的国情和世情。新时期,我国在改革开放和社会主义现代化建设中坚持人民民主专政,是源于当代国情和世情的需要。如果我国不坚持社会主义道路,不坚持人民民主专政,不坚持共产党的领导,不坚持马列主义、毛泽东思想,那么,社会主义中国就会被国内外敌对势力所西化、分化和颠覆。这绝不是危言耸听!

恩格斯在《共产主义原理》中曾指出:"无产阶级革命将建立民主的国家制度,从而直接或间接地建立无产阶级的政治统治。在英国可以直接建立,因为那里的无产阶级现在已占人民的大多数。在法国和德国可以间接建立,因为这两个国家的大多数人民不仅是无产者,而且还有小农和小资产者,小农和小资产者正处在转变为无产阶级的过渡阶段,他们的一切政治利益的实现都越来越依赖无产阶级,因而他们很快就会同意无产阶级的要求。"② 毫无疑问,恩格斯这里讲的"直接地……建立无产阶级的政治统治",即是其后马克思和他表述为"无产阶级专政"的主张,并直接适

---

① 《列宁选集》第3卷,人民出版社2012年版,第139—140页。
② 《马克思恩格斯文集》第1卷,人民出版社2009年版,第685页。

用于像当时英国那样工业化国家的革命；至于像当时法国和德国那样尚未完成工业化国家的革命，可以"间接地建立无产阶级的政治统治"。至于这究竟宜于采取何种实现形式，马克思、恩格斯尚未有过明确预见。

从切合国情的理论上看，毛泽东首先提出和阐明新中国必须实行人民民主专政，是他对马克思主义的坚持、运用和发展。新中国成立前夕，毛泽东在《论人民民主专政》中得出结论说："总结我们的经验，集中到一点，就是工人阶级（经过共产党）领导的以工农联盟为基础的人民民主专政。这个专政必须和国际革命力量团结一致。这就是我们的公式，这就是我们的主要经验，这就是我们的主要纲领"。[①] 这正是通过对无产阶级专政理论的坚持、运用和创新，而找到了切合我国国情的无产阶级专政的实现形式。

毛泽东关于我国"人民民主专政"的"国体"设计的真理性和创新性就在于：第一，充分体现了"无产阶级专政"的实质性要求，因为这个专政坚持"工人阶级（通过共产党）领导"，从而实际地建立起"无产阶级的政治统治"；第二，同样根据中国"大多数人民不仅是无产者，而且还有小农和小资产者"的国情，这个专政"以工农联盟为基础"，就意味着其"最高原则就是维护无产阶级同农民的联盟，使无产阶级能够保持领导作用和国家政权"[②]，同时也是"间接地建立无产阶级的政治统治"的最好形式；第三，"人民民主专政"更明确地表达了对人民实行民主、对敌人实行专政的科学内涵，这样更容易为人们所理解和接受。

在新时期，邓小平结合我国国情和具体实践，坚持和发展了毛泽东人民民主专政的理论和实践。在改革开放之初，他针对刚刚露头的资产阶级自由化而提出坚持"四项基本原则"，就包括"必须坚持无产阶级专政"。邓小平指出："中央认为，我们要在中国实现四个现代化，必须在思想政治上坚持四项基本原则。这是实现四个现代化的根本前提。"[③] 其后，在改

[①] 《毛泽东选集》第4卷，人民出版社1991年版，第1480页。
[②] 《列宁全集》第42卷，人民出版社1987年版，第50—51页。
[③] 《邓小平文选》第2卷，人民出版社1994年版，第164页。

革和建设的实践探索中,所逐步形成的党在社会主义初级阶段基本路线中,"坚持四项基本原则"作为其中的"两个基本点"之一,成为我们的立国之本。

邓小平认为,"四项基本原则"是一个有机整体。"在四个坚持中,坚持人民民主专政这一条不低于其他三条。"[①] "如果动摇了这四项基本原则中的任何一项,那就动摇了整个社会主义事业,整个现代化建设事业。"[②] 1992年初,邓小平在南方谈话中指出:"依靠无产阶级专政保卫社会主义制度,这是马克思主义的一个基本观点。马克思说过,阶级斗争学说不是他的发明,真正的发明是无产阶级专政理论。历史经验证明,刚刚掌握政权的新兴阶级,一般来说,总是弱于敌对阶级的力量,因此要用专政的手段来巩固政权。对人民实行民主,对敌人实行专政,这就是人民民主专政。运用人民民主专政的力量,巩固人民的政权,是正义的事情,没有什么输理的地方。"他强调,党的"基本路线要管一百年,动摇不得""关键是坚持'一个中心、两个基本点'。"他还要求:"在整个改革开放的过程中,必须始终注意坚持四项基本原则。"[③] 可见,坚持党的基本路线,就必须把包括"坚持人民民主专政"在内的"四项基本原则",贯穿于我国改革开放和现代化建设的全过程。

邓小平在晚年,还结合发挥"社会主义市场经济优越性"和"防止两极分化"的问题,再次强调"四个坚持"。他说道:"社会主义市场经济优越性在哪里?就在'四个坚持'。'四个坚持'集中表现在党的领导。这个问题可以敞开来说,我那个讲话没有什么输理的地方,没有什么见不得人的地方。当时我讲的无产阶级专政,就是人民民主专政,讲人民民主专政,比较容易为人所接受。现在经济发展这么快,没有四个坚持,究竟会是个什么局面?……没有人民民主专政,党的领导怎么实现啊?四个坚持是'成套设备'。"鉴于能否防止和解决"两极分化"问题,事关改革开放和

[①]《邓小平文选》第3卷,人民出版社1993年版,第365页。
[②]《邓小平文选》第2卷,人民出版社1994年版,第173页。
[③]《邓小平文选》第3卷,人民出版社1993年版,第370—371、379页。

中国社会主义的前途命运，所以邓小平说："我们讲要防止两极分化，实际上两极分化自然出现。要利用各种手段、各种方法、各种方案来解决这些问题。"①当然，这只能主要靠经济手段，同时也要适当运用国家政权的力量，来逐步加以解决。

从理论和实践的深层次看，坚持人民民主专政的现实根据，是我国的阶级斗争在一定范围内仍将长期存在。党的十一届六中全会通过的《中国共产党中央委员会关于建国以来党的若干历史问题的决议》认定："在剥削阶级作为阶级消灭以后，阶级斗争已经不是主要矛盾。由于国内的因素和国际的影响，阶级斗争还将在一定范围内长期存在，在某种条件下还有可能激化。"②这种正确的政治估量，以及我国现阶段实行公有制为主体、多种所有制经济共同发展的基本经济制度等基本国情，都表明：我国要在生产力高度发展的基础上，逐步消灭私有制和一切阶级，完成人民民主专政的历史任务，仍然任重道远，需要长期奋斗。

据此可以说，"阶级斗争还将在一定范围内长期存在"是我国现阶段的基本国情之一。正如邓小平所说："社会主义社会中的阶级斗争是一个客观存在，不应该缩小，也不应该夸大。实践证明，无论缩小或者夸大，两者都要犯严重的错误。"③在阶级斗争中，往往是"树欲静而风不止"。尽管我们主观上想回避和淡化阶级斗争，但不管人们承认与否，阶级斗争该来的总要到来。即使我们不想斗，国内外敌对势力照样会找上门来，同马克思主义斗、同社会主义斗。例如，我国意识形态领域的斗争，一直十分复杂、尖锐和激烈。这是阶级斗争在思想领域的反映。国内"左"和右的种种错误思潮总是时隐时现、此起彼伏，企图干扰和误导改革开放及现代化建设。特别是日益坐大的资产阶级自由化，虽然25年前在"八九风波"中严重受挫，但并未销声匿迹、偃旗息鼓，而是在西方敌对势力渗

---

① 《邓小平年谱（一九七五——一九九七）》（下），中央文献出版社2004年版，第1363—1364页；引文中说"我那个讲话"，是指邓小平1979年3月在党的理论工作务虚会上的讲话《坚持四项基本原则》。
② 《改革开放三十年主要文献选编》（上），中央文献出版社2008年版，第213页。
③ 《邓小平文选》第2卷，人民出版社1994年版，第182页。

透、鼓动和操纵下,利用有些媒体想淡化意识形态的心态,变本加厉地在歪曲、篡改和抹黑我们党的历史和革命史,在诋毁、丑化和"妖魔化"共产党、党的领袖和英模人物,在攻击、否定和反对马克思主义、党的领导和社会主义制度的同时,千方百计地宣扬和鼓动在我国搞"全盘西化"。这包括鼓吹和推销经济上的私有化,政治上的资产阶级多党制和西方"宪政",在思想文化上的"新自由主义"、历史虚无主义和"普世价值",如此等等。党和人民同这些错误思潮所进行的交锋和较量,从未停止过。

又如,全党全国各族人民为了维护国家主权、领土完整和民族团结,正在同企图西化和分化我国的国内外敌对势力和民族分裂势力所进行的斗争,既是一种严重的政治斗争,也是一种特殊的阶级斗争。尽人皆知,"台独""藏独""疆独"到"港独"势力的衍生,不仅都有当年帝国主义侵略中国的历史背景,而且这些民族分裂势力之所以至今尚能苟延残喘,有些人还在搞"暴恐"式的民族分裂活动,就在于有国外敌对势力在豢养、鼓动和支持。中华民族的团结统一和繁荣富强,是全国各族人民的共同心愿。假如没有外部势力为了阻挠我国富强起来而作其后盾,这些民族败类在伟大祖国面前,是一天也混不下去的。

再如,改革开放以来,在如何看待我们党员干部中出现大面积腐败及其原因的看法上,只有坚持马克思主义的阶级观点和阶级分析的方法,才能揭示问题的本质。但现在比较流行的,往往是用西方的犯罪成本理论即"寻租"来解释,这属于偏颇之理,更未触及问题的要害和本质。即便以体制有漏洞和监督有缺失来解释腐败现象的滋生蔓延,看到了问题产生的外部条件,但依然没有揭示腐败现象产生的根本原因和政治实质。

江泽民多次指出:"从本质上说,腐败现象是剥削阶级和剥削制度的产物。""这些消极腐败现象是资产阶级和其他剥削阶级思想作风在党内的反映。"[①] 这就是说,正是由于作为资产阶级等剥削阶级思想之集中表现的拜

[①] 《江泽民论有中国特色社会主义(专题摘编)》,中央文献出版社2002年版,第425、433页;另见江泽民《论党的建设》,中央文献出版社2001年版,第101—102、244页。

金主义、享乐主义、极端利己主义等腐朽没落意识的恶性膨胀，逐渐腐蚀了一些党员干部的思想和灵魂，才使其丧失了应有的阶级立场、党性原则和理想信念，从而抵挡不住权欲、金钱、美色等"糖弹"的诱惑和攻击，以致有些人"前腐后继"地走上以权谋私、违法犯罪、腐化堕落的不归之路。我们在反腐斗争中，如果抓不住问题的本质和要害，从而无法有效地遏制其迅猛蔓延之势，那就不只是使党脱离群众以及党的形象受损问题，而是可能导致亡党亡国的特大政治问题。因此，我们党和国家的反腐败斗争，从某种角度而言，是国内外一定范围内的阶级斗争，特别是意识形态斗争在党内的表现和反映。

鉴于"阶级斗争还将在一定范围内长期存在"是我国现阶段的基本国情之一，鉴于我们党要完成消灭阶级的任务——"就是要造成使资产阶级既不能存在也不能再产生的条件"，"这个任务是重大无比的"[①]——在短期内既不可能提上议事日程、更不可能实现。所以，坚持人民民主专政完全切合我国国情。

从世界战略态势看，我国坚持人民民主专政也完全切合当今之世情。和平与发展是当代世界的主题。经济全球化、世界多极化、社会信息化是历史性趋势。我国作为社会主义国家，又处于改革开放、现代化建设、实现中华民族伟大复兴的关键性发展阶段，所以始终不渝地坚持和平共处五项原则，继续奉行独立自主的和平外交政策，坚定地走和平发展之路，以达到平等合作、互利共赢之目的。这样，既有利于营造我国现代化建设所必需的国际和平环境，维护地区稳定和世界和平，也利于团结世界人民，反对霸权主义和强权政治，谋求发展中国家平等发展和人类社会进步。

但是，当今世界并不太平和安宁。自从东欧剧变和苏联解体以来，世界社会主义运动仍将长期处于低潮和战略守势。面对美国"一超独大"、谋求"单极化"和世界霸权，依然缺乏遏制它的力量。当今世界190多个国家大体上可分为三类：一类是5个社会主义国家，这是俄国十月革命以

[①] 《列宁专题文集·论社会主义》，人民出版社2009年版，第85页。

来硕果仅存的新型国家；另一类是以美国为首的西方少数垄断资本主义大国，其社会上层对社会主义事业大多持有本能的对立乃至敌视态度；而介于这两者之间的，则是广大发展中的民族资本主义国家。由于其中多数国家都有过受西方殖民、剥削和欺凌的历史，至今还在遭受西方大国不同程度的歧视，所以它们既有同情社会主义的一面，也有易受西方国家笼络和利用的另一面。虽然这三类国家本身以及它们之间，都可能从本国利益出发而实际发生多种形式和多方面的分化组合、纵横捭阖。但贯穿其中的历史主旋律，则是世界各国无产阶级与资产阶级、社会主义与资本主义、马克思主义与反马克思主义这样两个阶级、两种社会制度、两种思想体系之间的本质对立、反复较量、政治博弈和力量消长。这个大背景，既要求我国加强国防建设，也需要我们运用马克思主义的阶级观点和阶级分析方法，来观察和对待与之相关的国际现象。否则，我们就是自我解除理论武装，也就不易看清国际政治的实质和底蕴，而可能缺乏正确的政治估量和长远的战略眼光。

目前，尽管我们社会主义国家代表着人类未来的命运，但当今世界在总体上仍旧是受丛林法则支配的阶级社会。对于我国来说，来自外部的严重威胁，就是以美国为首的西方敌对势力企图对我国实施西化和分化即"和平演变"的战略图谋。我国真诚希望构建同西方平等交往、合作共赢的新型大国关系。然而，老练狡诈的美国垄断资产阶级和主政者，却对我国存心不良、虚与委蛇。他们实行"接触和遏制"的两手政策：一方面，他们在"接触"和"战略对话"中，声称欢迎一个繁荣和负责任的中国"和平崛起"，以捞得巨量的经济利益；另一方面，美国当局在关键时刻和关键问题上，却凶相毕露，作梗添乱。其集中表现是：近几年，美国把战略重点从西欧转向东亚，宣布把60%的舰艇及其兵力部署到亚太地区，重点是西太平洋地区，公然在中国大门口实施"再平衡战略"，并想拼凑"东方北约"，围堵我国，企图"以压促变"。

其实，邓小平对美国等西方大国的战略图谋，早就洞若观火。他在苏联解体之前，当不少人为美苏缓和、"冷战"结束而欢呼之际，就已指出：

"我希望冷战结束,但现在我感到失望。可能是一个冷战结束了,另外两个冷战又已经开始。一个是针对整个南方、第三世界的;另一个是针对社会主义的。西方国家正在打一场没有硝烟的第三次世界大战。所谓没有硝烟,就是要社会主义国家和平演变。"[1] 鉴于其主谋是美国,故而他又揭露说:"美国,还有西方其他一些国家,对社会主义国家搞和平演变。美国现在有一种提法:打一场无硝烟的世界大战。我们要警惕。资本主义是想最终战胜社会主义,过去拿武器,用原子弹、氢弹,遭到世界人民的反对,现在搞和平演变。"[2] 实际情况正是这样。当今地球人都知道,美国和其他西方敌对势力,对中国社会主义事业,历来是两手交替,软硬兼施,从未间断。苏联和东欧被搞垮以后,他们把"和平演变"的主要矛头转向中国。对此,我们要牢记毛泽东和邓小平的有关教导,提高警惕,正确应对,严密防范。

坚持人民民主专政,是无产阶级国家政权的一项政治职能。这就是在工人阶级(经过共产党)领导下,在必要时运用人民民主专政的力量,用以捍卫和保障国家安全,维护中国特色社会主义事业。这包括国家运用人民军队、警察、法庭、监狱和整个社会主义法制体系,依法镇压和改造一切反抗社会主义的敌人、预防和惩处一切犯罪活动,维持法制秩序和社会稳定。同时,要严格区分和正确处理两类不同性质的矛盾:对于犯有一般过错的人,要进行教育和批评;而对于在反动思潮鼓动下,所引发的社会动乱等反抗社会主义的违法犯罪活动,则必须运用人民民主专政来应对。邓小平对此早有明示:"我不止一次讲过,稳定压倒一切,人民民主专政不能丢。你闹资产阶级自由化,用资产阶级人权、民主那一套来搞动乱,我就坚决制止……坚持社会主义就必须坚持无产阶级专政,我们叫人民民主专政。"[3]

---

[1] 《邓小平文选》第3卷,人民出版社1993年版,第344页。
[2] 同上书,第325—326页。
[3] 同上书,第364—365页。

三 坚持人民民主专政,就是坚持我国法定的国体

我们说人民民主专政"合法",就是指它既符合我国现行宪法和整个中国特色社会主义法律体系,也符合中国共产党党章的根本政治规范。我们作为公民就要守法,首先要遵守宪法;凡是共产党员,都必须遵守党章;凡是国家公职人员,以及他们所在的党政机关,都要带头"依宪治国"、"依法办事"。任何人的言行,都不能违宪和违法。

《中华人民共和国宪法》规定了"国体":

"第一条 中华人民共和国是工人阶级领导的、以工农联盟为基础的人民民主专政的社会主义国家。社会主义制度是中华人民共和国的根本制度。禁止任何组织或者个人破坏社会主义制度。"

宪法既规定人民的民主权利,也规定了专政对象和主要职能:

"第二条 中华人民共和国的一切权力属于人民。人民行使国家权力的机关是全国人民代表大会和地方各级人民代表大会。人民依照法律规定,通过各种途径和形式,管理国家事务,管理经济和文化事业,管理社会事务。"

"第二十八条 国家维护社会秩序,镇压叛国和其他危害国家安全的犯罪活动,制裁危害社会治安、破坏社会主义经济和其他犯罪活动,惩办和改造犯罪分子。"

"第二十九条 中华人民共和国的武装力量属于人民。它的任务是巩固国防,抵抗侵略,保卫祖国,保卫人民的和平劳动,参加国家建设事业,努力为人民服务。"[①]

所以,一切反对我国人民民主专政的言行,都是违宪的,为法理所不容。我国宪法遵循了马克思主义国家观。因为它如实地揭穿了剥削阶级政治家和御用学者把"国家"说成是"超阶级"的"全民国家"的政治骗

[①] 《改革开放三十年主要文献选编》(上),中央文献出版社2008年版,第300、304页。

局，从而才能以"国体"的科学概念，进一步阐明国家的阶级实质。对此，毛泽东指出："这个国体问题，从前清末年起，闹了几十年还没有闹清楚。其实，它只是指的一个问题，就是社会各阶级在国家中的地位。""至于还有所谓'政体'问题，那是指的政权构成的形式问题，指的一定的社会阶级取何种形式去组织那反对敌人保护自己的政权机关。"①

这就从"国体"上表明，当代所有西方国家，都是资产阶级特别是垄断资产阶级作为统治阶级的国家，是资产阶级对广大劳动人民实行专政的资本主义国家；所谓"多党制"、两院制和"三权分立"的制衡制等体制，则是资产阶级国家所采取的"政权构成的形式"，"去组织那反对敌人保护自己的政权机关"。而社会主义中国在"国体"上，规定了"工人阶级领导"地位，并形成"工人阶级（经过共产党）领导的以工农联盟为基础的人民民主专政"，即是使工人阶级"上升为统治阶级"的社会主义国家。我国的人民代表大会制度作为一项根本的政治制度，则是社会主义国家的"政体"。因此，当今世界，从根本上说，只有工人阶级领导的和资产阶级统治的两类国家，即或者是无产阶级专政（我国称之为人民民主专政）的社会主义国家，或者是资产阶级专政的资本主义国家两类。社会主义国家是取代资本主义而建立的新型民主和新型专政的国家，从长远看，还是处于"自行消亡"中的国家。这就是说，一切国家都是具有阶级性的。将来在"国体"上丧失阶级性之日，也就是国家完全"自行消亡"之时。

就我国全体人民（公民）而言，人民民主专政作为社会主义中国的"国体"，是宪法赋予和保障的作为领导阶级的工人阶级、以工农联盟作为基础的全体人民、各级人民政府、人民武装力量等专政的主体力量，都必须依法履行其神圣的权力和职能。因此，从理论和实践上坚持人民民主专政，是拥护宪法、实施宪法的合法行为，是我国宪法和整个中国特色社会主义法律体系所要求、所保护的行为。相反地，凡是反对、违反人民民主专政的言行，都是违宪和违法的言行。有些所谓"公知"主张以所谓

---

① 《毛泽东选集》第2卷，人民出版社1991年版，第676、677页。

"人民民主宪政"来取代我国"人民民主专政",其实质,就是要否定我国宪法所规定的社会主义"国体",即"人民民主专政"。因为,任何时候都没有"超阶级"的国家;所以,我国一旦抛弃了人民民主专政即无产阶级专政,就只能是资产阶级专政。显然,有些"公知"和"精英"所讲的"宪政",绝不是要实践社会主义中国宪法的"民主宪政",而是要照搬西方资本主义的"宪政";而其所谓的"民主",是要照搬西方资产阶级的"多党制""议会民主""三权分立"及其所谓"宪制民主",并且主张对广大劳动人民实行资产阶级的、法西斯的野蛮专政。这从他们一听到别人讲"坚持人民民主专政,并不输理",一听到别人讲要坚持马克思主义的"阶级观点"和"阶级分析",就气急败坏地发出要对之进行"审判",要施"绞刑"等类似法西斯的论调,就足见他们主张的"宪政",到底是何等货色!

"人无信不立。"所有共产党员既要带头守法,又要把党章作为更高的行为规范。这是我们入党宣誓时所作出的庄严而神圣的政治承诺。共产党的先进性和战斗力,来源于"中国共产党党员是中国工人阶级的有共产主义觉悟的先锋战士"[1],来源于党的组织性和纪律性,是工人阶级先进性和革命性的集中表现。所以,共产党员必须遵守党章和党纲,以指导和约束自己的言行。任何共产党员如果发表反对"人民民主专政"的言行,那不仅是违宪和违法的,而且是违背党章的。因为《中国共产党章程》的"总纲"规定:"坚持社会主义道路,坚持人民民主专政,坚持中国共产党的领导,坚持马克思列宁主义毛泽东思想这四项基本原则,是我们的立国之本。在社会主义现代化建设的整个过程中,必须坚持四项基本原则,反对资产阶级自由化。"[2]

坚持包括"人民民主专政"在内的"四项基本原则",之所以是"我们的立国之本",不仅在于它是我们社会主义国家立足的政治基石,而且

---

[1] 《中国共产党第十八次全国代表大会文件汇编》,人民出版社2012年版,第73页。
[2] 同上书,第66页。

从根本上说，工人阶级政党——共产党的历史使命，就是通过创建和执掌无产阶级国家政权，以带头履行工人阶级的历史使命。这是共产党成为无产阶级革命的领导核心，成为社会主义国家执政党之合法性的政治基础。而工人阶级的历史使命，就是利用"无产阶级的政治统治"，在领导人民发展生产力的前提下，逐步消灭私有制和一切阶级，以建成社会主义和共产主义社会。所以，假如一个共产党员反对运用马克思主义的阶级观点和阶级分析，反对人民民主专政，那么这就既否定了共产党存在的历史正当性，同时也否定了他们作为共产党员的历史资格和政治资格。因为，当一个社会不存在阶级和阶级差别之时，才不需要阶级观点和阶级分析，因而也就不需要任何政治国家，当然就更不需要任何政党了。所以，只有当工人阶级及其政党正处于履行其历史使命之时，才必须去研究、宣传和实践包括"坚持人民民主专政"在内的"四项基本原则"；同时这也是党章赋予每个党员的政治权利和神圣义务。故此，凡是否定、攻击和损害包括"坚持人民民主专政"在内的"四项基本原则"，凡是鼓吹"资产阶级自由化"的言行，都是违背党章和党的基本理论的错误言行，都应该受到批评、教育和追究。

在我国社会主义初级阶段，当我们党在马克思列宁主义、毛泽东思想和中国特色社会主义理论指导下，坚持"一个中心、两个基本点"的基本路线，团结和带领全国各族人民，为建成"够格"的社会主义而努力之时，也就是要创造条件，朝着逐步消灭私有制、消灭阶级和阶级差别，最终实现共产主义的方向前进之际，有些人明目张胆地散布歪曲和攻击马克思主义，诋毁和谩骂人民民主专政的张狂言论本身，就是当前我国在一定范围内存在的阶级斗争在意识形态上的表现与反映。

（作者单位：中国社会科学院马克思主义研究院）
（原载《马克思主义研究》2015年第1期）

"人民群众是历史的创造者"新论

李景源

自20世纪60年代以来进行的"历史发展动力"问题的讨论,主要是围绕历史创造者问题而展开的。与此相关的"人民群众是否是历史的主人?"的问题,也成为讨论的核心内容。"人民群众是历史的创造者"这一命题是唯物史观的基本原理,包括民众是推动历史进步的主导力量、民心是解释历史的重要基础、民主是打破历史周期律的重要武器等,都是它的子命题。

一　民众是推动历史进步的主导力量

1984年,历史学家黎澍在《历史研究》上发表了《历史的创造及其他》一文,认为"人民群众是历史的创造者"这个提法不能成立,其理由是:这种提法源于苏联,在马克思、恩格斯著作中并无根据;赞成这一提法的人是犯了逻辑推理的错误,即"把物质条件的创造者和历史的创造者完全等同起来",用人民群众的社会实践是一切科学文化艺术的"源泉"来代替精神财富的创造;群众史观与英雄史观一样具有片面性,"这两种说法都离开了创造历史的前提,仿佛历史是按照英雄或人民群众随心所欲地创造的",都没有脱离唯心主义的窠臼。正确的提法是恩格斯的"人们自己创造自己的历史",并且"不能随心所欲,而必须受既定条件制约"。①黎澍的观点一石激起千层浪,有关历史创造者的讨论由史学界迅速波及整个理论界,发表的文章虽然观点各异,从历史观来看,其核心问题仍是如何理解"历史的人民性"的问题,它既是捍卫和发展唯物史观的着力点,也是我们重温这场争论的意义所在。

这场争论尽管已经过去,但黎澍提出的问题仍然给人们留下了许多困惑,这些困惑往往引起人们对原有理论的怀疑。所以,正视和破解人们心中的困惑才能赋予理论以新的生命和生长点。由黎澍问题转化而来的困惑之一是:在马克思主义经典著作中究竟有没有"人民群众是历史创造者"的思想?我们认为,把握人类历史发展的根本动因,是马克思和恩格斯对传统历史观进行变革的理论初衷,唯物史观就是对历史发展根本动因的阐述。由于人民群众是历史创造者的问题涉及历史的本质和历史发展的主体,必然成为新历史观的创立者马克思和恩格斯最为关注的核心问题。我们和"质疑"者的分歧仅仅在于,怎样从马恩著作中寻找根据,即是从个别词句上还是从整个体系上去寻找根据?我们认为,理论不是简单的词句和教条,书本上的词句只是理论的躯壳,贯穿于理论体系的立场与方法,才是理论的生命,避免寻章摘句的教条主义的有效方法是从体系上把握马克思主义的精神实质。

人们可能会问:马克思和恩格斯是怎样层层深入地揭示了"历史的人民性"这一本质的呢?首先,我们应该从马克思和恩格斯关于物质生活资料的生产是一切历史的前提的观点中来把握人民群众是历史创造者的思想,即人类要生存,首先要吃、穿、住、行。提供人类生活所需的物质资料,正是由广大民众生产的,民众是人类社会赖以存在和发展的物质资料的主要生产者。正如恩格斯所说:"自从阶级产生以来,从来没有过一个时期社会可以没有劳动阶级。这个阶级的名称、社会地位有过变化,农奴代替了奴隶,后来本身又被自由工人所代替……无论不从事生产的社会上层发

---

① 黎澍:《论历史的创造及其它》,《历史研究》1984年第5期。

生什么变化,没有一个生产者阶级,社会就不能生存。可见,这个阶级在任何情况下都是必要的。"①

其次,我们应该从马克思和恩格斯关于历史事变的个人动机与群众动机关系的论述中来理解人民群众在人类历史发展中的作用。恩格斯指出,在历史上活动的许多单个愿望在大多数场合下所得到的完全不是预期的结果,往往是恰恰相反的结果,因而个别的动机对全部结果来说往往只具有从属的意义。因此,要探索历史事变的真实原因,应当注意"与其说是个别人物、即使是非常杰出的人物的动机,不如说是使广大群众、使整个的民族,以及在每一民族中间又是整个阶级行动起来的动机;而且也不是短暂的爆发和转瞬即逝的火光,而是持久的、引起重大历史变迁的行动……这是可以引导我们去探索那些在整个历史中以及个别时期和个别国家的历史中起支配作用的规律的唯一途径"。② 这一论断对于我们自觉地把握人类历史发展的走向,具有极为重要的方法论意义。

最后,我们应该从马克思和恩格斯关于思想动因和经济动因关系的论述中进一步认识人民群众在历史发展中的地位和作用。经典作家多次指出,由于人们已经习惯于以他们的思想而不是他们的需要来解释历史的活动,因而传统的历史理论,至多是考察了人们历史活动的思想动机,却没有考究产生这些动机的原因,没有看出物质生产发展要求是这种动机的根源。所以,恩格斯又说,当我们考察了个别人的动机和群体动机的不同历史意义之后,"又产生了一个新的问题:在这些动机背后隐藏着的又是什么样的动力?在行动者的头脑中以这些动机的形式出现的历史原因又是什么?"就是说,探究隐藏在人们动机背后"构成历史的真正的最后动力的动力"③,就显得更为重要。很显然,使人们行动起来的一切,都必然要经过他们的头脑即形成活动的思想动机。但是,人们的思想动机归根到底是由人们物质生活资料生产的实践所决定的。只要承认物质生产实践在人类社

---

① 《马克思恩格斯全集》第 25 卷,人民出版社 2001 年版,第 534 页。
② 《马克思恩格斯选集》第 4 卷,人民出版社 2012 年版,第 255 页。
③ 同上书,第 254 页。

会发展中的决定作用,就必然承认人民群众在社会历史发展中的主导作用。

由黎澍问题所引发的困惑之二是:怎样理解民众是精神财富的创造者?在质疑"人民群众是历史的创造者"的声浪中,主要的指责都集中在"人民群众是精神财富的创造者"这个命题上。有人认为,不能说所有历史都是物质资料生产者创造的,物质生产仅仅是创造历史的前提,至多是搭建了历史剧的舞台,它本身还不是戏,演戏的并不是人民群众。还有人说,源泉并不等于创造;历史上一些精神财富的创造,连源泉也不是来自人民群众;"李煜的词来自宫廷生活和亡国之恨,一些著名的美术作品来自湖光山色的自然界。如果说,李煜和唐寅也要先吃饭,然后才能填词和画画,从而将他们的词、画说成是人民群众创造的,那就未免太牵强了,也决不是唯物史观的原意"。[①] 上述说法听起来振振有词,似乎主张人民群众是历史的创造者,就必然否认文化精英在人类精神文化发展中的地位和作用。其实,我们和质疑者的分歧,既不在于否认李煜的诗词和唐寅的绘画作品,也不在于比拼人民群众和文化精英在历史上各自创造了多少作品,正如他们所说的,这绝不是唯物史观的原意。真正的分歧在于,历史研究要不要探讨历史发展的根本动力和根本规律?研究人文科学(包括文学和艺术)要不要关注它们产生的历史条件?所有这些其实都是有关事物发展的必然性研究,偶然性是必然性的表现形式。历史上伟大的文学家和艺术家以其特有的风格和才情创作出千古名篇,但是,"个人的性格只有在社会关系所容许的那个时候、地方和程度内,才能成为社会发展的'因素'"。[②] 唯物史观关于社会存在决定社会意识的原理对于理解人民群众和文化精英创造精神财富的关系问题具有重要的方法论意义。恩格斯曾专门论述过哲学和宗教作为远离物质经济基础的意识形态与社会生活的本质联系,他指出,"尽管观念同自己的物质存在条件的联系,越来越错综复杂,越来越被一些中间环节弄模糊了。但是这一联系是存在着的。从15世纪中叶起的整个

---

① 张岱年、敏泽:《回读百年》第 5 卷(上),大象出版社 2009 年版,第 320 页。
② 《普列汉诺夫哲学著作选集》第 2 卷,生活・读书・新知三联书店 1962 年版,第 359—360 页。

文艺复兴时期,在本质上是城市的从而是市民阶级的产物,同样,从那时起重新觉醒的哲学也是如此"。①恩格斯这里着重强调的是文艺复兴时期出现的文学、艺术和哲学等精神产品与城市市民阶级的内在联系,对两者之间必然性的揭示是在承认文化精英个性化创作贡献基础上的深层探索,也是在更高层面揭示了文化精英创作所赖以形成的时代条件。

近年来,社会文化史应运而生,特别是对基层社会历史、普通民众历史、日常生活历史、民间文化历史的研究方兴未艾,通过生活方式的变迁阐明社会意识和民族文化心理的发展演变取得重要成果。研究表明,广大民众与精神文化的关系,并非如质疑者所言只是为观念文化创造提供物质前提,他们本身就是社会生活的主体,芸芸众生的穿衣吃饭、婚丧嫁娶、社会风习本身就构成了社会观念文化史的本体。比较而言,载入史册的官修正史所关注的大事变如改朝换代之类的历史事件,大多转瞬即逝,如潮汐般很快过去,留不下多少踪迹,但社会底层民众的历史记忆却并不因此而发生根本改变。有的研究者指出,在精英思想世界之外,还有一个更为广阔的民众观念世界,后者具有精英思想不可替代的独特价值。首先,民众观念直接来源于人们的生活实际,是生活经验的总结,最切近于人们的生存需要,因而构成了人们(也包括文化精英)精神文化的内核。其次,民众观念是活在民众生活当中、支配人们日常言论行为的观念,它是最普遍、最一般、最基本的思想观念,因而是决定社会心理乃至上层知识精英思想的重要因素。最后,从思想观念的完整运动过程来看,首先有分散、无序、经验水平的民众观念,然后从中孕育形成理性、概括的精英思想,再升华为被社会所普遍认可的主流思想和主导理念,最后影响于整个社会,回归于普通民众的观念之中。民众观念是精英思想孕育产生的基础、土壤和来源,也是精英思想影响社会、扎根社会的归宿。因而,民众观念作为社会思想自身运动过程的首尾两头,是不可或缺的必要环节。②从民众观

---

① 《马克思恩格斯选集》第4卷,人民出版社2012年版,第260页。
② 李长莉:《关注民众观念世界——对思想史研究对象及方法的思考》,《光明日报》2003年1月15日。

念与精英思想的互动来看，源泉固然不等于创造，然而缺少了底层民众观念的支撑，精英文化就成了无源之水、无本之木。

由黎澍的质疑所引发的困惑之三是：能否让英雄史观与民众史观并存？从表面上看，对"人民群众是历史的创造者"这一命题的质疑者摆出不偏不倚的姿态，声言只讲英雄创造历史固然不对，只讲人民群众是历史的创造者也有片面性，但内心深处却想把二者调和起来，使两个命题平分秋色，其目的在于兜售英雄史观的合理性。所以，他们在否定两个命题之后又立即表示："事实是英雄创造自己的历史，不能创造一切历史；人民群众也一样，尽管在历史上作用很大，但不能创造一切历史。"他们反复强调："不能说，所有的历史全都是物质资料生产者、劳动群众、各国人民创造的，而非物质资料生产者、非劳动群众、各国统治者是不参与历史创造的。"[①] 他们的手法是先把马克思主义经典作家提出的"人们自己创造自己的历史"引申为帝王将相和人民群众"各自创造各自的历史"，然后再推销"在承认人民群众是自己历史创造者的同时，也承认人民群众以外的社会历史力量也是自己历史的创造者"的观点，他们认为，只要有了这两个承认，"那么，争论双方就没有太大分歧了"。为此，他们还举例说，从秦到汉的历史，不仅有陈涉、吴广为代表的农民阶级和刘邦、项羽的起义队伍参与创造，秦二世、李斯、赵高为代表的地主阶级当权集团以及六国旧贵族的残余势力也参与了这段历史的创造活动。如果只提人民群众是历史的创造者，就是把人民群众和英雄人物对立起来了。[②]

其实，这种"各有各的历史"观才会导致把人民群众和杰出的个人割裂开来、对立起来。我们在上面所提到的否认人民群众是精神文化创造者的思路正是根源于这里的"各有各的历史"观念。按照质疑者的思路，要把完整的历史或如他们所言"一切历史"区分为人民群众自己创造的历史和帝王将相创造的历史。研究人民群众的历史就要研究物质资料生产的历

---

① 张岱年、敏泽：《回读百年》第5卷（上），大象出版社2009年版，第280—332、291页。
② 同上书，第332—325页。

史；研究政治、军事、教育、艺术和宗教的历史，就不能离开帝王将相和其他剥削阶级上层人物的活动。[①] 在他们看来，这两个互不相干的历史是由两个相互分离的主体创造的。英雄人物创造的历史和人民群众创造的历史可以并存，英雄史观和民众史观自然也可以并存。"并列史观"其实是羞羞答答的英雄史观。我们不禁要问，研究政治史、军事史、教育史等，可以绕开人民群众及其作用孤立地研究帝王将相在历史上的作用吗？难道说，在解放战争期间，中国人民前仆后继的革命斗争，只是创造了人民群众自己胜利的历史，而没有同时创造蒋介石反动派失败的历史？后者失败的历史只是他们自己创造的吗？很显然，这种"并列史观"将统一的历史分割为互不相干的两块，就必然为神秘主义留下地盘，导致不可知论。

综上所述，人类历史的主体是人民群众，他们是历史进步的主导力量。反对者认为，提出人民群众是历史的创造者，就是把无所不包的历史看作是一个独一无二的力量创造的，这是以偏概全。其实，马克思主义提出这一命题时，从来没有否认杰出个人在历史上的作用，也从来不否认还有其他因素是推动历史前进的动力。那么，提出"人民群众是历史的创造者"的用意何在？它的本质内涵是什么？在历史观层面它的独特价值在哪里呢？首先，这个命题的实质在于，它认为物质生活资料的生产活动是人类最基本的实践活动，是决定其他一切活动的活动。因此，人类历史首先应当是直接从事生产实践的人民群众的历史，就此而言，人民群众与其他参与历史创造的人们相比，他们所起的作用是历史的原创力，即原初动力或基础动力的作用。其次，推动人们创造历史的思想动机归根到底是由人们物质生活资料生产的实践所决定的。因此，考察人们历史活动的思想动机，从根本上说主要是考察人民群众的动机，就观念层面而言，人民群众的思想动机是推动历史前进的根本动因。最后，人民群众是推动历史进步的最终决定力量，即帝王将相等少数人物固然能推动或延缓历史前进的脚步，但最终决定历史格局或决定历史发展趋势的力量则是人民群众。

---

① 张岱年、敏泽：《回读百年》第5卷（上），大象出版社2009年版，第286页。

二 民心是天下兴亡的晴雨表

何为民心？民心是指广大民众在特定历史时期形成的共同心理意向，它是人们能动地把握现实的特殊方式，本质上是一种价值取向，即人们从自身需要出发对事物价值作出的评判和选择（拥护或否定）。民心向背讲的是人们依据价值评价而形成的对社会现实的情感和态度，它往往成为激发人们为改变现实而行动起来的精神动因。民心向背虽然是一种主观心理层面的东西，但它一经形成并有了明确指向（即民心所向）以后，就会通过人们的激情和意志，推动人们行动起来（民变），短时间内就能转化为改变整个社会、震撼整个时代的物质力量。

心态史学有一条重要定律，即得民心者得天下，失民心者失天下。如何理解民心在人类发展史上的作用并把握民心演变的规律性是坚持唯物史观的重要课题。过去一直笼统地把心态史学视为唯心史观。其实，揭示并承认民心向背与天下得失的因果关系，并不就是唯心史观。唯心史观的失误不在于它承认理想、意志等主观因素的历史作用，而在于它忽视和否认最终决定人们行为动机的物质动因，否定主观动机与社会物质动因之间的联系。在承认主观动机方面，它们又往往只承认帝王将相等孤家寡人的思想动机决定历史进退，却看不到或有意抹杀广大民众心理诉求对推动历史变迁的重大意义。正如列宁所指出的，以往的历史理论有两个主要缺点，"第一，以往的历史理论至多只是考察了人们的历史活动的思想动机，而没有研究产生这些动机的原因，没有探索社会关系体系发展的客观规律性，没有把物质生产的发展程度看作这些关系的根源；第二，以往的理论从来忽视居民群众的活动，只有历史唯物主义才第一次使我们能以自然科学的精确性去研究群众生活的社会条件以及这些条件的变更"。[1] 由此可见，如何理解民心向背决定历史走向这一原理才是不同历史观的分野所在。

---

[1] 《列宁选集》第2卷，人民出版社2012年版，第425页。

毫无疑问，历代史学家都把民心向背作为天下兴亡的晴雨表，但其哲学根据何在，却很少有人问津。其实，这个问题首先涉及人们的价值选择与历史发展的必然性的关系，因而是一个涉及价值观与历史观关系的重大理论问题。只有切入这一问题，我们才能一步步解开"其兴也勃焉，其亡也忽焉"的历史周期律之谜。下面，我们想从三个方面展开对这一问题的解析。

第一个问题，人们的价值选择能否外在于历史发展的必然性？之所以提出这个问题，是因为国内外学术界对两者的关系还存在许多模糊认识。例如，国内有些人一方面承认历史决定论，另一方面又主张用选择论补充历史决定论。这种主张看起来好像很辩证、很公允。其实，这种主张必然导致从历史必然性之外寻找价值选择的根据，到头来会像卡尔·波普尔那样否定历史决定论的原则。

唯物史观把社会历史理解为现实的人的活动，从人的活动中探索出隐藏在人的目的背后的"物质动因"，并以此为基础来说明社会历史发展的规律性及其作用方式。历史发展的必然性是世代相续的人们在活动之间的历史联系，是现实条件同人的活动及其结果之间的本质联系，是活动的目的、手段和结果、直接后果和间接后果之间的内在联系。历史必然性不同于自然必然性，它是在人类社会实践活动中形成的，并在以社会的人为主体的活动中起支配作用的必然性，这种必然性虽然也不能由人事先预制或随意取消，但它却不能离开人的实践而孤立地存在。① 现实的人的活动都是有目的的，历史不过是追求着自己目的的人的活动而已。客观世界不能满足人，人决心以自己的行动改变世界。目的作为"理想的意图"，是人们依据自身的需要对客观现实的某种可能性作出的价值判断和选择。这种判断和选择在事物由可能向现实转化过程中起着不可或缺的作用。因此，人们的价值评价和价值选择，在实践过程中构成历史发展因果链条中的必要因素，或者说，价值因素是内在于历史必然性的东西。"凡是现实的都

---

① 《刘奔文集》，中国社会科学出版社2008年版，第140—141页。

是合理的,凡是合理的都是现实的",黑格尔的这句名言猜测到了理性(科学理性与价值理性)与必然性之间的内在联系。按照恩格斯的理解,现实的并不等于现存的,现实的属性仅仅属于那同时是必然的东西,"现实性在其展开过程中表现为必然性",而我们称之为"必然"的东西,一是指它合于客观世界固有本性之理,二是指它合于人的社会需要即人的社会本性之理。马克思曾说:"动物只是按照它所属的那个种的尺度和需要来建造,而人懂得按照任何一个种的尺度来进行生产,并且懂得处处都把内在的尺度运用于对象;因此,人也按照美的规律来构造。"[1] 很显然,历史必然性作为现实性的展开过程,乃是客观世界的普遍尺度与人的价值尺度辩证的、历史的统一过程。从这个意义上说,价值关系本身就是一种合乎规律的关系。

历史必然性即社会历史规律,大致可以分为三类,一是体现社会发展趋势的必然性,如生产关系必须适合生产力发展要求的规律;二是体现人本身发展趋势的必然性,如马克思的社会发展"三形态"理论就是以人本身发展为核心而展开的必然性;三是体现社会发展与人的发展的相互关系的必然性,如环境的改变和人本身的改变趋于一致的必然性等。生产力的发展、生产关系的进步,最终是以人本身的自由而全面的发展为归宿的。正如马克思所言:"生产力和社会关系——这二者是社会的个人发展的不同方面"[2],"这个历史随着人们的生产力以及人们的社会关系的愈益发展而愈益成为人类的历史"。[3] 人本身的发展是历史必然性的最根本的内容,以人为本是历史必然性所固有的。当然,历史的发展也经常表现出对人的否定,如近代以来的殖民主义、军国主义、霸权主义所奉行的弱肉强食原则,对弱小民族进行种族灭绝等倒行逆施,也具有一定的历史必然性,但这只是历史的、暂时的、必将被取代的必然性。人类社会不同于生物界,从根本趋势上说,人道的原则(对人本身肯定的原则)不断地战胜邪恶的原则

---

[1] 《马克思恩格斯全集》第3卷,人民出版社2002年版,第274页。
[2] 《马克思恩格斯全集》第31卷,人民出版社1998年版,第101页。
[3] 《马克思恩格斯全集》第47卷,人民出版社2004年版,第440页。

（与资本的本性相联系的弱肉强食原则）是人间的正道。

如上所述，民心向背在人类全部政治生活中最终具有决定意义，揭开这一谜团的正是绝大多数人的价值选择同历史必然性的本质联系。人们不必到历史必然性之外去寻找价值选择的根据，因为历史必然性本身就具有客观的价值取向。历史周期律的重演反复地证明着民心向背与历史必然性的一致性。我们要追问的第二个问题是：民心因何而变化，抗战胜利后，民心骤变是如何发生的，决定民心向背的东西到底是什么？很显然，正是民生状况的剧变导致了民心向背的骤变，人心之厚薄取决于民生之荣枯，这是千古不变的法则。

民生是民众生活的总称，民心则是民众对当下生存状况的感受和对未来的希望。民生包括生活的方方面面，它既包括民众生存相关的物质条件，也包括与民众发展相关的各种社会保障。民生不仅表示人与物的关系，更涉及人与人的关系。因此，民生幸福与否不仅与民生的物质基础相关，也与民众精神需求的满足和政治参与的状况有关，是一个极为复杂的社会心理现象。人类的一切活动都与民生有关，维护和增进民生是政府的唯一职责，政府对民生贡献之大小，取决于满足民生需求的程度和方式。很显然，就政府与民众的关系而言，民生就是最大的政治，基本民生的托底保障是避免历史周期律重演的底线。历史的方向与人民的愿望是一致的，谁代表了人民，谁就代表了历史前进的方向。

中国近代史的主题是对外坚持反抗侵略，对内铲除封建制度，实现民族独立、人民解放。这一时代主题是大势所趋，也是民心所向。是促进还是阻挠这一问题的解决，是评价近代各个政治集团、历史人物和历史事件的根本标准。以唯物史观为指导的中国共产党人坚信，人民是历史的创造者，是历史的真正主人。没有人民主体力量的觉醒，中国无法从沉沦中崛起。在深刻体认中国近代历史走向的基础上，中国共产党把一切为了人民、一切依靠人民作为根本宗旨贯彻于政治、经济和文化各方面的政策之中。在抗战胜利后，高举反帝反封建反官僚资本主义的革命旗帜，不仅普遍地彻底地解决了农民的土地问题，而且代表了城市各阶级各阶层人民的利益，赢得了人民的衷心拥戴。1949年1月，当55位各民主党派领袖和无党派民主人士发表联合声明，宣布接受共产党的领导，表明中国历史翻开了新的一页。中国共产党因扎根于人民之中、以人民为靠山而具有无穷的力量，它的领导地位的取得，是历史的必然，人民的选择，而这也是共产党人尊重历史规律、自觉选择人民价值观的结果。

唯物史观揭示的真理与价值内在统一的原理，能否破解黑格尔提出的历史目的论或"理性机巧说"？如何理解马克思提出的"历史上报应的规律"？这是我们在思考"民心向背决定天下兴亡"命题时碰到的第三个问题。

在马克思主义哲学产生以前，历史领域始终为唯心主义所支配，即使是坚定的唯物主义者，只要一进入历史领域，都会陷入唯心主义幻想不能自拔。在社会历史领域，任何事情的发生都不是没有自觉的意图、没有预期的目的的。让哲学家们不解的是，许多单个行动的目的是预期的，行动所产生的直接结果或间接结果却并不是预期的。面对许多英雄人物从历史巨人变为侏儒、从君临天下变为阶下囚的可悲下场，聪明的哲学家往往用神秘的天意加以解释。德国哲学家黑格尔针对这种历史现象提出了历史目的论和"理性机巧说"。由于他把精神、理性看作某种独立的东西，看成是历史过程的决定力量，所以他把历史看作精神或理念显现的过程，个人的自觉活动不过是充当理性自我实现的工具。历史就是精神或理性假借英雄人物追逐个人私欲而达到自己的目的，这就是"理性的机巧"。理性一方面假借非理性（私欲、情欲），另一方面又否定非理性，以达到普遍理性的目的。追问历史上的英雄人物的命运究竟是由什么决定的，这是许多历史哲学家挥之不去的心结。"理性机巧说"是一种辩证的历史观，这种朴素的否定性的辩证法早就被明末的王夫之猜测到了，他（早于黑格尔150年）在《读通鉴论》《宋论》等著作中指出，具有大欲的英雄人物是"天意"的工具，他们所成就的大业都是"天假其私以行其大公"的例证，待其使命终了，就被天理所抛弃。所以，他警告那些好大喜功的神武人物不要做天理的被动工具，而要做天理的掌握者，即"独握天枢"的斗士。

王夫之和黑格尔从历史人物的成功和失败中发现了个人私欲与历史必然性的对立统一关系，但由于历史观的局限，他们尚未认识到历史的主体是广大民众，而把历史必然性理解为"天理"或"天意"，得出了"历史目的论"的结论。针对黑格尔的"理性的机巧"和历史目的论，马克思和恩格斯指出："历史什么事情也没有做……创造这一切、拥有这一切并为这一切而斗争的，不是'历史'，而正是人，现实的、活生生的人。'历史'并不是把人当作达到自己目的的工具来利用的某种特殊的人格。历史不过是追求着自己目的的人的活动而已。"①他们还批评说："天命，天命的目的，这是当前用以说明历史进程的一个响亮字眼。其实这个字眼不说明任何问题。"②

王夫之、黑格尔所说的"天意""天理"并不是某种"无人身"的理性，而是作为历史主体的人民群众的意愿，"天视自我民视，天听自我民听"的古训表明，天意即民意，只有人民群众才是主宰天下、决定英雄人物历史违顺的主体力量。其实，在历史创造中真正起作用的主要不是个别人物的私心和情欲，而正是推动亿万民众积极行动起来的动机。

历史的必然性作为在人的活动中产生并发挥作用的必然性，其本身就包含有客观的价值取向即价值的必然性。从历史的长时段来看，历史必然性与价值必然性的统一，使人类历史表现出一种总的趋势，即正义原则必然战胜邪恶原则，真善美必然战胜假恶丑。正是基于这种根本趋势，马克思提出了"历史上报应的规律"这一命题。他说："人类历史上存在着某种类似报应的东西。历史报应的规律就是，锻造报应的工具的，并不是被压迫者，而是压迫者本身。"③"善有善报，恶有恶报"并不全是宗教迷信，而是历史必然性的曲折反映，属于历史本身的否定性的辩证法。辩证法在其合理形态上，引起了一切剥削阶级及其辩护者的恼怒和恐慌，因为辩证法对每一种历史行程都是从不断的运动中，因而也是从它的暂时性方面去

---

① 《马克思恩格斯全集》第 2 卷，人民出版社 1957 年版，第 118—119 页。
② 《马克思恩格斯选集》第 1 卷，人民出版社 2012 年版，第 230 页。
③ 《马克思恩格斯全集》第 16 卷，人民出版社 2007 年版，第 334 页。

理解的。它在对现存事物的肯定的理解中同时包含着对现存事物的否定的理解。因此,辩证法既是一种辩证历史观,也是一种辩证价值观。

三 民主是打破历史周期律的利器

1945年7月1日,黄炎培等六位国民参政员,应中共中央之邀,飞赴延安访问。7月4日下午,毛泽东在百忙中邀请他到家中做客,整整长谈了一个下午。毛泽东问黄炎培,来延安考察有什么感想?他敞开心扉、坦诚地说:"我生六十多年,耳闻的不说,所亲眼看到的,真所谓,'其兴也勃焉,其亡也忽焉'。一人、一家、一团体、一地方乃至一国,不少不少单位都没有能跳出这周期律的支配力……一部历史,'政怠宦成'的也有,'人亡政息'的也有,'求荣取辱'的也有。总之,没有能够跳出这个周期律。中共诸君从过去到现在,我略略了解了的,就是希望找出一条新路,来跳出这个周期律的支配。"黄炎培这一席耿耿诤言,掷地有声。毛泽东高兴地答道:"我们已经找到了新路,我们能跳出这周期律。这条新路,就是民主。只有让人民来监督政府,政府才不敢松懈;只有人人起来负责,才不会人亡政息。"在这一问一答中,黄炎培提出历代兴亡的周期性循环问题,提出如何跳出周期律的支配力问题,其用意是希望中国共产党能够找到一条新路,真正打破治乱兴亡的循环。毛泽东从历史观的高度给予了回答,即支配历史变迁的主导力量是人民群众,我们只有依靠创造历史的主体,才能真正打破"其兴也勃焉,其亡也忽焉"的历史周期律,这一回答可谓高屋建瓴。这一见解正是黄炎培所期盼的,所以,他对毛泽东说:"这话是对的,只有把大政方针决之于公众,个人功业欲才不会发生。只有把每个地方的事,公之于每个地方的人,才能使得地地得人,人人得事。把民主来打破这周期律,怕是有效的。"①

两位政治家的对话揭开了民主政治建设的新篇章。时至今日,中国在

---

① 卢之超:《毛泽东与民主人士》,华文出版社1993年版,第261—262页。

民主政治建设的道路上走过了六十多年的历程,取得了巨大的成就,也经历了许多曲折和失误。抚今追昔,从唯物史观的高度来总结当代中国民主政治建设的实践经验,对其重大的理论问题进行清理,是十分必要的。

第一,人民当家作主与党的领导的关系

人民当家作主与党的领导的关系,是中国特色社会主义民主政治建设中的核心问题。中国式的民主,在理论上能不能站住脚,在实践中能不能行得通,都与能否正确地认识和处理坚持共产党领导与发展人民民主的关系密切相关。

有人说,民主是没有"领导"的,只要有共产党或其他什么组织的领导,就谈不上民主。还有人说,如果没有触及共产党的领导地位,就谈不上政治体制改革。总之,在这些人看来,人民当家作主与党的领导是对立的。很显然,这种对立论不仅无视民主政治的本质和规律,而且还触及历史观的大问题。马克思主义关于人民群众是历史的创造者的命题内涵是极为丰富的,要具体把握它,就要明晰与这一命题相关的理论问题,如在历史发展的合力中,群众的主导作用是如何发挥的,要不要形成自己的组织?在民主政治建设中,不同层次的政治主体的作用力如何做到不是相互抵消而是相得益彰?这些问题上升到历史观的层面就是群众、阶级、政党、领袖的关系。列宁说:"群众是划分为阶级的;……在通常情况下,在多数场合,至少在现代的文明国家内,阶级是由政党来领导的;政党通常是由最有威信、最有影响、最有经验、被选出担任最重要职务而被称为领袖的人们所组成的比较稳定的集团来主持的。"① 可见,要科学地把握人民群众在社会历史中的作用,首先要对群众进行阶级分析,并通过这种分析阐明群众中究竟哪些阶级是新的生产力和生产关系的代表者,是革命和建设的领导阶级。否则,就会把人民群众创造历史的真实关系遮蔽,变为一个空洞的概念。其次,阶级通常是由政党来领导的。一个阶级要作为整体来行动,就必须形成自觉的组织。政党是阶级组织中最严密、最高级的形式,

---

① 《列宁选集》第4卷,人民出版社2012年版,第151页。

它有集中代表本阶级利益的政治纲领,并成为本阶级的实际组织者和领导者。与有产阶级具有自发的阶级意识不同,无产阶级的阶级意识不是自发产生和发展的,它要求先进思想的启发和引导,需要在共产党领导下的革命实践中逐步培育和发展,即无产阶级的阶级意识是通过共产党实现的。在相当长的历史时期内,离开了共产党的领导,工人阶级的阶级意识就会松懈甚至瓦解。最后,无产阶级实现民主的途径与资产阶级不同,资产阶级可以通过富人间的议事规则实现民主,无产阶级只能通过共产党领导实现阶级的聚集夺取政权,进而实现阶级的民主。无产阶级的解放不能通过个体行为,一个无产者可以通过个体行为变成有产者,无产阶级的解放却只能是整体的解放,这个整体解放的保证就是用马克思主义武装起来的共产党。①

综上所述,无产阶级与其政党是一个相互依赖、相互作用的有机整体。一方面,人民群众在历史运动中需要先进的阶级及其政党的领导,显示出群众、阶级对政党的正确领导的客观要求。另一方面,是政党对群众、阶级的代表、依靠和服从的关系。群众、阶级之所以需要政党,是因为政党能够代表和维护他们的利益。毛泽东说:"我们的责任,是向人民负责。……人民要解放,就把权力委托给能够代表他们的、能够忠实为他们办事的人,这就是我们共产党人。我们当了人民的代表,必须代表得好。"② 总之,政党是民众自愿组成的政治组织,它的功能是使群众组织化。政党是民主政治建设中的题中应有之义,现代的民主政治都是政党政治,否认政党的地位和作用,无异于取消了民主政治建设本身。

与人民群众的血肉联系是共产党的最大政治优势,是社会主义社会政治建设的本质和灵魂。改革开放以来,党的历史方位发生了深刻变化,共产党已经从领导人民为夺取政权而奋斗的党,转变为领导全国政权并长期执政的党;从在外部封锁条件下领导国家建设,到在改革开放条件下领导国家建设,即从领导计划经济的党转变为领导市场经济的党。历史方位的

---

① 房宁:《民主政治十论》,中华书局2009年版,第204页。
② 《毛泽东选集》第4卷,人民出版社1991年版,第1128页。

变化，不仅使共产党的自身建设面临新的考验，而且对原有的党群关系、对社会主义民主政治建设提出了新的挑战。在市场经济条件下，执政的共产党如何保持自身的先进性，总是与在市场经济条件下党群关系的新变化密不可分，即在市场经济条件下如何保证广大人民群众当家作主这一点紧密相关，这是共产党打破历史周期律所面临的最大历史课题。

要以唯物史观为指导，深入研究市场经济体制对党群关系所产生的重大影响。党群关系问题实质上是执政的共产党与其社会基础的关系问题。经济体制改革和市场经济的发展，部分地改变了社会主义的经济基础，使社会主义民主政治建设面临新的形势。其一，改革开放以来，社会利益的分化与利益格局的深刻调整，是一个具有本质属性的重要变动。随着所有制结构的调整，改变了计划体制时期利益主体单一化的格局，社会内部的不同利益主体得到前所未有的、多元化的发展。社会资源的分配主要由政府行政调配转向主要由市场调节，利益实现机制日益多样化，整个社会的利益关系空前地复杂化了，处于社会变革中的党群关系较之改革前具有了复杂化的趋势。其二，民众的主体意识提升，利益表达、参政意识和维权活动的自觉性增强。所谓主体意识，即公正意识、权利意识和平等意识。民众主体意识的增强使党群关系由单向型转向互动型，即民众由受教育者向平等主体转变。其三，群众性的自治组织日益涌现，公民社会与国家的分离和互动局面初步形成。各类群众自治组织，包括政治社团、第三部门在内的公民社会正在对民主政治建设产生重要的影响。公民社会的发展使得在国家权力层面的民主建设之外形成了一种新形态的民主，即非国家形态民主，它是发生在公民社会和自治活动领域中的重要民主形式。很显然，改革开放以来中国社会结构的深刻变动、人们的生产交往关系、价值观念发生的重大变化，对社会主义民主政治建设产生了积极的影响。由经济体制改革引发的全面的改革，本质上都是人的解放、人的自主能力的发挥。正如邓小平所言："调动积极性是最大的民主。"[1] 改革开放的历史进程以

---

[1]《邓小平文选》第3卷，人民出版社1993年版，第242页。

直接和间接的形式为广大人民群众成为社会的主人创造着相应的历史条件，使人民群众当家作主由虚到实、由形式到内容、由名义到实质，而民众主人翁地位的增强也为执政党提高自身建设的自觉性和水平创造了前提。

当然，市场经济与社会主义民主政治的关系具有二重性。它既有增强人们民主权利意识的一面，也有与社会主义民主的平等原则相抵触的一面。市场经济的一般属性会导致社会分化和社会差别扩大，导致经济资源和社会权利向少数社会成员集聚，形成所谓的"强势群体"和"弱势群体"。经济不平等是瓦解政治平等的基础，市场经济带来的经济地位上的差别，必然要在政治领域里产生影响，对人民群众的经济、社会平等地位造成冲击，[①] 直接瓦解党的社会基础。问题是，建立市场经济体制是中国现阶段发展社会生产力的必然选择，坚持共产主义信念的共产党要在市场经济条件下巩固和扩大群众基础，就必须做到以下几点：其一，必须摆正自己和人民的位置。要把自己看作人民的工具，而不是把人民作为自己的工具。毛泽东曾经讲过，我们的权力是人民给的，共产党只有牢牢记住人民是自己的靠山，才能把保持人民群众的主人翁地位放在心上。其二，在新形势下，共产党要积极带领人民实现民主权利。民主意味着权利，要坚持以公民权利为本，摆正公民权利和国家权力的关系。公民权利是实现国家权力的目的，实现党的执政权和设置政府权力的目的不是为了限制权利，而是为了保障权利、服务权利、发展权利。总之，要实现和发展人民的民主权利，就要树立马克思主义的群众史观，在对待历史发展和人民群众的关系上，必须坚持尊重社会发展规律与尊重人民历史主体地位的一致性，坚持为崇高理想奋斗与为最广大人民谋利益的一致性，坚持完成各项工作与实现人民根本利益的一致性，这是在市场经济条件下，逐步实现人民当家作主的根本保证。

第二，关于人民当家作主与依法治国的关系

人民当家作主是社会主义民主政治的本质特征，依法治国是共产党领

[①] 房宁：《民主政治十论》，中华书局2009年版，第87页。

导人民治理国家的基本理念和方略。《中共中央关于全面推进依法治国若干重大问题的决定》中明确指出："依法治国，是坚持和发展中国特色社会主义的本质要求和重要保障，是实现国家治理体系和治理能力现代化的必然要求。"要改革和完善党的领导体制和执政方式，最根本的就是把人民当家作主与依法治国有机统一起来。从哲学层面怎样理解这两者的统一，有一系列理论问题需要探索。

要推进依法治国，首先要明了民主与法制的本质联系。民主是法制的基础，法制是民主的保障，两者密不可分。从民主对法制的规范来看，社会主义民主是社会主义法制的灵魂和基础。其一，社会主义民主是社会主义法制产生的依据。只有人民掌握了国家政权，并选择了民主的政权组织形式，才有可能通过国家机关制定体现自己意志的法律，实行社会主义法制。一切权力属于人民，这是我国国家制度的核心内容和根本准则，也是我国推行依法治国的根本出发点和归宿。其二，社会主义民主规定社会主义法制的性质和任务。社会主义民主从根本上说是人民当家作主的政治制度，社会主义法制必然把保障和实现人民的民主权利，特别是保障人民管理国家的权利，作为自己的职责。其三，社会主义民主是社会主义法制力量的源泉。法律的威力是"流"，不是"源"，它植根于民主制度。只有当法律真正反映人民意志，受到人民的真诚拥护与遵守时，它才在事实上具有并发挥法制的威力。实践证明，民主制度越发展、越健全，则法制的威力越大。因此，依法治国，建设社会主义法制国家，始终要以发展社会主义民主作为宗旨和使命。从法制对民主的功能来看，社会主义法制是社会主义民主的体现和保障。其一，人民当家作主、掌握国家主权这一事实，需要用法的形式确定下来，使其合法化。同时，还要以法的形式确定适合人民当家作主的政权组织形式（包括国体和政体）。其二，社会主义法制将人民民主具体化为国家机关的职权和公民的各种权利，并为其实现规定了程序、原则和方法。其三，社会主义法制通过制裁违法犯罪行为体现和保障人民民主。总之，社会主义民主与社会主义法制是密切结合、不可分割的，离开民主，法制就会变为专制，民主就会落空。离开法制，民主不可能存在和发展,离开社会主义法制的民主也决不是社会主义民主,代之而起的将是无政府主义的泛滥甚至动乱的出现。必须正确地认识和处理民主和法制的关系,把民主建设和法制建设结合起来,逐步通过民主法制化和法制民主化的途径,促进民主和法制的共同发展。

要推进依法治国的过程,还要在理论上划清人治与法治的界限。所谓人治,又称个人之治。人治论主张圣君贤相的道德教化,推崇个人权威,拥护个人掌握最高权力,法律的立、改、废由个人决定,把个人意志作为治国的依据。当法律与最高领导人发生矛盾时,人治论主张个人至上、权大于法。与人治思想不同,法治的本意是依法治国,不是单纯把法看作治国的工具而是看作治国的依据。依法治国的实质是法律主治或法的统治。换言之,人民掌握最高权力,而法律则体现最高权力。人民主权原则即人民当家作主原则是法治的灵魂,依法治国最能体现和保障人民当家作主权利的落实。只有站在人民主权的立场上,才能把握依法治国的主体与对象。一切权力属于人民,这是我国国家制度的核心内容和根本准则,也是我国推行依法治国的根本出发点和归宿。既然国家是人民的,人民就是依法治国的当然主体。这种主体地位不能授权给任何人或单位,否则,就会使社会主义国家变质,成为改头换面的人治。由此可见,法律是人民意志的体现,正是人民主权原则赋予了法律所具有的至上和至尊的地位,揭示了"依法治国"方略与人民根本利益的一致性。

要推进依法治国的进程,还要自觉地把实质民主与程序民主统一起来。邓小平很早就认识到国家政权与法、民主政治与法、政治体制改革与法的内在联系,他在思考政治体制改革时,总是把民主与法制统一起来。他一方面注意发挥民主的实质性功能,强调没有民主就没有社会主义,民主是思想解放的重要条件,调动积极性是最大的民主。另一方面,他又十分关心民主的形式问题、程序问题、法制化问题。他深深地懂得,社会主义民主是随着法制建设的完备而不断扩大的,只有把人民当家作主的各项权利制度化、法律化,才能彻底铲除封建专制主义及其赖以生存的社会基础。法制国家的含义是法治政治,解决领导体制上以党代政、以党代法的问题,必须走民主制度化、法制化的道路，把社会主义民主纳入法治的程序。邓小平说："要通过改革，处理好法治与人治的关系，处理好党和政府的关系。"① 邓小平关于要使民主法治化的思想十分丰富，重温这些论述，对于社会主义民主法制化建设有重要指导意义。其一，强调制度与个人相比，更具有根本性。他说："我们过去发生的各种错误，固然与某些领导人的思想作风有关，但是组织制度、工作制度方面的问题更重要。""不是说个人没有责任，而是说领导制度、组织制度问题更带有根本性、全局性、稳定性和长期性。这种制度问题，关系党和国家是否改变颜色，必须引起全党的高度重视。"② 其二，邓小平对治国理政以及领导制度中存在的人治现象及其危害性作了深刻的剖析，他说："我有一个观点，如果一个党、一个国家把希望寄托在一两个人的威望上，并不很健康。那样，只要这个人一有变动，就会出现不稳定。"③ 他还说："我历来不主张夸大一个人的作用，这样是危险的，难以为继的。"④ 其三，为了保证国家的稳定和长治久安，必须用法治代替人治。邓小平指出，在人治条件下，"往往把领导人说的话当作'法'，不赞成领导人说的话就叫作'违法'，领导人的话改变了，'法'也就跟着改变。"在这种不讲法治、只讲人治的体制下，人民主权必然受到损害，所以，他明确地指出："为了保障人民民主，必须加强法制。必须使民主制度化、法律化，使这种制度和法律不因领导人的改变而改变，不因领导人的看法和注意力的改变而改变。"⑤ 其四，邓小平鲜明地提出依法治国四项原则，即："有法可依，有法必依，执法必严，违法必究。"总之，在邓小平看来，民主和法制好比人的两只手，缺少任何一只手都不行。要加强民主，就要加强法制。"我们的民主制度还有不完善的地方，要制定一系列的法律、法令和条例，使民主制度化、法律化。社会主义民主和社会主义法制是不可分的。不要社会主义法制的民主，不要

---

① 《邓小平文选》第 3 卷，人民出版社 1993 年版，第 177 页。
② 《邓小平文选》第 2 卷，人民出版社 1994 年版，第 333 页。
③ 《邓小平文选》第 3 卷，人民出版社 1993 年版，第 372 页。
④ 同上书，第 325 页。
⑤ 《邓小平文选》第 2 卷，人民出版社 1994 年版，第 146—147 页。

党的领导的民主,不要纪律和秩序的民主,绝不是社会主义民主。"①

(作者单位:中国社会科学院哲学所)

(原载《理论学刊》2015 年第 4 期)

---

① 《邓小平文选》第 2 卷,人民出版社 1994 年版,第 359—360 页。

全面推进依法治国与坚持人民主体地位

金民卿

中共十八届四中全会审议通过的《中共中央关于全面推进依法治国若干重大问题的决定》（下文简称《决定》，文中引用《决定》内容均不加注），把全面推进依法治国确定为中国共产党带领全国人民促进国家治理体系和治理能力现代化的基本方略，明确提出人民是依法治国的主体和力量源泉，把坚持人民主体地位作为依法治国必须牢牢把握的一条根本原则。这就要求我们要科学把握坚持人民主体地位同全面推进依法治国的辩证关系。本文试图从中国特色社会主义法治道路的本质要求、国家治理体系和治理能力现代化的根本原则、全面推进依法治国的实践展开这三个层面，对这两者的关系做一些探讨。

一 坚持人民主体地位是坚守中国特色社会主义法治道路的本质要求

习近平总书记指出："全面推进依法治国，必须走对路。如果路走错了，南辕北辙了，那再提什么要求和举措也都没有意义了。这条路就是中国特色社会主义法治道路。"① 中国特色社会主义法治道路最根本的内涵在于三个方面：坚持党的领导，坚持中国特色社会主义制度，坚持中国特色社会主义法治理论。其中，中国特色社会主义制度是制度基础和制度保障，体现了中国特色社会主义法治道路的制度属性；中国特色社会主义法治理论是理论指导和行动指南，指导着中国特色社会主义法治道路的前进方向；中国共产党的领导则是最本质的特征和最根本的保证，明确了中国特色社会主义法治道路的领导核心。牢牢坚持党的领导，必须坚持人民主体地位，因为它决定着中国共产党执政地位合法性的根本基础，体现着中国共产党执政的根本目的和核心理念。

中国共产党是整个中国特色社会主义伟大事业的领导核心力量，已经是一个为中国各族人民和全世界公认的不争事实；离开中国共产党的领导讨论中国特色社会主义法治道路，是一个没有实际意义的人为命题。问题在于，中国共产党的领导地位和领导力量是从什么地方来的？中国共产党执政地位的合法性是建立在什么基础上的？这也就是中国共产党为什么能够执政即执政合法性的问题。

执政合法性的问题，实际上就是执政权力的来源问题，或者说权力授予问题。毫无疑问，中国共产党的执政地位绝不是上天赋予的，也不是自我标榜的，而是经过长期奋斗取得并不断加以巩固的。从根本上说，中国共产党执政地位的获得和巩固来自两个方面：一是马克思主义科学真理的指导；二是中国最广大人民群众的支持和拥护。马克思主义真理的理论力量同人民群众实践的物质力量的有机统一，是中国共产党执政地位合法性的根本所在。

中国共产党从创立之时起，就把马克思主义作为建党、立党的根本依据和行动指南。正如毛泽东所说："主义譬如一面旗子，旗子立起了，大家才有所指望，才知道趋赴。"② "唯物史观为吾党哲学的根据，这是事

---

① 习近平：《加快建设社会主义法治国家》，《求是》2015 年第 1 期。
② 《新民学会资料》，人民出版社 1980 年版，第 97 页。

实。"① 马克思主义科学总结工人运动的经验教训，充分吸收人类思想文化发展的优秀成果以及自然科学的最新成果，建构了包括哲学、政治经济学和科学社会主义在内的科学真理体系，深刻揭示了人类历史发展的客观规律，是指导全世界无产阶级和广大人民群众解放的科学世界观和方法论。毛泽东曾经指出，中国的先进分子找到了马克思列宁主义的普遍真理，也就找到了分析中国问题、探索中国未来发展的钥匙，中国革命的方向和行动就明朗起来了，"用无产阶级的宇宙观作为观察国家命运的工具，重新思考自己的问题"，中国的面貌发生了根本性的变化，"中国人从思想到生活，才出现了一个崭新的时期"。② 正是因为拥有了马克思主义的科学真理，以毛泽东为代表的中国共产党人能够正确认识中国的社会性质，把握中国社会的主要矛盾，找到变革中国社会的科学方法，系统阐述中国革命的历史任务、革命对象、依靠力量、领导力量等，创立了新民主主义革命的理论和路线、方针、政策，开创了农村包围城市、武装夺取政权的中国特色的革命道路，最终取得新民主主义革命的胜利，建立了新中国，获得了执政权。

但是，仅仅掌握真理是远远不够的，真理只不过是一种理论力量，而政权则是一种强大的物质力量。掌握并运用真理只能从理论上解决和回答问题，形成理论认识，作出路线、方针、政策，并不能形成直接的物质力量。真理所具有的理论力量要转化为现实的物质力量，必须通过人民群众的实践。马克思早就说过："批判的武器不能代替武器的批判，物质力量只能用物质力量来摧毁。"③ 如何把马克思主义的真理力量转化为改造中国的强大物质力量，并最终形成执政权力，这是中国共产党要获得执政地位必须要解决的关键问题。

历史在根本意义上是群众自己的事业，人民群众是历史的真正创造者，群众实践的力量是最根本的力量。任何一种政治力量、政党组织的领导力

---

① 《毛泽东文集》第1卷，人民出版社1993年版，第2页。
② 《毛泽东选集》第4卷，人民出版社1991年版，第1470页。
③ 《马克思恩格斯文集》第1卷，人民出版社2009年版，第11页。

量,从根本意义上讲都是人民群众赋予的。掌握了马克思主义科学真理,熟知历史发展规律的中国共产党人,深刻洞察这个基本道理,创建了群众路线的工作方法,深入到中国广大人民群众当中,充分吸收、体现、引导他们的意志和要求,制定了既符合历史发展规律又适应人民意愿的路线、方针、政策,把民意上升为党的理论观点和路线、方针、政策,再用来指导实践,引领民意,广大人民群众主动地而不是被动地、自觉地而不是强制地、积极地而不是消极地接受党的主张,实现人民意志同党的意志的有机统一,形成巨大的历史主体性和实践创造性力量。中国共产党获得了群众实践的支持,也就被赋予了最根本、最强大的权力,最终推翻了缺乏真理支撑、失去民心民意的旧政权,建立了人民民主专政的新政权,并成为新的国家政权的领导核心,以执政党的身份获得了国家的领导权,毫无疑义地确立了自己的执政地位。

这就是说,人民群众的真诚支持是中国共产党执政地位的根本基础,中国共产党的执政权力是中国最广大人民群众所赋予的。包括中国共产党在内的一切政治实体都必须明白,任何权力都不是永恒的,离开真理和民众支持的权力不可能持久。

解决了为什么能够执政的问题,接下来的问题就是中国共产党为谁执政的问题,也就是执政的根本目的、执政的核心理念的问题。从权力来源上说,中国共产党执的是中国人民的政。这种权力的来源决定了中国共产党执政的目的不是为了少数人、小集团谋利益,而是为中国最广大人民群众谋利益,中国共产党始终是中国最广大人民群众根本利益的忠实代表。早在战争年代,毛泽东就把全心全意为人民服务确定为中国共产党的根本宗旨,从那时起这个宗旨就被写在党章之中。新中国成立后,中国共产党又把人民当家作主写进国家宪法当中,把党的宗旨上升到国家根本大法的高度,转化为国家的根本意志。改革开放以来,中国共产党更是特别强调始终代表中国最广大人民群众的根本利益,要做到权为民所用,利为民所谋。

党的十八大以来,以习近平同志为总书记的党中央,高度强调执政为民的核心理念，形成了人民至上的执政共识，这是对人民群众历史主体地位的一种高度自觉。坚持人民至上、执政为民，关键是要确立人民主体地位。正是基于此，十八大报告在阐述发展中国特色社会主义事业的基本要求时，把坚持人民主体地位放在首位突出强调；十八届四中全会决议，在论述走中国特色社会主义法治道路、建设中国特色社会主义法治国家时，特别强调必须坚持党的领导、人民当家作主、依法治国的有机统一，在制定全面推进依法治国方略时把坚持人民主体地位确立为必须要牢牢坚持的原则。

二 坚持人民主体地位是促进国家治理体系和治理能力现代化的根本原则

全面推进依法治国是一项伟大的系统工程，是中国共产党在马克思主义及其中国化理论创新成果的指导下，带领全国各族人民在国家治理领域进行的一场广泛而深刻的革命，其根本目标就是要坚持和完善中国特色社会主义制度，发展中国特色社会主义伟大事业。坚持人民主体地位是马克思主义理论的内在要求，是中国特色社会主义制度的题中应有之义，是发展中国特色社会主义事业的必然要求，从而也是全面推进依法治国伟大工程、促进国家治理体系和治理能力现代化的根本原则。

依法治国是中国共产党在新的历史条件下确定的国家治理的基本方略，是促进国家治理体系和治理能力现代化的重大举措。国家治理不是一个新问题，但是把促进国家治理体系和治理能力现代化提升到全面深化改革总目标的高度，对于中国共产党和中国人民来说则是一个新课题。正因为如此，从十八届三中全会提出这个问题后，在思想理论界引起了热烈的讨论，讨论的焦点问题是在什么理论指导下、在什么样的国家里、为着什么样的目标来促进国家治理体系和治理能力的现代化。对于这三个问题的不同回答，得出的结论是不一样的，出发点、立足点和归宿点也是不同的。中国共产党带领中国人民促进国家治理体系和治理能力现代化，是在马克思主义的指导下进行的，根本的理论依据是马克思主义及其中国化的理论成果，而不是要照搬照抄某些西方的国家治理理论。马克思主义在历史创造者的问题上，打破了长期占据统治地位的英雄史观，科学地阐明了人民群众创造历史的基本观点，实现了历史观上的伟大变革。在创立之时，马克思主义的经典作家就明确提出，"历史活动是群众的活动"，决定历史发展的是"行动着的群众"。[①] 在《路德维希·费尔巴哈和德国古典哲学的终结》中，恩格斯再次突出地强调，是人民自己创造了自己的历史，历史发展的真正动力是人民群众，而不是某些个别英雄人物或者某种外在于人的"观念"。作为历史的真正创造者，人民群众对历史发展起着决定性的作用，是社会历史发展的真正主体，不但是社会物质财富的创造者即物质生产主体，而且是社会精神财富的创造者即精神生产主体，同时是社会革命、建设、改革的主体，创造并不断改造着社会关系，任何重大的社会变革运动都是人民群众推动的结果。以马克思主义为根本理论指导的中国共产党，在新的历史起点上带领全国人民促进国家治理体系和治理能力现代化，毫无疑义地要坚持人民群众创造历史的基本观点，坚持人民的历史主体地位。

中国共产党带领中国人民促进国家治理体系和治理能力现代化，是在人民民主专政的社会主义国家里、在中国特色社会主义的制度框架下进行的，而不是在其他什么国家、其他什么制度下进行的，必须根据中国的国体、按照中国的宪法、从中国的实际出发来进行国家治理，决不能也不会听从别人的指手画脚。在新中国成立前夕，毛泽东就代表即将执政的中国共产党人明确指出，我们要建立的国家是工人阶级领导的、以工农联盟为基础的人民民主专政的国家，明确了我国的国体特征。我国宪法明文规定："中华人民共和国是工人阶级领导的、以工农联盟为基础的人民民主专政的社会主义国家。"宪法以国体的形式阐明了中国最广大人民是社会主义中国的主人，明确回答了"国家是谁的国家"这个重大的基本问题。宪法明确规定："中华人民共和国的一切权力属于人民，人民行使国家权力的

[①]《马克思恩格斯文集》第 1 卷，人民出版社 2009 年版，第 287 页。

机关是全国人民代表大会和地方各级人民代表大会。"宪法明确了人民是真正的权力主体，人民代表大会制度是保障人民当家作主的根本政治制度，明确回答了"国家权力归属于谁"和"如何保障人民权力真正实施"的问题。宪法是党和人民意志的集中体现，是通过科学、民主程序形成的根本大法。中国共产党带领全国人民全面推进依法治国，促进国家治理体系和治理能力现代化，首先要坚持依照宪法进行国家治理，这就毫无疑义地要坚持一切权力属于人民，坚持人民是国家的真正主人，坚持人民在依法治国中的主体地位。

中国共产党带领中国人民促进国家治理体系和治理能力现代化，根本的目标就是要坚持和发展中国特色社会主义制度，全面推进中国特色社会主义伟大事业，而不是接受某些外在力量的压力、按照某些人的"设计"，把中国带向改旗易帜的道路。在这个问题上，中国共产党的态度是坚决的，旗帜是鲜明的，绝不可能在根本问题上犯颠覆性的错误。中国特色社会主义是人民群众自己的事业，人民群众是这项全新的历史性事业的真正主体。广大人民群众充分发挥自己的实践创造精神，不断开拓创新、锐意进取，充分行使民主权利，积极参与管理国家和社会事务，全面推进中国特色社会主义经济、政治、文化、社会和生态文明建设各项事业的发展，充分担当了中国特色社会主义创造主体、发展主体、管理主体的角色。作为社会主义国家的真正主人，中国特色社会主义事业的创造者、发展者和管理者，人民群众当然应该是中国特色社会主义发展成果的享有者。发展中国特色社会主义，必须始终不渝地、全面准确地坚持人民主体地位。对此，中国共产党有着高度的政治自觉和明确的政策主张，党的十八大报告在谈到发展中国特色社会主义时，突出地强调了坚持人民主体地位的极端重要性。坚持依法治国这个党领导人民治理国家的基本方略，就必须要充分发挥人民群众主人翁的精神，最广泛地动员和组织人民依法管理国家事务和社会事务、管理经济和文化事业、积极投身社会主义现代化建设，更好地保障人民权益，更好地保证人民当家作主。

可见，不论是从指导理论、国家制度、根本大法还是发展目标上看，人民主体地位都必须牢牢坚持，毫不动摇。在全面推进依法治国、促进国家治理体系和治理能力现代化的基本方略中，把人民主体地位作为根本原则确立下来，体现了中国共产党人对唯物史观基本原理的科学把握，对国家根本制度和根本大法的充分尊重，对中国特色社会主义事业发展规律的高度自觉。

三 坚持人民主体地位必须贯彻到全面推进依法治国的实践当中

习近平总书记在谈到依法治国的人民主体地位原则时指出："我国社会主义制度保证了人民当家作主的主体地位，也保证了人民在全面推进依法治国中的主体地位。这是我们的制度优势，也是中国特色社会主义法治区别于资本主义法治的根本所在。"[①] 凸显了对坚持人民主体地位原则高度的制度自信和坚定的实践决心。客观地说，自从政党政治成为现代政治运行的主导方式以来，很少有哪一个政党不标榜自己是代表人民利益的，资产阶级政党尤其如此。早在19世纪60年代，林肯就提出了"民有、民治、民享"的口号，标榜美国政府的人民性。马克思曾经指出："我们判断一个人不能以他对自己的看法为根据，同样，我们判断这样一个变革时代也不能以它的意识为根据。"[②] 那么，我们判断一个政党、一个政府是不是代表人民利益，是不是真正把人民当作主体，关键不在于它怎么说，而在于它怎么做。具体到法治问题上，则关键是要看法律是为什么人立的、由什么人立和护、由什么人运用和受益。十八届四中全会通过的《决定》，对这些问题作出了明确回答，并作出了具体规定，着力使人民主体地位这个根本原则贯彻到依法治国的实践当中。

《决定》指出："必须坚持法治建设为了人民、依靠人民、造福人民、

[①] 习近平：《加快建设社会主义法治国家》，《求是》2015年第1期。
[②] 《马克思恩格斯文集》第2卷，人民出版社2009年版，第592页。

保护人民,以保障人民根本权益为出发点和落脚点,保证人民依法享有广泛的权利和自由、承担应尽的义务,维护社会公平正义,促进共同富裕。"这段话从依法治国的目标主体上,强调了法治建设必须体现人民意志、维护人民利益的出发点和落脚点,回答了"为什么人立法"的问题,明确了中国特色社会主义法治从根本上说是"为人民立法"。《决定》在论述立法、执法、司法、守法各个环节的改革举措时,都突出强调了人民在依法治国中的目标主体地位,使"为人民立法"这个根本点得到具体落实。例如,在论述科学立法时,强调要恪守以民为本、立法为民的理念;使每一项立法都符合宪法精神、反映人民意志、得到人民拥护,依法保障公民权利,加快完善体现权利公平、机会公平、规则公平的法律制度,保障公民人身权、财产权、基本政治权利等各项权利不受侵犯,保障公民经济、文化、社会等各方面权利得到落实,实现公民权利保障法治化。在论述公正司法时强调,要加强对司法活动的监督,努力让人民群众在每一个司法案件中感受到公平正义;保障人民群众参与司法,坚持人民司法为人民。

《决定》指出:"必须保证人民在党的领导下,依照法律规定,通过各种途径和形式管理国家事务,管理经济文化事业,管理社会事务。"这段话从依法治国的过程主体上,强调了人民是管理国家事务的真正主体,解决由什么人管理国家的问题,进而回答了"由什么人立法、护法"的问题,明确了中国特色社会主义法治从根本上说是"由人民立法、由人民护法"。《决定》对人民的立法主体地位、当家作主权利方面,提出一系列重大改革举措,突出了人民在立法、司法方面的参与权、监督权。《决定》高度重视人民当家作主和保障立法主体地位的制度安排,特别强调坚持和完善人民代表大会制度。在立法环节上,强调要健全立法机关和社会公众的沟通机制,拓宽公民有序参与立法的途径,探索建立有关国家机关、社会团体、专家学者等对立法中涉及的重大利益平衡的论证咨询机制。在司法环节上,强调要保障人民群众参与司法,依靠人民推进司法公正,在司法调解、司法听证、涉诉信访等司法活动中保障人民群众参与,保障公民陪审权利,扩大参审范围,提高人民陪审制度的公信度。

《决定》指出:"必须使人民认识到法律既是保障自身权利的有力武器,也是必须遵守的行为规范,增强全社会学法尊法守法用法意识,使法律为人民所掌握、所遵守、所运用。"这段话从依法治国的运用主体上,强调了人民是法律的真正受益者和运用者,回答了"由什么人受益和运用"的问题,明确了中国特色社会主义法治从根本上说是"由人民受益、由人民运用"。《决定》科学界定了人民享受法律保护的权利和维护法律尊严的义务相统一的原则,明确了在人民心中牢固树立有权利就有责任、有权利就有义务的观念。《决定》明确提出,法律的权威源自人民的内心拥护和真诚信仰,人民权益要靠法律保障,法律权威要靠人民维护。人民作为社会主义法治的受益主体同时也是法治的践行者,在享受法律保护的同时应该承担起遵守法律的义务,进一步发挥社会主义法治国家建设主体的作用和力量源泉作用,真正成为社会主义法治的忠实崇尚者、自觉遵守者、坚定捍卫者,使信法、尊法、守法成为全体人民的共同追求和自觉行动。也就是说,《决定》分别从依法治国的目标主体、过程主体、运用主体等层面,把人民主体地位贯彻到依法治国的各个环节中,固化为制度和法律的形式。当然,作为国家治理领域的一场广泛而深刻的革命,全面推进依法治国是一个长期的、复杂的系统工程,当前在贯彻人民主体地位原则方面还存在不少问题,需要在依法治国的实践中不断得到解决。只要中国共产党和中国人民真正树立自信,保持定力,中国特色社会主义法治道路一定会越走越宽,依法治国的基本方略一定会达到预期目标,人民的主体地位一定会得到完满实现。

(作者单位:中国社会科学院马克思主义研究院)

(原载《江西社会科学》2015年第1期)

民主治理与群众路线的制度空间

——以学习、贯彻、践行群众路线的"成都探索"为例

陈承新

群众路线是一切为了群众,一切依靠群众,从群众中来,到群众中去。其基本工作框架是:"……将群众的意见(分散的无系统的意见)集中起来(经过研究,化为集中的系统的意见),又到群众中去作宣传解释,化为群众的意见,使群众坚持下去,见之于行动,并在群众行动中考验这些意见是否正确。然后再从群众中集中起来,再到群众中坚持下去。如此无限循环,一次比一次地更正确、更生动、更丰富。"[①] 成都的调研让我们进一步加深和拓宽了对于群众路线的认识和理解。

一 群众路线的内涵变化与治理意义

基于马克思主义的群众观认识基础,中国共产党的执政使命是带领人民群众实现国家繁荣和民族复兴,因此,群众路线首先在理论上成为中国共产党治国理政的一种基本方式。从党史角度理解当下开展的群众路线教育实践活动可以看出,这是全面建成小康社会、实现中国梦的必然要求,是新形势下密切党群关系、解决群众反映的突出问题的重要措施,也是保

---

① 《毛泽东选集》第 3 卷,人民出版社 1991 年版,第 899 页。

持党的先进性和纯洁性、巩固执政基础和执政地位的内在要求。

在中国共产党的话语体系中,"群众路线"实际上揭示了中国共产党的主要思想、路线、方针的实质,从根本上规定了党和人民的关系,确立了思想路线、政治路线、组织路线的核心,确立了党的基本职责,规定了党的最基本的领导方法与工作方法。

但是,群众路线的内涵已经发生变化,重心在不断调整。建国前后主要是侧重工作方法,到中共"八大"时转向民主制度的发展,[①]再到改革开放以后,着重于思考权力的归属、配置、行使,权力结构的重塑,以及权力行使正当性的价值标准。当前,执政党倡导和践行群众路线,希望在群众路线框架下形成一种新的战略来回应关于政治正当性的质疑,借助群众路线教育进一步构建及巩固共产党执政的正当性,[②]这构成了群众路线不断发展的内生动力。

在执政党内倡导和坚持群众路线,正是政治体制改革推进的现实需求。在中国,成功的政治体制改革需要满足一些条件,包括能够将民主与治理结合起来(民主与治理的有效结合是任何政治文明发展的主要趋势);具有可操作的切入点;等等,从群众路线切入,可能会满足政治体制改革的这些要求。坚持群众路线意味着群众是执政决策者的认识对象,又是决策形成的客观基础。坚持群众路线对于中共党内各级干部群体的政策研究及制订工作提出了原则性的要求,即政策首先产生于实践的需求,是政策研究者与决策者以群众视角深入实践、认识实践并结合其专业知识和专业方法的综合产物。

二 成都市学习贯彻群众路线的实践创新

成都市学习贯彻群众路线的实践,顺应了党中央关于群众路线学习教

[①]《刘少奇选集》上卷,人民出版社1985年版。
[②] 中央党的群众路线教育实践活动领导小组办公室:《习近平在党的群众路线教育实践活动工作会议上的讲话(2013年6月18日)》,载群众路线网(http://qzlx.people.com.cn/n/2013/0726/c365007—22344078.html/2014—05—05)。

育实践活动的总要求，也是因应成都本地的治理困境而发起的，主要围绕"三视三问"群众工作法而展开。这是对一贯坚持群众路线的各类实践活动的制度升级。该市自市委十一届九次全会以来，坚持把"视群众为亲人，问需于民；视群众为老师，问计于民；视群众为裁判，问效于民"贯穿于工作始终。成都的基层民主治理，正是"三视三问"群众工作法的再次延伸，将共产党"为人民服务"的立党宗旨具体化、常态化、便捷化。

（一）通过制度预设，问需于民、问计于民

成都市各地依据当地实际，着眼于群众路线的长效性和制度化，结合体制内资源设计出相应制度，为群众搭建一个了解下情上策、表达合理诉求的制度平台。

1. 民主议事协商制度：十年议事，协商出新民主议事会是成都农村产权制度改革的一个意外收获，直接促成新型基层治理机制的一次革新。村（居）民会议委托村（居）民议事会在其授权范围内行使村（社区）级自治事务的决策权、议事权和监督权，村（社区）党组织书记为召集人，协商讨论决定村（社区）日常事务、监督村（居）民委员会工作。议事会需要对村（居）民会议负责并向其报告工作，接受村（居）民会议监督。至2009年，成都所有村和涉农社区都已成立议事会，构建起了党组织领导、村民（代表）会议或议事会决策、村委会执行、其他经济社会组织广泛参与的新型村级治理机制。村民议事会成为农民利益的实际代理人，成为村民委员会过度行政化的矫正者，成为农村社会矛盾的化解者。

得益于多年村民议事会的实践积累，成都彭州市探索如何与政治协商制度有机衔接，构建区县以下以基层民众为主体的协商对话制度及渠道，整合与衔接原有的村民（居民）议事会与新建的镇社会协商会，构建市县、镇、村的三级民主协商平台：市委统战部内设立市级社会协商对话联席会议办公室，统战部部长召集组织部、宣传部、市委党校、民政局等成员单位召开联席会议，指导工作和总体部署；镇级社会协商会由镇统战委员或分管副书记牵头，协商设计群众切身利益的全镇性重大事项；村（社

区）级议事会依然由村（社区）党组织书记召集，依据村（居）民会议授权，行使村（社区）级自治事务的议事权、决策权、监督权。截至2013年7月3日，三个试点镇的协商会共收集议题30多个，对8个重大民生议题通过协商达成共识，并且已经推动实施。[1] 在彭州试点工作取得初步成效的基础上，崇州市也于2013年8月开始在下辖5个乡镇推行试点工作。

该制度的突出特色在于：第一，搭建了上下结合、层层设计的市县、镇、村（社区）三级民主协商平台，实现了政治协商制度到县为止的制度衔接；第二，在原有议事会对本村（社区）重大事务履行决策权的基础上，增加议事会的民主协商职能，对于涉及本村（社区）但需要上级党委政府支持的事项、信访群众反映的但本村（社区）不能解决的问题开展会前协商、会中协商和会后监督，增强群众的主体意识，提高基层政权认同度。

2. 分层分阶段联系服务群众机制

如何坚持群众路线？成都大邑县的思考是，分层次、分阶段构建党员干部联系、服务群众的长效机制，细化解决服务群众"最后一公里"的要点，将群众路线落到每一实处，密切党群、干群关系。

该类分层分阶段联系服务群众的做法被大邑县称为动态建账、民主议账、务实销账、公开晒账、满意结账的"五账法"。其中，动态建账侧重于民情收集制度，由领导和县级部门、乡镇、村社区、组干部带头，组织、引导基层议事会成员、政协委员、社区网络管理员、党代表、人大代表参与，定期走访各自联系的村、社区、村组和农户，多途径收集民情。每个村（社区）活动中心设立民情收集站，村（社区）干部轮流坐班，随时接待群众来电、来访。以民情一户一档信息登记卡为基础，汇总、梳理各级干部收集的民情，分层、分类建立民情台账，定期更新。截至2014年2月末，大邑全县共建立村（社区）明细账532本、乡镇（街道）综合账60本、县级重点账27本，共收集民生诉求问题6848条、困难群众6051户信息、不稳定因素332个。

---

[1] 张醒非、李新华：《成都：协商民主在基层》，《中国统一战线》2013年第9期。

对于收集的社情民意,首先,分层次定期召开村(社区)、乡镇(街道)、县级部门、县委的扩大会议,民主议账;其次,按照分级、分类、分批解决问题的思路,研究制定切实可行的解决方案。根据账本所提问题的不同属性以及群众差别化、个性化的服务需求特点,发挥党组织、基层自治组织、社会组织、小微经济组织的各自优势,构建综合便民服务体系。该县依靠村务公开栏、群众公开信、村(社区)晒账大会、县公众信息网等方式,接受群众监督,群众满意方可结账。

这一分层分阶段联系服务群众机制的突出特点在于:关注到了群众路线在实际运行过程中存在的粗略化、不对症等问题,注重分类、分层、分级等细分类目的精细化思路设计制度,增强群众路线落实的科学化程度,不仅将不同类型的问题控制在不同层面,也增强了群众的不同问题得以解决的可能性。

成都市党员干部为实践"三视三问"群众工作法,推进了以"三进""联村帮户三个一"等为载体的群众路线教育实践活动,即:结合"双联系""联村帮户三个一"等活动"进农村";结合"双报到"活动"进社区";结合民营企业座谈会等形式"进企业";结合开展"学校日"活动,党员领导干部"进学校";结合"三进"活动和四级政务微博体系"进窗口"。据介绍,"三个一"活动开展以来,市级各部门单位组织3642名领导干部深入599个受灾村2314户6341名受灾群众家中,主动对接,帮助解决急需问题,解决受灾群众实际困难。开展"三进"活动至今,已有12位市级领导、36位局级领导进直播间、政务中心、接访大厅,现场回答并解决群众反映问题100多件。[①]

(二)通过组织化培育,激发群众民主参与,助推家园共治

过于刚性的结构在遇到外力时可能导致结构性的崩溃,成都借社会组织搭建起干群沟通的缓冲互动带。

[①]《密切联系群众成都市深入开展"五进"活动》,载四川省人民政府网(http://www.sc.gov.cn/10462/10464/10465/10595/2013/8/21/10273885.shtml/2014—05—05)。

1."自改委"促成政府、居民协同旧改

曹家巷旧城改造项目是成都市城北旧城改造工程中的一个难点,其成功关键在于,以曹家巷居民自治改造委员会为载体,探索"群众主体、政府主导、单位协同、依法改造"的旧城改造模式,几乎每个拆迁环节都由政府和居民协同完成,传递出借组织化培育推进群众民主参与的治理信息。

金牛区曹家巷一二街坊棚户区共有各种类型房产3756套、3364户、面积19.4万平方米,建筑接近使用寿命,绝大多数群众要求改造的愿望强烈。但公房历经数十年几易其主,权属关系复杂,各方安置诉求也复杂多样。2012年1月开始入户调查之际,有人提议拆迁决策应该由居民共同参与,当晚即推选出自己的居民代表,代表全体居民去和政府协调改造事宜。在征求片区所有住户意愿的基础上,形成自治改造曹家巷项目的决定,之后在市、区两级政府的指导下,居民公开投票选出13名住户代表成为委员,曹家巷自治改造委员会(以下简称"自改委")正式成立。

"自改委"担当政府和居民沟通的桥梁。居民有问题,随时可以找自改委委员反映,委员们了解情况后随时汇报给指挥部。在曹家巷的拆迁中,"自改委"收集和反映广大群众对危旧房改造的意见和建议;组织发动全体住户自我教育、自我管理、自我约束,维护合法权益,依靠绝大多数群众做好少数人漫天要价、阻挠搬迁的工作,引导少数人服从、支持、配合自治改造;对规划设计方案和返迁安置方案提出意见和建议,规划设计方案和返迁安置方案批准后,配合入户征求意愿并签订协议;对实施返迁安置房建设进行监督;返迁安置房建成后,配合住户返迁入住。

通过居民代表抽取评估公司评估拆迁、邻里互助明确权属、已签约户说服引导未签约户等方式,十年改不动的曹家巷拆迁工作得以启动实施,一批多年拆不掉的"钉子户"也实现了顺利拆迁。[①] 2013年8月31日,所有房屋腾退完成。选择异地安置的居民已于2014年年前住进大型社区新房。预计两年后,曹家巷片区将建成崭新的商住综合体,选择回迁的曹家

---

① 李后强、杨林兴:《从"一二三"经验看践行群众路线》,《四川日报》2014年4月2日。

巷人将住上电梯新房。①

面对权属关系复杂、安置诉求多样的曹家巷旧改课题，上通下达、协同共治是成都曹家巷拆迁改造顺利推进的重要原因。金牛区通过"自改委"这一组织化平台，广泛团结群众、发动群众，汇聚民智民力，较好地平衡了拆迁群众的不同利益诉求。

2. 培育枢纽型社会组织，助推社区家园共治

随着社会主义市场经济的发展推进，社会自主性潜能不断爆发释放出来，基层社区民众意欲从准行政层级的街道—居委会治理向家园共治转变的诉求愈发强烈，如何正确引导基层群众推进社区家园治理？通过培育枢纽型社会组织，或催生更多社会组织，或提高它们的社会服务专业能力，助推社区家园共治，成为成都民主治理的另一种思路。锦江区社会组织自身的壮大和组织所驻社区的发展正是得益于这一思路。

水井坊街道的党员干部在思考如何推进社区自治工作中萌生扶持枢纽型组织的构想，开始全方位支持社会组织协同治理。第一，提供硬件支持，包括办公场地、项目资金等，引进优秀外来社会组织和培育社区社会组织，帮助社会组织在基层社区"落地生根"。第二，为社会组织协同参与社区治理提供政策支持，在街道办的工作权限范围内给予社会组织尽可能大的自主权利，催生社会组织"发芽"。第三，在社区治理事务中充分利用和协调社区资源，引导社会组织分工协作，发挥各家所长，各尽所能开展项目，引导社会组织"开花"，促进社区治理的创新与探索。例如，社会组织"爱有戏"组织最初自我定位为公益性社会组织，以做文化传播为主。水井坊街道于2012年初提出让"爱有戏"组织尝试居民自治类公益项目，鼓励其在居民自治方面展开探索。目前，"爱有戏"组织已经将居民自治领域的工作重点转向发展院落兴趣小组、举办市民论坛等能力建设方面，帮助居民学习民主议事规则，提高自治能力。另有"与孩子一起成长"组

---

① 《成都曹家巷棚改样本：借自改破解"天下第一难"》，载北方网（http://www.enorth.com.cn/2014—07—10）。

织专注于青少年教育活动。第四，敦促辖区社会组织及时成立党支部，把党建工作纳入社会组织能力评估体系，每年组织服务对象、社区群众等组成评估组，对社会组织"全面体检"，党建工作不合格者将被取消政府资助、政策优惠以及承接政府购买服务的资格，确保社会组织在党的领导下推动实现有效、有序的基层民主治理。辖区内的"爱有戏"等组织都已纷纷成立党支部，作为政府监督社会组织依法参与社区治理的途径和双方有效沟通的桥梁，有序参与民主治理。

目前，得益于辖区内枢纽型社会组织的带动和技术引入，10个院落进行了开放空间会议试点，各自建立了社区书屋、"长者家园"、"三点半课堂"、基层党组织服务点等，形成议事制度、院规民约，为青少年提供托管服务，为老年人提供聊天娱乐场所，为居民提供阅读空间，为院落组织提供聚会议事场所。同时，在不具备建立实体空间的院落建立商议和解决问题的虚拟开放空间。自上述技术引入和活动开展以来，居民激发出内生动力和热情，由被动参与转变为主动参与，先后解决了院落停车、物业管理、小区绿化等关涉群众切身利益的问题，将原本错综复杂的居民自治工作程序化、简单化、规范化。

治理越往基层，所涉问题越繁复庞杂，如何将职能转变与基层民众参与治理的热情、潜能相对接？成都提供了一种组织化思路，通过培育枢纽型社会组织，助推社区家园自治，也随之丰富了民主治理的内涵。

（三）通过构建群众民主监督体系，问效于民

问需于民、问计于民、问效于民的成都"三视三问"群体主体工作法，立足点在于问效于民，这关系执政党政府政策的合法性，关系执政地位的政治正当性，也正是中国共产党倡导和践行群众路线的目的。对此，青羊区整合了监事会、"双述双评"等成都普遍推开的民主监督举措，这一做法在成都颇具代表性。

基层监事会已在成都普遍推广建立，青羊区建立了社区监事会群众主体监督机制，公开选举产生由6名成员组成的社区监事会，作为社区自治事务的常设监督机构，受居民（代表）会议委托，在授权范围内独立行使社区自治事务的监督权，对居民（代表）会议负责并报告工作，接受居民的监督。

在此基础上，开展社区干部"双述双评"群众满意率评价监督。一方面，吸纳群众参与监督。每年年终，由社区工作者就开展群众工作等情况进行个人履职、述职和实绩公示，而后以选举对象和工作服务对象为测评主体、以上级组织和社区群众为评议主体，进行满意度分类测评。另一方面，强化评价结果的刚性运用。社区"两委"成员测评的不满意率达到30%以上的，责令其辞职或启动罢免程序；社区专职工作者考核结果为基本称职的，由街道党工委、办事处提出限期整改要求；考核结果为不称职或连续两年为基本称职的，不发放绩效奖金，不予续聘。

此外，还开展民生项目"一事一评"和院落整改"三色管理"的监督活动。社区监事会对民生项目实施进行全程监督，采取入户明白单、公开栏、数字社区等方式全方位发布信息，保证群众对方案、经费和进展等实施监督；项目完成后，监事会组织不少于100人的利益相关群众进行满意度测评，群众不满意率超过30%的民生项目，要求限期整改直至达标。据了解，自实施"一事一评"监督后，党员群众对民生项目的测评满意率达到96.2%，同比提高5.1%，社区党委连续三年群众满意度达到98.5%以上。院落整改"三色管理"，是院落居民提出院落整改需求，院落议事小组形成整改方案，整改效果和日常维护由院落居民公开进行满意度评价，社区党委按照群众满意度结果进行红、黄、蓝三色管理，除群众评估为需要进一步完善的"黄牌院落"以外，对群众满意度低的"红牌院落"作限期整改，对群众满意度高的"蓝牌院落"作示范推广，并给予专项资金奖励。

不同于上述全程监督三大机制，锦江区借助党风廉政建设，全面推进社区服务、管理、监督的科学化、规范化。第一，全面设立社区纪委，规范民主管理。2013年初在全区所辖社区全部建立社区纪委和社区居务公开监督小组。社区纪委成员515名，协助社区党组织开展党风廉政建设，对同级党组织和党员实施监督；居务公开监督小组成员627名，协助纪委成员做好居民代表大会决议决定执行情况、居务公开情况和资金管理情况的监督工作，协调和督促区级部门制订和完善居务监督委员会工作守则、社区议事协商、民主听证等制度。第二，加强院落和"两新"组织纪检监督，推进基层反腐倡廉网格化。在社区党委下属院落和"两新"组织等党组织中设立纪律检查委员，协助党组织加强党风廉政工作；在居民小组设立廉情监督员，协助社区纪委监督党员、干部和社区工作人员廉洁履职情况，并借助社区廉政相关的网站、65个廉政书屋、49个小广场、1347个展示栏和宣传队伍等，开展廉政宣教，形成社区—小区两级联动监督网。继续深化社区"三务"公开和基层公开综合服务监管平台建设，据悉，访问群众总量达131.4万人次，拓宽了群众参与基层民主治理的渠道。

通过上述践行群众路线的思路和方法，成都市得以不断提升服务群众的广度与质量，以回应群众的多元化需求。

三 民主治理与群众路线的制度空间

成都各级党组织践行群众路线的思路清晰，方法新颖，无论从机制、组织还是体系入手，成都的探索都统一于拓展群众路线的制度空间以深化民主治理的实效、增进执政党的政治正当性。成都实践也存在缺憾，在拓展群众路线的制度空间时依然留有较大余地，这激发笔者对于民主治理与群众路线的制度空间作出进一步思考。

（一）成都践行群众路线的制度空间评述

上述坚持群众路线的实践，只是成都多元创新中的几个侧面，它们是较为成功的，但也存在不可否认的缺憾。

1. 制度预设空间

在通过制度预设，问需于民、问计于民的践行思路中，如何使议事会在法定框架内长期、有序地存续，还面临着一系列的问题。值得注意的是，有些议事会成员虽然勇于发声，但由于缺乏必要的法律知识，对有些问题的政策界限心中无数，盲目议事，有时就议出了违背法律、法规的"决策"。为了促进乡村治理的有效沟通，必须保障主体权益，明确村民议事会的法律地位，为乡村治理的有效沟通提供良好的制度保障；疏通沟通渠道，进一步发挥好各种村民组织的作用，为乡村治理有效沟通建构健全的网络体系；完善沟通机制，进一步形成政府"掌舵"和村民"划桨"的合力，为乡村治理有效沟通提供持续的内生动力。[①] 成都的议事会建设相对规范，相关配套制度也较齐全，进一步明确议事会的法律地位和法律边界，相信其议事会能够走得更远。

对于基层协商民主制度的设计也存在着如何与既有的体制有机衔接的问题。不但有许多社会协商对话的制度、平台、组织、规则、程序、方法、内容等方面需要进一步斟酌完善和整合，需要进一步等待更多实践的检验，而且尚有一些问题存疑。将村（社区）基层自治组织的议事会纳入层级协商对话体系中是否恰当？党员干部分层分类联系服务群众机制同样存在这个问题。以统战部主导推行的社会协商对话制度与以组织部、民政部门主导推行的民主议事制度如何在更高的层面上进行协调或整合？仍有待思考。

2. 组织化培育空间

在通过组织化培育、激发群众参与家园共治的思路中，"自改委"促成政府、居民协同旧改在具体实施的方法上存在着值得商榷的方面。尽管当地政府提出，在落实国务院征收条例方面严格按法律办事，然其引导少数人服从、支持、配合自治改造的方法，存在滑向侵犯私人权利的危险。根据中央电视台于2013年11月17日上午的实况画面，居民组织起宣传队围到楼下，敲锣打鼓喊喇叭动员不愿拆迁者。对于这样的情况，有人斥之为"挑起群众斗群众"。

通过培育枢纽型社会组织，助推社区家园自治的方法也需要进一步完善。笔者在锦江区调研时发现，街道社区对于有些辖区内的枢纽型社会组织竭尽扶持之道，不但提供硬件支持、政策倾斜，而且引导其全力参与到社区

[①] 杨继荣：《论乡村治理中的有效沟通——以成都市村民议事会为例》，《中共四川省委党校学报》2012年第2期。

民主治理当中。政府在职能转型过程中，能够以谦逊学习的态度向社会组织学习，能够为社会组织的发育创造条件，是值得肯定和发扬的；但是，在学习和培育的过程中，要把握好社会组织与社区居委会的角色协同关系，进一步明确社区居委会和社会组织在基层自治中的权责划分，把握好社会组织深入基层民主治理的角色边界和行为尺度，避免在培育社会组织的进程中逐渐迷失政府应当承载的角色和权责。对于开放空间技术等西方参与式方法也需要辩证看待，注意其使用过程中可能出现的政治意识引导错位问题。

3. 体系架构空间

一方面，在通过构建群众民主监督体系、问效于民的践行思路中，建议直接从党代表大会入手，由党代表大会增设审查党的领导机关和领导者如何贯彻群众路线的环节，要求党委会或者党的领导人向代表大会报告群众路线的执行情况，接受代表的质询。

另一方面，要防范基层民主治理的异化。层层设置测评指标，实施结果导向的绩效型考核，这一制度设计的初衷是可以理解的，但似有以行政测评指标考核基层治理的形式主义之嫌。在体系设计中，也要继续加大群众的参与空间。要转换思路，更多地不是从层层考核而是从增强民众家园共治的归属感和责任心入手进行体系架构和制度设计，真正回归到基层民主治理的原旨。

（二）中国民主治理与群众路线互为依存

"成都探索"促使笔者对于民主治理与群众路线的制度空间作进一步思考。

民主治理是在当下中国社会转型、利益多元的背景下，问题和矛盾错综交织，无法按照传统的单向度思维得以解决的产物，它对于政府、民众、市场的多方协作提出了较高要求，对于民众的自主性和参与精神抱持较高期望。群众路线的政治学意义则在于其包含了权力授予方与权力行使方即群众与共产党的关系、利益表达与利益整合的关系、政治评价与政策制定的关系以及民众与政府的关系等多层次重要关系。从中国共产党角度来看，群众路线就是多数人的路线，或者说是居于少数人地位的先进者，怎么处理与多数人关系的路线。从执政党政府的角度考量，群众路线就是如何通过在政策制定过程中强调政策评价、如何既保障民众的利益表达又能有效整合各方利益等，建构理想政府、重塑和谐官民关系。因此，离开党群关系谈中国的民主治理无异于建设空中楼阁。

群众路线中的基点是群众观念。群众观念的核心为人民群众是社会历史发展的主体，党的执政地位来自于人民的认可。因此，倡导和践行群众路线要解决的核心问题是执政地位的政治正当性，现在搞的群众路线教育，战略上的考量其实是回应政治正当性。换句话讲，是想借助群众路线教育进一步构建或者巩固共产党执政的正当性。成都的例子恰恰证明了在社会转型、利益多元的背景下立足群众路线展开民主选举、民主管理、民主参与、民主监督的重要性，那些思路和方法在机制、组织和体系层面强化了执政党的政治正当性。

民主治理的思路多从国家与社会的关系入手，而群众路线的思路更多的是基于中国政治场景的执政党与人民之间的党群关系视角，内在逻辑是依靠党群关系的改善来消解公民国家关系中的委托代理关系中存在的各种问题。[①] 这种逻辑需要一个基本的前提，就是领导党本身能够有效地自我纠错。但自我纠错必然存在内生性困难和限度，由此不可避免地在利益获得和身份认同上发生各种各样的偏差，导致政党与社会双重的内卷化。由于解放以后，人民在利益上依附于党，政党如果觉得没必要去认同群众，对群众的要求不敏感或过度敏感，不回应或过度回应，就出现脱离群众的内卷化趋势。倘若民主治理基于的国家社会关系不明确，群众也会内卷化，会更多地效忠于党，而不是演化成一种真正自主性的社会群体。

因此，民主治理与群众路线互为依存。对于群众路线的理解务必结合民主治理，与时俱进。

[①] 余逊达：《群众路线可成为深化民主切入点》，《凤凰大学问》2013年第65期。

(三) 当前践行群众路线的制度化选择结合成都调研和思考

笔者发现当前践行群众路线的制度化解决之道值得进一步讨论。一方面，随着经济的多元化发展和社会分化的加快，群众的利益和诉求已经而且必将继续趋于多元化。另一方面，深受中国传统政府治理思维和治理体系的影响，群众倾向于将所有问题都诉诸政府解决。一旦出了问题或者问题没有得到及时解决，政府的治理能力和执政党的执政合法性就会受到质疑，政府也深陷自己与民众共同勾画的全权管理社会的童话中不能自拔。大包大揽的治理体系，只能带来治理主体精疲力竭而收获的满意度却不高的结果，凸显治理能力的低下。

所以，对于群众路线的理解务必结合民主治理的要义。群众路线的一方面内涵是需要密切联系群众，另一方面的内涵是放手让群众去做群众能做的事。

第一，贯彻群众路线首先要深化民主政治建设。群众路线要求的民主既包含协商民主，也包含选举民主。根据群众路线的基本要求，人民是主体，党的领导干部需要人民认可，这就是选举民主；从群众中来到群众中去的过程就是协商的过程，也就是协商民主。成都对于基层协商民主制度的关注和探索尤其体现了这一思路。

第二，搭建联系群众平台要与群众的真实需求对接起来。例如，有些地区通过电视问政、网络问政等手段为群众搭建民意沟通平台，确实也有了一个社情民意的收集和分类机制，但是群众更重视眼前存在的问题是否得到解决。实行的关键在于落实和尺度的把握。群众反映的问题，有的是合理的，有的是不合理的，有的是需要政府部门解决的，有的不是政府部门的问题。成都的"五账法""五进"活动等分层分类联系服务群众机制值得学习。

第三，应该找出类似"成都探索"的联席会议机制，对于群众反映的涉及各个工作部门的问题应当放到各部门联席会议上，对于大家反映比较强烈的问题进行归类，由一个比较权威的部门机构牵头，定期召开联席会议。然后将联席会议机制推广到基层各个层级。

第四，长效化群众监督和评价制度。群众路线一个非常核心的问题是，领导者的理论是否符合实际，必须统一在群众身上，而不是统一在领导机关自己身上。成都架构全过程民主监督体系，包括群众参与的开放式绩效评价和多维的问责制，是对这一方面的回应。

当然，群众路线的制度空间还存在不少值得探讨的方面，例如，需要一个科学合理的利益代表机制。群众路线归根到底讲的就是共产党作为少数如何代表、团结作为社会多数的群众。代表需要主观意向，更需要一套机制设定，能够基本准确地反映和区分多数人的意志、特定群体的意志、特定区域的意志等。中国现实政治生活中存在着多种代表机制，问题在于，如何把共产党的代表机制、人民代表大会的代表机制、政治协商会议的代表机制，以及政治协商会议框架之外的社会团体的代表机制和公民个体的代表机制，在共产党群众路线的框架内做有效的协调和平衡，使群众的各种需求得到充分表达。又如，在多元社会中，利益平衡是一个根本问题，在执政党层面，最大的一项利益平衡就是个体权利与公共利益之间的平衡，这也是宪法要解决的基本问题。群众路线就是要保障群众利益。因此从群众路线衍生出来，要想把利益关系平衡好，本质要求就是把宪法秩序建构好。这是成都"自改委"成功推进旧改留给我们的叩问。

综上所述，贯彻落实群众路线可以成为深化民主政治的切入点。在现代政治实践中，倘若依循群众路线来推进政治体制改革，促进和完善民主治理，必须要非常清晰地懂得其本身有多大的制度空间，了解运用群众路线解决问题的类型与条件。因此，随着群众路线教育实践活动的持续开展，成都市结合民主治理践行群众路线的制度化思路与举措依然凸显出进一步研究和思考的价值。

（作者单位：中国社会科学院政治学所）

（原载《中共杭州市委党校学报》2015年第2期）

对马克思主义代议制思想的
错误认识的辨析及实践反思

陈晓丹　薛剑符

马克思主义代议制思想既包括对西方议会民主的批判，又包括对其作为人类文明成果的肯定和借鉴，它是一种辩证的思想理论。但人们在理解和运用这一思想过程中，往往不能正确对待这种辩证性，总是夸大其中一个方面，而无视甚至拒斥另一方面，这便造成了一味与资产阶级划清界限而导致的"议会恐惧症"和狂热崇拜西方民主模式而导致的"议会盲崇症"的出现。正确理解马克思主义代议制思想，对于克服民主化进程中的错误倾向有重要意义。

一　对马克思主义代议制思想的错误认识的表现及分析

（一）"议会恐惧症"

在马克思主义代议制思想中，由于马克思、恩格斯在著作中对西方议会民主进行了大篇幅的批判，使其在肯定西方民主的进步意义、利用普选和议会等形式实现无产阶级民主等方面的思想在很大程度上被遮蔽甚至被淹没。这就使后人在理解和运用马克思、恩格斯代议制思想时，往往只看到前者，而忽略了对资产阶级议会民主作为人类文明共同成果的利用。在马克思、恩格斯对待代议制的态度上，也只看到了其对西方议会制实质的揭露和否定，没有看到议会在历史上所具有的进步意义，这导致在部分人的思想和实践中，一提及代议制便认为是西方资产阶级的代名词，对代议制敬而远之，甚至假以马克思的名义将其彻底否定，患上了"议会恐惧症"。其实，这种思想在历史上屡见不鲜。例如在苏维埃建设中，列宁就曾一度认为直接民主才是实现社会主义民主的途径，从而不顾俄国落后的国情，盲目要求人民群众直接参与国家事务的管理，最终导致行政和管理效率低下，生产力发展严重滞后；再比如在社会主义民主政治建设过程中，国家领导人为了防止西方的和平演变和官僚主义的滋生，也曾经试图以"大民主"的方式实践马克思设想过的直接民主的美好蓝图，追求"纯而又纯"的社会主义。但实践证明，以大民主形式作为人民管理国家的路径，离民主越来越远，最终走向了民主的反面。

无论是直接民主制思想还是大民主思想，从表面看都是坚决反对资本主义、捍卫社会主义的，这似乎与马克思主义代议制思想中对议会民主实质的批判相契合，因而在一些人眼中是最为正宗、正统的马克思主义民主实践。但实质上，这种一味与资产阶级划清界限的"议会恐惧症"恰恰是曲解甚至违背马克思主义代议制思想的做法。在马克思、恩格斯看来，西方议会民主相对于封建专制来说具有不可抹杀的历史进步性，其具体的制度形式如代议制、共和制、普选制等作为上层建筑的外在表现形式具有广泛的工具价值，由哪个阶级掌握就为哪个阶级服务。当它为资产阶级掌握时，便成为资产阶级压迫人民、谋取特殊利益的工具；当它为无产阶级掌握时，同样可以成为实现人民当家作主、管理国家的途径。可见，西方议会民主的局限性和虚伪性主要体现在享有民主的主体即资产阶级上，而不是体现在代议制、共和制和普选制等民主的具体形式上。从这一角度来说，代议制是人类文明的共同成果，应该在社会主义民主建设过程中加以吸收和借鉴。倘若对议会民主一味地批判、拒斥，盲目追求直接民主作为社会主义民主的实现形式，最终只会导致在追求民主的道路上图有虚名而招致实祸。

(二)"议会盲崇症"

在理解和运用马克思主义代议制思想过程中,除了"议会恐惧症"之外还存在另外一种错误倾向,即只看到马克思、恩格斯肯定和赞扬西方民主的进步意义,忽略了对其阶级实质的揭露,只迷信西方议会民主的表面繁荣,从而无视资产阶级民主的阶级实质和弊端,错误地认为西方议会民主中的所有内容都具有普适性。这种思想常常表现为一味崇尚多党制、三权分立甚至全盘西化的"议会盲崇症"。

"议会盲崇症"在历史上曾频频出现,例如在1848年欧洲革命中出现的"议会迷"。"议会迷"(Parlamentarischer Kretinismns)是指那些把资产阶级议会制度看作万能的痴人、蠢人,也可以译为"议会痴"。① 马克思、恩格斯最早用"议会迷"一词是用来批评1848年欧洲革命时期法兰克福全德国民议会和柏林普鲁士国民议会中的小资产阶级民主派领袖迷信资产议会制度的行为。后来又泛指那些醉心于议会制度的资产代表人物。"议会迷"们对议会制度的暧昧态度已经远远超出利用议会制度取得革命胜利的底线,他们对西方议会的热衷与依赖导致他们很难在革命胜利后正确对待议会制度,从而将议会制度原封照搬到社会主义民主建设中。

这种"议会迷"式的"议会盲崇症"不仅存在于1848年的欧洲革命中,在我国的民主建设中也曾出现。苏联解体之后,许多人认为这是社会主义民主同资产阶级民主对决的失败,资产阶级自由化思潮在我国严重泛滥,要求将以多党制、三权分立为特征的资产阶级民主直接移植到我国的呼声一直都在,特别是在20世纪80年代末90年代初期,全盘西化的对外开放主张尤为激烈。这些全盘西化论者不仅主张学习和引进西方的技术、管理方法,更热衷于学习和引进西方资本主义的经济制度、政治制度和意识形态,在中国搞多党制、私有化和完全自发的市场经济。很显然,这种全盘西化的思潮正是"议会盲崇症"的表现,它与"议会恐惧症"相同,

---

① 周华平:《关于"议会迷"概念演变的考证与思考》,《社会主义研究》2008年第6期。

即都没有全面、正确地理解马克思主义代议制理论。但不同的是,"议会恐惧症"是只看到了议会民主的局限性,而没有看到它作为人类文明共同成果的可借鉴性,是一种"左"倾的表现;"议会盲崇症"正好相反,有这种倾向的人们只看到议会民主的表面繁荣,而忽视其阶级实质和弊端,是典型的"右"倾主义者。这种思想倘若不及时纠正,很容易成为西方资本主义国家和平演变的突破口。

可见,无论是只看到资产阶级民主局限性和虚伪性而导致的"议会恐惧症",还是只关注西方议会民主进步作用而患上的"议会盲崇症",这二者都没有全面理解和认识马克思、恩格斯的代议制思想。那么,如何才能避免这两种错误倾向,正确吸收议会民主的有益成果呢?毛泽东对此有一个形象的比喻,他说:"中国应该大量吸收外国的进步文化,作为自己文化食量的原料,这种工作过去还做得很不够。不但是当前的社会主义文化和新民主主义文化,还有外国的古代文化,例如各资本主义国家启蒙时代的文化,凡属我们今天用得着的东西,都应该吸收。但是一切外国的东西,如同我们对于食物一样,必须经过自己的口腔咀嚼和胃肠运动,送进唾液、胃液、肠液,把它分解为精华和糟粕两部分,然后排泄其糟粕,吸收其精华,才能对我们的身体有益,决不能生吞活剥地毫无批判地吸收。"[①] 由此可以看出,克服"议会盲崇症"和"议会恐惧症"的药方只有一个,那就是全面、辩证地对待马克思主义代议制思想中关于西方议会民主和无产阶级民主实现形式的思想,肯定议会民主作为人类文明共同成果的有益成分,但不能迷信其是万能的灵丹妙药。

二 对马克思主义代议制思想的实践反思

无论是"议会恐惧症"还是"议会盲崇症"导致的社会主义民主实践的失败都给社会主义事业带来了巨大挫折,但这种挫折甚至失败并不意味

[①] 《毛泽东选集》第 2 卷,人民出版社 1991 年版,第 700 页。

着社会主义的终结，更不能据此否定马克思主义代议制思想本身的核心价值和基本目标，而只能说明那种违背马克思主义代议制思想的社会主义模式或具体的制度安排已经耗尽了潜力，走到了尽头。正如萨托利所言，"无视过去的经验，只会使过去的错误和可怕现象再次出现，为了前进，我们必须避免倒退"[①]。由前人书写的历史虽然已经结束，但总结其中成功的经验、失败的教训却是当代进行社会主义民主建设时不可缺少的功课。

（一）要以马克思主义的态度对待马克思主义代议制思想

马克思主义代议制思想是关于无产阶级民主实现形式的学说。在这一学说中，如何对待西方议会民主和通过何种方式实现人民当家作主，马克思主义的创始人对此都已经进行了较为透彻的分析，但这并不意味着所有的马克思主义者对此都已经清楚并理解。社会主义民主建设中的挫折与失败证明，人们对马克思主义代议制思想的理解一直处于一种似是而非的状态中。因此，要想以马克思主义代议制思想来指导社会主义民主实践，首先就要"回到马克思"，以马克思主义的态度去解读这一理论。

以马克思主义的态度对待马克思主义代议制思想，就要以全面的视角来解读马克思主义代议制思想。马克思主义代议制思想是一种辩证的思想体系，这种辩证性主要体现在对待西方议会民主的态度上。马克思主义代议制思想从不曾笼统地肯定或否定议会民主，而是对其合理因素与阶级实质进行了区别对待。就阶级实质而言，马克思主义代议制同议会民主确实是针锋相对的，这种针锋相对是民主主体"众"与"寡"的对立，是阶级实质的差别。也正是由于议会民主主体的狭隘性，马克思、恩格斯等经典作家才对其进行了猛烈的批判与揭露，指出议会民主并非人类解放的最后出路，无产阶级要"打碎旧的国家机器"，寻求"劳动阶级能在世界上空前广泛地实际享有民主"的机制。但倘若只看到马克思主义代议制思想对议会民主局限性和阶级实质的批判并认为这是其全部内容，那么这种解读

---

① 萨托利：《民主新论》，上海人民出版社1990年版，第11页。

无疑是片面和肤浅的。马克思主义代议制思想在批判议会民主的同时，也充分肯定其历史进步意义，正如列宁所言："资产阶级的共和制、议会制和普选制，所有这一切，从全世界社会发展来看，是一大进步"[①]；"如果没有代表机构，我们不可能想象什么民主，即使是无产阶级民主"[②]。可见，对议会民主的肯定与借鉴同对其阶级实质的揭露与批判一样，都是马克思主义代议制思想的重要内容，如果不能全面地认识这种辩证性，就很难运用马克思主义代议制思想正确指导社会主义民主建设。俄国苏维埃建设初期的直接民主尝试和我国"文化大革命"时期的大民主运动以及苏联解体、东欧剧变，都是对马克思主义代议制思想或"左"或"右"的认识偏差所导致的史鉴。这些对马克思主义代议制思想的错误认识导致的实践教训是惨痛的，它们就像历史的警钟，不断敲打着后来的马克思主义者，向他们昭示：全面认识马克思主义代议制思想的同时，既要充分利用议会民主作为人类文明共同成果的有益贡献，又要看到深藏在议会制度下的阶级实质，警惕西方的和平演变，才是科学地对待和运用马克思主义代议制思想的正确态度。

以马克思主义的态度对待马克思主义代议制思想的同时，还要以发展的眼光来看待马克思主义代议制思想。我们都知道，社会主义建设对于共产党人来讲，是一个远比领导革命和战争更为艰巨的伟大事业，也是一个没有先例可循的探索过程，而马克思主义经典作家对其的描述往往是宏观蓝图式的呈现，社会主义民主建设所面临的各种新问题、新矛盾在他们那里不可能有现成的答案。这就需要社会主义建设者们积极探索、大胆创新，在坚持和运用马克思主义代议制思想的同时，不断发展和创新这一理论。就马克思主义代议制思想本身而言，它同其他的马克思主义理论一样，是一种开放的体系和发展的理论，而不是封闭的绝对真理。无论是马克思、恩格斯还是列宁，都从不曾把自己视为终极真理的拥有者，他们都是在坚持马克思主义基本立场的基础上不断地完善这一理论。历史的教训也已经

---

① 《列宁选集》第 4 卷，人民出版社 1995 年版，第 39 页。
② 《列宁选集》第 3 卷，人民出版社 1995 年版，第 152 页。

证明：固守马克思主义代议制思想中的某些言论，教条式地运用它来指导实践，必然会遭遇挫折和失败。例如苏联自斯大林时代起，共产党人在指导思想上教条主义倾向日益严重，马克思主义代议制思想中的个别原理被极端教条化，把苏联在特定历史条件下建设社会主义的经验绝对化和神圣化，形成了极其僵化的思维模式，窒息了马克思主义的生机和活力，导致执政的共产党在人数上数以千万计，似乎"战无不胜"，但实际上已经无法解决和回答社会主义发展中出现的各种现实问题，最终在各种理论思潮的论战中漏洞百出，丧失了几代马克思主义者得之不易的理论阵地。随着思想上的破产，苏共在组织上和政治上陆续垮台，最终苏联解体。对于苏联的解体，许多人将其归咎为西方的"和平演变"，但正如曾担任过戈尔巴乔夫助手的博尔金所说的那样："无论是世界大战、革命、还是两大阵营的军事、经济对抗，都没能摧毁和肢解这个伟大的国家，苏联是被人从内部攻破的。"因此，与其说堡垒是从外部攻破的，不如说是苏共自身没有在实践中去发展马克思主义理论，使马克思主义理论长期僵化，造成了创新能力的丧失。

历史的尘埃已经落定，但历史的教训却发人深省。以全面、发展的眼光看待马克思主义代议制思想，相信它作为无产阶级民主实现形式理论的科学性，而不迷信、执拗于其中的个别词句，以马克思主义的态度对待马克思主义代议制思想，这是前人用血的代价换来的教训，也是后人进行社会主义民主建设所必须遵循的规律。

（二）既要大胆借鉴议会民主建设的经验，又要独立探索具有本国特色的社会主义民主道路

借鉴他国的建设经验同自我的独立探索从表面上看似乎是相互矛盾的，其实不然。借鉴西方议会民主建设的经验并不是简单的制度移植或民主思想引进，因为这种"借鉴"常常会变成对西方某种民主观的宣扬。科学的借鉴更多的是从西方民主政治发生、发展的历程与事实中认识西方民主，并汲取其政治管理经验和制度设计中的有益成分。这种借鉴不仅不会阻碍社会主义民主建设的发展，反而会使本国的民主建设事半功倍。

考察共产主义运动史可以发现，有生命力的民主制度往往都是对马克思主义和人类政治文明一切有益成果的创造性运用，而不是马克思主义者闭门造车的产物，例如我国的人民代表大会制度。人民代表大会制度是在不断吸收国际共产主义运动中无产阶级政权建设的成功经验中形成和发展起来的，也是在不断借鉴议会民主有益成果的过程中逐渐成熟起来的。正如有的学者所说的那样："人民代表大会制度中除属于新民主主义革命以来中国人民和中国共产党人独创的内容外，所有吸收和借鉴的内容，都是舶来品、外国货，没有一点是从中国自己的祖先那里学来的，因为中国传统专制制度中，没有一丝一毫民主性的内容可供后人的民主制度继承。可以说，没有国外民主制度的影响和渗透，可能也就没有现在这种状况的人民代表大会制度这样一个国家基本政治制度。"[1] 可见，对他国民主建设经验的汲取是人民代表大会制度各项内容得以确立的重要来源。当然，这种对外国经验的借鉴与吸收并不是盲目地生搬硬套与模仿照抄，而是根据国情和当时的具体情况进行有选择的借鉴与吸收。无论是巴黎公社、苏联的苏维埃制度，还是西方议会民主，人民代表大会制度对其的借鉴都是秉承着这种科学的态度，适合共产党领导政权建设需要的、能够实现人民当家作主的就采纳吸收，不适合中国国情的绝不采用，而以人民自己创造的适合中国国情的内容加以代替。这样，他国民主建设中的某些基本原则成了人民代表大会制度的内容，而其具体做法却没有在人民代表大会制度形成与发展过程中的任何一种形态中全盘套用。这种有选择性的借鉴与吸纳是人民代表大会制度保持顽强生命力与活力的重要因素。

相反，如果在借鉴他国民主建设经验时不加辨别地采用"拿来主义"，那么这种借鉴便变成了盲目复制与再版，势必会"水土不服"。因为每个国家和民族的政治发展道路都是从特定的历史环境和政治传承中衍生出来的，强制的制度移植必然会产生"南橘北枳"的后果，在别处看似繁荣的

---

[1] 袁瑞良：《人民代表大会制度形成发展史》，人民出版社1994年版，第532页。

民主景象，移植到本国很可能就成为暗藏的危机。东欧剧变就是一个典型的案例。从严格意义上来说，东欧各社会主义国家照搬苏联高度集权的政治模式并非完全出于自愿，尤其在冷战爆发后，苏联以大国权威加紧了在东欧国家推行自己模式的步伐，要求这些国家在政治、经济上照搬苏联模式，不仅在体制上照搬苏联，甚至连"政治大清洗"也要照搬苏联。这种强制性命令使得东欧各国在各方面都同苏联保持了一致，社会主义阵营中呈现出整齐划一的苏联模式。照搬苏联高度集权的政治体制使东欧各国同苏联一样出现了以党代政、个人集权和贪污腐化等问题，如罗马尼亚的齐奥塞斯库、保加利亚的日夫科夫等在本国大搞个人迷信，实行家族统治，严重脱离了广大人民群众，使党的威信严重受损，因而在危急关头人民就抛弃了共产党和社会主义。可见，这种不顾制度生存的土壤而一味抄袭别国模式，甚至放弃独立自主探索本国特色社会主义民主建设模式的做法，只会制造混乱，酿成苦果。

（三）对民主形式的选择，既要使之动员民众又要惠及民众

马克思、恩格斯在《共产党宣言》中说："工人革命的第一步就是使无产阶级变成为统治阶级，争得民主。"① 这句话包含着怎样的深刻内容，并不是所有人都很清楚。当我们考察苏维埃建设初期直接民主的实践、"文化大革命"时期大民主的盛行以及传统社会主义模式在苏联和东欧建立、发展直至覆灭的历程时不难发现，以上道路之所以不能适应社会的发展而最终走向灭亡，没有选择适当的民主形式使其既动员民众又惠及民众是其中重要的原因之一。

在许多人看来，实现人民当家作主、把人民的利益放在首位就是不断提高人民群众参与国家事务管理的程度。诚然，公民的政治参与是实现人民主权的重要内容，但政治参与程度与人民利益的实现程度和当家作主程度并不是绝对成正比。这是因为，当民众的素质、社会环境及经济发展尚未达到一

---

① 《马克思恩格斯全集》第4卷，人民出版社1958年版，第489页。

定高度时，过早放开民主参与只会增加民主的风险和负担，往往会南辕北辙。例如，俄国苏维埃建设初期的直接民主实践和我国"文革"时期的大民主运动，都是在尚不具备公民直接参与国家管理的条件下所进行的民主尝试，结果这种开放式的群众参与虽然动员了民众，却没有使民主惠及民众，反而损害了人民群众的利益。因此，在政治、经济、文化等方方面面还没有达到实现直接民主所需要的条件时，过分强调和放开人民群众对国家事务的管理实际上是一种不负责任的表现。它不仅不能真正地表达人民群众的利益需求，往往还会成为个别野心家和政客们获取政治权力的工具，使国家陷入混乱，将人民推向水深火热的境地。可见，发展社会主义民主，要把人民群众的利益放在首位，选择真正有利于实现人民群众利益的民主实现方式，而不是盲目追求民主形式的跃进，这种跃进只能图虚名而招实祸。

如果说直接民主制的形式动员了民众但没有使民主惠及民众是在客观上导致了人民群众利益受损，那么苏联解体、东欧剧变的历史教训恰恰与之相反。正是由于高度集权的政治体制阻塞了人民参政议政的道路，日益滋长的官僚阶层践踏了人民群众的利益，最后在关键时候多数群众走向了共产党的对立面，使得共产党丢失了政权。正像前民主德国议长辛德曼在1990年所讲的那样："可以确切地说，我们是被人民，而不是被一场'反革命运动'赶下台的。"[①] 当初共产党人之所以能够取得政权，靠的是广大人民群众的支持和拥护，因为当时的共产党能真正代表人民群众的根本利益，从不谋取一己私利。但到了社会主义建设的和平年代，情况却发生了很大改变。在苏联解体前，从斯大林时代到戈尔巴乔夫改革之前，苏联共产党人在主观上始终都认定自己是人民根本利益的代表，认定苏共的利益与苏联人民的利益是一致的，它的每一部宪法、党纲都标明国家是人民当家作主的国家，党是代表工人阶级和全体人民利益的党。然而，理论的高调同实践的状况却有着极大反差。解体前的苏联，选举制度常常流于形式，委任制被滥用，监督体系十分薄弱，这就难以保证人民的代表、党政干部

---

① 关志刚：《世界社会主义纵横》，人民出版社2007年版，第138页。

能够真正对人民负责、接受人民的监督。党政的高层领导往往处于权力金字塔的顶端,几乎不受任何监督和制约。1989年,苏联社会科学院发出一项名为"苏共究竟代表谁"的调查问卷,收回的是这样一组数据:认为苏共代表全体劳动人民的只占7%;认为苏共代表工人的只占4%;认为苏共代表全体党的也只占11%;认为苏共代表党的官僚、干部和机关工作人员的占85%。[①] 这就不难解释为什么克里姆林宫红旗落地时莫斯科是那样平静,政权交替是那样顺利。普通苏联民众以及部分苏共党员对苏共解散、苏联解体的冷漠态度虽然令人心寒,但也不难理解。尽管马克思、恩格斯在《共产党宣言》中曾明确指出,共产党"不是一个特殊的政党",它"没有任何同整个无产阶级的利益相脱离的利益",但共产党具有与人民根本利益一致的执政优势并不会自然而然地从理论转化为现实。这需要选择适当的民主形式以及与之相适应的一整套体制、机制和运行程序,既把这种民主形式作为号召、动员民众参加国家事务管理的手段,又以这种民主形式达到人民当家作主的目的,否则社会主义民主的优势只能停留在理论上,成为一个难以兑现的承诺。

历史的脚步已渐渐远去,然而历史留给人们的启示却离得越远看得越清楚。错误认识和实践马克思主义代议制思想的史鉴告诉我们,无论是只看到资产阶级民主局限性和虚伪性而导致的"议会恐惧症",还是只关注西方议会民主进步作用而患上的"议会盲崇症",其原因都是没有全面、科学地理解和认识马克思、恩格斯代议制思想。只有全面认识马克思主义代议制思想,在汲取西方议会民主优势基础上发展无产阶级新型代议制,充分发挥人民代表大会制度的优势,才会有助于社会主义民主政治建设的健康发展。

(作者单位:江苏科技大学、中国社会科学院政治学所)
(原载《江苏科技大学学报(社会科学版)》2015年第1期)

[①] 王长江、姜跃:《现代政党执政方式比较研究》,上海人民出版社2002年版,第288页。

世界古代民主与专制政体的判定

易建平

本文所谓的"古代"是广义的概念,包括原始社会与古代国家社会。在原始社会与古代国家社会,公共权力的构成形式即政体,是我们理解和把握文明与国家起源的核心问题。从词源学上看,"文明"即"国家"[①]。因此,研究"文明"的起源,也就是研究"国家"的起源。所谓"文明"社会,也就是"国家"社会,因此与国家社会相关的资料,才能够作为文明与国家起源的证据。那么,什么是国家呢?马克思主义经典作家早已明确指出,国家有两个明显的标志:其一是地区原则(前国家社会是氏族血缘原则),亦即国家是"按地区"而不是像以前那样"按血缘"来划分自己的人民;其二则是公共权力的设立。[②] 关于这一概念的适用性问题,笔者将另有专文探讨。本文试图解决的问题是:在世界古代政体形成、发展和演变过程中,何谓民主,何谓专制,以及这两者是否足以全面概括人类早期社会所有政治权力的构成形式。

一 对古代民主政体的误判

在国内学术界,有学者把古代民主政体和专制政体的特征大致概括为:

---

① 参见易建平《从词源角度看"文明"与"国家"》,《历史研究》2010年第6期。
② 《马克思恩格斯选集》第4卷,人民出版社1995年版,第170—171页。

前者以"集体性质的权力"为最高权力,后者则集中地表现为,只有"个人性质的权力",而无"集体性质的权力"。① 在部落联盟的权力构成形式的判定上,有学者概括出以下几点:没有最高首脑、全体一致通过的议事原则、部落之间相互独立而又平等的关系、部落联盟的二权制或三权制。② 这四点内容实际上也就是四条标准,被用来判定一个前国家社会的权力构成形式是否属于民主的部落联盟制度。③

然而,在笔者看来,这些标准用于国家产生前一阶段社会权力构成形式的判定,并不适宜。

首先,把部落联盟没有"最高首脑"或者"最高首领"这一点用作标准,来检验国家产生前一阶段的雅典人和罗马人以及所谓部分日耳曼人的政治组织,是不合适的。④ 当然,在国家产生以后,它也就更不能被用作判定一个国家的权力构成形式的标准。国家的历史表明,拥有最高首领与民主政体并不矛盾,这无论是在理论上还是在实践中,都是一个不成其为问题的问题。比如,在当代美国政体中,虽有最高首领即总统一职,却仍不失其民主政体形式。

所谓全体一致通过的议事原则、部落之间相互独立而又平等的关系,这两点只是证明了易洛魁人的部落联盟组织结构还不够紧密而已,它的政治整合度还很低,低于当今的联合国;他们的社会距离国家产生的路途尚远,尚处于摩尔根和恩格斯所谓的野蛮时代低级阶段和塞维斯所谓的部落阶段。⑤ 而国家产生前一阶段的雅典人与罗马人,处于摩尔根和恩格斯的野蛮时代高级阶段和塞维斯的酋邦阶段;即便只是按照摩尔根和恩格斯的

---

① 谢维扬:《中国早期国家》,浙江人民出版社1995年版,第69—76、121—235页。
② 谢维扬:《中国早期国家》,浙江人民出版社1995年版,第123—134页。[美]摩尔根:《古代社会》,杨东莼、马雍、马巨译,商务印书馆1971年版,第212—213、第220—253页;易建平:《部落联盟模式与希腊罗马早期社会权力结构》,《世界历史》2001年第6期,第52—53页。
③ 谢维扬:《中国早期国家》,第251—275页。
④ 易建平:《部落联盟模式与希腊罗马早期社会权力结构》,《世界历史》2001年第6期,第51、55—60页。
⑤ [美]摩尔根:《古代社会》,杨东莼、马雍、马巨译,商务印书馆1971年版,第13、220—253页;《马克思恩格斯选集》第4卷,人民出版社1995年版,第20—21、82—97页;Elman R. Service, Primitive Social Organization: An Evolutionary Perspective, 2nd ed., New York: Random House, 1971, pp. 99–132.

说法，他们也已经超越部落联盟阶段而合并为民族了，拥有由巴赛勒斯或者勒克斯、贵族会议或者元老院、人民大会或者部落大会所组成的中心权力形式或者说权威体制。[1] 因此，这两点作为检查某个社会在某个发展阶段上所达到的政治整合程度，是可以的。但是，如果抽象出来作为判定权力构成形式的标准来看，是不合适的，不能用作判定民主政体的必然标准。因为，实行多数决定的原则，虽然也很可能使处于决策活动中的少数人无法保持自己的独立地位，却恰恰是民主政体得以保证良好运作的根本原则。此外，实行多数决定原则，当然也并不一定意味着否定少数人在整个决策体系中的平等地位。

至于二权制与三权制，就涉及民主权力形式的关键点而言，在有的学者看来，是指那种"集体性质的权力"，也即见于易洛魁人部落联盟制度中的酋长会议，以及许多学者猜想的、见于摩尔根和恩格斯著作中的国家产生前一阶段雅典人和罗马人等所谓"部落联盟"制度中的贵族会议与人民大会。[2] 那种"集体性质的权力"，在判定一个社会的权力形式方面，当然是具有重要意义的指征。不过，严格说来，按照摩尔根和恩格斯的学说，这一点应用于国家产生前一阶段的希腊人和罗马人的社会，并不完全适宜，因为到那个时候，他们的社会组织已经不是部落联盟，而是民族了。[3]

此外，从原始社会研究的角度来看，"集体性质的权力"虽然是一个社会政治组织的权力形式在制度化方面的重要内容，但是我们以为，在一个原始的社会里，也应该注意到，重要的不是形式，重要的不是到底存在真正的

---

[1] [美]摩尔根：《古代社会》，杨东莼、马雍、马巨译，商务印书馆1971年版，第216—340页；《马克思恩格斯选集》第4卷，人民出版社1995年版，第22—23、97—129页；Elman R. Service, *Primitive Social Organization: An Evolutionary Perspective*, pp. 133 – 169; ElmanR. Service, *A Century of Controversy: Ethnological Issues from 1860 to 1960*, Orlando: Academic Press, 1985, p. 10, 37, pp. 129 – 130; Yale Ferguson, *Chiefdoms to City - States: The Greek Experience*, in Timothy K. Earle, ed., *Chiefdoms: Power, Economy, and Ideology*, Cambridge: Cambridge University Press, 1991, pp. 169 – 192.

[2] 谢维扬：《中国早期国家》，浙江人民出版社1995年版，第69—73、145—170页；[美]摩尔根：《古代社会》，杨东莼、马雍、马巨译，商务印书馆1971年版，第120—148、216—340页；《马克思恩格斯选集》第4卷，人民出版社1995年版，第82—129页。

[3] 易建平：《部落联盟模式与希腊罗马早期社会权力结构》，《世界历史》2001年第6期，第51、62—63页；[美]摩尔根：《古代社会》，杨东莼、马雍、马巨译，商务印书馆1971年版，第216—340页；《马克思恩格斯选集》第4卷，人民出版社1995年版，第97—129页。

酋长会议以及（或者）人民大会与否，而是决策权力实质上掌握在一个人（不管他名义上是否最高首领）手里，还是某种范围内的多数人手里。原始社会政治组织的一个基本特征，就是原始，不管是民主政治还是专制政治，其组织形式并不都表现得那么规范，而且，原始社会的政治体制运作起来，通常也并不都表现得那么程序化。以人民大会举例：不定数量的武装男子以及其他有权参加会议的人员，不定期地聚集在一起，乱糟糟地讨论事情；通过决议的方式，常以赞成否定两方声音大小为准；最后的结果却可以是，不管决议如何，赞成者实行，不赞成者不实行；通常，在那里并没有一种强制性的权力强迫他人怎么行事。这的确是许多原始社会人民大会召开时的实际情形。因此，过分强调原始民主组织的二权或三权的制度化特征，并无关键性质的意义，也并不十分有助于学者们实际进行的研究。

在判定"民主政治"方面，国内学者还提到了"排除个人专权"这一特征。[①] 在判定尧、舜、禹"部落联合体"的权力形式时，就应用了这条标准，从而得出结论：在这个联合体内，"个人专权"并未被"排除"，事务是由"最高首领决断"的，结合其他因素，因而可以判定它不是民主的部落联盟，而是专制的酋邦。[②]

"排除个人专权"标准，与二权制或三权制的"集体性质的权力"标准，这两条实际上可以合起来，成为一条大的标准；它们本身就是一条大标准的两个方面。不谈它们在涉及制度化方面的意义，仅就其中心的内容而言，实际上牵涉到决策的人数多寡问题。它们结合起来，在判定一个社会权力形式的非专制政治特征时，应该说是有很大帮助的。

我们还可以看得出来，"排除个人专权"这一条标准，也过于宽泛，让人难以从众多"排除个人专权"的政治实践中，拘定"民主政治"。二权制或三权制的"集体性质的权力"标准，则要面对原始社会的政治体制运作方式较少形式化、程序化的问题。

---

① 谢维扬：《中国早期国家》，浙江人民出版社1995年版，第166—168页。
② 同上书，第258—275页。

二　重新界定古代民主政体

要判定古代社会权力形式的民主特征，并给出明确的定义，并非易事。我们不妨采取一点变通的办法。古往今来，人们对民主的界定，分歧之大，人所共知，但是有一点，大家相对来说比较一致地赞同，那就是，它至少是在理论上由共同体全体成年成员或者至少其中多数成年成员，来直接或间接进行决策的一种体制。如果这一点立得住，那么我们就可以把以往学者的界定进行修改、调整为：古代的民主政体是指，在一个共同体之内，在牵涉到大多数人关心的利害问题上，是由全体成年成员或者至少多数成年成员，合法地或者说合乎惯例地、直接或间接地来进行决策的一种政治体制。当然，这并不排斥非成年成员参与决策的可能性。

对于判定一个早期社会的权力形式是否民主的工作来说，这一定义似乎不无意义。需要说明的是，这里所谓"全体成年成员或者至少多数成年成员"，主要是在理论意义上而言的，指的是那些在理论上可以合法地或者说合乎惯例地参与决策活动的成员。这里特别强调"在理论上"，是因为大家都清楚，在一个共同体的实际历史发展过程当中，并不一定每一次决策，都是由"全体成年成员或者至少多数成年成员"来进行的，即便是在理论上应该那样做。

然而，另外一个问题又出来了。我们知道，在普选权实行以前，在历史上被称作民主的共同体内，不要说实际参与决策活动的成年成员，即便只是在理论上可以合法地或者说合乎惯例地参与政治活动的成年成员，也往往不一定在成年成员的总数中占到多数，典型的例子即是被国内学者当作古代民主政治代表的雅典。[①] 看来，我们似乎不得不作出一种选择：要

---

① A. W. Gomme, *The Population of Athens in the Fifth and Fourth Centuries B. C*, Chicago: Argonaut (Unchanged reprint of the original edition Oxford 1933); Mogens Herman Hansen, *Demography and Democracy: the Number of Athenian Citizens in the Fourth Century B. C.*, Herning: forlaget systime, 1986; Walter Eder, *Who Rules? Power and Participation in Athens and Rome*, in Anthony Molho, Kurt Raaflaub, and Julia Emlen, eds., *City-States in Classical Antiquity and Medieval Italy*, Stuttgart: Franz Steiner Verlag, 1991, pp. 169–196.

么修改定义；要么说服大多数人，不把那种共同体称作民主的共同体。① 并且，还要修改过去两千多年的文献。要做到后者显然不太可能。唯一的出路好像只有再次修改我们的定义。

因此，笔者以为，似乎可以再加上一个限定，把我们的上述定义修改成：古代的民主政体是指，在一个共同体之内，在牵涉到大多数人关心的利害问题上，是由全体全权成员或者至少多数全权成员，合法地或者说合乎惯例地、直接或间接地来进行决策的一种政治体制。

这里所谓"全权成员"，大致是指人身自由的、享有比较充分的所谓"成员权利（citizenship）"的成员，包括这个社会的特权成员，但是非专指这些成员。限定这种范围，是因为在国家产生之前相当一段时期内，在国家产生以后、迄今为止的时期内，社会的根本基础是不平等的，塞维斯和弗里德等人的社会演进理论已经部分地指出过这一点。② 社会成员分成各种等级乃至阶级，各个等级或阶级权利不平等。我们知道，即便是在伯里克利时代的古典雅典，我们现在所熟悉的古代民主政治达到顶峰的时期，也只有血统"完全"纯正的雅典成年男子，才享有比较完全的"公民权利"，而数量众多甚至更多的人包括妇女、血统不完全纯正的雅典成年男子、外国人和奴隶，等等，则是缺少或是比较不完全享有"公民权利"的，因而缺少或是比较不完全享有参与政治活动的权利的。在酋邦社会里，享有比较充分的所谓"成员权利"的，也可以不是整个酋邦社会的全体成年成员，而可以是某个或者某几个高阶等的部落、氏族、村落、甚或世系群中的成年男性成员或者成年男性和女性成员；并且，在那些特殊的群体中，也并非每一个成年男性成员或者成年男性和女性成员，都拥有同样充分的所谓"成员权

---

① 例如，斯宾塞就是这样认为的："那些政治组织——在它们下面，如同在古希腊和罗马的政府下面那样，五分之四到十二分之十一的人民是奴隶——是不能称为民主政体的。像中世纪意大利的政治体制那样，只将权力赋予市民和贵族，也不能称为民主政体。甚至像瑞士各邦那样，一向把某些未被结合的阶级当作政治上被剥夺公民权者看待，也不能称为民主政体。这些应该称为扩大了的贵族政体，而不是民主政体。"[英] 赫伯特·斯宾塞：《社会静力学》，张雄武译，商务印书馆1996年版，第101页。
② 关于塞维斯和弗里德的相关理论，参见 Elman R. Service, *Primitive Social Organization: An Evolutionary Perspective*; Morton H. Fried, *The Evolution of Political Society: An Essay in Political Anthropology*, New York: Random House, 1967.

利"。因此，限定这种范围，在讨论原始社会或者古代国家社会的政治体制时，尤其是在讨论酋邦社会与早期国家社会的政治体制时，十分必要。我们不能在现代普选权的时代背景下讨论早期社会权力结构的民主问题。

我们说全权成员，大致是指人身自由的享有比较充分的"成员权利"的成员，定义似乎显得很简单。然而，在实际的研究工作中，要判断什么是"比较充分的'成员权利'"，操作起来恐怕并不是一件容易的事情。并且，使用"享有比较充分的'成员权利'"作标准，来框定"全权成员"的范围，似乎也显得过于苛刻。其实，在实际的研究工作当中，我们应该可以找到更为简单明确也更为具体的便于查核的基本特征。

简而言之，在共同体内拥有弗里德所言维持生活的基本资源的权利和持有武器的权利，在我们的研究涉及最多的农耕社会中，也即拥有所谓"耕①战"的权利，这两个标准应该可以把更多的成员包括进去，也因其十分明确和具体，它们应该能够更易为研究者所接受。在人类社会相当长的一段历史时期内，在一个共同体之内，拥有维持生活的基本资源尤其是土地，与拥有武器，也许是一个人最为重要的维持生存的权利；故而，一个人拥有这两种权利，应当就可以认定为一个社会的正式成员，同时从研究的角度来看，它们也比较容易查实。在拥有维持生活的基本资源和持有武器这两种权利的标准之上，再加上参政权利的标准，这在判断一个社会权利形式特征上，应当可以说是比较有用的。换句话说，我们以为，那些拥有维持生活的基本资源和持有武器这两种权利的成员，在他们社会的决策活动中参与权利的大小，可以用作判断这个社会权利形式的最为有效的标志。因而，拥有维持生活的基本资源的权利和持有武器的权利，可以被看作是一个社会成员作为这个社会正式成员的两个最为基本的标志，他们如

---

① 这里所谓拥有"耕"的权利，意即拥有土地分配的权利或者说占有土地的权利。当然，在其他一些社会中，这种拥有维持生活的基本资源的权利，完全可以表现为占有其他种类的生产资料的权利。弗里德在谈到他的分层社会时告诉我们，维持生活的基本资源，在不同的社会里，有着不同的含义，应当根据具体的地理环境和技术发展水平等而定；耕作用的土地，放牧用的牧场，捕鱼用的水面，打猎用的山林，等等，在不同的社会里，都有可能被视为维持生活的基本资源。参见 Morton H. Fried, *The Evolution of Political Society: An Essay in Political Anthropology*, New Yorki: Random House, 1967, pp. 186–187.

果再拥有比较充分的参政权利,则可以被称为"全权成员"。这样,上述定义应当也可以再次修改为:

古代的民主政体是指,在一个共同体之内,在牵涉到大多数人关心的利害问题上,是由全体正式成员或者至少多数正式成员,合法地或者说合乎惯例地、直接或间接地来进行决策的一种政治体制。

以上所讨论的三种权利,在农耕时代,廖学盛先生在研究希腊罗马早期社会时,曾经很好地概括为"权、耕、战"。① 田昌五先生在谈到中国古代国民的"政治权利"时,具体列举了"按照规定占有土地的权利,当甲士的权利,受教育的权利,参与国家祭祀,特别是祭祖的权利、享受国家救济的权利、② 受国家保护免于沦为奴隶的权利,等等。其中尤其值得注意的是,国民还有参与决定国家大事的权利"。③ 这其中,最为重要的权利,看来同样也可以说是耕战之权与参政之权。

其实,在某个阶段的早期社会里,最为重要的事情,《左传》中的一句话也许做了最好的概括,所谓"国之大事,在祀与戎"。④ 从这句话可以推论出来,在早期社会的某个发展阶段里,至少就一个男性成员来说,一个人是否可以认作这个社会的正式成员甚至全权成员,最为重要的是,应该看他能否拥有"参与国家祭祀,特别是祭祖的权利",⑤ 以及能否拥有

---

① 廖学盛:《奴隶占有制与国家》,载北京大学历史系编《北大史学》第 2 辑,北京大学出版社 1994 年版,第 141—143 页。廖学盛先生在该文中指出:"就古代希腊罗马而论,土地占有权至关重要,公民集体与国家的统一,集中表现为公民权、占有土地的权利和履行服兵役的义务的统一"(第 141 页)。廖学盛先生所言"服兵役的义务",我们将其理解为,不仅仅是一种义务,而且,甚至尤其是,一种权利。在古代,尤其是在早期,并非是所有的人都有权利持有武器的。廖学盛先生说到的"公民权",涵义则较我们此处所言的"参政权"更为广泛,它包括享受共同体福利等其他权利。

② 句中以上两个顿号似应为逗号。参见白钢主编《中国政治制度史》第一卷:《总论》(白钢著),人民出版社 1996 年版,第 79 页。该书第二章第二节《古代国家形态与国体的演进》,初稿为田昌五提供,实即下注所见《中国古代国家形态概说》一文。

③ 田昌五:《中国古代国家形态概说》,载田昌五《中国古代社会发展史论》,齐鲁书社 1992 年版,第 388 页;金道炉:《中国古代国家形态概说》,田昌五主编:《华夏文明》第三集,北京大学出版社 1992 年版,第 114 页。

④ 《左传》,成公十三年,洪亮吉著,李解民点校:《春秋左传诂》,中华书局 1987 年版,第 467 页。

⑤ 有人甚至认为,春秋时代的战争实际上是祭祀集团相互之间的战争。参见高木智见《关于春秋时代的军礼》,徐世虹译,载刘俊文主编《日本中青年学者论中国史·上古秦汉卷》,上海古籍出版社 1995 年版,第 143—169 页。该文原载《名古屋大学东洋史研究报告》(1986)。

"当甲士的权利"。能够参加这个社会具有全社会意义的重要的祭祀活动，可以说就明白无误地证明了他是这个社会的正式成员甚至全权成员，也即周人所谓的"我家"①"我邦"②"我国"③ 和"国家"④ 的正式成员；拥有这种祭祀活动的参与权利，也就是拥有了这个社会正式成员甚至全权成员的身份证明。既然是正式成员甚至全权成员，如果有能力，尤其是作为一个男子，保护这个社会就是他的责任，他的义务，拥有"当甲士的权利"，就是他承担这种责任和义务的手段；而完全或者不完全地剥夺"外来人员"持有武器的权利，也是正式成员保护"我家""我邦"的一种手段。既然是一个社会的正式成员尤其是全权成员，自然也就拥有了在这个社会据有的"领土"范围内，占有维持生活的基本资源的权利，尤其是占有土地的权利，因为我们所谈到的社会，主要是农业社会，而在一个农业社会里，最为重要的基本资源，无疑莫过于土地，故而对于一个农业社会绝大多数成员的生存来说，直接与他们的实际生活利益相联系的最为重要的权利，当然莫过于占有土地的权利；反过来说，拥有最为重要的占有维持生活的基本资源尤其是土地的权利，将在经济基础上巩固他们作为这个社会正式成员的地位，巩固他们与非正式成员尤其是"外来人员"之间存在的有利于自己的等级甚至阶级差异。持有武器的权利，占有维持生活的基本资源的权利，在一定的社会发展阶段，反过来又会维护与巩固他们参与祭祀的权利，这在某个时期，实际上也就是维护与巩固他们参与政治的权利。

---

① 有人考证，在中国春秋时期，军队"原则上把'国'之成员作为唯一或最主要的兵源"，或者说，"春秋中期以前的兵役，原则上排除'鄙'的成员。兵役的主要对象，是'国'的成员即士以上的'国人'"；并且，"春秋的'国'在祭祀和军事上具有共同体的性质"。[日]吉本道雅：《春秋国人考》，徐世虹译，载刘俊文主编《日本中青年学者论中国史·上古秦汉卷》，第85—130页。该文原载《史林》第69卷5号（1986年9月）。
② 《尚书·大诰》，孙星衍著，陈抗、盛冬铃点校：《尚书今古文注疏》，中华书局1986年版，第343页；王国维：《毛公鼎铭考释》，王国维：《观堂古今文考释》，载《王国维遗书》第四册，上海书店出版社1983年版，第91、98页。
③ 王国维：《毛公鼎铭考释》，王国维：《观堂古今文考释》，载《王国维遗书》第四册，第91、94、96、98页。
④ 《尚书·文侯之命》："侵戎，我国家纯"，参见孙星衍：《尚书今古文注疏》，第546页。

因为我们知道，在社会发展早期的某个阶段，祭政大致是合一的，[①] 或者至少可以说，政治决策活动常常就是在祭祀场合以及场所进行的，参与祭祀活动的人员尤其是主祭的人员，往往就是政治决策的人员。[②] 即便到了后来，应该也可以说，祭祀也是政治活动中十分重要的一种，虽然仅仅是一种。当然，到了这个时期，持有武器的权利，对于一个正式成员享有更为完全的"成员权利"来说，也许就具有较前此时代更为重要的意义了，因为人类就其本质来看，也还是与其他许多动物没有根本性的差异，力量强弱永远在人类的社会活动中起着重要的作用。这也就是为什么，虽然后来的妇女也有可能享有各种民事权利，享有参与国家重要祭祀活动的权利，但是她们一般却并不能够享有比较充分的参政权利，以及享有比较充分的公民权利。埃德（Walter Eder）指出过，在古代世界，只有军人也就是持有武器的男子，才（有可能）拥有完全的公民权利（fully citizenship），做一个公民就意味着做一个战士，[③] 这种看法，如果只就一定的社会发展阶段来说，我们大致是同意的。

因此可以说，廖学盛先生的"权、耕、战"[④] 之合一，实在是精准地抓住了一个早期社会民主政治的基本特征。反之，在一个古代的社会里，拥有"耕、战之权"的成员，如果大多数都没有参与这个社会共同体的重要的政治决策活动的权利，这个社会的政治体制自然也就离民主很远。

关于占有维持生活的基本资源的权利尤其是占有土地的权利问题，需要做一点说明。由于在一个家庭之内，从表面上看去，拥有这种权利的往

[①] 这方面的最好材料当然是甲骨文。在中国，历史发展到某个时期之后——似乎只是到了春秋时期——祭政才开始明显分离，卫献公所谓"政由宁氏，祭则寡人"（《左传》，襄公二十六年，洪亮吉：《春秋左传诂》，第581页。）

[②] 比如，在塞维斯的酋邦时期或者弗里德的阶等社会时期，祭司与酋长往往就是同一个人。参见Elman R. Service, *Primitive Social Organization: An Evolutionary Perspective*, pp. 109 – 184; Elman R. Service, *Origins of the State and Civilization: The Process of Cultural Evolution*, New York: W. W. Norton & Company, 1975, p. 93; Morton H. Fried, *TheEvolution of Political Society: An Essay in Political Anthropology*, p. 141. 又参见易建平《酋邦与专制政治》，《历史研究》2001年第5期，第123—125页。

[③] Walter Eder, *Who Rules? Power and Participation in Athens and Rome*, in Anthony Molho, Kurt Raaflaub, and JuliaEmlen, eds., *City – States in Classical Antiquity and Medieval Italy*, Stuttgart: Franz Steiner Verlag, 1991, pp. 171 – 172.

[④] 此处所谓"耕"，可以广义地理解为占有维持生活的基本资源的权利。

往只是家长,因而按照我们的限定,"正式成员"的涵盖面似乎仍旧显得过于狭窄。但是深一步看下去,所谓只有家长拥有这种权利,只是一种表面现象,因为他实际上并非只是个人而是代表整个家庭拥有这种权利的。年轻的成员一旦独立,走出老家庭,在正常情况下,一般即可获得自己在共同体内独立的占有维持生活的基本资源的权利,这十分明确地表明,只要是拥有此种权利家庭中的成年成员,即便不是家长,理论上也都应该和家长一样,拥有相同的权利,因而他们如果也拥有武器持有权,自然也应当被视为共同体内的正式成员。

当然,我们上述这种判断民主政体的标准,并不应该排斥考虑一个社会的非正式成员参与政治的可能性,这在历史上和在当今的现实生活中,也常常是一种实际发生过的和正在发生的事情。大致上应当可以说,一个社会能够合法地或者至少可以说合乎惯例地参与政治尤其是参与大事决策的成员越多,那么该社会的政治体制也就越为民主。这里"成员"既包括正式成员,也包括非正式成员。

在上述定义的基础之上,在原始社会晚期以及文明社会早期,我们可以把伯里克利时代的雅典视为民主政治体制发展的典范,而将一个所谓民主社会可以合法地直接或间接参与共同体大事决策的人数,在其社会全部正式成员中所占比例的大小,作为判断这个社会民主发展程度高低最为重要的标准之一。

三 非专制政体概念的提出

作为民主的对立面,即是专制,亦即普通字典里所说的,一个人掌握国家或者其他共同体组织决策权力的政治体制。在明确了对古代民主政体的判定之后,对古代专制政体的判定似乎就无需多言了。

然而,依据我们的办法来判定一个早期社会权力构成形式的特征,还会遇到另外一个不可回避的问题。在一个原始社会或者古代国家社会里,经常可以遇见这样一种情况,那就是,在理论上拥有参与大事决策活动权利的人员，既不是全体正式成员，也不是某一个人，而是，比如，正式成员中的某一部分人——经常是正式成员中享有特权的那一部分人。有的时候，拥有参与大事决策活动权利的，仅仅是正式成员中的很少一部分人。在这种情况下，即便在他们中间实行多数决定的原则，甚至全体一致决定的原则，将这种如亚里士多德称作"寡头"政治的体制，称为民主政体，也不免十分滑稽。反过来说，把这种政体称为"专制政体"，又似乎不符合传统的定义。

从方便研究工作的角度出发，我们还是把不是一个人掌握国家社会或者前国家社会大事决策权力的体制，统统称之为"非专制政体"为好，而只把其中某些特殊的体制，即理论上由全体正式成员或者至少多数正式成员合法地或者说合乎惯例地直接或间接来进行大事决策的这样一种体制，如古典雅典城邦的体制，如早期美索不达米亚一些城邦的体制，如古代印度某些共和国的体制，称作"非专制体制中的民主体制"。

从方便研究工作的操作角度来看，作为整个非专制政治最为重要证据的，便是"集体性质的权力"，也即具有大事决策权力的酋长会议、长老会议、贵族会议和民众会议。当然，不管这种会议是存在于酋邦社会之中，还是可以称作其他什么样的社会之中，或者是早期国家社会之中。需要注意的是，原始社会本身的原始性。因此，"集体性质的权力"，虽然是最为重要的证据，但并非是唯一有效的证据。对于原始社会和早期国家社会政治体制的研究来说，最具意义的恐怕还在于，有多少人参与大事的决策；参与大事决策的人数，在整个社会全部正式成员中，占有多大的比例。

在这里，还应该提请读者注意的是，上面所说的"大事决策"，我们已经说过，是"牵涉到大多数人关心的利害问题"事务的决策。也就是说，研究者应当关注的，主要是一个社会在牵涉到大多数人利害关系时的决策活动，比如最高首领的继位方式或者职位获得方式，战争与和平的决定方式，等等。

最后，还需要说明的是，虽然我们关于古代民主与专制政体的判定以及相应的界定，是以参与决策的人数来做基准的，但本文尚无能力对举作例证的社会进行量化分析。我们现在能够做的只是概括的定性判断，正如绝大多数研究者所做的那样。对古代社会进行量化分析，也许需要太多人的共同努力。当然，不管有多少困难，我们还是希望以后能够有机会参与这方面的研究工作。

（作者单位：中国社会科学院世界历史研究所）
（原载《经济社会史评论》2015年第2期）

中国国家治理能力现代化和人民民主

——一个基层民主历史发展的视角

梁 孝

党的十八届三中全会通过的《中共中央关于全面深化改革若干重大问题的决定》提出:"全面深化改革的总目标是完善和发展中国特色社会主义制度,推进国家治理体系和治理能力现代化。"习近平同志指出:"国家治理体系和治理能力是一个国家制度和制度执行能力的集中体现……国家治理能力则是运用国家制度管理社会各方面事务的能力,包括改革发展稳定、内政外交国防、治党治国治军等各个方面。"[1]

近代以来,面对西方资本主义国家的强势扩张,中国传统的政治制度无力应对挑战。建立一个能办事的政府,构建一个高效率的、拥有强大国家治理能力的现代民族国家,动员人民群众,救亡图存,复兴中华,是中国近现代史的中心议题。晚清政府曾尝试君主立宪制度,孙中山在辛亥革命后移植西方民主制度,蒋介石在20世纪30年代力图建立法西斯一党专制。但这些政权对外不能抵御侵略,维护国家独立;对内无力展开大规模工业化建设,推动社会前进。随着中国共产党领导的人民民主政权的出现,蕴藏在中国人民中的伟大力量被真正动员起来。在新民主主义革命中,中国人民推翻三座大山,当家作主。新中国成立后,广大人民群众又以主人

---

[1] 习近平:《切实把思想统一到党的十八届三中全会精神上来》,《求是》2014年第1期,第3—6页。

翁的责任感投入到社会主义建设中，在短短三十年间初步建成了完整的工业化体系和国民经济体系。改革开放以来，我国又取得了举世瞩目的成就，经济与社会发展现代化初见端倪。

历史证明，人民民主是国家治理能力的力量之源。那么人民民主是如何让国家政权获得力量，使其能够高效率地履行自己的职能呢？只有阐明这一点，才能在未来的社会发展中，通过不断完善人民民主，真正提高国家治理能力。本文拟从基层民主历史发展的视角来探讨这一问题。

一

中国人民民主政权发展的过程，是与如何有效动员人力、物力资源完成革命，尤其是与如何在广大乡村中动员农民参加革命紧密联系在一起的。

在革命过程中，中国共产党对人民民主进行了积极探索，先后建立了广东省农民协会、1927年的上海特别市民代表会议、工农兵代表苏维埃、实行"三三制"的陕甘宁边区政府、华北临时人民代表大会选举的华北人民政府委员会，直到建立人民民主国家，实行工人阶级领导的、以工农联盟为基础的、团结各民主阶级和国内各民族的人民民主专政。

但是，动员广大人民群众，尤其是农民，并非易事。农民是被压迫者，有革命性，但是，长期被压迫在传统农业的空间里，使农民具有强烈的小农思想，目光狭隘，对政治冷漠。而在建立政权的过程中，中国共产党通过人民民主，使人民当家作主，以农民为主的人民群众把政权视为自己的政权，从而积极参加革命。这是中国革命取得胜利的关键。其采取的主要措施是赋予人民群众以选举权、监督权，同时通过各种制度、政策使政权代表人民的利益。

1. 选举权。在人民民主政权的建设中，中国共产党高度重视人民的选举权，通过真实的选举使政权代表人民利益。1927年11月28日，江西茶陵县工农兵政府成立，这是井冈山革命根据地的第一个县级红色政权。根据毛泽东的倡议，通过自下而上的民主选举产生政府领导人。先由基层推选出工人代表谭震林、农民代表李炳荣、士兵代表陈士榘，组成新政府常委，再由代表推举谭震林担任政府主席，然后设立了民政、财经、青工、妇女等部门。茶陵县工农兵政府的组成人员主要是工人、农民、士兵代表，并吸收革命知识分子。在政权建设中，充分发挥工农兵代表大会的作用。茶陵县工农兵政府的领导人是通过自下而上层层推举出来的，因而，这个政权来自群众，代表群众，能赢得群众的承认和拥护，同时也锻炼和提高群众的政治觉悟。这成为后来苏区政权的萌芽。在苏区，共产党人不断推动基层群众选举。在毛泽东和张闻天的《区乡苏维埃怎样工作》中，在毛泽东的农村调查中，有十分生动的、令人神往的记载。《长岗乡调查》中有一章专讲"此次选举"，评论其缺点是：候选人名单没有差别，群众对名单没有批评；选委会在提候选名单中没起作用，只有党的活动。《才溪乡调查》则称赞了选举中的差额和批评。[①]

2. 监督权。在政权建设中，领导人非常关注工农兵代表对政府的监督权。毛泽东在井冈山时期就指出，"现在群众普遍知道的'工农兵政府'，是指委员会，因为他们尚不认识代表会的权力，以为委员会才是真正的权力机关。没有代表大会作依靠的执行委员会，其处理事情，往往脱离群众的意见，对没收及分配土地的犹豫妥协，对经费的滥用和贪污，对白色势力的畏避或斗争不坚决，到处发现"。毛泽东主张从工农兵群众中选出代表，组成代表大会，由代表大会选出执行委员会。代表大会来自工农兵群众的直接选举，是工农兵政府的权力机关。执行委员会受代表大会的委托进行工作。在平时的政治生活中，不能由执行委员会大权独揽，而应该充分尊重代表会议的权力和职能。在执行委员会内不应由常委、主席或秘书处理决定，而应该充分尊重委员会集体的职能和权力。这样，通过代表监督，保障政权代表人民群众的利益，保持人民民主性质。

还有一点非常重要，就是政权要真正关心人民的利益，为人民做实事。只有这样，才能得到人民的拥护。毛泽东在中央苏区有针对性地指出：

---

① 龚育之：《党史札记》，浙江人民出版社2002年版，第176页。

"我们要胜利,一定还要做很多工作。领导农民的土地斗争,分土地给农民;提高农民的劳动热情,增加农业生产;保障工人的利益;建立合作社;发展对外贸易;解决群众的穿衣问题,吃饭问题,住房问题,柴米油盐问题,疾病卫生问题,婚姻问题。总之,一切群众的实际生活问题,都是我们应该注意的问题。"①

3. 参与权。抗日战争时期,中国共产党领导的边区政权建立了广泛的基层民主政权。民主政治建设是一项艰苦的工作。在政权建设中,最突出的一点,就是通过真实地参与权来克服北方落后地区农民的政治冷漠。在以陕甘宁边区为代表的革命根据地中,每次组织进行基层选举时,都要花费很大的力气进行组织动员。如专门成立选举委员会,成立选举训练班,针对选举的技术问题专门进行培训。有的地方还编出《选村长》这样的戏剧到处演出,形象地告诉农民选上自己合意的人会带来什么好处。为了宣传选举,各个边区还印行大量的小报和宣传品,仅晋察冀边区就出现各种报刊100余种。为了真正吸引人民参加选举,参加革命政权,边区政府就要让群众认同这个政权,把它视为自己的政权。为此,政府在两个方面着力:第一,政权代表群众的利益。为此,边区政府清除旧政权中的土豪劣绅和贪污分子,消除衙门气,让老百姓有亲切感,能最大限度地代表大多数农民说话。在处理乡民日常纠纷时一碗水端平,具有公正性。但是,这是权力自上而下发挥作用,还没有脱离"青天"这样的传统观念。第二,就是自下而上,要让农民说话有用,最普通的农民可以对直接管自己的权力机构"说三道四"。实际上是对日常事务的决策参与权。为此,边区在农村实行真正的普选,设立民意机构。在乡村这一级,除了以前的村民大会外,还设立村民代表会,作为村民大会的常设机构,村民代表会由村长和各个公民小组选出的代表组成,平时有权过问村里的一切事务,并监督村公所的工作,凡公民小组认为不合格的代表,小组可以随时撤换,只是村长必须由村民大会改选,过半数以上的公民小组同意,可以随时召开临

---

① 《毛泽东文集》第1卷,人民出版社1991年版,第136—137页。

时村民大会。[①]

正是因为中国共产党领导的政权的人民民主性质，农民、人民群众才真正认同这个政权，把它看作自己的政权，才愿意积极参与民主政治，支持革命战争。这是人民民主政权能够有效地把千百万农民以及更广大的民众组织起来，凝聚成伟大的力量，抗击帝国主义的侵略，推翻封建势力和官僚资本主义统治的根本原因。

二

新中国成立后，中国面临的一个核心任务就是如何从一个落后的农业国迅速发展成为一个社会主义工业强国。发展现代大工业，这是维护国家独立统一的要求，也是国家未来发展的要求。但是，工业化需要积累资金，快速工业化需要大规模的资金投入。而中国却面临着极大的困难。首先，中国是落后的农业国，生产力、经济、科学、教育极其落后，工业基础薄弱。其次，百年来，饱受帝国主义侵略和欺凌，战争连绵不断，国家和人民极其穷困。再次，中国面临复杂的国际局势。朝鲜战争后，美国在中国东部建立军事包围圈，进行军事和经济封锁。苏联在1960年我国经济处于困境时，突然撕毁合同，撤走专家，并追讨债务，以此迫使我国屈服。1960年以后，中国处于被围困的状态，没有外部援助。最后，出于国家安全考虑，中国无法按照"农—轻—重"的顺序依次发展工业，必须实行赶超战略，集中一切资源，以重工业为重点，高积累、低消费，进行快速工业化。

新中国成立后不久，中国建成苏联模式的社会主义计划经济基本制度。这个制度的特点就是国家权力高度集中，可以集中一切可能的人力、物力和财力，进行高速工业化。在这三十年中，中国完成了初步工业化，建立了比较完备的国民工业体系，建立了以"两弹一星"为代表的国防工业和

---

① 张鸣：《抗日根据地的基层政权建设》，《党史纵横》2006年第1期，第38—40页。

科技研发体系，为国家独立、发展打下了坚实的物质基础。

工业化是世界发展的潮流。就一个国家的生存与发展而言，工业化是必需的。但是，就现实而言，并不是每一个国家都能够完成工业化。中国是第二次世界大战后，人口过亿的第三世界大国中唯一一个完成初步工业化、建成完整工业体系的国家。而许多发展条件远好于中国的国家，工业化却没有完成。

就此而言，中国政府是高效的，国家治理能力是强大的，这种国家能力的来源就是人民民主专政。人民民主专政就是人民当家作主。人民是国家的主人。人民不仅有选举权，还有参与国家事务的权利。而社会主义工业化是为了人民的长远利益。因此，中国人民能够以主人翁精神，以极大的主动性、积极性、创造性投入国家建设，甚至献身于社会主义事业。这样，在缺乏外援的情况下，中国人民能够以精神力量弥补物质力量的不足，以劳动代替资本投入，不断地进行工业积累，推进中国的工业化。这是其他第三世界国家无法做到的。在计划经济时代的基层民主建设中，这一点表现得非常突出。

在农村，人民公社实行"三级所有，队为基础"，也就是人民公社、生产大队（一般是村）和生产小队。人民公社、生产大队的领导一般由上级任命，而生产小队的队长则由该小队的社员定期选举。在国家整体计划的安排下，小队具有相应自主权，如对如何发展生产，安排劳动、分红以及日常事务等。而在工业部门，基层民主的建设更是受到重视。其中，最有代表性的就是"鞍钢宪法"。

1960年3月，中共鞍山市委把鞍钢开展的技术革新、技术革命和合理化建议活动的经验进行总结，以《关于工业战线上的技术革新和技术革命运动开展情况的报告》为名上报中央。这份报告引起毛泽东的高度重视。他在批示中将鞍钢的报告总结概括为五个方面的内容，即"坚持政治挂帅，加强党的领导，大搞群众运动，实行两参一改三结合，大搞技术革新和技术革命运动"。这样，鞍钢的经验被称为"鞍钢宪法"，其基本原则就是"两参一改三结合"，即干部参加劳动，工人参加管理；改革不合理的规章制度；实行领导干部、职工群众和技术人员三结合。①"鞍钢宪法"成为我国工业企业管理的重要原则，对工业企业基层民主发展起到了推动作用，如后来的职工代表大会、合理化建议等都受其影响。毛泽东高度重视"鞍钢宪法"，并非偶然兴之所至。实际上，"鞍钢宪法"的灵魂就是人民当家作主。它的宗旨是保证人民真正参加国家管理，具体地说，就是参加所在工业企业的管理，成为企业的主人。

在1959年读苏联《政治经济学教科书》时，毛泽东就对书中所说的，吸收广大劳动群众"直接地和积极地参加生产管理，参加国家机关工作，参加国家社会生活的一切部门的领导"极为关注。毛泽东指出："这里讲到苏联劳动者享受的各种权利时，没有讲劳动者管理国家、管理军队、管理各种企业、管理文化教育的权利。实际上，这是社会主义制度下劳动者最大的权利，最根本的权利，没有这种权利，劳动者的工作权、休息权、受教育权等等权利，就没有保证。"②毛泽东还结合我国的一些实际情况指出，"如果干部不放下架子，不同工人打成一片，工人就往往不把工厂看成自己的，而看成干部的。干部的老爷态度使工人不愿意自觉地遵守劳动纪律，而且破坏劳动纪律的往往首先是那些老爷们"。③

可见，毛泽东认识到，只有人民真正参与管理，人民群众才会成为国家真正的主人，这样，人民才会以极大的主人翁精神进行社会主义建设。这是在物质匮乏的条件下，推进社会主义工业化和社会主义建设的保障。应该说，计划经济体制可以扩大国家汲取物质资源的能力，但计划经济体制要高效地运行，必须以人民民主为基础。

三

改革开放以来，我国面临新的历史任务。从工业化的角度看，我国初

---

① 刘青山：《鞍钢宪法始末——中国现代企业管理模式的早期探索》，《国企》2011年第7期，第122—125页。
② 《毛泽东文集》第8卷，人民出版社1999年版，第129页。
③ 同上。

步工业化已经完成。但是，由于当时优先发展重工业，农、轻、重的比例关系不合理，同时，随着工业规模的不断扩大，苏联模式的弊端也开始显露。其核心症结就是计划的效率和经济的动力问题。过去是用革命理想、主人翁精神作为经济发展的动力，提高生产效率，但这种精神动力不是无限的。由于企业生产、销售都是按照计划，企业缺乏外部竞争，自身没有自主权，因此缺乏激励机制，劳动者生产的积极性、主动性无法正常表现，从而影响生产效率，削弱工业发展的动力。

这样，我国开始改革，逐步建立社会主义市场经济体制，社会随后发生了深刻变化。在所有制上，我国出现了以公有制为主体、多种所有制并存的结构；在资源配置上，在国家指导下，市场逐渐发挥越来越大的作用。在市场经济中，个人追求自己的利益成为经济发展的动力，市场竞争提升经济效率。在这种基础上，社会也出现分化，出现了不同的阶层、利益集团，出现了相应的矛盾。同时，国家职能也出现了相应变化。随着社会主义市场经济的发展，国家不再控制一切资源，不再对经济进行全盘规划，国家逐渐从一些经济领域退出，由市场发挥资源配置作用。同时，在国家之外，逐渐出现了一个庞大的社会空间，社会主体由单一性趋向多元化，社会发展策略由威权化趋向公共化。

在这种情况下，我国既要维护国家安全，推动经济发展，又要促进社会和谐，人民幸福。这对国家治理能力构成了极大挑战。坚持和完善人民民主，丰富人民民主的内容和新形式，仍然是提升国家治理能力的保证。改革开放以来，我国基层民主取得了很大发展，出现了村民自治、城市社区自治等基层民主形式，保证了人民群众的选举权、参与权、监督权。其中，在基层民主发展中，注重参与协商成为一大趋势。这是社会主义市场经济条件下人民民主的重要体现，也为提升国家治理能力提供了有益经验。

2003年6月13日，由浙江温岭市新河镇政府部门、工会出面，召集羊毛衫行业劳资双方坐下来进行"职工工资恳谈会"，协商工价。13位职工代表和8位企业老板坐下来进行面对面商谈，确定各个工序统一、合理的工价。经过反复商讨，双方在8月8日签订《2003年下半年羊毛衫行业职工工资（工价）集体协商协议书》。这是我国第一份工资商讨协议。它曾引起国家高层领导人的高度关注。就在"工资协议"签订后的第二天，长屿羊毛衫行业工会成立。这是我国第一个非公有制企业的行业工会。行业工会委员会由9人组成，除镇工会副主席陈福清兼任主席外，其余8位委员，都是从十几家较大规模企业的一线工人中选出。在此后8年时间，新河镇长屿羊毛衫行业工会主席带领行业的1.2万名职工与企业老板坚持不懈地进行工资谈判，每年职工工资都有约10%的增长。[①]

浙江温岭民主恳谈会引起了广泛关注，这一代表性的基层协商民主包含着丰富的信息。在这之前，当地工人和企业老板之间矛盾激化，出现过罢工、暴力事件，工人不断上访。因此，经济发展受损害，社会秩序受影响。地方政府既不能强迫企业老板提高工人工资，也不能帮助老板强迫工人生产，还要应对各种事件，也是苦恼不堪。传统地方政府的治理方法难以应对新的挑战。

工资协商会议这种新的基层民主协商形式解决了这一难题。它主要表现在以下几方面：

第一，在市场经济条件下，集体协商给私营企业中的农民工（工人）以参与权。农民工和私营企业老板是两个新兴阶层。不管从经济还是社会地位而言，农民工都处于相对弱势。作为个人，农民工很难要求提高工资，难以维护自己的切身利益。通过集体协商的形式，新河镇羊毛衫行业职工提高了工资，并且随着企业发展，连续增加工资。职工运用手中的民主权利，在涉及自己利益的事务中，获得了参与权、发言权，在经济社会发展中获得了自己应得的利益。

第二，注重各方利益，维护多元一体。私营企业在社会主义市场经济中发挥着重要作用。促进私营企业的良好发展是政府的责任。在协商中，既应维护工人的利益，也应尊重企业老板的利益。工人代表和企业老板都提出自己的意见，讨价还价，最后达成共识，对企业利润进行相对合理的

[①] 陈玮：《浙江温岭工资协商制度纪实》，《中国市场》2008年第29期，第16—17页。

分配。

第三，注重发挥社会力量的作用。在协商中，作为社会组织的工会具有重要作用。在第一次协商后，长屿羊毛衫行业工会成立。这是非公有制企业的行业工会。除镇工会副主席陈福清兼任主席外，其余8位委员都是相关企业的一线工人。他们能够代表职工与企业老板谈判，维护工人的利益。政府通过发挥工会的作用，协调、解决社会矛盾。

第四，平等有序参与。协商具有平等性。民主协商的机制承认，不管参与人是什么身份、地位，有什么样的经济条件，每一种利益诉求都应当得到尊重。在协商议事的过程中，都有同样的参与权、发言权和参与决策的权利。这为利益表达和政治参与搭建了平台。同时，这种参与是有序的，是通过地方政府和工会的组织进行的。而且，随着民主协商的发展，这种恳谈会也会不断制度化、法律化。

温岭"民主恳谈会"是来自基层的自发的创新。在温岭市政府的推动下，在基层公共决策、劳资纠纷协商、参与式公共预算等领域，出现了各种形式的"恳谈会"。这种基层民主新形式的出现和兴起，标志着新时期我国基层民主发展的新趋势。温岭"民主恳谈会"这种新型的基层协商民主是人民民主在社会主义市场经济条件下的新形式，它通过广泛政治参与、多元共存、有序协商，维护人民当家作主的地位，维护人民的利益，使人民能够从社会发展中获得应得的利益。因此，它能够消除潜在的社会利益冲突，推动社会和谐发展。

四

纵观中国革命、建设和改革的历史，人民民主是国家治理能力的源泉。只有坚持中国特色社会主义道路，坚持人民民主，坚持人民当家作主，才能真正推进国家治理体系和治理能力现代化，承担起经济社会发展新要求，承担起人民群众期待，应对当今世界日趋激烈的国际竞争，实现国家长治久安。在推进国家治理能力现代化的过程中，我们必须坚持以下原则：

第一,坚持人民民主,坚持人民当家作主。

历史一再证明,没有人民民主,无产阶级政党就不能获得最广大人民群众的支持,无产阶级就不可能获得政权,就不可能建立社会主义制度。没有人民民主,就不可能激发广大人民群众的聪明才智和奉献精神,就不可能集中一切力量快速发展社会主义。没有人民民主,就不能凝聚人心,无法战胜国内外敌人。

"人民当家作主"具有绝对的至上性,因为它是最终目标。只有始终坚持"人民当家作主",我们才能在改革中,在经济、政治、文化、社会等制度设计中,把人民的利益放在第一位,才能始终关注民生、解决民生、保障民生,才能把人民群众的呼声和愿望作为推进改革和完善制度的动力。与此同时,也只有始终把维护人民利益、实现人民利益最大化作为社会主义建设的目的和最终归宿,才能赢得人民的支持,才能凝心聚气克服一切困难。

第二,加强人民群众参政议政、民主监督的权利。

从历史来看,人民民主发展的最关键一点,就是要让普通群众说话管用。国家发展的大政方针要代表人民的利益,在普通群众居住和工作的地方,在制定各种有关普通群众生活、工作、利益的制度、政策、法规、发展规划的过程中,人民群众都要有参与权;在实施时,人民群众要有监督权。而当这些制度、政策、法规、发展规划极大地影响了人民的生活和利益时,人民可以通过民主渠道反映意见,发出自己的呼声,获得相关部门满意的答复。只有这样,政府所制定的制度、政策、法规、发展规划才能反映人民的利益,才能获得人民群众的广泛支持,才能极大地提高政府的治理能力。

因此,要加强各级人民代表大会的监督职能,同时,在各级人民代表大会代表的名额中,增加劳动者的名额。在基层自治组织中,动员普通群众参与、监督社区的活动。在国家企事业单位中,要发挥职工代表大会的作用,发挥其真正的监督职能。在互联网时代,发挥、规范网络参政议政。

第三,坚持顶层设计与尊重人民首创相结合。

国家治理能力需要相应的制度建设。但是,制度的形成不是出于某种理念的设计，而是在人们根据具体情况解决所面临的问题时逐渐形成的。在历史上，人民民主政权的发展都是为解决革命、建设和改革所面临的问题，根据实际情况进行的制度建设。这样的政治制度具有强大的生命力，这样的政权具有强大的治理能力。社会主义现代化进程是一个社会结构不断复杂化的过程，也是一个不可避免的社会分化过程。在这个过程中会形成不同阶层、集团、群体和个人的复杂利益关系以及相应关系。"顶层设计"就是在推进体制改革的过程中，追根溯源，统揽全局，统筹协调，在最高层次上寻求解决问题之道。

但是，"顶层设计"不是仅凭领导人或某个高层智库根据某个理念设计制度，而是要以基层群众的首创精神和实践为基础。基层干部群众面对实际问题，更能找到问题的症结，他们往往能够结合自身的实际条件，突破旧体制，创新某种制度，有效地解决问题。这种创新往往是新制度的萌芽。这些创新看似偶然，具有特殊性，但由于它立足国情、社情、民情，所以具有强大的生命力。

因此，"顶层设计"本质上是从群众中来，到群众中去的中间环节。首先要鼓励基层首创，对这种首创进行经验总结、研究、提升，在国家改革的总体布局中确定它的位置，再由高层推动，探索完善，借鉴推广。没有顶层设计，基层创新就会处于盲目、随机、自生自灭的状态；而没有基层首创，顶层设计就会失去基础，成为空中楼阁，流于制度空转。

第四，借鉴世界经验，拒绝照搬西方模式。

中国的国家治理体系和国家治理能力是在革命、建设和改革中产生和发展起来的，它是在解决中国具体问题的过程中产生的，并随着历史发展和社会面临的中心任务的变化而发展起来的。它有自己的发展路径和发展脉络。其中，人民民主、人民当家作主，是中国国家治理体系和治理能力的灵魂，贯穿于一切制度建设之中。而各项具体的制度，则是根据具体国情建构而成。因此，国家治理能力现代化是在解决中国特色社会主义发展所面临的新问题中实现的。中国国家治理能力现代化，不等于西化，不等于照搬西方的国家治理体系。离开具体的国情，只是模仿西方的制度形式，必然会失败。简单地套用、移植他国的国家治理模式,不仅不能提高国家治理能力,而且还会危及国家命运。

(作者单位:中国社会科学院马克思主义研究院)

(原载《中国矿业大学学报(社会科学版)》2015年第1期)

二

正确理解"党"与"法"的关系

关于"依法治国"十个理论问题的思考

——学习习近平总书记系列讲话精神和党的十八届四中全会精神的体会

李慎明

2014年10月23日,习近平总书记在党的十八届四中全会第二次全体会议上的讲话中明确指出:"全面推进依法治国,必须走对路。如果路走错了,南辕北辙了,那再提什么要求和举措也都没有意义了。全会决定有一条贯穿全篇的红线,这就是坚持和拓展中国特色社会主义法治道路。"① 他还说:"一个政党执政,最怕的是在重大问题上态度不坚定,结果社会上对有关问题沸沸扬扬、莫衷一是,别有用心的人趁机煽风点火、蛊惑搅和,最终没有不出事的!所以,道路问题不能含糊,必须向全社会释放正确而又明确的信号。"2015年2月2日,习近平总书记在省部级主要领导干部学习贯彻十八届四中全会精神全面推进依法治国专题研讨班开班式上又强调:"全面推进依法治国,方向要正确,政治保证要坚强。""我们要坚持的中国特色社会主义法治道路,本质上是中国特色社会主义道路在法治领域的具体体现;我们要发展的中国特色社会主义法治理论,本质上是中国特色社会主义理论体系在法治问题上的理论成果;我们要建设的中国特色社会主义法治体系,本质上是中国特色社会主义制度的法律表现形

---

① 习近平:《加快建设社会主义法治国家》,《求是》2015年第1期。

式。"这三段论述十分重要。①

什么是中国特色社会主义法治道路？其本身是中国特色社会主义道路的重要组成部分，又与中国特色社会主义理论和制度紧密相连。党中央特别强调道路、理论和制度这三个自信。笔者认为，从一定意义上讲，在"三个自信"中，最为基础、最为重要和最为关键的是理论自信。没有正确的理论指导，也就不会有正确的行动，就不会找到正确的道路和建立正确的制度。没有正确的理论自信，道路和制度自信也会变成盲目的自信。因此，当前在学习贯彻党的十八届四中全会精神、全面推进依法治国之时，亟须结合学习马克思主义经典作家相关论述和习近平总书记系列讲话精神，进一步弄清全面推进依法治国中一系列基本理论问题，这既可以加深对中央作出的关于全面推进依法治国若干重大问题决定的认识，又可以在坚持和拓展中国特色社会主义法治道路向全党、全社会释放正确而又明确的信号。

一 党的领导、人民当家作主与依法治国三者的关系

在党的领导、人民当家作主与依法治国三者的有机统一中，党的领导是关键，人民当家作主是目的，依法治国是途径。

在三者的有机统一中，我们为什么要反复强调坚持党的领导是关键呢？习近平总书记明确指出："中国共产党是领导和团结全国各族人民建设中国特色社会主义伟大事业的核心力量，肩负着历史重任，经受着时代考验，必须坚持立党为公、执政为民，坚持党要管党、从严治党，全面加强党的建设。"② 也就是说，我们特别强调党的领导的根本原因不仅在于这是历史和人民的选择，而且主要在于党的宗旨是全心全意为人民服务；党的性质是工人阶级的先锋队，同时又是中国人民和中华民族的先锋队；党的指导

---

① 《领导干部要做尊法学法守法用法的模范带动全党全国共同全面推进依法治国》，《人民日报》2015年2月3日。

② 习近平：《在第十二届全国人民代表大会第一次会议上的讲话》，人民出版社2013年版，第8页。

思想是马克思主义；最高纲领是实现共产主义即最终目的是解放全人类，最终实现每个人自由而全面的发展。这是迄今为止人类历史上已经开始的但远未完成的最深刻彻底、最完整系统、最伟大壮丽的一次变革，这就是我们要特别强调坚持共产党领导和执政的最根本、最重要和全部的合法性所在。最终实现每个人自由而全面的发展，这就是对全人类中每个人的真正的公平、公正。这是一个多么美好、崇高而又宏伟的理想呀！而一些别有用心的人利用无产阶级政党领导人民在解放全人类探索建立美好社会的过程中所犯过的错误甚至是他们蓄意制造的破坏，歪曲、攻击共产党和共产主义，其本质是为了维持或恢复资本对劳动的永久的独裁和暴政。

正因为党的领导是中国特色社会主义最本质的特征，是社会主义法治最根本的保证，是社会主义法治的根本要求，是党和国家的根本所在、命脉所在，是全国各族人民的利益所系、幸福所系，所以我们在强调依法治国的时候，必须更加重视和强调坚持党的领导。2014年12月13日，习近平总书记在调研时把全面从严治党与协调推进全面建成小康社会、全面深化改革、全面推进依法治国相并列，形成了"四个全面"的战略布局。从一定意义上讲，全面从严治党是"四个全面"的灵魂与关键。

在党的领导、人民当家作主与依法治国三者的有机统一中，党的领导和依法治国都是手段，但这两个手段不是并列关系，依法治国是在党领导下的依法治国。依法治国是人民民主专政的国家政权行使职能的具体反映和体现，是推进国家治理体系和治理能力现代化的重大方略，是为实现人民当家作主这一目的万万不可或缺的手段，但这绝不等于人民当家作主本身。比依法治国更高一个层次的，还有一个性质即方向道路的问题。所以，依法治国所依据的法和所要实施的法治，必须是"良法"和"良治"，即真正体现人民意志、维护人民利益的法律和治理，也就是确保人民当家作主的法和治。

我们常说，法律高于一切，但这是相对于任何个人和组织的行为而言；任何法律都是统治阶级意志的体现，在社会主义中国，我们所做的一切其中包括所制定的法律，都是为了维护人民群众的根本利益。当社会环境发生了变化,法律需要适应新的形势时,党就要依靠人民,通过立法机关和一定的法律程序,及时地制定、修改或废除相关法律,来更好地维护最广大人民群众的根本利益。什么是最广大人民群众的根本利益?就是最广大人民群众的眼前与长远,局部与全局,个人、集体与国家利益的有机统一。所以,从根本上说,不是法律高于一切,而是人民的利益高于一切;最广大人民群众的利益,是我国宪法和法律合法性的根本来源,也是其得以永葆活力的动力和源泉。因此,习近平总书记在十八届四中全会的讲话中指出:"改革要于法有据,但也不能因为现行法律规定就不敢越雷池一步,那是无法推进改革的,正所谓'苟利于民不必法古,苟周于事不必循旧'。需要推进的改革,将来可以先修改法律规定再推进。"[①]

正确理解和处理党的领导、人民当家作主与依法治国三者有机统一的关系十分重要。鉴于党内和社会上出现的十分严重的腐败现象,有人主张应该借鉴西方通常作法,在我国也实行两党制甚至多党制;也有人主张应尽快实行多党参与、多名候选人竞争的直选制。他们认为,只要在我国实行多党制或在全党和全国实行"一人一票"的竞选制,就可以从根本上解决腐败问题。笔者认为,这仅仅是良好的个人愿望而已。要回答我国为什么不能实行多党制和当今中国不能实行"一人一票"的直选制,都需要写出专门文章论述。这里,笔者仅概述如下。

习近平总书记指出,我们治国理政的根本,就是中国共产党的领导和社会主义制度。我们之所以反复强调坚持党的领导,除了党的性质、宗旨、指导思想和纲领是世界上政党中最先进的之外,还由我国是工人阶级领导的、以工农联盟为基础的人民民主专政的社会主义国家这一根本制度的性质所决定的,这一制度性质决定了在现阶段我国必须实行以生产资料公有制为主体的经济制度和对人民的民主与对敌对势力的专政的政治制度。因此,在工人阶级和广大人民群众内部,不存在根本利益的冲突。工人阶级通过共产党这一先锋队的领导,通过党内和国家的民主集中制这一组织原

[①] 习近平:《加快建设社会主义法治国家》,《求是》2015年第1期。

则，通过全国人民代表大会、共产党领导的多党合作、民族区域自治这些组织形式，把工人阶级和全国各族人民高度团结统一起来，从而更好地代表和体现最广大人民群众的根本利益与要求。大规模的社会竞选活动，必然需要大量的金钱作支撑。如果在工人阶级队伍中组建几个政党竞选，就可能造成国内外资本的介入甚至操纵，造成人民力量的削弱乃至阶级的分裂，造成经济的停滞不前和社会的动荡不安，还可能使党和国家政权很快改变自己的性质。党的十八大以后，中国共产党在反腐败方面所取得的显著成就，已经充分证明共产党领导的多党合作和民主协商制度同样可以有效遏制并逐步消除腐败现象。而在资本家和私人占有生产资料的资本主义社会，资产阶级内部虽然在整体利益上是一致的，但存在着不同的利益集团，从而需要不同的党派作为他们的政治代表。多党竞选轮流执政这一资产阶级民主专政的形式，与三权分立相配合，既可以调节具有不同经济利益和要求的阶层与集团之间的矛盾，又可以防止工人阶级政党利用议会夺取政权。我们需要借鉴人类文明其中包括资产阶级文明的一切成果，但是，绝对不能照搬资本主义多党竞选轮流执政制度。

在新民主主义革命时期的革命根据地，我们曾经实行一人一票（豆）的选举制度，人民群众用一粒粒大豆选举自己的村长、乡长，效果很好。原因之一，是因为直选的范围很小，选举者和被选举者彼此非常了解和熟悉。笔者认为，在经济社会全面发展的将来，在广大人民群众思想认识水平和物质文化水平极大提高的将来，我们也会实行"一人一票"的直接选举制度。现在，我们党在一定范围内实行的差额选举，已经是朝这一方向迈出了一步。但是我国是一个大国，不仅目前而且在今后相当长的一段时间内，经济社会和物质文化的发展，将依然处于发展中国家的水平，还不具备实行全国范围的"一人一票"选举制度的条件，因为我们还做不到使所有选举人对被选举者（将要担任重要职务的领导人）有充分的了解。目前西方许多国家形式上实行的"一人一票"制也并不能真正地体现民主。爱因斯坦在1949年的《为什么要社会主义？》一文中就指出："立法机构的成员由政党挑选，政党的大量经费由私人资本家提供，其他方面也受私人资本家的影响。这样,资本家实际上就把立法机构和选民分离开来。结果,人民的代表不能充分保护没有特权的那部分人的利益。还有,私人资本家必然直接或间接地控制着报纸、电台和教育等重要信息来源的载体。一个公民想要得出客观结论和理智地运用他的政治权利,是极端困难的,在大多数情况下是完全不可能的。"[1] 爱因斯坦绝不仅仅是伟大的物理学家,其对西方民主本质的揭露一针见血。当今世界的经济全球化是以西方国家为主导的,西方还以互联网霸权为主要工具进行意识形态的渗透。现在,国内外敌对势力企图按他们的意志推动我国的政治体制改革,让我国国体、政体都与西方接轨,本质上是要把我国重新变成它们的殖民地或半殖民地。从我国已经实行的村级选举看,不少地方存在着金钱交易,黑社会势力、非法宗教势力、家庭宗法势力影响其中。在当今我国经济社会文化发展现状和以西方为主导的经济全球化的条件下,如果把这种直选制度从村级一直往上推,并在全党全国铺开,我国则有可能很快进入混乱甚至动乱状态。这正是国内外敌对分子给我国设置的与西方资本主义制度尽早"接轨"的具体的"路径图"。在已经推行"一人一票"直选竞争制度的非洲、南亚诸多国家以及2011年春以来不少阿拉伯国家造成乱局的残酷现实已经证明,不顾本国实际而盲目推行"一人一票"的直选竞争制度,结果就是金钱操控选举、官员贪污腐化、经济停滞倒退、政权频繁更迭、民众遭殃受难。

二 坚持中国特色社会主义制度与建设
社会主义法治国家的关系

十八届四中全会作出的《中共中央关于全面推进依法治国若干重大问题的决定》(以下简称《决定》)指出:"全面推进依法治国,总目标是建设中国特色社会主义法治体系,建设社会主义法治国家。这就是,在中国

---

[1] 《爱因斯坦文集》第3卷,许良英、范岱年译,商务印书馆1979年版,第272页。

共产党领导下,坚持中国特色社会主义制度。"① 请注意上述论述中的后两句话,也就是说,全面推进依法治国,建设中国特色社会主义法治体系,建设社会主义法治国家,这都不是我们的目的,而是手段和途径,根本目的则是坚持中国特色社会主义制度,也就是为了确保人民当家作主。

什么是中国特色社会主义制度?它首先体现在《宪法》总纲第一条:"中华人民共和国是工人阶级领导的、以工农联盟为基础的人民民主专政的社会主义国家。社会主义制度是中华人民共和国的根本制度。"这就是我们的国体。在这一根本制度之下,有经济和政治的根本制度、基本制度及体制等。人民代表大会制度是我国的政体,这是我国的根本政治制度。

那么,什么叫国体,什么叫政体?1954年,在制定中华人民共和国第一部宪法时,范文澜问:"主席,您总讲国体、政体,我对此还不甚明白。"毛泽东回答说:"国体就是内容,政体就是形式"。范文澜当即说:"主席,我明白了。"毛泽东用哲学中形式与内容这一对基本范畴把十分抽象的国体与政体的关系讲得清清楚楚、明明白白。

国体讲的是内容,即各个阶级在国家经济政治生活中的不同地位,是为什么人的问题,而政体讲的则是形式或者形态即如何"为"的问题。国体这一内容决定政体这一形式,而政体这一形式也必然反作用于国体这一内容,并在一定条件下起着决定性的反作用。这就是国体和政体既相互联系又相互区别的辩证统一的关系。中国共产党领导的多党合作和政治协商制度、民族区域自治制度以及基层群众自治制度是我国的基本政治制度所包括的不可或缺的、非常重要的内容。因此,在论述我们的制度自信时,首要的就是社会主义这一根本制度即人民民主专政这一国体的自信,其次是人民代表大会这一根本政治制度即对我国政体的自信。我们的政治体制必须随着情况的不断变化而不断进行改革,根本制度和根本政治制度以及基本政治制度的实现方式可以随着条件的变化而变化,但制度本身的根本原则和根本性质决不能改变。这也就是说,一方面,我们一定要勇于改革

---

① 《中共中央关于全面推进依法治国若干重大问题的决定》,《人民日报》2014年10月29日。

创新，绝不能僵化保守；另一方面，我们也要勇于坚守真理。只讲一面和一点，就不是唯物辩证法。国内外有些人想通过推动我们的政治体制改革来达到改变我们的国体和政体的目的，对此应高度警惕。

现在，有的文件在讲制度时，仅讲人民代表大会这一政体，而不讲工人阶级领导的、以工农联盟为基础的人民民主专政的国体，这是很不准确、很不全面的，是把最重要和最本质的东西忽视了。从理论上弄清国体与政体的关系，才能有助于我们正确实施依法治国的方略。

习近平总书记作为党的总书记，带头遵守宪法，在涉及对以上问题的表述时，都十分准确、科学和严谨。比如，2012年12月4日，他在首都各界纪念现行宪法公布施行30周年大会上的讲话中明确指出：我国宪法中确认和体现了"国家的根本制度和根本任务，国家的领导核心和指导思想，工人阶级领导的、以工农联盟为基础的人民民主专政的国体，人民代表大会制度的政体，中国共产党领导的多党合作和政治协商制度、民族区域自治制度以及基层群众自治制度，爱国统一战线，社会主义法制原则，民主集中制原则，尊重和保障人权原则，等等，这些宪法确立的制度和原则，我们必须长期坚持、全面贯彻、不断发展。"[①]

这样的表述是很值得我们认真学习、准确理解、深刻领会和遵循的。

三　依宪治国与西方宪政的关系

十八届四中全会的《决定》指出，"宪法是党和人民意志的集中体现，是通过科学民主程序形成的根本法。坚持依法治国首先要坚持依宪治国，坚持依法执政首先要坚持依宪执政"，"一切违反宪法的行为都必须予以追究和纠正"。有人说，依宪治国就是接受了西方宪政的提法。这是极大的误解，或是极少数人的故意歪曲。

我们所讲的依宪治国与西方宪政至少有以下五点根本的不同：（1）领

---

① 习近平：《在首都各界纪念现行宪法公布施行30周年大会上的讲话》，人民出版社2012年版。

导力量不同。我们是在以全心全意为人民服务为宗旨的共产党领导下的依宪治国，而西方宪政的本质是由掌握国家政权的资产阶级主导的。（2）宪法的性质根本不同。我们是人民民主专政的社会主义性质的宪法，而西方宪法是资产阶级专政的资本主义性质的宪法。（3）经济基础不同。在社会主义初级阶段，我们是以公有制为主体、多种经济成分共同发展为基本经济制度，而西方宪政是以生产资料私有制为经济基础。（4）运行机制不同。我国的全国人民代表大会是最高权力机关，而西方是三权分立。（5）根本目的不同。我们依宪治国的根本目的是保证人民当家作主，是为占人口绝大多数的人民服务，而西方宪政则是资本当家作主，是为极少数人服务的。

西方宪政是一个伴随西方资本主义的产生而发展起来的政治范畴，发源、形成于欧美等国，后演变成为西方资产阶级的主流政治和自由主义的制度安排，这不仅涉及国家宪法、政体、政权组织方式等内容，而且也根本体现包括国体即国家性质等一系列基本的政治问题，是为资本当家作主服务的，其中包括"一、二、三、多、'两杆子'、一独立"：即"一个总统""两院制""三权分立""多党制""新闻自由"即笔杆子、"军队国家化"即枪杆子、"司法独立"等一整套资产阶级的国家理念、政治模式和制度设计。当然，无可否认，这样逐渐形成的一整套资产阶级的国家理念、政治模式和制度设计，在资产阶级民主制取代封建等级特权制的过程中，当然是一种历史的大进步，也曾为人类文明作出重要贡献。但现在西方资本主义国家这样的制度安排，既有维护整个资产阶级统治的一面，也有欺骗广大人民群众的一面。正如列宁所指出的："资产阶级民主同中世纪制度比较起来，在历史上是一大进步，但它始终是而且在资本主义制度下不能不是狭隘的、残缺不全的、虚伪的、骗人的民主，对富人是天堂，对被剥削者、对穷人是陷阱和骗局"。"无产阶级民主比任何资产阶级民主要民主百万倍；苏维埃政权比最民主的资产阶级共和国要民主百万倍。只有自觉的资产阶级奴仆，或是政治上已经死亡、钻在资产阶级的故纸堆里而看不见实际生活、浸透资产阶级民主偏见、因而在客观上变成资产阶级奴才的人，才会看不到这一点。"① 我国现在已经是社会主义国家，实现的是对绝大多数人的民主和对极少数人的专政，是在为最终实现每个人的自由全面发展而准备条件，这是人类文明的重大进步。如果在我国推行西方宪政，其实质是想让人民民主专政的国家倒退为资产阶级专政的国家，让人民当家作主的国家倒退为资本当家作主的国家，必然带来如苏联亡党亡国般的灾难。

2013年中办9号文件发出后，在我国公开提倡"西方宪政"的人不多了。但讨论"社会主义宪政"的人还有不少。有人认为，"宪政就是落实宪法、依宪治国，这不挺好吗？"其实，制定并落实宪法的国家，既可能是资产阶级专政的国家，也可能是无产阶级专政的国家，还可能是个人独裁的国家或是某教派专政的国家。因此，不能笼统说，这个国家有宪法并依宪治国就是一个宪政国家。从一定意义上讲，宪政已经是资产阶级建立和治理国家特定的专用和专有名词。

其实，一些人在讲宪法时，只讲宪法中的个人权利与自由而不顾其他。例如，（1）不讲公民义务。（2）不讲我国是工人阶级领导的、以工农联盟为基础的人民民主专政的社会主义国家这一社会主义根本制度，即我国的国体。（3）不讲生产资料的社会主义公有制这一中华人民共和国的社会主义经济制度。（4）不讲在社会主义初级阶段，坚持公有制为主体、多种所有制经济共同发展的基本经济制度。（5）不讲坚持按劳分配为主体、多种分配方式并存的分配制度。（6）不讲国有经济，即社会主义全民所有制经济是国民经济中的主导力量等。

多年来，我们一直沿用并为广大干部群众所熟知的马克思主义国家学说中的科学用语即"人民民主专政"或"人民民主政治"或"社会主义民主"，其本质内涵是党的领导、人民当家作主与依法治国三者有机统一。这与"社会主义宪政"的表述一样，都很简洁，都是六个字，但"社会主义宪政"却囊括不了"人民民主专政"或"人民民主政治"或"社会主

---

① 《列宁选集》第3卷，人民出版社2012年版，第601、606—607页。

民主"的全部，尤其是本质。一些人所理解的"社会主义宪政"仅仅是"依宪治国"，而且其中还不包括除宪法之外的其他各项法律，这一提法本身甚至连"依法治国"的全部内涵都没有包括，为什么要用"社会主义宪政"这一提法来代替内涵十分丰富厚重的"人民民主专政"或"人民民主政治"或"社会主义民主"提法呢？

更为重要的是，现在有些人所讲的"宪政"并不是要依据中华人民共和国的宪法治国，它的本质是不要党的领导、社会主义制度和人民当家作主，实质上是要抛弃我国社会主义宪法中最为根本和本质的东西，是要照搬西方的政治经济制度。"宪政"已是有着特定的约定俗成的内涵，不是在其前面添加一个"社会主义"的名词就能轻易改变其性质和特定内容的。例如，有"社会主义的资本主义"这样的提法吗？

西方要用"软实力"解决中国问题，在理论上是费了不少心思的。从一定意义上讲，"新自由主义"即私有化是其经济纲领，"社会民主主义"亦即"民主社会主义"是其社会纲领，"普世价值"是其理论纲领，而"宪政"其实已经成为西方颠覆我国国体政体的政治纲领，而"历史虚无主义"则是推行其经济、政治、社会和理论纲领的总的开路先锋。"宪政"的鼓吹者是让你先行接受"社会主义宪政"这一提法，之后再引导你说，宪政本身没有阶级性，资本主义可以用，社会主义也可以用，去掉"社会主义"这四个字得了，他们是要把有着特定内涵的"宪政"变为似乎是任何国家和阶级都可以共用的"普世价值"，从而用来误导我们的政治体制改革，进而推翻共产党的领导，改变我国的社会主义制度，实行资本主义。

习近平总书记在十八届四中全会上明确指出：现在，社会上对我国法治建设应该走什么样的道路不是没有争议，而是噪音还不小。长期以来，围绕"宪政"等问题，国内外遥相呼应，有些人把法治作为招牌，大肆渲染西方法治理念和法治模式，目的就是企图从法治问题上打开缺口，进而否定中国共产党的领导和我国的社会主义制度。习近平总书记这一论述具有强烈的现实针对性。

四 人治和法治的关系

要透彻理解人治与法治的关系，绝不能沉迷于当今的西方话语体系。马克思主义话语体系与西方话语体系中的"人治"与"法治"的内涵和本质有着根本的不同。

首先，应厘清法与法治的内涵。马克思主义认为，法不是从来就有的，是在私有制产生以后阶级矛盾不可调和的产物，是阶级和有阶级社会的特有现象。法与法治是统治阶级意志的体现，是维护社会秩序的工具。一定的法律与法治由一定的物质生活条件所决定并为一定的经济基础服务，即一定的法律与法治对一定的经济基础起着反作用，甚至在一定条件下起着决定性的反作用。任何国家都有自己的法并以法治之，只是法与法治的根本性质不同而已，还有法的完善程度与治理力度和治理方式有所区别而已。法与法治并不是超阶级、超国家、超社会的永恒现象，它既随着私有制、剥削、阶级和国家等现象的产生而产生，也必将最终随着私有制、剥削、阶级和国家的消亡而消亡。因此，法与法治和自由、平等、博爱、民主、人权等概念一样，在阶级和有阶级的社会里，总是有着特定的阶级性和具体内容的，抽象的超阶级、超国家的所谓有着"普世价值"的法与法治并不存在。

其次，应厘清人与人治的内涵。马克思主义认为，在阶级存在的社会里，每个人总是在特定的阶级地位中生活；人既能动地认识客观世界，同时又能动地改造客观世界；在马克思主义的理论视野中，根本的问题是，人为什么而活着和怎样做人的问题。因此，"良人""良法""良治"应该是一个辩证的统一体，三者缺一不可。如果只有"良法"而没有"良人"，"良法"就不可能贯彻执行，"良治"也就无从谈起。1959 年 4 月，毛泽东在谈到浮夸现象和高指标时说："现在人们胆子太大了，不谋于群众，不谋于基层干部，不考虑反面意见，也不听上级的，就是他一人能断，实际上是少谋武断。"① 习近平总书记在十八届四中全会的讲话中尖锐地指出："一些党员、干部仍然存在人治思想和长官意识，认为依法办事条条框框多、束缚手脚，凡事都要自己说了算，根本不知道有法律存在，大搞以言代法、以权压法。这种现象不改变，依法治国就难以真正落实。"②

2015年2月2日，习近平总书记在省部级主要领导干部学习贯彻十八届四中全会精神全面推进依法治国专题研讨班上又明确指出："每个党政组织、每个领导干部必须服从和遵守宪法法律，不能把党的领导作为个人以言代法、以权压法、徇私枉法的挡箭牌。"③ 因此，在马克思主义的语境下，在社会主义国家里，我们党所要坚决反对的"人治"已经有着特定的含义，这就是置党和国家的民主集中制原则、群众路线与党纪党规、社会主义法律法规于不顾，以言代法、以权压法的行为。我们社会主义国家坚持法治、反对人治与西方国家坚持法治、反对人治的本质内涵是根本不同的。说到底，我们坚持法治、反对"人治"，是要反对任何个人忽视甚至企图剥夺绝大多数人的民主权利和主宰人民群众的命运；西方国家坚持法治、反对"人治"，则是要反对人民的逐步觉醒，并企图更好地维护资本永久统治的法律秩序和社会秩序。我们所倡导的法治与西方所说的法治的标准和本质内涵不同，我们所反对的人治与西方所说的人治的标准和本质内涵同样根本不同。我们不能用西方所谓的"普世价值"作为我们衡量、界定人治与法治的标准。

从一定意义上讲，相同的客观条件，不同的历史主体和主观能动性，就可能有着完全不同的历史进程和结果。古希腊哲学家柏拉图曾竭力主张"贤人政治"，他认为人治优于法治。而亚里士多德在批评柏拉图"人治论"的基础上建立起"法治论"，认为"法治应当优于一人之治"。其实，亚里士多德所主张的法治，只不过是指奴隶被奴隶主所治的"法治"，而

---

① 《毛泽东年谱（1949—1976）》第4卷，中央文献出版社2013年版，第16页。
② 习近平：《加快建设社会主义法治国家》，《求是》2015年第1期。
③ 《领导干部要做尊法学法守法用法的模范带动全党全国共同全面推进依法治国》，《人民日报》2015年2月3日。

不是我们现在所说的为着人民当家作主的"法治"。

综上所述,在马克思主义的理论视野里,从更广阔的历史角度看,从另一种比较广阔的意义上讲,人治和法治的关系如下。

一是人治强调的是群众、阶级、政党和领袖等社会治理主体的自觉性、能动性和权变性,法治强调的则是社会治理规则(主要是法律形式的规则)的稳定性、权威性和连续性。因此,无论人治还是法治都是相对的;广义的人治要达到其所要达到的最佳效果,必然要立法、用法;法治的各个环节,如立法、执法、司法、守法,也都离不开人这一核心要素,没有人这一核心要素在各个环节起决定性作用,法治则无从谈起。即使在法制健全的资本主义国家,也往往要通过一定的人治形式来进一步加强其对外的霸权主义和强权政治,加强其内部对广大劳动人民群众的有效统治。西方国家几年一次的议会和总统的选举,不就是要发挥其中人治的作用吗?2015年2月2日,习近平总书记在省部级主要领导干部学习贯彻十八届四中全会精神全面推进依法治国专题研讨班的讲话中强调,各级领导干部的信念、决心、行动,对全面推进依法治国具有十分重要的意义;各级领导干部在推进依法治国方面肩负着重要责任,全面依法治国必须抓住领导干部这个"关键少数"。这就抓住了这个"关键少数"的人。这也可以叫作"改造人"或"治人"。因此,我们反对专断专制的"人治",而绝不是反对广大人民群众其中包括各级领导干部的正确的主观能动性即积极性、主动性和创造性的发挥。所以,我们可以理直气壮地说,我们要的是人民当家作主的"法治"和人民群众积极性、主动性、创造性的发挥,反对的是资本当家作主的"法治"和专断专制的"人治"。

二是在阶级存在的社会里,人与法、人治与法治,都有着鲜明的阶级性,不存在抽象的"人"与"人治"和抽象的"法"与"法治"。在剥削阶级占统治地位的社会,无论"人治"还是"法治",在本质上都是极少数人对绝大多数人的统治和对统治阶级内部的民主即治理。封建皇帝的所谓"一人治",其实是作为地主阶级的总代理人统治广大农民并协调其内部关系。资本主义国家的总统和议会成员其实是作为资产阶级的总代理人对广大劳动人民的专政并协调其内部关系，只不过是穿上了宪法和宪政的制服，打着为全民的自由、平等、博爱的旗号在欺骗中进行而已。而人民民主专政，则是绝大多数人对极少数人的统治和人民的民主与人民内部矛盾的恰当处理。西方话语体系总是把人民民主专政的社会主义国家称为"人治社会"和"专制社会"，而把资产阶级专政的西方国家称为"法治社会"和"民主社会"。这样来定义"人治社会"和"法治社会"的根本目的，是企图把人民民主专政的社会主义国家演变为资产阶级专政的资本主义国家。

有人认为，我国只有人治传统、没有法治传统。这是误解。我国原始社会末期的祭祀祖先仪式就逐渐形成了"礼"这一"习惯法"。自公元前21世纪的夏王朝进入奴隶社会开始，直到封建制的各个朝代的统治者，都在不断加强立法和司法，以维护他们的政治和经济的统治。研究发现，我国迄今所见最早的诉讼判决书是青铜器铭文，叙述了西周晚期一场诉讼案件的始末。目前已知的、我国最早的封建社会成文法典是由魏国李悝集当时各国法律编制而成的《法经》。公元前359年，秦孝公重用商鞅对政治、经济诸方面进行了一次卓有成效的改革，史称"商鞅变法"。商鞅变法之初"徙木立信"的故事大家都较为熟知。因为，商鞅变法符合历史发展的潮流，《史记》记载，"商君虽死，而秦卒行其法"。泱泱中华，光辉璀璨。在中华文明中，不仅有上述先进的典章制度、礼仪文化，还有蕴含其中的制度文明、政治文明、法治文明及其人本思想。习近平总书记在十八届四中全会上的讲话中指出："我国古代法制蕴含着十分丰富的智慧和资源，中华法系在世界几大法系中独树一帜。要注意研究我国古代法制传统和成败得失，挖掘和传承中华法律文化精华，汲取营养、择善而用。"[①] 在我国古代，一般说来，儒家主张以人治为主，其代表性言论是《礼记·中庸》中的"为政在人……其人存，则其政举；其人亡，则其政息"。道家主张"无为而治"，也是以人治为主的一种。但从整体上说，儒家与道家仅仅是

---

① 习近平：《加快建设社会主义法治国家》，《求是》2015年第1期。

一种主张而已,在当时的国家政治生活中并不起主导作用。也就是说,无论在古代的我国还是在较早的西方,都有着法治的传统;但只是适应当时的经济与社会的发展,不如现在依法治国那么健全而已。有学者认为,我国古代的法治实际上是刑治,而西方较早的法治则民法起的作用比较大。① 笔者赞成这一看法。

一个国家的治理体系和治理能力是与这个国家的历史传承与文化传统密切相关的。解决中国的问题只能在中国大地上探寻适合自己的道路和办法。我们推进国家治理体系和治理能力现代化,当然要学习和借鉴全人类文明的一切优秀成果,但绝不是照搬其他国家的政治理念和制度模式,而是要从我国的现实条件出发来创造性前进。

中华法系影响深远,源远流长。中国古代政治也绝不是专制这一个概念所能概括的。比如,中国古代的"礼法合一"和"德主刑辅"的法治主张,中国古代治理中的"仁孝"思想、"恤老爱幼"等具体规定,无不体现当时我国法治中的智慧与艺术。又如,"水能载舟,亦能覆舟"这一体现君民辩证关系的"舟水论"更是维护封建制国家安定的核心治理思想,是悬挂在君主头上的一把无形的利剑。再如,在体制机制上,汉朝有内外朝治理,明朝有内阁治理,至于"明德慎刑""用法务在宽简",还有诉讼上的"登闻鼓直诉制度",史官的"秉笔直书"和"不杀言官"等,这些虽然其阶级属性是封建的,但却属于中华法系中的优秀传统。还如,现在的所谓利用各种私人关系为犯罪的人求情,我国古代法律对此是严格禁止和严加处罚的;我国古代关于监察监督制度的法律规定,也一直为外国学者所称道。以孔子为代表的早期儒家,虽然倡导"人治",但并非不重视规则制度的作用,孔子也说:"礼乐不兴,则刑罚不中;刑罚不中,则民无所措手足。"儒家的"礼治"也是一种规则治理。汉朝以后,作为我国主导思想的儒家和封建统治者,更重视"法治",只不过是"儒表法里"而已。

---

① 张光博:《坚持马克思主义法律观》,吉林人民出版社2005年版,第249页。

有人说，毛泽东只讲人治，不讲法治。这同样也是误解。早在1920年，毛泽东在湖南"省宪运动"中就曾倡导制定一部反映民意的省宪法。之后又亲自领导和参与拟定了1931年的《中华苏维埃共和国宪法大纲》、1941年的《陕甘宁边区施政纲领》、1946年的《陕甘宁边区宪法原则》和1949年的《中国人民政治协商会议共同纲领》等。更为重要的是，毛泽东亲自主持起草了新中国第一部宪法即1954年宪法。1954年10月17日，毛泽东在阅读中共中央统战部的一份材料时批示道："从宪法的规定看，中央和地方颁布的法令中有问题的不少，对这些有问题的法令，由全国人大常委会处理还是由政府处理，应加以确定。"[①] 1956年4月初，毛泽东在修改《关于无产阶级专政的历史经验》时明确指出：斯大林在晚年特别"欣赏个人崇拜，违反党的民主集中制"，不可避免地犯了一些重大错误，如：肃反扩大化；反法西斯战争前缺乏必要的警惕；对农业的发展和农民的物质福利缺乏应有的注意；在国际共产主义运动中出了一些错误的主意，特别是在南斯拉夫问题上作了错误的决定，等等。毛泽东接着说："我们要是不愿意陷到这样的泥坑里去的话，也就更加要充分地注意执行这样一种群众路线的领导方法，而不应当稍为疏忽。为此，我们需要建立一定的制度来保证群众路线和集体领导的贯彻实施，而避免脱离群众的突出个人和个人英雄主义，减少我们工作中的脱离客观实际情况的主观主义和片面性。"[②] 毛泽东在这里所说的建立一定的制度来保证群众路线和集体领导的贯彻实施，其中的"制度"既包括了国家法律又包括了党内法规。1962年3月22日，毛泽东听取有关人员关于公安工作的汇报时指出："刑法需要制定，民法也需要制定，没有法律不行，现在是无法无天。不仅要制定法律，还要编案例，包公、海瑞还是注重亲自问案，进行调查研究的。"[③] 1963年5月5日，毛泽东在会见朝鲜法律工作者代表团时说："社会主义的法律工作是一项新的工作，至今我们还没有制定出社会主义的民法和社

---

① 《毛泽东年谱（1949—1976）》第2卷，中央文献出版社2013年版，第30页。
② 逄先知、金冲及主编：《毛泽东传（1949—1976）》，中央文献出版社2003年版，第503—504页。
③ 《毛泽东年谱（1949—1976）》第5卷，中央文献出版社2013年版，第94页。

会主义的刑法，需要积累经验。"① 这就是说，毛泽东主张，必须制定社会主义的民法和社会主义的刑法，但不能操之过急，应当通过实践，"积累经验"后才能制定。这说明，一定的法律，是一定社会发展到一定水平的产物。"社会主义的法律工作是一项新的工作"，当经验的积累达到一定程度之时，民法典和刑法典才能制定出来，否则，则是揠苗助长。

毛泽东犯过错误，我们当然不能为毛泽东的错误辩护，但谁又是不犯一点错误的"圣人"呢？认真研究之后，就可以发现，毛泽东有着自己的法治思想和法律体系构想。断言毛泽东只讲人治，不讲法治，显然不符合实际。

为什么人的问题，是根本的问题、原则的问题。用历史唯物主义的眼光看，将其放到对人类社会和人类文明是促进还是阻碍的角度去度量，在特定的条件下，真理在一开始的时候，则往往是掌握在少数人手中。1959年4月，毛泽东在党的八届七中全会上说，"多数时候是多数人胜过少数人，但是有些时候，个别的人要胜过多数人"；"一个人有时胜过多数人，这是因为真理在这个人手里，而不在多数人手里"。② 因此，我们在强调党内法规和法律法治权威性的同时，也要兼顾群众、阶级、政党和领袖的正确的主观能动性的发挥。另外，无论人治还是法治，都有"善法"和"善治"或是"恶法"和"恶治"之分。所以，习近平总书记在十八届四中全会的讲话中引用了"立善法于天下，则天下治；立善法于一国，则一国治"③ 这一中国的古训。这也说明，不仅一国的法律法规，就是国际法律法规，都有善法和恶法之分。这就是阶级分析方法在国际国内法治问题上的具体运用。

正如《决定》所指出的，我们坚持走的是中国特色社会主义的法治道路，建设的是中国特色社会主义法治体系。我们的原则是：坚持中国共产党的领导，坚持人民主体地位，坚持法律面前人人平等，坚持依法治国和

---

① 《毛泽东年谱（1949—1976）》第5卷，中央文献出版社2013年版，第215—216页。
② 《毛泽东年谱（1949—1976）》第4卷，中央文献出版社2013年版，第10页。
③ 习近平：《加快建设社会主义法治国家》，《求是》2015年第1期。

以德治国相结合，坚持从中国实际出发。说到底，"人治"与"法治"，并不是区分"善治"或是"恶治"的根本标准。环视当今世界，两制并存，此消彼长，在各种的人治与法治中，都有一个是为人民当家作主还是为资本当家作主的问题，这才是区分善治还是恶治的根本标准。也就是说，在当今时代，无论在人治还是法治中，不是劳动治资本，就是资本治劳动。一般来说，从整体上讲，剥削阶级处于上升时期的"法治"多是"良法"，而处于没落阶段，其"法治"都逐渐堕入"恶法"。

笔者认为，从严格意义上讲，所谓"法治"与"人治"不是对应关系，与法治相对应的应该是礼治、德治、宗教治、习俗治等治理的社会规范和原则标准；与人治相对应的应是鬼治、神治等治理主体。各种"治"其中包括各种法制或法治都是以人为主体和依据什么原则、规则治理的问题。

五　依法治国与以德治国的关系

依法治国是实现党领导人民当家作主的基本途径和法治保证，意义重大。无论是坚持和完善党的领导，还是坚持和完善我国的国体、政体或是基本政治制度，切实保障人民群众的民主权利，都离不开社会主义法治。

但依法治国不是党领导人民实现自己当家作主的唯一方式和途径，也不是党的领导的全部内容。在党的领导中很重要的是靠正确的理论武装，靠共产主义的远大理想和中国特色社会主义共同信念，靠党员的先锋模范作用，靠基层党组织的战斗堡垒作用，靠各级党组织和各级领导对群众的思想政治工作。正因为如此，习近平总书记特别强调"革命理想高于天"。因为最高理想是最终目的，而任何法律法规则总是体现其一定的阶段性。从这个意义上讲，革命理想管长远，管全局，管根本；革命理想高于法。

一般来说，依法治国主要是他律，以德治国主要是自律。而"德主刑辅"则是我国一种优秀的法律文化传统。

1958年，毛泽东指出："法律这个东西，没有也不行，但我们有我们这一套,调查研究,就地解决,调解为主。不能靠法律治多数人,多数人要靠养成习惯。我们每个决议案都是法。治安条例也靠成了习惯才能遵守,成为社会舆论。"①

习近平总书记明确指出:"法律是成文的道德,道德是内心的法律,法律和道德都具有规范社会行为、维护社会秩序的作用。"②

一些人认为人的本质是自私的。其实,人之初,性本不善,也本不恶。人的生理特征是有遗传性的,但善恶观念并不会遗传。其实,不是人的本质是自私的,而是资本的本质及其所形成的观念是自私的。马克思说:"如果按照奥日埃的说法,货币'来到世间,在一边脸上带着天生的血斑',那么,资本来到世间,从头到脚,每个毛孔都滴着血和肮脏的东西。"③ 所以,马克思在《资本论》中又引用了英国经济学家托·约·登宁所说的话:"资本逃避动乱和纷争,它的本性是胆怯的。这是真的,但还不是全部真理。资本害怕没有利润或利润太少,就像自然界害怕真空一样。一旦有适当的利润,资本就胆大起来。如果有10%的利润,它就保证到处被使用;有20%的利润,它就活跃起来;有50%的利润,它就铤而走险;为了100%的利润,它就敢践踏一切人间法律;有300%的利润,它就敢犯任何罪行,甚至冒绞首的危险。如果动乱和纷争能带来利润,它就会鼓励动乱和纷争。"④

现在我国的反腐败形势依然严峻,反腐倡廉仅靠法治行不行?如果仅靠法律这唯一准绳,那也就是说,"有300%的利润,它(资本)就敢犯任何罪行,甚至冒绞首的危险"。从一定意义上讲,这也是一条铁的经济、社会法则。换言之,如果超过300%利润的话,法律就可能失去作用。再说,对那些贪赃枉法的人其中包括一些领导干部,"利润额度"何止300%呀!有一些简直是无本万利或亿利。这也就是说,反腐倡廉不能只讲法治,

---

① 《毛泽东年谱(1949—1976)》第4卷,中央文献出版社2013年版,第421页。
② 习近平:《加快建设社会主义法治国家》,《求是》2015年第1期。
③ 《马克思恩格斯选集》第2卷,人民出版社1995年版,第266页。
④ 同上。

不讲德治。如果只讲法治，不讲德治，这是不教而诛，既与我们党的光荣传统不相容，也与中华民族优秀法律文化传统背道而驰。在西方的制度设计中，资本主义法治设计了资本代理人上台的渠道，官员与资本、腐败与资本主义制度本身，是没有根本性冲突的，资本家的代理人上台，从一定意义上说，是"名正言顺"的"合法"腐败，而在社会主义的制度理念中，腐败与社会主义，与党的宗旨是根本对立、水火不容的。只不过在资本主义社会中，某些官员的贪腐行为触犯了资本主义法律的底线，危及资本主义社会制度的生存，为了维护资产阶级的整体利益，也为了更好地统治、欺骗人民群众，所以也提倡反腐，例如大多数资本主义国家所实行的"官员财产申报"制度就是在维护资本主义根本制度统治下的反腐倡廉的重要、有效的举措。我们当然也应该借鉴资本主义国家反腐的经验，但资本主义国家的反腐与社会主义国家的反腐有着本质的区别。拒绝借鉴其经验，是僵化保守，断然不可取；但如果全盘照搬，则无疑是缘木求鱼，甚至带来灾难。

其实，我国宪法也把以德治国的实质内容赫然载入其中。《宪法》第24条规定："国家通过普及理想教育、道德教育、文化教育、纪律和法制教育，通过在城乡不同范围的群众中制定和执行各种守则、公约，加强社会主义精神文明的建设。国家提倡爱祖国、爱人民、爱劳动、爱科学、爱社会主义的公德，在人民中进行爱国主义、集体主义和国际主义、共产主义的教育，进行辩证唯物主义和历史唯物主义的教育，反对资本主义的、封建主义的和其他的腐朽思想。"第53条强调："中华人民共和国公民必须遵守宪法和法律，保守国家秘密，爱护公共财产，遵守劳动纪律，遵守公共秩序，尊重社会公德。"这实质上是分别从国家和公民两个不同层面所强调的德治。坚持依法治国和以德治国相结合，这不仅是《决定》所强调的全面推进依法治国中必须坚持的一个基本原则，更是宪法本身所明确载入的规定和要求。奇怪的是，有的人很赞成依宪治国，但又很反对提依法治国与以德治国相结合，这不是把整部宪法规定的基本原则按照自己的意愿割裂开来甚至对立起来了吗？

笔者认为,反腐倡廉要预防为主,关卡前设,至少要有四道防线,第一道是正确的理想信念。习近平总书记特别强调共产党员要牢固树立共产主义远大理想,公民要坚定中国特色社会主义共同信念。第二道是道德。因此,中华人民共和国公民都应该学习践行社会主义核心价值观。而共产党员则必须按照《党章》所要求的那样,具有共产主义的道德修养和品质。第三道是狭义上的制度规章,即党规和行政纪律。第四道才是法律。中央提出要建立领导干部"不想腐、不能腐、不敢腐"的防线。从一定意义上讲,这是反腐倡廉的成套制度设计。正确的理想信念和高尚的道德,是不想腐的防线,这两道防线,是反腐倡廉的思想防线;制度规章是不能腐的防线,而法律则是不敢腐的防线,这两道防线是反腐倡廉的制度防线,而法律则是反腐倡廉的最后一道防线。在经济社会生活中,我们万万不能只讲法律这一道防线,从而在整个社会生活领域特别是政治和文化领域提倡所谓"法无禁止皆可为",最终的结果则极可能是法律这最后一道防线也守不住。取乎其上,往往才能得乎其中。腐败的最终结果,必然是亡党亡国。四道防线健全,腐败现象才能得到有效遏制,并随着经济社会的发展,使其逐渐减少。但腐败现象及其观念,从根本上来说是私有制的产物。真正要完全根除,必须等到与私有制及其观念实行彻底决裂之时。

1980年8月,邓小平在《党和国家领导制度的改革》中明确指出:"领导制度、组织制度问题更带有根本性、全局性、稳定性和长期性。这种制度问题,关系到党和国家是否改变颜色,必须引起全党的高度重视。"[①] 1992年,邓小平在视察南方讲话中说:"中国的事情能不能办好,社会主义和改革开放能不能坚持,经济能不能快一点发展起来,国家能不能长治久安,从一定意义上说,关键在人。"[②] 从根本上说,制度是人制定的,又要靠人来执行。因此,德治与法治同样重要。

2014年1月20日,习近平总书记在群众路线教育实践活动第一批总结

[①]《邓小平文选》第2卷,人民出版社1994年版,第333页。
[②]《邓小平文选》第3卷,人民出版社1993年版,第380页。

会上指出:"对共产党人来说,理想信念是精神之'钙'。精神上缺了'钙',就会得'软骨病',就会导致政治上变质,经济上贪婪,道德上堕落,生活上腐化","'四风'问题归根到底就是理想信念出现动摇所致"。这说明仅仅依靠法律彻底解决腐败问题,是很不现实的。

六 依法治国与经济社会全面发展的关系

马克思曾指出:"选举是一种政治形式,在最小的俄国公社和劳动组合中都有。选举的性质并不取决于这个名称,而是取决于经济基础,取决于选民之间的经济联系。"①

我们应时刻牢记,依法治国是手段,绝不是目的,而人民当家作主才是目的。我们既不能重复伯恩施坦的"运动就是一切,最终目的算不了什么"的错误,也决不能搞"依法治国是一切,目的是没有的"那一套。

说到底,依法治国的根本目的是为着社会主义的中华人民共和国经济社会的协调、全面发展,是为着广大人民群众逐步实现共同富裕。

依法治国的活动属于上层建筑的范畴,它一方面是为着巩固和完善我们人民民主专政的国体和人民代表大会制度的政体服务,又与国体、政体一起,被中国特色社会主义经济基础所决定并为之服务。

另外,依法治国是我们的治国方略,正因为如此,我们就必须把它贯彻到经济、政治、文化、社会、生态和党的建设的方方面面的整个社会系统之中,切忌仅仅是为着社会建设尤其仅仅为着保持社会稳定。但是经济、政治、文化、社会、生态和党的建设并不是并列关系,在这几方面中,经济又是基础,是重中之重。所以,依法治国,最为重要的是首先贯彻到经济领域。《宪法》第六条规定:"中华人民共和国的社会主义经济制度的基础是生产资料的社会主义公有制,即全民所有制和劳动群众集体所有制。社会主义公有制消灭人剥削人的制度,实行各尽所能、按劳分配的原则。

---

① 《马克思恩格斯选集》第3卷,人民出版社2012年版,第340页。

国家在社会主义初级阶段,坚持公有制为主体、多种所有制经济共同发展的基本经济制度,坚持按劳分配为主体、多种分配方式并存的分配制度。"

《中共中央关于全面推进依法治国若干重大问题的决定》①（以下简称《决定》）明确写道:"坚持依法治国首先要坚持依宪治国,坚持依法执政首先要坚持依宪执政。"依宪治国,在经济领域必须"坚持公有制为主体、多种所有制经济共同发展的基本经济制度";在政治领域,必须坚持党的领导和人民民主专政;在意识形态领域,必须坚持以马克思主义为指导。但在经济领域坚持公有制为主体、多种所有制经济共同发展的基本经济制度,更具根本性。依法治国的原则之一就是坚持法律面前人人平等。法律面前人人平等,仅仅是就法律适用环节而言的,作为体现统治阶级意志和利益的法制定出来了,任何人都要严格执行,在这里,无论对于统治阶级还是被统治阶级,没有任何政党、团体和个人能够例外。但就立法环节而言,没有也绝不可能有人人的平等,法总是统治阶级的意志和利益的体现,不可能既反映统治阶级的意志和利益,又反映被统治阶级的意志和利益。因此,我们在讲"法律面前人人平等"时,无疑是讲法律适用过程中的人人平等。人人平等是我们最终实现的崇高理想,而平等的最深厚基础是生产资料占有权的平等。它通过生产资料所有制及分配而体现,最根本的是对生产资料占有的平等。因此,对生产资料占有的平等权应该是社会主义国家公民最基础和最根本的权利,这是每个公民都拥有的权利。对生产资料占有权的平等是人与人之间社会平等的基础,没有对生产资料占有的平等,就没有真正的平等,也无法根本实现其他各方面的平等。只是因为现在我国还处于社会主义初级阶段,生产要素中还必须保留资本,我们也需要且必须在一定范围内调动资本的积极性。但对资本也必须实行必要的节制。连孙中山先生都提出要节制资本。如果不节制资本,公有制为主体的所有制结构很快就会动摇,人们价值观念不仅会多元化,而且私有观念,

---

① 《中共中央关于全面推进依法治国若干重大问题的决定》,《人民日报》2014年10月29日。本文引用这个决定的皆出自此处。

即"为人民币服务"而不是"为人民服务"的观念就会逐渐占据甚至主导整个社会,还会逐渐侵蚀我们的各级干部队伍甚至高级干部队伍,并在党和国家各级政权决策时起这样或那样甚至是主导的作用。有的人甚至置党的政治纪律于不顾,被国内外资本所左右。这样下去,党和国家政权就会逐渐脱离、背离乃至背叛人民,人民最终就会作出其他选择。苏联亡党亡国就是这样一路走下来的。正因为如此,在贯彻依法治国的过程中,社会主义初级阶段的基本经济制度必须不折不扣地坚持,否则,社会主义的经济基础就必然遭到破坏,最终则是国家衰败,社会动乱,人民遭殃,我们的一切包括依法治国都无从谈起。

现在,不少同志非常关注国有企业管理中出现的腐败现象。也有不少同志担心,我们要坚持公有制为主体,那么如何有效遏制公有制企业中的腐败现象呢?有的人还把避免国有企业出现腐败现象作为推行私有化的理由。1960年2月9日,毛泽东在读完苏联《政治经济学教科书》下册结束语后的批注中说:"所有制问题基本解决以后,最重要的问题是管理问题,即全民所有的企业如何管理的问题,集体所有的企业如何管理的问题,这也就是人与人的关系问题。这方面是大有文章可做的。"① 毛泽东又说:"生产关系包括所有制、劳动和劳动生产中人与人之间的相互关系、分配形式三个方面。经过社会主义改造,基本上解决了所有制问题以后,所有制性质具有相对的稳定性;但人们在劳动生产中的平等关系,是不会自然出现的。"② 毛泽东的这一判断完全正确。实践证明:所有制性质在一定时期可以处于相对稳定的阶段,但劳动生产中人与人之间的关系却处在不断变化之中。这种变化存在两种可能:一是按照社会主义公有制的要求,不断完善和发展人与人在劳动生产中的关系;二是也存在着违背社会主义公有制要求的逆向发展的可能。两者都会对社会主义公有制的性质产生影响。所以,在所有制问题基本解决以后,管理问题即人与人的关系问题就凸显

---

① 《毛泽东年谱(1949—1976)》第4卷,中央文献出版社2013年版,第325页。
② 《毛泽东读社会主义政治经济学批注和谈话》(上),中华人民共和国国史学会,1997年,第67页。

出来，核心问题是如何防止管理人员由社会公仆变为官僚老爷，如何确保已经建立起来的新的生产关系能够适应和促进生产力的发展。所以，毛泽东明确要求："等级森严，居高临下，脱离群众，不以平等待人，不是靠工作能力吃饭而是靠资格、靠权力，干部之间、上下级之间的猫鼠关系和父子关系，这些东西都必须破除。"[①] "如果干部不放下架子，不同工人打成一片，工人就往往不把工厂看成自己的，而看成干部的。干部的老爷态度使工人不愿意自觉地遵守劳动纪律，而且破坏劳动纪律的往往首先是那些老爷们。"[②] 这样下去，企业的社会主义性质就有可能受到损害甚至变质，结果是名义上的国有企业或集体企业，实质上是资本主义企业了。这也就是说，企业的管理权与所有权是密切相关、相辅相成、互相作用的。所谓管理问题，首先是管理权掌握在谁手里的问题，群众应不应该参加管理的问题。笔者认为，在马克思主义发展史上，毛泽东是第一个从理论上提出社会主义所有制的生产资料管理权问题的人，并且把它和所有权的变化、发展放在一起来说明社会主义所有制问题"大有文章可做"。纵观毛泽东的一生包括在瑞金和延安时期特别是在新中国成立以后对经济特别是对马克思主义政治经济学所作出的新的重大贡献（笔者认为，这一重大贡献，集中反映在1958年—1960年在读斯大林《苏联社会主义经济问题》、苏联《政治经济学教科书》时的批注和谈话，《毛泽东年谱》做了较为详尽的反映），我们完全可以把毛泽东称之为伟大的马克思主义经济学家。只是我们现在对他在马克思主义政治经济学上的伟大贡献认识和理解得还远远不够罢了。通过毛泽东以上一系列论述，我们完全可以说，国有企业中出现的腐败现象，并不是公有制自身存在的问题，而是私有观念对公有制侵蚀的结果。这也充分说明，对于公有制企业，必须培育和树立相应的公有观念才能搞好。国有企业中出现的腐败现象，并没有为全盘私有化和资本的永久统治提供任何理由，反而印证了马克思恩格斯在《共产党宣

---

① 《毛泽东读社会主义政治经济学批注和谈话》（上），中华人民共和国国史学会，1997年，第67页。
② 《毛泽东年谱（1949—1976）》第4卷，中央文献出版社2013年版，第285—286页。

言》中所说的必然与传统的所有制关系和传统的所有制观念实行"两个彻底决裂"的正确,说明今天以习近平为总书记的党中央强调牢固树立正确理想信念的迫切性和重要性。

讲依法治国,不仅要依法管理经济、依法管理政治,还要依法管理文化。思想文化领域也应当讲依法办事。思想无禁区,实事求是地讲,也无法设定禁区。依法管理文化,必须首先做到宪法中要求的坚持以马克思主义为指导,把意识形态领域的领导权牢牢掌握在忠诚于马克思主义者的手中。对于表现出来的思想问题如何处理?毛泽东说:"对于思想问题采取粗暴的办法、压制的办法,那是有害无益的……我们一定要学会通过辩论的方法、说理的方法,来克服各种错误思想。"[①] 其实,辩论、说理的办法就是争论。有人说,邓小平对思想问题不主张争论。其实,这是误解。邓小平反对的是就一些具体方针政策和探索性、实验性的改革举措进行无休止的、无原则的争论。但对重大原则和大是大非问题,邓小平历来主张必须争论清楚。比如,大家都知道的1978年对真理标准问题的讨论,邓小平多次给予高度称赞:"这个争论很有必要,意义很大……是个政治问题,是个关系到党和国家的前途和命运的问题。"[②] 改革开放以后,针对资产阶级自由化思潮,邓小平不断强调要旗帜鲜明地加以批判,指出:"某些人所谓的改革,应该换个名字,叫作自由化,即资本主义化……我们讲的改革与他们不同,这个问题还要继续争论的。"[③] 对公开反对四项基本原则的言论如何办?在这里,不应误读邓小平"不争论"的思想而采取"不炒热"的"鸵鸟政策"。我们一是旗帜鲜明地倡导"理论研究无禁区,宣传教学有纪律,具体行为守法律"。二是敢于和善于通过辩论即争论的办法力争教育当事人,同时通过争鸣有效地提高广大干部群众辨别大是大非的能力。特别是现在网络发达,搞好网上的舆论引导,至关重要。网上的舆论,绝对不能让国内外资本所主导,否则,将有亡党亡国之可能。这不是

---

① 《毛泽东文集》第7卷,人民出版社1999年版,第279页。
② 《邓小平文选》第2卷,人民出版社1994年版,第143页。
③ 《邓小平文选》第3卷,人民出版社1993年版,第297页。

危言耸听。这就更加需要依靠人民,特别是培养和依靠忠诚于党、忠诚于人民、忠诚于社会主义祖国的青年一代。三是依纪依法处理当事人,并不再为其提供阵地和讲坛。从一定意义上讲,依法管理文化,也是为以德治国创造良好的环境。

七 依法治国与紧紧依靠人民群众的关系

依法治国的主语和主体是人民群众,而不能仅仅只是司法机关,特别仅仅是几个法学家(当然,人民的法学家,人民会永远尊敬和依靠)。人民当家作主不仅应体现在立法的全过程,而且应完全体现在依法治国的全过程。

习近平总书记在十八届四中全会上的讲话中说:"我国社会主义制度保证了人民当家作主的主体地位,也保证了人民在全面推进依法治国中的主体地位。这是我们的制度优势,也是中国特色社会主义法治区别于资本主义法治的根本所在。"[①]

抗战胜利前夕的1945年7月,毛泽东在延安与黄炎培那段著名的"窑洞对",值得我们永远铭记。黄炎培说,一部历史,"政怠宦成"的也有,"人亡政息"的也有,"求荣取辱"的也有,总之没有能跳出"其兴也勃焉""其亡也忽焉"的周期律。毛泽东说:"我们已经找到新路。我们能跳出这周期律。这条新路,就是民主。只有让人民来监督政府,政府才不敢松懈。只有人人负起责来,才不会人亡政息。"[②] 这就明确地告诉我们,人人负起责来,就是人民群众自己要为自己当家作主。工人阶级及其政党,是人民群众中最先进的部分。共产党和政府的各级领导是人民中的先进分子,而不是人民范畴之外的"精英集团"。紧紧依靠最广大人民群众当家作主与坚持工人阶级及其政党的领导,具有内在的高度的一致性,这才是

[①] 习近平:《加快建设社会主义法治国家》,《求是》2015年第1期。
[②] 逄先知主编:《毛泽东年谱(1893—1949)》(中),中央文献出版社2002年版,第611页。

彻底的历史唯物主义。

人人负起责来，负什么责？20世纪50年代末60年代初，毛泽东在读苏联《政治经济学教科书》的谈话时说，"劳动者管理国家、管理军队、管理各种企业、管理文化教育的权利"，"实际上，这是社会主义制度下劳动者最大的权利。没有这种权利，劳动者的工作权、休息权、受教育权，等等权利，就没有保证"。"社会主义民主的问题，首先就是劳动者有没有权利来克服各种敌对势力和它们的影响的问题。像报纸刊物、广播、电影这类东西，掌握在谁手里，由谁来发议论，都是属于权利的问题"。"掌握在马克思列宁主义者手里，绝大多数人民的权利就有保证了"。① 毛泽东的看法极富远见，他50多年前的论述对今天的现实仍然具有指导意义。现在有的报刊、网站、文艺作品等问题不少，这都存在一个是不是人人负起责来的问题。人人负起责来是内容，而总要找到一种或几种好的形式来体现和实现才行。

针对人民群众的作用，列宁明确指出，"苏维埃的法律是很好的，因为它使每一个人都有可能同官僚主义和拖拉作风作斗争"；但"就连相当多的共产党员也不会利用苏维埃的法律去同拖拉作风和官僚主义作斗争，或者去同贪污受贿这种道地的俄国现象作斗争"；"法律制定得够多了！那为什么这方面的斗争没有成绩呢？因为这一斗争单靠宣传是搞不成的，只有靠人民群众的帮助才行"。②

新中国成立后，人民群众在社会治理中的作用非常明显，创造了不少好的经验。20世纪60年代初，浙江省诸暨市枫桥镇干部群众创造了"发动和依靠群众，坚持矛盾不上交，就地解决。实现捕人少，治安好"的"枫桥经验"。1963年，毛泽东批示"要各地仿效，经过试点，推广去做"。2013年10月11日，习近平总书记为纪念毛泽东批示"枫桥经验"50周年作出批示，充分肯定浙江枫桥"依靠群众就地化解矛盾"的经验，

---

① 《毛泽东年谱（1949—1976）》第4卷，中央文献出版社2013年版，第266—267页。
② 《列宁全集》第42卷，人民出版社1986年版，第196、197页。

要求各级党委和政府要充分认识"枫桥经验"的重大意义，并要求根据形势变化不断赋予其新的内涵，以把党的群众路线坚持好、贯彻好。

在党的十八届四中全会上，习近平总书记特别强调，人民权益要靠法律保障，法律权威要靠人民维护。要充分调动人民群众投身依法治国实践的积极性和主动性，使全体人民都成为社会主义法治的忠实崇尚者、自觉遵守者、坚定捍卫者，使尊法、信法、守法、用法、护法成为全体人民的共同追求。习近平总书记的这一论述，完全是相信人民群众、依靠人民群众、为了人民群众的历史唯物主义观点在依法治国战略中的运用。

从根本上说，依法治国是亿万人民群众自己的事业；只有全心全意依靠人民群众，才能确保依法治国的正确政治方向，依法治国才能取得应有的成效。

八　我国司法机关依法独立公正行使审判权和检察权与西方司法独立的关系

应当承认，我国司法领域存在着较为严重的司法不公的问题。这与司法领域存在的腐败现象直接相关，而这些腐败现象又往往与外部的不法分子的腐蚀和少数领导干部干预司法有关。为了保证司法机关能够依法独立公正行使职权，必须将领导干部的权力关进制度的笼子里。《决定》明确指出："完善确保依法独立公正行使审判权和检察权的制度。各级党政机关和领导干部要支持法院、检察院依法独立公正行使职权。建立领导干部干预司法活动、插手具体案件处理的记录、通报和责任追究制度。"

《决定》的上述精神，并不是新的制度规定，而是我们宪法相关条款的具体化。我国《宪法》第126条规定："人民法院依照法律规定独立行使审判权，不受行政机关、社会团体和个人的干涉"；第131条指出："人民检察院依照法律规定独立行使检察权，不受行政机关、社会团体和个人的干涉"。这充分说明，审判机关和检察机关依法独立公正行使审判权和检察权是我国法治建设的一项重要原则。

依法公正行使审判权和检察权比较好理解，审判机关和检察机关为什么要独立行使审判权和检察权呢？这是因为一个案件的发生，往往有着复杂的因素，这就需要具有很高的职业素养和专业水平的司法人员深入调查方方面面，根据每一个案件具体的事实、性质等各种因素依法给予综合考量，然后给予科学认证，这绝不是任何人的行政命令就能替代和解决的，所以审判机关检察机关在处理案件时，决不能受到任何行政机关、社会团体和个人的干涉。在法治实践中，有的党政领导基于个人关系和利益，有的部门基于一方利益插手干预司法案件，这就必然影响案件的公正处理。所以，我国的《宪法》及《决定》，庄严地把审判机关和检察机关独立行使审判权和检察权写入其中。

但是，审判机关和检察机关依法独立公正行使审判权和检察权，绝不是不要党的领导。首先，审判机关和检察机关及其工作人员在独立行使审判权和检察权的过程中，必须接受党在思想政治上的领导。这是因为，法律规定这一过程要通过一定的人去落实，而这些人的行为总是由其所具有的世界观、人生观和价值观左右。为了确保独立行使审判权和检察权结果上的公正，《决定》明确指出：要"建设高素质法治专门队伍。把思想政治建设摆在首位，加强理想信念教育，深入开展社会主义核心价值观和社会主义法治理念教育，坚持党的事业、人民利益、宪法法律至上，加强立法队伍、行政执法队伍、司法队伍建设。"其次，审判机关和检察机关独立行使审判权和检察权，是体现在各个具体案件中的审判权和检察权，但审判工作和检察工作绝不仅仅是对各个具体案件的审判检察，而是体现在机关和人员建设的方方面面。再次，不同职能的司法机关积极主动地、独立负责地、协调一致地工作，也必须在党的统一领导下进行。最后，党的性质、宗旨和执政地位决定其必须领导社会主义法治建设的全过程和各方面，审判机关和检察机关是人民民主专政国家机器的重要组成部分，承担着巩固人民民主专政的政权、党的执政地位的重大政治责任；审判机关和检察机关的社会主义性质也决定了必须坚持党对审判工作检察工作的领导。因此，绝不能把依法独立公正行使审判权和检察权与坚持党的领导对立起来。否则，不可能真正做到依法治国。笔者在这里想强调的是，在苏联法治建设的过程中，最终取消了司法机关中的党组织。事实证明，此举不但没有保证司法机关独立公正地行使职权并最终建设成社会主义法治国家，反而为苏联解体和苏共亡党埋下了伏笔。前车之鉴，令人深思。

笔者认为，我们在强调审判机关和检察机关依法独立公正行使审判权和检察权时，还必须注意这一"独立"仅仅是相对的独立，这一权力在行使过程之中、之后，也必须接受方方面面的监督：一是人民的监督。在我国，一切权力属于人民，所有审判机关和检察机关及其工作人员必须依靠人民的支持，倾听人民的意见和建议，接受人民的监督，努力为人民服务。我国的公民对审判机关和检察机关及其工作人员，有提出批评和建议的权利；对审判机关和检察机关及其工作人员的违法失职行为，有向国家有关机关提出申诉、控告或者检举的权利，并且这一权利是宪法中明确规定的基本权利。二是国家权力机关的监督。在我国，各级人大及其常委会根据宪法和法律的规定，有权对审判机关和检察机关的工作实施监督，以促进司法公正。各级人大及其常委会还享有对审判机关和检察机关工作人员进行任职和撤职的权力。最高审判机关和最高检察机关作出的属于审判、检察工作中具体应用法律的司法解释，应当向全国人大常委会备案，若该解释与法律规定相抵触，全国人大常委会有权进行审查并作出决定。三是司法机关之间的监督。其中最为典型的，就是检察机关作为享有法律监督权的机关，有权对审判机关的审判行为和审判结果进行法律监督。

正因为如此，我们完全可以说，确保依法独立公正行使审判权和检察权的制度，是实现我国人民当家作主在司法制度上的安排，也是社会主义制度对司法的基本要求，而绝不是让司法独立于党的领导和人民的监督之外。

我国依法独立公正行使审判权和检察权的制度与西方的司法独立有着根本的不同。独立公正行使审判权和检察权与司法独立，也完全是两个概念。

司法独立是西方国家经常自我炫耀的其司法制度的最大特点。应当承认，司法权、行政权和立法权分立，是维护资本当家作主的十分成熟的制度之一。"司法独立"在新兴资产阶级反抗封建帝王的专制统治时，无疑起过进步作用。但它对社会和人民群众具有一定的欺骗作用。恩格斯明确指出："资产阶级的力量全部取决于金钱，所以他们要取得政权就只有使金钱成为人在立法上的行为能力的唯一标准。他们一定得把历代的一切封建特权和政治垄断权合成一个金钱的大特权和大垄断权。"[1] 在资本主义国家，资本总是用金钱明里暗里操纵行政机关和立法机关的选举，而三权分立中的司法权，在美国是由九名大法官组成的联邦最高法院所体现，大法官直接由总统任命，且是终身，并有推翻议会立法的最高裁定权。英国没有独立的司法体系，其司法制度仍保留许多封建痕迹，其最高上诉法院的职能由上院行使，法官一律采用任命制。大法官、常任法官、上院议员和上诉法院法官由首相提名，英王任命。无论是在美国还是在英国，大法官的产生，就连形式上的选举这一程序也被完全免除，美国甚至赋予这些大法官以宪法解释权即"违宪审查权"或"司法审查权"这一最高最终的裁决职能。美英这些法官终身享受高薪，既不受议会控制，也不受民众监督，更不对民众负责，唯一听命的，就是在其后操纵的资本。这就为代表极少数人的垄断资本统治加上了一道可靠的保险。

有人说，司法独立虽然产生于资本主义但并非一定姓"资"，它所揭示的是现代法治的共同规律，已成为人类政治文明的有益成果，理应为我所用。这种观点如不是糊涂，就是想误导我国的依法治国与司法改革。

法院、检察院是国家机器的重要组成部分，社会主义中国的司法机关是共产党领导人民依法治国的重要依靠和保证，把依法独立公正行使审判权和检察权的制度解释甚至偷换成"司法独立"，就是要把司法权从共产党和人民的手里夺走，并将其偷梁换柱到国内外资本手中。如果放弃了党的领导和人民的监督，实行所谓的"司法独立"，那些与人民为敌、为资本服务的司法人员，就会在国内外资本的操控下，假借所谓合法的司法途

---

[1] 《马克思恩格斯全集》第2卷，人民出版社1957年版，第647页。

径,修改我们既定的宪法和各种法律,甚至把共产党全心全意为人民服务的各种战略举措宣布为"非法",这种没有硝烟的战争将导致亡党亡国。

九 宪法的实施与实施监督的关系

我国宪法以国家根本法的形式,确立了中国特色社会主义道路、中国特色社会主义理论体系、中国特色社会主义制度的发展成果,反映了我国各族人民的共同意志和根本利益,成为新时期党和国家的中心工作、基本原则、重大方针、重要政策在法制上的最高体现。习近平总书记曾强调,宪法的生命在于实施,宪法的权威也在于实施。我们要坚持不懈地抓好宪法实施工作,把全面贯彻实施宪法提高到一个新水平。

宪法的实施简而言之就是要将宪法文本上的抽象的权利义务关系转化为实际生活中具体的权利义务关系。在法治实践中,宪法的实施通常有四种具体的表现形式:国家立法机关在立法活动中对宪法的贯彻和落实、国家行政机关在依法行政过程中对宪法的贯彻和落实、国家司法机关在从事司法活动时对宪法的援引和适用、其他一切组织和个人在作出行为时对宪法的遵守。而以上每一种表现形式都是全面推进依法治国所不可或缺的、至关重要的方面或环节。实施宪法的上述四种情形,对于全面推进依法治国具有十分重要的意义。

在我国,谁来监督宪法的实施最为科学和合理呢?中华人民共和国的宪法是维护最广大人民群众根本利益的根本大法。宪法实施的监督,首先是人民的监督。只有让人民来监督政府,政府才不会懈怠;只有人人起来负责,才不会人亡政息。所以,《决定》指出:"全国各族人民、一切国家机关和武装力量、各政党和各社会团体、各企业事业组织,都必须以宪法为根本的活动准则,并且负有维护宪法尊严、保证宪法实施的职责。一切违反宪法的行为都必须予以追究和纠正。"

除了人民的监督之外,还需要专门机关的监督。所以,《决定》又明确指出:"完善全国人大及其常委会宪法监督制度,健全宪法解释程序机制。"《决定》的这一表述十分正确和准确。我国《宪法》第62条关于全国人民代表大会行使的职权中,有"监督宪法的实施"的职能;《宪法》第67条关于全国人民代表大会常务委员会行使的职权中,有"解释宪法,监督宪法的实施"的职能。有人说,中国没有宪法监督制度和宪法解释程序机制,亟须建立一个跨越任何党派利益之上的专门机构,比如"宪法法院"或"宪法审查委员会"或"宪法监督委员会"等来承担这一任务。这一说法,完全不对。我国《宪法》已经明确规定,在我国,监督宪法的实施和解释宪法的权力与职能在全国人民代表大会及其常委会。不需要在此之外,成立一个独立的既不接受党的领导,又不接受全国人民代表大会及其常务委员会监督的专门机构来承担这一使命。当然,随着经济全球化和我国社会主义市场经济的深入发展,也出现了不少新的情况和新的问题迫切需要加以解决。正因为如此,《决定》提出的是"完善全国人大及其常委会宪法监督制度,健全宪法解释程序机制",这一方面完全排除了一些人关于设立与人大常委会并列的新的"宪法法院"或者"宪法委员会"或者"宪法监督委员会"等来监督宪法实施与解释的设想;另一方面又提出,在全国人民代表大会及其常务委员会的框架内积极探讨完善和健全新的办法与方法。除了宪法实施的监督外,全国人大及其常委会还应加强备案审查制度和能力建设,把所有规范性文件纳入备案审查范围,依法撤销和纠正违宪违法的规范性文件。

全国人民代表大会及其常委会是我国的最高权力机构与常设机关。任何机构都不能代替全国人民代表大会及其常委会的宪法解释权和监督权,不能再设立一个与全国人民代表大会及其常委会相并列的"宪法法院"或"宪法委员会"或"宪法监督委员会"。若如是,这就等于我国有了两个最高权力机构,这在本质上是西方"三权分立"政治制度的框架,是西方司法独立的翻版。若如是,我国现有的行之有效的政体必将遭到破坏,国家的政治稳定也必将化为泡影。

十　党大还是法大即党与法的关系

习近平总书记在对《决定》所作的"说明"中特别强调:"党和法治的关系是法治建设的核心问题"。因此,处理好党与法的关系,事关法治建设的制度属性和前进方向,事关社会主义法治建设能否成功。

究竟是党大还是法大?笔者个人认为,这要具体分析,不能一言以蔽之。

其实,关于党与法的关系,习近平总书记在省部级主要领导干部学习贯彻十八届四中全会精神全面推进依法治国专题研讨班上已经讲得十分清楚。他明确指出:"中国共产党是中国特色社会主义事业的领导核心,处在总揽全局、协调各方的地位。社会主义法治必须坚持党的领导,党的领导必须依靠社会主义法治。法是党的主张和人民意愿的统一体现,党领导人民制定宪法法律,党领导人民实施宪法法律,党自身必须在宪法法律范围内活动,这就是党的领导力量的体现。党和法、党的领导和依法治国是高度统一的。"[①] 结合这一论述,联系学习《决定》精神,就可以清晰地认清党与法在不同情况下的相互关系。

习近平总书记指出:中国共产党是中国特色社会主义事业的领导核心,处在总揽全局、协调各方的地位;党领导人民制定宪法法律,党领导人民实施宪法法律。《决定》指出:"党的领导是中国特色社会主义最本质的特征,是社会主义法治最根本的保证。把党的领导贯彻到依法治国全过程和各方面,是我国社会主义法治建设的一条基本经验。我国宪法确立了中国共产党的领导地位。"从党领导人民制定并修订宪法法律的意义上讲,可以说党比法大。但是,这里所指的党,是党中央,并不是指地方党委。

[①]《领导干部要做尊法学法守法用法的模范带动全党全国共同全面推进依法治国》,《人民日报》2015年2月3日。

习近平总书记指出，党自身必须在宪法法律范围内活动。《决定》也指出："宪法是党和人民意志的集中体现，是通过科学民主程序形成的根本法"；"各政党和各社会团体、各企业事业组织，都必须以宪法为根本的活动准则，并且负有维护宪法尊严、保证宪法实施的职责。一切违反宪法的行为都必须予以追究和纠正"。从任何政党都必须在宪法和法律范围内活动的角度讲，法又比党大。

这也就是说，在立法过程中，法为党领导人民所制定，因此，法不是高于一切的，而是党和人民大于法律；法律制定出来后，在法的适用过程中，任何政党和人民中的任何分子，又必须遵守法律，在法律范围内进行活动，法律又大于任何政党和个人。

习近平总书记指出："社会主义法治必须坚持党的领导，党的领导必须依靠社会主义法治。法是党的主张和人民意愿的统一体现"，"党和法、党的领导和依法治国是高度统一的"。《决定》还指出："把党领导人民制定和实施宪法法律同党坚持在宪法法律范围内活动统一起来"。从党领导人民制定和实施宪法法律同党坚持在宪法法律范围内活动都是为了人民当家作主这一根本目的的角度讲，不存在谁大谁小的问题，党和法应该高度统一，党与法一样大。

一些干部群众在党与法的关系问题上有模糊认识并不奇怪。我们的一些干部甚至是高级干部，把自己置于法律之外甚至之上，法治观念不强，决策不讲程序，办事不依法依规，甚至以言代法、以权压法、徇私枉法，严重损害和败坏了党的声誉。但也绝不排除少数别有用心之人利用党内的一些腐败现象，人为制造党与法之间本不存在的对立，进而为否定、推翻党的领导和社会主义制度制造舆论。

在党与法的关系之中，还嵌入一个国家法律与党内法规的关系问题。有的同志提出，既然要依法治国，那么，要不要依法治党？也有同志提出，国家法律与党内法规哪个大？党内法规如果违背国家法律怎么办？

其实，国家法律与党内法规既有联系，又有明显的不同。其相互联系是，党内法规既是管党治党的重要依据，也是建设社会主义法治国家的有力保障。国家法律与党内法规都是为了维护最广大人民群众的根本利益。因此，在经济社会发展中，我们要十分注意党内法规同国家法律的衔接和协调，通过提高党内法规执行力，把党要管党、从严治党落到实处，就能有力促进党员和干部带头遵守国家法律法规。正如《决定》所指出的那样，国家法律与党内法规之所以能够有机地统一在一起，最直接的原因便是党依法执政的根本要求，即"依法执政，既要求党依据宪法法律治国理政，也要求党依据党内法规管党治党"。

当然，国家法律与党内法规也有明显的不同。

第一，制定主体和适用范围不同。国家法律是指有立法权的国家机关根据《宪法》和《立法法》及有关法律的规定所制定的具有普遍约束力的规范性法律文件的总称。它的制定主体有全国人大及其常委会、国务院及其各组织机构（各部、委员会、中国人民银行、审计署和具有行政管理职能的直属机构）、省（自治区、直辖市）人大及其常委会和人民政府、较大的市的人大及其常委会和人民政府、民族自治地方的人大、中央军事委员会及其各组织机构（各总部、军兵种、军区）；它的渊源或具体表现形式有宪法、法律、行政法规、地方性法规、自治条例和单行条例、国务院部门规章、地方政府规章、军事法规和规章等。根据法治建设的具体实践，最高人民法院和最高人民检察院所作出的司法解释通常也被归入国家法律的范畴之内。国家法律适用于国家主权范围内的全体组织（包括一切国家机关和武装力量、各政党和各社会团体、各企事业组织）和所有个人。党内法规是指有制定权的党组织根据《党章》和《中国共产党党内法规制定条例》制定的规范党组织的工作、活动和党员行为的党内规章制度的总称。它的制定主体有党的中央组织以及中央纪律检查委员会、中央各部门和省、自治区、直辖市党委；它的渊源或具体表现形式有党章、准则、条例、规则、规定、办法和细则。通常认为，有关党组织对党内法规所作的、与相应党内法规具有同等效力的解释也属于党内法规的范围之内。党内法规则适用于全体党员和各级党的组织。由此可见，国家法律与党内法规在制定主体和适用范围上存在着明显的不同。

第二，价值观念的层次不同。依法治国要求全体公民弘扬的是社会主义核心价值观：富强、民主、文明、和谐，自由、平等、公正、法治，爱国、敬业、诚信、友善。而《党章》中明确要求："中国共产党党员是中国工人阶级的有共产主义觉悟的先锋战士。中国共产党党员必须全心全意为人民服务，不惜牺牲个人的一切，为实现共产主义奋斗终生。"法律不仅是每一位公民价值观的底线，而且也是必须遵守的行为准则；而党章不仅是每一位共产党员价值观的凝结，而且也是必须遵守的行为准则。要依法治国，必须从严治党。1937年10月，毛泽东在为黄克功案件致雷经天的信中曾明确指出：共产党与红军，对于自己的党员与红军成员不能不执行比一般平民更加严格的纪律。1941年5月1日，由中共边区中央局提出，中共中央政治局批准的《陕甘宁边区施政纲领》第八条规定："共产党员有犯法者从重治罪。"有的党员甚至是党员领导干部，误认为自己只要遵守法律便可以，早把党的性质与宗旨抛到了一边。这种状况亟待改变。所以对于全党和全国来说，仅仅讲依法治国还远远不够，还必须严肃提出从严治党。从一定意义上讲，依法治国中存在的所有问题，都可以从党的建设特别是党风中存在的问题找到影子甚至是根源。其根子都在理想信念动摇和价值观发生变化。党与社会不是"两张皮"。从一定意义上讲，党风决定着民风。党风不正，民风必堕。

第三，宽严层次程度不同。在同时适用国家法律和党内法规时，党员特别是党员领导干部具有双重身份，既是国家公民，更是执政党的一分子，既要遵守国家法律，又必须服从党内法规。中国共产党不同于一般意义上的政党团体，中国共产党党员也不同于一般意义上的国家公民，他们所肩负的带领全国各族人民实现共产主义的伟大历史使命，决定了他们较一般意义上的政党团体和国家公民承担更多的义务和责任，享有更少的权利和权力。因此，党规党纪严于国家法律，党的各级组织和广大党员干部不仅要模范地遵守国家法律，而且要按照党规党纪以更高标准严格要求自己，坚定理想信念，践行党的宗旨。当然，党内法规严于国家法律，也并不意味着党员不享有国家法律所规定的公民权利和党章所规定的党员权利，国家法律和党内法规依法依规保障党员的公民权利和党员权利不受剥夺，并保证党员合法合规的权益不受侵犯。

第四，承担的责任不同。党的各级组织和全体党员都应当遵守和维护党的纪律，对于违犯党纪的党组织和党员，必须严肃处理；党内不允许有任何不受纪律约束的党组织和党员，凡是违犯党纪的行为，都必须受到追究；应当受到党纪处分的，必须给予相应的处分。全体公民、一切国家机关和武装力量、各政党和各社会团体、各企业事业组织都必须遵守宪法和法律，一切违反宪法和法律的行为，都必须予以追究。违反或违犯国家法律和党内法规的监督处理在主体、程序、后果等方面有着明显的不同。在主体方面，违反国家法律的，因违反法律的性质（民事法律、行政法律、劳动法律、刑事法律等）的不同，分别由不同的主体（民事权利人、行政主体、人民法院）追究其法律责任；违犯党内法规的，则由具有不同检查和处理权限的党组织作出处分决定。在程序方面，违反国家法律的，分别依照相关法律承担法律责任；违犯党内法规的，则应依相关党纪党规给予相应纪律处分。在后果方面，违反国家法律的，依照国家法律、法规和规章承担相应的法律责任；违犯党内法规的，党员应受到警告以至开除党籍的纪律处分，党组织应受到改组或解散等纪律处分。在理解国家法律和党内法规在责任承担方面的不同时，还必须注意对违犯党内法规的行为进行处理，应坚持防止违纪行为演变为违法行为的原则。

第五，在国家政治生活中的地位与作用不同。从根本上说，党内法规是为了保持党的鲜明的无产阶级性质和全心全意为人民服务宗旨的制度安排。而国家法律则是为了保障我国社会主义国家的性质进而确保人民当家作主的制度安排。

毛泽东说，领导我们事业的核心力量是中国共产党。邓小平说，中国要出问题，还是出在共产党内部。所以，只有首先严格党内法规，进而从严治党，依法治国才能有坚定正确的政治方向。正是从这一意义上讲，党内法规严格执行了，国家法律才能严格执行。但是，国家法律与党内法规的执行状况，不可能彼此绝缘，而是相辅相成，相互影响。只有严格党内法规，才能厉行法治；而严格执法，也可以反作用于从严治党。党内风气与社会风气的好坏，紧密相连，甚至是党风决定民风。

所以，国家法律与党内法规，既有高度的一致性，又有鲜明的区别，是相辅相成的，但绝不能相互代替，缺了哪一方面都不行。国家法律与党内法规，不存在谁大谁小的问题。党和国家的宗旨都是全心全意为人民服务，如果国家法律和党内法规有违背这一宗旨的现象，党领导人民都有权加以纠正。同样也根本不存在用国家法律来匡正党内法规的问题。有人想误导我们，说到底，是为了改变我们党和国家的性质，重新回到资本统治劳动的天下罢了。

（作者单位：中国社会科学院）

（原载《马克思主义研究》2015年第5、6期）

正确认识和处理依法治国与
坚持党的领导的关系

朱佳木

再过4天就是新中国第一部宪法，即1954年宪法在第一届全国人民代表大会上通过60周年的日子。这部宪法以国家根本法的形式，确认了近代100多年来中国人民为反对内外敌人、争取民族独立和人民自由幸福进行的英勇斗争，也确认了中国共产党领导中国人民夺取新民主主义革命胜利、中国人民掌握国家权力的历史变革；规定了新中国实行工人阶级领导的以工农联盟为基础的人民民主专政的国体和人民代表大会制度的政体，也规定了中国共产党领导的多党合作和政治协商制度以及民族区域自治制度等根本政治制度。它的颁布和实施，在中华人民共和国历史上具有划时代意义，在新中国政治制度史上具有奠基意义，在新中国政治生活中具有深远意义。60年来，这部宪法尽管经过三次修改和多次修正，但它作为我国宪法的基础性地位始终没有变。今天，中华人民共和国国史学会、中国政治学会和中国社会科学杂志社在这里联合召开学术座谈会，邀请国史学界、政治学界、法学界的部分专家学者围绕"依法治国与坚持党的领导"的问题进行研讨，就是为了纪念1954年宪法颁布60周年。

会上，专家学者们的发言从不同角度阐释了1954年宪法的人民民主原则和社会主义原则以及它的深远历史意义和重要现实作用，论述了依法治国与坚持党的领导的历史的和逻辑的一致性，剖析了资本主义宪法与我国宪法的本质区别，以及当前"宪政"思潮的反社会主义制度、反共产党领导的实质，指出了发展社会主义民主政治的关键是坚持党的领导、人民当家作主和依法治国的有机统一，强调了深化政治体制改革的方向是要把坚持党的领导与审判和检察机关依法独立公正行使审判权、检察权有机统一起来，批判了把依法治国与坚持党的领导割裂和对立起来的各种错误观点。这些发言体现了党的十八大和十八届三中全会精神，反映了国史研究、政治学研究、法学研究关于我国民主政治发展史、政治制度建设、法制建设等研究领域前沿问题的研究成果，发出了学术界响应以习近平同志为总书记的党中央号召、坚定走中国特色社会主义政治发展道路的声音。

党的十八大后，习近平总书记在2012年12月首都各界纪念现行宪法公布施行30周年大会、2013年2月中共中央政治局第四次集体学习、2014年1月中央政法工作会议，以及不久前的中共中央、全国人大常委会庆祝全国人民代表大会成立60周年大会等不同场合，就依法治国问题多次发表重要讲话。在每次讲话中，他总是强调要全面推进科学立法、严格执法、公正司法、全民守法，坚持依法治国、依法执政、依法行政共同推进，坚持法治国家、法治政府、法治社会一体建设，不断开创依法治国新局面；强调不断完善以宪法为统帅的中国特色社会主义法律体系，加强宪法和法律的实施，维护社会主义法制的统一、尊严、权威，形成人们不愿违法、不能违法、不敢违法的法治环境，做到有法必依、执法必严、违法必究；强调要努力让人民群众在每一个司法案件中都感受到公平正义，确保审判机关、检察机关依法独立公正行使审判权、检察权；强调要使民主制度化、法律化，使这种制度和法律不因领导人的改变而改变，不因领导人的看法和注意力的改变而改变，任何组织和个人都必须在宪法和法律范围内活动，任何公民、社会组织和国家机关都要以宪法和法律为行为准则，依照宪法和法律行使权利或权力、履行义务或职责。同时，他也总是强调，发展社会主义民主政治的关键是要坚持党的领导、人民当家作主、依法治国的有机统一，其中最根本的是坚持党的领导，中国共产党领导就是支持和保证人民实现当家作主，坚持中国共产党领导是中国特色社会主义最本质的特征、是中华民族的命运所系,坚持党总揽全局、协调各方的领导核心作用才能保证党的路线方针政策和决策部署在国家工作中得到全面贯彻和有效执行;强调要加强和改善党的领导,善于使党的主张通过法定程序成为国家意志,善于依法执政,善于通过国家政权机关实施党对国家和社会的领导。这些论述是对我国社会主义民主政治建设历史经验的总结,是对世界社会主义运动成败得失的借鉴,也是对我们党执政规律进一步探索的成果。下个月召开的党的十八届四中全会,要着重研究全面推进依法治国重大问题。可以肯定,它必将对进一步落实和细化上述精神发挥重要作用,为提高党的执政能力、执政水平以及党和国家的长治久安作出新的贡献。

通过学习宪法和习近平总书记的有关论述,我认为要正确认识和处理依法治国与坚持党的领导之间的关系,应当着重明确以下几点:第一,依法治国的实质是将党的主张和人民意志加以法律化。宪法和法律是在党领导下制定的,体现的当然是党的主张和人民的意志。因此,二者在本质上是完全一致的。第二,依法治国本身就包含承认共产党领导的合法性。宪法在序言部分以历史叙事方式规定了中国共产党的领导地位,这是坚持党的领导的法律依据。因此,二者在法治精神和法治原则上是完全一致的。第三,依法治国与实行党的领导互为需要。历史经验证明,党对国家的领导需要依据法律,否则会有失方寸;同时,法律的实施也离不开党的领导,否则会寸步难行。因此,二者在实践上是完全一致的。第四,党要在宪法和法律的范围内活动。党员和党的各级领导干部无疑要贯彻执行党的路线、方针、政策,而依法治国方略正是党在现阶段路线、方针、政策的重要体现,党员和党的各级干部带头学法懂法遵法守法,本身就是在模范执行党的路线、方针、政策。因此,二者在对党员和党的各级干部的要求上是完全一致的。第五,坚持党的领导和实施依法治国方略,既要防止"以言代法""以党代法"的错误倾向,也要防止"法治至上""司法独立"的错误倾向。

当前,我国已进入全面建成小康社会的决定性阶段和深化改革的攻坚期、深水区,国际关系也出现许多复杂变化。面对国内外的新形势,要在2020年全面建成小康社会、基本实现工业化,在21世纪中叶达到中等发达国家水平、基本实现现代化,必须进一步增加和扩大我国社会主义民主政治的优势和特点,其中最核心最根本的一条,就是把依法治国和坚持党的领导更自觉更紧密地统一起来,更坚定地走中国特色社会主义政治发展道路。同样的原因,国内外敌对势力要遏制中国的发展,也总是把中国共产党领导和社会主义政治制度视为它们的眼中钉、肉中刺,总是制造种种理论,鼓吹所谓"宪政民主",把西方多党轮流执政、三权鼎立的制度说成是"普世"的,把共产党的领导和依法治国加以割裂和对立,并把攻击的矛头集中对准共产党的领导,对共产党领导横加指责。习近平总书记在纪念全国人民代表大会成立60周年大会上的讲话中指出:"以什么样的思路来谋划和推进中国社会主义民主政治建设,在国家政治生活中具有管根本、管全局、管长远的作用。古今中外,由于政治发展道路选择错误而导致社会动荡、国家分裂、人亡政息的例子比比皆是。"新中国65年的历史说明,在中国共产党领导下依法治国,是人民当家作主、实现社会主义民主的最可靠保证,是集中力量办大事、有效促进社会生产力解放和发展的最可靠保证,是形成安定团结政治局面和维护国家主权、安全、发展利益的最可靠保证。对此,我们要倍加珍惜,防止重蹈有些国家由于错误选择发展道路而招致解体的覆辙。

宪法和任何事物一样,只有不断适应新形势、吸纳新经验、确认新成果,才能具有持久生命力。截至目前,1954年宪法已进行了3次修改,现行的1982年宪法也作过4次修正,今后肯定还会在保持稳定性、权威性的基础上,紧跟时代前进步伐,不断与时俱进。但无论任何时候任何情况下,坚持依法治国与坚持党的领导的一致性原则都不会也不可能有任何改变。我们要坚持党的"一个中心、两个基本点"的基本路线不动摇,坚定中国特色社会主义政治制度的自信,增强走中国特色社会主义政治发展道路的信心和决心,为实现"两个100年"的奋斗目标和中华民族的伟大复兴而继续奋斗。

(作者单位:中国社会科学院)

(原载《思想理论教育导刊》2014年第12期)

正确理解依法治国
警惕曲解 避免误导

王一程

一 "依法治国"的含义及其与"依宪治国"的关系

1997年中国共产党第十五次全国代表大会将"依法治国"确立为治国基本方略，将"建设社会主义法治国家"确定为社会主义现代化的重要目标；1999年九届全国人大二次会议将"中华人民共和国实行依法治国，建设社会主义法治国家"载入宪法。这是中国特色社会主义政治制度自我完善的重要里程碑，标志着社会主义政治文明建设进入了新阶段。

怎样理解"依法治国"，党的十五大报告讲得很清楚，就是中国广大人民群众在共产党的领导下，依照宪法和法律规定，通过各种途径和形式管理国家事务，管理经济文化事业，管理社会事务，保证国家各项工作都依法进行，逐步实现社会主义民主的制度化、法律化，使这种制度和法律不因领导人的改变而改变，不因领导人看法和注意力的改变而改变。

党的十八大以来，党中央一直强调依法治国首先是依宪治国，依法执政关键是依宪执政。2012年12月4日，习近平总书记在首都各界纪念现行宪法公布施行30周年大会上的讲话指出："依法治国，首先是依宪治国；依法执政，关键是依宪执政。新形势下，我们党要履行好执政兴国的重大职责，必须依据党章从严治党，依据宪法治国理政。党领导人民制定宪法和法律，党领导人民执行宪法和法律，党自身必须在宪法和法律范围内活动，真正做到党领导立法、保证执法、带头守法。"[1] 2014年9月5日，习近平总书记在庆祝全国人大成立60周年大会上的讲话强调："宪法是国家的根本法，坚持依法治国首先要坚持依宪治国，坚持依法执政首先要坚持依宪执政。[2] 2014年10月23日，党的十八届四中全会通过的《关于全面推进依法治国若干重大问题的决定》再次强调："宪法是党和人民意志的集中体现，是通过科学民主程序形成的根本法。坚持依法治国首先要坚持依宪治国，坚持依法执政首先要坚持依宪执政。"[3]

这是因为，众所周知，宪法是国家的根本法，是统治阶级意志的最高表现，在整个法律体系中居于最高地位，具有最高的法律地位、法律权威、法律效力。我国宪法以法律的形式确认了中国各族人民奋斗的成果，规定了国家的根本制度和根本任务，其他所有法律都必须以宪法为规范和价值依据，任何法律与宪法相抵触都是无效的。所以，依法治国首先要依宪治国，依法执政首先要依宪执政。这就是说，依宪治国、依宪执政，既是依法治国、依法执政的必然要求，也是依法治国、依法执政的题中应有之义。

二 "依宪治国"与"宪政"的根本区别

值得注意的是，那些"中国梦，宪政梦""'中国复兴梦'的核心即'宪政中国梦'"[4] 的鼓吹者，总是在"依宪治国"是"依法治国"的题中应有之义之外做文章。十八届四中全会前，他们制造舆论说，"依宪治国，

---

[1] 习近平：《在首都各界纪念现行宪法公布施行30周年大会上的讲话》，《人民日报》2012年12月5日第2版。
[2] 习近平：《在庆祝全国人民代表大会成立60周年大会上的讲话》，《人民日报》2014年9月6日第2版。
[3] 《中共中央关于全面推进依法治国若干重大问题的决定》（http://news.xinhuanet.com/2014-10/28/c_1113015330_7.htm，2014-10-28/2014-12-11）。
[4] 华炳啸：《依法治国视域下对宪政概念存废问题的思考》（http://www.21ccom.net/articles/china/ggcx/20141012114552_all.html，2014-10-12/2014-11-06）。

依宪执政"这两个口号"与知识界呼吁的'宪政',其形,其义,都十分接近"。① 似乎只要讲"依宪治国,依宪执政",就等于认同或近似于认同"知识界"(实为"知识界"部分人)的"宪政"主张。十八届四中全会后,他们又散布舆论说,"四中全会拉开了宪政制度建设的新秩序"②,"依宪治国,宪政社会大势所趋"③,"依宪治国我认为和我们现在常常讲的宪政,应该说不是更加排斥,而是更加接近……或者说在很大的内涵上已经相差无几了"④,"政治体制改革的目标,应当说是明确的,习近平总书记提出'依宪治国'、'依宪执政',就是建立宪政的政治体制"。⑤

"宪政"鼓吹者们的这种曲解是行不通的。因为"依宪治国,依宪执政"的内容和性质,是由宪法规定的。我们讲宪法,是讲中华人民共和国宪法。我们讲"依宪治国,依宪执政",是讲依照中华人民共和国宪法治国,依照中华人民共和国宪法执政。中华人民共和国宪法最根本的规定,即"中华人民共和国是工人阶级领导的、以工农联盟为基础的人民民主专政的社会主义国家。社会主义制度是中华人民共和国的根本制度。禁止任何组织或者个人破坏社会主义制度"。所以,"依宪治国,依宪执政"最根本的要求,就是坚持中华人民共和国的国体和根本制度,坚持工人阶级(通过共产党)领导的、以工农联盟为基础的人民民主专政和社会主义制度。

"宪政"鼓吹者们一方面一厢情愿地不断把"依宪治国,依宪执政"蓄意曲解为"宪政",另一方面或直截了当,或隐晦曲折地不断要求修改宪法,废除人民民主专政,取消中国共产党的领导和社会主义制度。显然,这绝不是尊

---

① 钱钢:《"依宪治国"为什么不见了》(http://www.zaobao.com/special/report/politic/cnpol/story20140903-384770,2014-09-03/2014-11-06);钱钢:《"依宪治国"重现令疑点凸显》(http://cn.wsj.com/gb/20140906/OPN120922.asp?source=NewSearch,2014-09-06/2014-11-06)。
② 庄恭:《四中全会启"宪治元年"将成变革开端》(http://www.hkcna.hk/content/2014/1029/306313.shtml,2014-10-29/2014-11-06)。
③ 江平:《走向宪政社会主义》(http://www.21ccom.net/plus/view.php?aid=114718,2014-10-15/2014-11-06)。
④ 江平:《获颁2014改革动力奖·年度特别致敬》(http://finance.ifeng.com/a/20141119/13290694_0.shtml,2014-11-19/2014-11-25)。
⑤ 周瑞金:《政治体制改革的共识、目标与路径选择》(http://www.21ccom.net/articles/china/ggcx/20141107115849_all.html,2014-11-07/2014-11-25)。

重中华人民共和国宪法而是反对中华人民共和国宪法，绝不是拥护我们"依宪治国，依宪执政"，而是反对"依宪治国，依宪执政"，是企图通过把"依宪治国，依宪执政"曲解成"宪政"，误导我们全面推进依法治国的实践，把建设"社会主义法治国家"的进程引上实现"资本主义宪政国家"的邪路。

"宪政"鼓吹者们之所以总是企图用"宪政"绑架"依宪治国，依宪执政"，无非是为了在中国推销多党轮流执政、三权鼎立、两院制、军队国家化、非党化等一整套西方政治制度模式。但是，对这套政治制度模式，从以邓小平为领导核心到以习近平为总书记的党中央从未停止过拒绝，始终宣称"绝不照搬"。

三 坚持全面深化改革和全面推进依法治国的社会主义方向

党的十八届三中全会决定指出："全面深化改革的总目标是完善和发展中国特色社会主义制度，推进国家治理体系和治理能力现代化。"[①] 党的十八届四中全会决定指出："全面推进依法治国，总目标是建设中国特色社会主义法治体系，建设社会主义法治国家。"但是，企图片面解读、曲解和误导全面深化改革、全面推进依法治国方向的论调时有出现。

针对企图曲解和误导全面深化改革方向的论调，习近平总书记不断重申，"全面深化改革总目标，是两句话组成的一个整体，即完善和发展中国特色社会主义制度、推进国家治理体系和治理能力现代化。前一句规定了根本方向，我们的方向就是中国特色社会主义道路，而不是其他什么道路。后一句规定了在根本方向指引下完善和发展中国特色社会主义制度的鲜明指向。两句话都讲，才是完整的"。

针对企图曲解和误导全面推进依法治国方向的论调，习近平总书记指出：全面推进依法治国这件大事能不能办好，最关键的是方向是不是正确、政治保证是不是坚强有力，具体讲就是要坚持党的领导，坚持中国特色社

---

① 《中共中央关于全面深化改革若干重大问题的决定》，人民出版社2013年版。

会主义制度，贯彻中国特色社会主义法治理论。

总之，全面深化改革、全面推进依法治国的方向，都是坚持中国特色社会主义道路，完善和发展中国特色社会主义制度，推动中国特色社会主义制度更加成熟、完善，而绝不是西方化、资本主义化！

进入21世纪后，为了在中国推销西方化、资本主义化的政治制度模式，国内外敌对势力集中打出了两张牌，"宪政"和"普世价值"。按他们的说法，"宪政"也属于"普世价值"，拒绝"宪政"就是拒绝"普世价值"，拒绝"宪政"和"普世价值"就是拒绝融入"人类文明正道和主流"。他们并不讳言，其所谓"人类文明正道和主流"的化身，就是西方资产阶级文明。历史和现实不断证明，这种文明的实质，就是企图把资本主义经济剥削和政治统治关系全球化，并加以美化、合法化、永恒化。

20世纪80年代末以来，在冷战洗脑和热战压服的双重作用下，一些非西方国家或主动或被迫接受和融入了以"宪政"和"普世价值"为标志的所谓"人类文明正道和主流"。接受和融入的后果是，原来的国家政权垮台了，原本大致稳定的社会秩序崩溃了，民族矛盾变成了民族分裂，信仰差别变成了教派仇杀，党争不断，内斗不已，极少数人变成一掷千金的巨富寡头，在政坛上呼风唤雨，成为西方"普世文明"浪潮的弄潮儿和货真价实的受益者；大多数人则只能充当这种文明浪潮的漂浮物和华而不实的装饰品，虽然在形式上有了一张可以用来对相互争权夺利的政党和政客参与定期选举的选票，但他们的实际收入、社会福利和社会保障水平绝对下降，长期恢复不到原有水平，最悲惨的是成千上万普通老百姓沦为难民和乞丐。

30多年来，这样的悲剧在原苏联东欧地区、西亚北非阿拉伯地区接连不断地上演。究其缘由，无不与那里的国家政权和社会"精英"们或被迫或主动接受西方"宪政"和"普世价值"、照搬西方政治制度模式有着直接的因果关系。面对这样的历史和现实教训，我们不能不对鼓吹"宪政"和"普世价值"的论调保持应有的警惕。

四 坚持马克思主义政治立场,抵制"宪政"的渗透干扰

中国共产党领导是中国特色社会主义最本质的特征,是人民当家作主和依法治国最根本的政治保证。鼓吹在中国实行西方资本主义政治制度模式的"宪政",目的就是解构直至取消中国共产党的领导。

因此,是否应把"宪政"作为我国政治体制改革目标模式的争论,涉及的首先不是学术问题,而是改革往什么方向走、选择什么样的政治制度模式和价值体系、坚持完善还是根本否定中国共产党领导的重大政治问题。

在"宪政"争论中,也确实存在一些学术观点问题。例如,有的同志提出,全面推进依法治国要走"宪政之路"。也有同志提出,资本主义有宪政,社会主义也可以有宪政。还有人提出"宪政社会主义"口号。此外,有许多人望文生义,把"依宪治国""依宪执政""宪法政治"简单化地误解为就是"宪政"。

误解的症结在于,没有意识到"宪政"并不是一个空洞抽象的概念,而是一个反映具有特定性质的社会政治制度具体内容和价值理念的概念。因为古往今来,凡世界历史上和现实中客观存在、被西方主流意识形态承认的"宪政",无不是西方资本主义国家成文或不成文宪法规定的以多党轮流执政为特征的政治制度模式。实行"宪政"的国家,无不以生产资料私有制为基础,其制度结构与功能、机制安排与运转无不是由其幕后的资本利益主宰,其价值理念无不宣称个人权利至上、以个人的自由为本位,但其真实内容则是资本权利至上、以资本的自由为本位。

总之,从历史和现实的客观存在看,"宪政"所反映、所概括的是有特定阶级内容的西方资本主义政治制度,首先是它的宪法和法律制度。既然如此,我们就不能无视"宪政"的阶级性,就不能把"宪政"理解为没有阶级性质、没有政治和意识形态内容的抽象的"宪法政治",不能认为"全面推进依法治国、建设社会主义法治国家"必须走所谓"宪政之路",也没有必要把含义十分清楚明确的"社会主义民主政治""社会主义法治"

更名为充满歧义的所谓"社会主义宪政"。

习近平总书记在全面深化改革专题研讨班上的讲话明确指出,看待政治制度模式,必须坚持马克思主义的政治立场。马克思主义的政治立场,首先就是阶级立场,进行阶级分析。我们说阶级斗争已经不再是我国社会主要矛盾,并不是说阶级斗争在一定范围内不存在了,在国际大范围中也不存在了。

坚持马克思主义政治立场,首先是阶级立场,进行阶级分析,有助于我们提高政治辨别力,透过现象看本质,认清和抵制通过曲解依法治国鼓吹在中国实行西方政治制度模式的"宪政"主张,也有助于澄清和化解在"宪政"理解问题上的学术观点分歧,凝聚共识、齐心协力通过全面深化改革、全面推进依法治国,完善和发展中国特色社会主义制度。

五　提高理论是非识别力,抵制"普世价值"的渗透影响

习近平总书记在全面深化改革专题研讨班上的讲话还指出,所有价值观念都是具体的、历史的。自由、民主、人权、公平、正义等这些价值观念都不是抽象的,都是有具体的社会政治内容的,也都是随着经济社会条件的变化而变化的。在不同社会条件下,人们对价值观念的认识和解释是不同的。我们说马克思主义是普遍真理,西方国家能承认吗?我们认为促进社会公平正义,就要坚持公有制为主体、按劳分配为主体,就要促进共同富裕,西方国家能接受吗?

这段话提醒我们,我们讲自由、民主、人权、公平、正义等价值观念,有我们所要实现的不同于资本主义条件下的具体的社会政治内容。不能因为这些概念的词语相同,就认为中国特色社会主义价值观念与西方资本主义价值观念的含义相同。

"宪政"论者们有一个论据,就是说,既然我们需要借鉴国外政治文明有益成果,既然我们已经沿用了源于西方的自由、民主、人权、法治、市场经济等概念,为什么不能沿用"宪政"概念?道理很简单,一是因为这个概念是对西方资本主义政治制度模式的具体社会政治内容的概括,不

符合我们完善和发展中国特色社会主义政治制度的需要；二是为了避免混淆和曲解，防止有人偷梁换柱，把依法治国，建设社会主义法治国家引上照搬西方资本主义宪政的邪路。

同一道理，我们讲自由、民主、人权、公平、正义等价值观念，也需要澄清在这些概念含义和理解上的混乱。这就必须掌握和运用历史唯物主义观点，对这些概念加强马克思主义的宣传解读，明确这些价值观念在社会主义条件下与资本主义条件下内含的社会政治内容的本质区别。

当然，更有说服力和决定意义的是，在全面深化改革、全面推进依法治国、完善和发展中国特色社会主义制度的进程中，必须坚持为了人民，依靠人民，不断坚决和有效地消除现实生活中与社会主义本质要求不相容的腐败、贫富悬殊、资本和官僚特权等社会矛盾和问题。只要坚定不移地这样实践下去，就能以实现"中国梦"的事实，更充分和令人信服地展现中国特色社会主义对自由、民主、人权、公平、正义等不同于西方资本主义的价值追求的成果，使社会创造积累的物质和精神财富真正由以广大普通劳动者为主体的全体人民共享，从而证明社会主义具有资本主义不具有的优越性。

（作者单位：中国社会科学院政治学所）

（原载《思想理论教育导刊》2015年第1期）

坚持党的领导、人民当家作主、依法治国有机统一

辛向阳

改革开放30多年以来，我们党团结、带领人民在推进政治体制改革、发展社会主义民主政治方面取得了重大进展，成功地开辟和坚持了中国特色社会主义政治发展道路，为实现最广泛、最真实的人民民主确立了正确方向。坚持中国特色社会主义政治发展道路，关键是要坚持党的领导、人民当家作主、依法治国有机统一（以下简称"三统一"），以保证人民当家作主为根本，以增强党和国家活力、调动人民积极性为目标，扩大社会主义民主，发展社会主义政治文明。

一 坚持和发展中国特色社会主义必须坚持"三统一"

坚持"三统一"是推进社会主义现代化的必然要求。推进现代化离不开坚持党的领导，这是邓小平反复强调的一个思想。1979年3月，在《坚持四项基本原则》的讲话中，邓小平明确指出："事实上，离开了中国共产党的领导，谁来组织社会主义的经济、政治、军事和文化？谁来组织中国的四个现代化？在今天的中国，决不应该离开党的领导而歌颂群众的自发性。"[1] 搞现代化就要

---

[1] 《邓小平文选》第2卷，人民出版社1994年版，第170页。

建立社会主义市场经济，市场经济更离不开党的领导。1993年9月16日邓小平在同邓垦的谈话中说："我们在改革开放初期就提出'四个坚持'。没有这'四个坚持'，特别是党的领导，什么事情也搞不好，会出问题。出问题就不是小问题。社会主义市场经济优越性在哪里？就在四个坚持。四个坚持集中表现在党的领导。"① 在强调坚持党的领导的同时，邓小平强调建设社会主义对于实现现代化的重要作用，他提出"没有民主就没有社会主义，就没有社会主义现代化"的科学论断。他认为，社会主义的重要特征之一就是广大人民充分当家作主。十一届三中全会后，他及时总结我国民主政治建设的经验教训，指出：我们过去对民主宣传得不够，实行得不够，制度上有许多不完善，因此，继续努力发扬民主，是我们全党今后一个长期坚定不移的目标。邓小平还强调发展社会主义民主的过程就是推进法制建设的过程，认为民主同法制是相关联的。他主张为了保障人民民主，必须加强法制。必须使民主制度化、法律化，使这种制度和法律不因领导人的改变而改变，不因领导人的看法和注意力的改变而改变。

坚持"三统一"是发展社会主义民主政治的必然要求。江泽民在1991年庆祝中国共产党成立70周年大会上的讲话，集中回答了有中国特色社会主义的经济、政治、文化特征及其要求。其中，对于有中国特色社会主义的政治的内涵作了科学界定。在党的十五大报告中，围绕建设富强、民主、文明的社会主义现代化国家的目标，进一步明确什么是社会主义初级阶段有中国特色社会主义的经济、政治和文化，怎样建设相应的经济、政治和文化。江泽民指出："建设有中国特色社会主义的政治，就是在中国共产党领导下，在人民当家作主的基础上，依法治国，发展社会主义民主政治。这就要坚持和完善工人阶级领导的、以工农联盟为基础的人民民主专政；坚持和完善人民代表大会制度和共产党领导的多党合作、政治协商制度以及民族区域自治制度；发展民主，健全法制，建设社会主义法治国家。"②

---

① 《邓小平年谱（一九七五——一九九七）》（下），中央文献出版社2004年版，第1363—1364页。
② 《江泽民文选》第2卷，人民出版社2006年版，第17页。

这些论述为中国特色社会主义政治发展道路的形成奠定了基础。党的十六大报告在谈到要通过政治体制改革来发展社会主义民主时，强调指出："发展社会主义民主政治，最根本的是要把坚持党的领导、人民当家作主和依法治国有机统一起来。""三统一"原则首次在党的中央文件中正式提出，这是一个非常重要的思想。"三统一"原则是中国特色社会主义政治发展道路最核心的内容，它的提出，标志着中国特色社会主义政治发展道路的正式形成。

坚持"三统一"是走中国特色社会主义政治发展道路的必然要求。走中国特色社会主义政治发展道路，最关键的是什么？就是坚持"三统一"。胡锦涛在庆祝中国共产党成立90周年大会上的讲话中说："坚持中国特色社会主义政治发展道路，关键是要坚持党的领导、人民当家作主、依法治国有机统一。"办好中国的事，关键在党。党是领导中国人民不断开创事业发展新局面的核心力量；人民民主是社会主义的生命，实现人民当家作主是共产党人在革命、建设、改革各个时期不懈奋斗的目标；实行依法治国的基本方略，是促进我国社会主义物质文明、政治文明和精神文明协调发展的必然要求，也是巩固和发展民主团结、生动活泼、安定和谐的政治局面的必然要求。2008年2月，胡锦涛在党的十七届二中全会上明确指出："中国共产党的领导，人民当家作主，依法治国基本方略，决定了我国社会主义国家政权的性质，什么时候都不能动摇。"[①]

坚持"三统一"是实现伟大复兴中国梦的必然要求。党的十八大以来，以习近平为总书记的中央领导集体站在建设中国特色社会主义全面的高度，提出了实现中国梦的重大战略思想。实现伟大复兴的中国梦必须坚持党的领导，在实现中国梦的过程中，我们会遇到各种问题，有些是老问题，但大量是新出现的问题，新问题每时每刻都在出现，而且多数又是我们过去不熟悉或者不太熟悉的，这就需要我们不断提高党的建设的科学化水平；实现伟大复兴的中国梦，必须紧紧依靠人民，通过基层民主制度建

---

① 《十七大以来重要文献选编》（上），中央文献出版社2005年版，第237页。

设充分调动最广大人民的积极性、主动性、创造性;实现伟大复兴的中国梦,不能离开法治建设,建设服务政府、责任政府、法治政府、廉洁政府,充分保障人民群众的各项权益。2013年3月17日,在十二届人大一次会议闭幕式上的讲话中,习近平指出:"中国梦归根到底是人民的梦,必须紧紧依靠人民来实现,必须不断为人民造福",紧接着,他强调:"我们要坚持党的领导、人民当家作主、依法治国有机统一,坚持人民主体地位,扩大人民民主,推进依法治国"。

二 党的领导、人民当家作主、依法治国三者是内在统一的

党的领导、人民当家作主、依法治国三者之所以能够内在统一,是因为:党的领导是人民当家作主和依法治国的根本保证,人民当家作主是社会主义民主政治的本质要求,依法治国是党领导人民治理国家的基本方略。

党的领导是人民当家作主和依法治国的根本保证。首先,党的领导是实现人民当家作主的根本保证。党的领导本质上就是为了实现人民当家作主。人民民主是我们党始终高扬的一面旗帜,也是我们党从成立以来就明确提出并不懈追求的一个目标。在革命、建设、改革各个历史时期,我们党为争取人民民主、维护人民民主、保障人民民主、发展人民民主所做的工作卓有成效。我们党始终强调:坚持中国特色社会主义政治发展道路,要以保证人民当家作主为根本,以增强党和国家活力、调动人民积极性为目标;要适应扩大人民民主、促进经济社会发展的新要求,积极稳妥推进政治体制改革,发展更加广泛、更加充分、更加健全的人民民主。其次,党的领导是依法治国的根本保证。党的领导要求建设法治国家。改革开放的新时期,我们党一贯强调要科学执政、民主执政、依法执政。依法执政,就是坚持依法治国、建设社会主义法治国家,领导立法,带头守法,保证执法,不断推进国家经济、政治、文化、社会生活的法制化、规范化,以法治的理念、法治的体制、法治的程序保证党领导人民有效治理国家。2012年12月4日,在首都各界纪念现行宪法公布施行30周年大会上的讲

话中，习近平指出：新形势下，我们党要履行好执政兴国的重大职责，必须依据党章从严治党、依据宪法治国理政。党领导人民制定宪法和法律，党领导人民执行宪法和法律，党自身必须在宪法和法律范围内活动，真正做到党领导立法、保证执法、带头守法。

人民当家作主是社会主义民主政治的本质要求。首先，实现这一本质要求就要在党的领导下有序进行。中国共产党执政，就是领导、支持、保证人民当家作主，维护和实现最广大人民的根本利益。在中国共产党成立之前，既有试图建立一个"有田同耕，有饭同食，有衣同穿，有钱同使，无处不均匀，无人不饱暖"的理想社会的太平天国革命，也有推翻了清王朝、结束了统治中国几千年的君主专制制度的辛亥革命。但这些革命都没有能够建立人民当家作主的政权。中国共产党的成立为实现人民当家作主提供了可靠保证。为了实现人民当家作主，我们党领导人民建立了人民代表大会制度这一根本政治制度。这一制度切实保障了人民当家作主的地位。人民通过普遍的民主选举，产生自己的代表，组成各级人民代表大会，各级人民代表大会都对人民负责、受人民监督，有力地保证了全国各族人民依法实行民主选举、民主决策、民主管理、民主监督，享有宪法和法律规定的广泛的民主、自由和权利。此外，实现这一本质要求就要建设法治国家、法治政府、法治社会。人民当家作主是按照法律进行的。离开了法律，人民当家作主就难以落实到实处。

依法治国是党领导人民治理国家的基本方略。首先，依法治国不是离开党的领导的依法治国。在新时期，依法执政是党治国理政的基本方式。党关于国家事务的重要主张，属于全国人民代表大会职权范围内的、需要全体人民一体遵行的，要作为建议向全国人民代表大会提出，使之经过法定程序成为国家意志。这样做，有利于把党的主张与人民的意志统一起来，有利于把党的决策和决策的贯彻执行统一起来，有利于国家政权机关及其领导人员把对党负责与对人民负责统一起来，保证我们党始终站在时代前列带领人民前进。现实生活中存在着一种观点认为，依法治国就要摆脱政党的领导，"法律高于一切""法学家们高于一切"，有共产党的领导就不是依法治国。这是对依法治国精髓的曲解和误解。依法治国的实质是什么？是党领导人民依法治国，离开了党，离开了人民，依法治国这一命题本身就不成立。其次，依法治国不是为了少数人的利益，而是为了广大人民的利益。在党的领导下推进依法治国，就能够制定出有利于人民利益实现的各项法律体系。经过艰苦努力，到2010年，我们如期建成了中国特色社会主义的法律体系。中国特色社会主义法律体系的形成，把国家各项事业发展纳入法制化轨道，从制度上、法律上解决了国家发展中带有根本性、全局性、稳定性和长期性的问题，为社会主义市场经济体制的不断完善、社会主义民主政治的深入发展、社会主义先进文化的日益繁荣、社会主义和谐社会的积极构建，确定了明确的价值取向、发展方向和根本路径，为人民利益的实现奠定了坚实的法制基础。

三　实现党的领导、人民当家作主、依法治国三者有机统一需要进一步推进政治体制改革

党的领导、人民当家作主、依法治国三者的有机统一不会自动实现，需要我们不断推进政治体制改革。

推进政治体制改革，实现"三统一"，应当在理论上澄清一系列误区。现在一些人谈到政治体制改革，谈到依法治国，就热衷于奢谈西方"宪政民主"。在一些人那里，"宪政民主"被认为是消解中国共产党领导地位和中国特色社会主义政治制度的有效手段之一。他们认为，只有用"宪政民主"悬空了共产党，才能实现所谓的"还政于民"。这是一个极大的陷阱。"宪政民主"的直接针对性，就是把坚持党的领导和维护人民主体地位及依法治国对立起来，从根本上修改我国宪法，取消中国共产党的领导地位和马克思主义的指导地位。对试图取消共产党领导的西方"宪政民主"论，我们要坚决予以抵制。谈到政治体制改革，还有人讲要建立"公民社会"，以所谓具体的个人反对抽象的"人民"。在"公民社会"论看来，公民社会中的个人权利至上，讲的是具体的、活生生的和世俗的个人，而不

是抽象的、虚幻的和神圣的"人民"。每个人都有权利追求自己的利益，每个人的利益都和他人的不同，个人利益因此不可能集结成为整体的"人民"利益，因此，不存在什么"人民民主"。对这种观点，我们也要科学分析。马克思主义认为，人民不是抽象的、虚幻的，而是实实在在的、活生生的。人民当家作主实现的既是作为整体的人民的权力，也是实现了作为个体的公民的权利。

推进政治体制改革，实现"三统一"，应当不断完善根本政治制度和基本政治制度。完善根本政治制度就是要把人民代表大会制度建设好，把全国人大的立法过程变成是吸收民意、体现民意的过程。10年来，物权法、劳动合同法、村委会组织法、老年人权益保障法等一系列同人民群众关系密切的法律草案或修订草案一次次向全民公布，广泛征求意见。今后，这方面的立法会越来越多。完善基本政治制度就是要完善中国共产党领导的多党合作和政治协商制度、民族区域自治制度和基层群众自治制度。这三大基本政治制度不是哪个人主观意志的产物，也不是按图索骥式地移植西方政治制度。它们是在中国的新民主主义革命、社会主义建设和改革的历史进程中产生、发展并逐渐完善的。这三大基本政治制度适应了中国近现代以来求生存、求发展的历史使命，既顺应历史潮流，又符合中国的国情，充满了生机和活力。

推进政治体制改革，实现"三统一"，应当加强对权力的制约和监督。权力不受制约或者受到的制约不够，都会带来比较严重的腐败问题。党内腐败现象在一定范围内的蔓延，已经严重地败坏了党和国家的声誉，危及人民群众对马克思主义和社会主义的理想信念，引起广大人民群众的强烈不满。因此，反腐败工作关系着党和国家的生死存亡，对任何腐败分子和腐败行为都要一查到底，决不能姑息。要坚持标本兼治、综合治理的方针，将预防腐败和惩治腐败相结合，从制度上解决权力制约、监督问题。强化党内监督、舆论监督、法律监督、群众监督，依法建立健全制约和监督权力运行的机制，通过体制创新铲除腐败行为滋生的土壤和条件。习近平一再强调，要加强对权力运行的制约和监督，把权力关进制度的笼子里，形成不敢腐的惩戒机制、不能腐的防范机制、不易腐的保障机制。对于敢贪敢腐的腐败分子，我们党都是坚决地予以查处。十八大以来，到2013年10月底，包括原四川省委副书记李春城、原广东省委常委周镇宏、原国家发改委副主任刘铁男、原安徽省人民政府副省长倪发科、原四川省文联主席郭永祥、原内蒙古自治区统战部部长王素毅、原广西壮族自治区政协副主席李达球、原中国石油天然气集团公司副总经理兼大庆油田有限责任公司总经理王永春、原国资委主任蒋洁敏、原南京市市长季建业、原贵州省委常委廖少华在内的十多位副省级以上官员落马，充分显示了中央反对腐败的决心。

推进政治体制改革，实现"三统一"，应当在提高各级领导干部运用法治思维和法治方式深化改革、推动发展、化解矛盾、维护稳定能力方面多下功夫。努力推动形成办事依法、遇事找法、解决问题用法、化解矛盾靠法的良好法治环境，在法治轨道上推动各项工作。办事依法，要求我们的党员干部在办任何事情的时候先要熟悉相关的法律法规，找到办事的法律依据；遇事找法，要求我们的各级公务人员在遇到困难事、麻烦事的时候，要从法律的条文中、精神中找到克服困难的方法；解决问题用法，要求我们的领导干部在处理问题的过程中运用法治思维、法治方法，使问题的解决尽可能成本低；化解矛盾靠法，要求我们的政府部门在面临各种社会矛盾、人民内部矛盾时依靠法治的精髓、法治的力量来化解。

推进改革、扩大开放，实现民族伟大复兴的中国梦，必须走中国特色社会主义政治发展道路。走中国特色社会主义政治发展道路就应当把坚持党的领导、提高党的建设科学化水平与发扬人民民主、扩大基层民主以及依法治国、建设社会主义法治国家紧密联系起来。

（作者单位：中国社会科学院马克思主义研究院）

（原载《思想理论教育导刊》2014年第1期）

论马克思主义国家学说的战斗性

苑秀丽

马克思主义国家学说实现了人类政治思想史上的科学发展。第一次把对国家的认识奠定在客观的历史发展基础上,对国家的起源、发展及其消亡的客观规律,以及国家的类型、本质、职能及其在社会发展中的地位和作用作出了科学的阐述。党的十八届三中全会将"完善和发展中国特色社会主义制度,推进国家治理体系和治理能力现代化"作为全面深化改革的总目标,丰富和发展了马克思主义的国家学说。但是,当前对"国家治理体系和治理能力现代化"的认识和理解并不一致。一些人或提出宪政民主,或重提民主社会主义,打着"中立""宪政"和"民主"的旗号,企图否定国家的阶级性,否定中国共产党的领导和人民民主专政,企图用西方的民主观、超阶级的国家观来指导中国的国家治理体系和治理能力建设。回顾历史,从巴枯宁主义、拉萨尔主义到第二国际的修正主义和民主社会主义,再到今天的"国家中立论""宪政民主"思潮,可以看出,它们在否定马克思主义的阶级斗争理论和国家学说上有不少共同之处。历史总是那么惊人地相似!种种错误思潮的一再活跃警示我们,现实的政治斗争依然没有停息,我们必须以马克思主义国家学说为指导,认清真相,澄清迷惑,批判错误,大力反击。

一 关于国家的两个基本问题

在马克思所处的时代,围绕国家问题的理论斗争和政治斗争十分尖锐。马克思的国家学说主要受到来自两方面的攻击和歪曲:一是来自资产阶级和小资产阶级的攻击,二是来自工人运动和党内的机会主义的歪曲。马克思的国家学说在与各种错误思想观点的斗争中,在与各种歪曲和诋毁的斗争中,以其科学性赢得了广大无产阶级的认同。此后,马克思主义经典作家继续在与各种错误思想观点的斗争中推动国家学说的发展。关于国家的认识充满着分歧和对立。在现实社会中不断出现攻击、否定马克思国家学说特别是列宁国家学说的言论。"阶级、革命、人民民主专政等马克思主义国家学说的核心概念和学术话语体系,似乎成为保守、落后的代名词,而宪政民主、三权分立、普选制度成为一部分学者追逐著述的目标,马克思主义政治学及其国家学说好像已成为明日黄花。"[①] 拨开纷乱的表面,可以看到,无论是在过去的历史中还是在当今时代,马克思主义国家学说与各种错误思想观点的分歧主要体现在两个基本问题上:一是国家的性质,一是国家的职能。

1. 关于国家的性质

当前中国关于国家性质存在根本对立的观点。一些人极力抹杀现代资产阶级国家的阶级性,夸大其社会管理职能。他们认为,国家是超阶级的、中立的。因为现代资本主义国家已经没有一个统一的掌握统治权的阶级或阶级集团了,只有阶层或利益集团,没有任何特殊的阶级或阶级集团能将国家权力据为己有。在这种社会阶层结构中,国家是超阶级的中立者,是全社会的管理者和保障者。

事实上,这不是什么新鲜的言论。这些观点依然是那些早已被马克思、恩格斯和列宁所彻底批判过的。由于"马克思把阶级斗争学说一直贯彻到

[①] 王广:《马克思主义国家学说没有过时》,《中国社会科学报》2014 年 9 月 29 日。

政权学说、国家学说之中"①,由于马克思的国家学说揭露了资本主义国家依然是阶级压迫的工具的本质,这一学说就不断遭到资产阶级的猛烈攻击。形形色色的资产阶级力量极力把资产阶级国家说成是超阶级的、永恒的、不可侵犯的,其目的就是力图掩盖国家的阶级本质,消磨劳动人民的阶级意志,转移工人运动的斗争方向,使资本主义制度永存。马克思在总结革命经验时提出:只有打碎资产阶级国家机器,建立无产阶级专政的国家,才能真正取得无产阶级革命的胜利,才能推动历史的前进。马克思告诫无产阶级:资产阶级一定会用武器来反对无产阶级的要求,无产阶级不能仅仅在观念中、在想象中越出资产阶级共和国范围,而必须采用实际的革命斗争来改造现实社会。

在国际工人运动中也存在对国家的错误认识。马克思先后批判了蒲鲁东主义反对无产阶级进行政治斗争的主张,批判了巴枯宁主义反对无产阶级进行任何政治行动、反对一切国家的无政府主义,批判了拉萨尔的唯心主义国家观,为国际工人运动树立起一面战斗的旗帜。但是,否定国家阶级性的论调并未消失。马克思逝世后,在国家问题上的斗争依然很激烈。资产阶级也加强了向马克思主义的进攻,极力维护资本主义制度和散布对资产阶级国家的幻想。他们宣扬私有财产和父权制的一夫一妻制家庭等,古已有之,而且今后也不会变;他们极力美化资产阶级民主,把资产阶级国家宣扬成超阶级的、为全民服务的机构,等等。在当时,这类言论对刚刚兴起的工人运动产生了很大的腐蚀作用。第二国际的社会民主党人也提出,资产阶级国家的本质已经改变,党的任务不再是无产阶级专政,而是合法的议会斗争了。这种认识混淆了原则问题,模糊和掩盖了阶级差别,麻痹了无产阶级的革命意志。面对在国家问题上的混乱和对立,恩格斯再版了《法兰西内战》,出版了《哥达纲领批判》,写作并出版了《家庭、私有制和国家的起源》,阐述马克思的基本思想,批判错误观点,并告诫广大无产阶级必须认清国家的阶级实质,破除对资产阶级国家的迷信,进行

---

① 《列宁选集》第3卷,人民出版社1995年版,第131页。

坚决的革命斗争，无产阶级才能取得国家政权，才能实现无产阶级的革命目标。

否定国家阶级性的论调依然在延续，特别是第二次世界大战以后，一些人夸大资本主义国家政治、经济制度发生的一些非本质的变化，宣扬其中立性和公共性，宣扬资本主义国家正逐渐克服阶级局限而日益成为全民利益的代表者和维护者。在工人运动内部，也有一些人把国家说成是超阶级的，是维护全社会利益的机关，否认国家的阶级性。对此，列宁坚决批驳："在马克思看来，如果阶级调和是可能的话，国家既不会产生，也不会保持下去。""国家是阶级矛盾不可调和的产物和表现。在阶级矛盾客观上不能调和的地方、时候和条件下，便产生国家。反过来说，国家的存在证明阶级矛盾不可调和。"① 马克思主义认为，社会主义和资本主义这两种类型的国家的领导阶级不同，但它们都是有阶级性的，超阶级的国家是不存在的。国家的社会性从属于国家的阶级性，因此，当国家以民主、自由、法治的面目出现时，依然不能抹杀其阶级性质和意识形态属性。同时，不能把国家的阶级性仅仅理解为政治领域存在阶级斗争，在国家的经济、文化、社会等领域之中，不难看到阶级斗争的身影。恩格斯曾无情地讥笑把"自由"和"国家"连在一起的荒谬。"自由国家"完全是一个矛盾的概念，二者根本不可能联系在一起。"当无产阶级还需要国家的时候，它需要国家不是为了自由，而是为了镇压自己的敌人，一到有可能谈自由的时候，国家本身就不再存在了。"②

2. 关于国家的职能

一些人片面理解马克思主义的国家观，认为马克思仅仅将国家视为阶级统治和阶级压迫的暴力工具，而当前资本主义国家和社会主义国家的现实都表明，国家已经越来越不再需要阶级统治了，而需要发挥它的社会管理职能。党中央提出的积极推进国家治理体系和治理能力现代化，也被一

---

① 《列宁选集》第3卷，人民出版社1995年版，第114页。
② 《马克思恩格斯选集》第3卷，人民出版社1995年版，第324页。

些人进行了片面的解读,认为中国只需要进一步强化国家的社会职能就可以了,不能再谈什么阶级性和专政职能。

这类观点在当今社会还颇有市场。这类观点早在从西欧资产阶级革命和民主革命完成到社会主义革命时期,就已经出现了,为这一时期的相对和平均机会主义的滋生提供了土壤。第二国际内部出现了一股鼓吹改良主义、反对暴力革命的修正主义思潮,代表人物是德国社会民主党和第二国际的领袖伯恩施坦。他们认为资本主义内部社会性因素在不断产生和发展,可以通过议会斗争和平地长入社会主义,不需要阶级斗争和社会革命。他们反对无产阶级将革命目标集中在打碎资产阶级国家机器上,认为如果说马克思时代,国家确实是资产阶级的阶级统治工具,那么在实行了普选制之后情况发生了变化,以民主手段建立的国家成了具有平等权利的各阶级实行共同管理的工具,它具有调节和缓和各社会阶级之间矛盾的职能,"在一百年前需要进行流血革命才能实现的变革,我们今天只要通过投票、示威游行和类似的威逼手段就可以实现了"。[①]

伯恩施坦认为应当保存资产阶级这个国家机器并使之完善化。这些思想极大地阻碍了工人运动的发展,受到了恩格斯和列宁的坚决批判和驳斥。"在资本主义国家里,在民主共和国特别是像瑞士或美国那样一些最自由最民主的共和国里,国家究竟是人民意志的表现、全民决定的总汇、民族意志的表现,等等,还是使本国资本家能够维持其对工人阶级和农民的统治的机器?这就是目前世界各国政治争论所围绕着的基本问题。"[②] 资本主义国家民主制度的不断完善是伯恩施坦、考茨基等机会主义者迷恋阶级合作和议会道路的社会土壤。但是,仔细考察一下资本主义民主的结构,到处可以看到对民主制度的重重限制,"资本主义社会里的民主是一种残缺不全的、贫乏的和虚伪的民主,是只供富人、只供少数人享受的民主"。[③] 列宁还批判了"议会民主"主张的错误,论述了民主和国家的关系。民主

---

① 《伯恩施坦文选》,人民出版社2008年版,第106页。
② 《列宁选集》第4卷,人民出版社1995年版,第36—37页。
③ 《列宁选集》第3卷,人民出版社1995年版,第191页。

是一种国家制度，它的存在总是与不民主、与专政联系在一起的。任何民主都只是阶级的民主。"民主就是承认少数服从多数的国家，即一个阶级对另一个阶级、一部分居民对另一部分居民使用有系统的暴力的组织。"① 民主是相对于专政而存在的，扩大到一切人的民主，也就是民主的消亡。所谓排除了一切镇压功能的"自由的人民国家"是对资产阶级民主共和制的美化和对广大劳动人民的欺骗。

马克思主义认为，国家必然为统治阶级的利益服务。随着现代资本主义的发展，实现其统治职能的方式、统治职能的表现形式也必然会随之变化，但是这些形式的改变并不会改变国家为资产阶级统治服务的本质。在现代资产阶级民主的外表下，无产阶级尤其需要保持清醒的头脑，深刻认识国家的本质。恩格斯指出，历史上的剥削阶级国家，政治权力大都是以财产状况为基础的，归根到底都是财富的统治，只是具体形式在不同国家形态中有区别。在奴隶制国家和封建制国家，政治权力和财产状况直接合一，是直观就能看出来的。在某些资产阶级代议制国家的初期也曾有过按财产状况规定选举资格的情况。而在国家发展的高级阶段——资产阶级民主共和国，已经不再公开讲财产的差别，而是财富的间接统治了，"财富是间接地但也是更可靠地运用它的权力的在这一阶段"②，这些国家，以"自由、平等、博爱"为旗帜，标榜在法律面前人人平等。名义上全体公民都有平等的民主权利，有选举权和被选举权等，但实际上由于各种附加条件的限制，很大一部分穷人被排斥在政治生活之外。所以说："现代国家，不管它的形式如何，本质上都是资本主义的机器，资本家的国家，理想的总资本家。"③

马克思主义经典作家从未忽略过国家是两个职能的统一。国家在坚持其统治职能的同时，必须履行、发展和完善它的社会管理职能。社会管理职能是统治阶级维护统治的重要基础，"政治统治到处都是以执行某种社

---

① 《列宁选集》第3卷，人民出版社1995年版，第184页。
② 《马克思恩格斯选集》第4卷，人民出版社1995年版，第173页。
③ 《马克思恩格斯选集》第3卷，人民出版社1995年版，第629页。

会职能为基础，而且政治统治只有在它执行了它的这种社会职能时才能持续下去"。① 无产阶级国家虽然已经不是原来意义上的国家了，但依然是"半国家"。"无产阶级需要国家政权，中央集权的强力组织，暴力组织，既为了镇压剥削者的反抗，也是为了领导广大民众即农民、小资产阶级和半无产者来'调整'社会主义经济"。② 在社会主义国家，必须保持国家的专政职能，积极巩固和捍卫社会主义革命、建设和改革的胜利果实，为实现向更高社会形态的过渡提供根本保障。否则，国家的社会主义性质和人民群众的根本利益就难以保障。社会主义国家也必须发展和完善它的社会管理职能。中国共产党提出要进一步提升国家的社会管理能力，建构具有中国特色的社会主义国家治理体系，推进国家治理体系和治理能力现代化。同时，我们要认清："无论是把国家治理现代化与人民民主专政对立起来，还是把法治国家与人民民主专政对立起来，都是错误的，都是没有看到国家的阶级职能在当今世界上依然是客观存在的。国家的阶级性告诉我们：推进国家治理现代化，建设法治国家，一刻也不能放弃人民民主专政。"③

二 科学理解马克思主义国家学说，积极发挥其战斗性作用

回顾马克思、恩格斯、列宁在国家问题上的战斗历程，可以看到，马克思主义国家学说的发展处处闪耀着科学性和战斗性的光辉。当今时代，我们依然要高举马克思主义的伟大旗帜，回应和批判各种错误思潮的挑战，发挥马克思主义理论的战斗性。

当今国际共产主义运动处于低潮，我国作为社会主义大国依然处在资本主义占优势的国际环境中。当前的新自由主义、民主社会主义、历史虚无主义和宪政民主等思潮的活跃正是西方意识形态渗透、影响的反映。在

---

① 《马克思恩格斯选集》第3卷，人民出版社1995年版，第523页。
② 《列宁选集》第3卷，人民出版社1995年版，第131页。
③ 辛向阳：《〈德意志意识形态〉的国家理论及其当代启示》，《马克思主义研究》2015年第3期。

各类宣扬"客观""中立"的国家治理言论的背后,是日益激烈的国际话语权的争夺以及政治对立。一些人极力否认国家的阶级属性,粉饰资产阶级国家,颂扬资产阶级民主,美化西方的"民主宪政",其根本意图在于攻击社会主义国家政权,攻击共产党的执政地位,歪曲和否定无产阶级专政。有研究者的认识相当清醒:"'宪政'作为学术层面的介绍和讨论无可非议,但用'宪政民主'干扰我国的政治体制改革就需要警惕。我们党历来强调宪法是国家的根本法、治国安邦的总章程,具有至高无上的法制地位,任何组织和个人都必须以宪法为根本的活动准则。有人主张所谓的'宪政民主'并不是为了维护宪法地位、推进依法治国,而是'醉翁之意不在酒',他们攻击我国'有宪法,无宪政''共产党一党执政不具合法性''党大于法'等,恰恰是要否定我国的宪法,其目标指向就是推行西方制度模式、取消中国共产党的领导、改变我国的社会主义制度。我们要充分认识'宪政民主'的虚伪性、欺骗性。"① 列宁指出,国家问题"比其他任何问题更加牵涉到统治阶级的利益(在这一点上它仅次于经济学中的基本问题)。国家学说被用来为社会特权辩护,为剥削的存在辩护,为资本主义的存在辩护"。②

种种关于国家问题的争论、对国家本质、职能及作用的对立的认识和评价,实际上反映了不同阶级之间的对立和斗争。习近平总书记在主持中共中央政治局第十四次集体学习时强调:我们正在进行具有许多新的历史特点的伟大斗争。必须清醒地看到,新形势下我国国家安全和社会安定面临的威胁和挑战增多,特别是各种威胁和挑战联动效应明显。我们必须保持清醒头脑、强化底线思维,有效防范、管理、处理国家安全风险,有力应对、处置、化解社会安定挑战。习近平总书记清醒的认识为我们推进国家治理体系和国家治理能力现代化提供了清醒的警示。

有研究者指出,当前马克思主义研究中存在的问题,"值得忧虑的是:

---

① 邱讳煌:《在抵制错误思潮中坚定道路自信》,《求实》2014 年第 1 期。
② 《列宁选集》第 4 卷,人民出版社 1995 年版,第 26 页。

一些所谓马克思主义研究者不在马克思主义基本文献上努力钻研,而是自觉地转向'西马',只能在'西马'那里才能寻求学术灵感、理论援助和思想资源,其结果是'言必称西方马克思主义';一些马克思主义哲学的研究者忽视和轻视对当代中国和当今世界重大现实问题的研究,而是跟着西方学术热点跑,结果形成'种别人的地,荒了自己家的田'的怪现象。"[1] 这种评价也适用于一些人对马克思主义国家学说的态度和做法。一些人不去认真地研读和学习马克思主义的经典著作,而是主观臆想、任意篡改、肆意歪曲和彻底否定马克思主义国家学说。

马克思主义国家学说的战斗性的发挥是以科学性为基础的。这是科学的理论,而且正是基于对国家的科学认识。国家是阶级统治的工具,"任何国家都是对被压迫阶级'实行镇压的特殊力量'。因此任何国家都不是自由的,都不是人民的"[2]。国家具有"祸害"的一面。"国家再好也不过是无产阶级在争取阶级统治的斗争胜利以后所继承下来的一个祸害;胜利了的无产阶级也将同公社一样,不得不立即尽量除去这个祸害的最坏方面,直到在新的自由的社会条件下成长起来的一代能够把这全部国家废物完全抛掉为止。"[3] 现存的仍然处于初级阶段的社会主义国家,由于生产力发展水平和现实的阶级状况,无法完全避免一些问题,但必须努力推进国家治理体系和治理能力现代化,积极加强经济建设、民主政治建设和社会建设,在建设中要防止和逐步消除同国家存在相联系的种种弊病,才能最终实现在新的自由的社会条件下成长起来的一代有能力把这全部国家废物抛掉。把国家的产生和消亡都看作生产力发展到一定历史阶段的结果,这是马克思主义的基本观点。马克思主义认为,国家是一个历史的范畴。到了共产主义社会,随着阶级对立和阶级差别的消灭,国家也将消亡。综观当前思想理论界关于国家的种种错误思想观点,一方面,我们必须发挥马克思主义理论的战斗性,坚决揭露这些错误思想观点的实质、意图,揭露他们攻

---

[1] 张艳涛:《马克思哲学跨学科研究的方法论启示》,《求实》2015 年第 7 期。
[2] 《列宁选集》第 3 卷,人民出版社 1995 年版,第 126 页。
[3] 同上书,第 182 页。

击社会主义制度，攻击共产党的执政地位，歪曲和否定无产阶级专政的目的。另一方面，还要看到它们有其孕育形成和发展的社会土壤。列宁指出，机会主义的主要内容是阶级合作。但是，机会主义的产生不是偶然的现象，不能归因于个别人物的罪孽、过错和叛变，而是当时社会历史时代的产物。资本主义相对和平发展的客观条件产生并培植了机会主义。第二国际的领袖们在"统一""团结"的名义下，采取调和、纵容和庇护的态度，使机会主义巩固和发展起来，逐渐占了上风。第一次世界大战爆发后，机会主义者完全背叛了社会主义，堕落成为社会沙文主义和社会帝国主义。第二国际的破产不是偶然的，它是机会主义长期侵蚀的必然结果。

因此，对于当代中国各种错误思想的一再抬头，也必须认识到这些思想产生的社会现实根源，这才是历史唯物主义的基本精神。不容忽视的是，当前资本主义国家的发展，的确对现实社会主义国家提出了一些挑战，社会主义国家既要更好地推进社会主义的经济、政治和文化建设，又要深入认识当代资本主义的新变化，科学阐释资产阶级国家的本质。马克思主义国家学说既是理论的科学发展，也是应对现实的理论斗争和政治斗争的光辉典范。"中国推进国家治理体系与治理能力现代化必须以马克思主义国家理论为指导，偏离了这一理论，就会走弯路。"[①] 因此，要科学理解马克思主义的国家学说，辨析和驳斥国家问题上的种种错误观点，解答和回应来自不同立场的种种责难与攻击，充分发挥马克思主义国家学说的战斗性。

（作者单位：中国社会科学院马克思主义研究院）
（原载《马克思主义研究》2015 年第 8 期）

[①] 辛向阳：《〈德意志意识形态〉的国家理论及其当代启示》，《马克思主义研究》2015 年第 3 期。

关于宪政问题研究中应进一步深化的几个问题

——基于当前学界研究状况的分析

牛 跃 李春华

近年来，宪政问题成为学界和舆论界关注和争论热点。特别是2013年，关于宪政问题的争论几乎达到了白热化程度。年初，南方某报试图以《中国梦，宪政梦》作为新年贺词；5月，杨晓青在《红旗文稿》上发表的《宪政与人民民主制度之比较研究》一文可谓引起轩然大波，马上受到一些人的攻击、批判，甚至围攻和谩骂。关于宪政问题所展开的讨论并非是单纯的学术问题和理论问题，而是一个涉及国家根本制度的重大政治问题。但是，对这一问题的讨论恰恰是从学术界开始的，一些人正是借助于学术研究这一平台，"从研究西方的宪政转而公开要求中国实行宪政的"。[①]正因为如此，首先还需在深入研究的基础上，在思想政治方面有理、有据、有力地反驳和回击西方宪政思潮。

1. 西方宪政民主和所谓"普世价值"，目的就是企图照搬资本主义政治制度，要害就是取消中国共产党的领导。宣扬宪政思潮的一些人基本上是以西方资本主义国家的所谓宪政为圭臬，干扰或力图改变我国的基本政治制度。他们认为，西方宪政制度具有现代文明社会普遍接受的政治法律

[①] 汪亭友：《认清宪政及宪政民主问题的实质》，《中华魂》2012年第21期。

价值。他们强调,"在现代世界,凡是称得上政治文明的国家,无一不是实行宪政的国家,政治文明包括文明的政治理念、文明的政治体制、文明的政治规则、文明的政治活动、文明的政治效果,等等,而这些都是通过宪政表现出来的,并依赖于宪法得以保证和发展。"由此他们得出结论:中国不能拒绝文明、普世、普适的东西,西方宪政是社会主义应当继承和发展的"普世价值",中国的政治改革必须以实现西方宪政为目标,通过西方宪政式改革使中国成为一个西方宪政式国家。他们还企图借助"改革"的口号歪曲十八大以来的社会主义民主建设。他们宣扬:"建设中国社会主义政治文明,是中国特色社会主义建设的根本任务之一,宪政就是政治文明的首要标志""站在中共十八大新的历史起点上,中国特色社会主义道路的发展必然走向中国特色社会主义宪政道路。"[①]

几年来,宪政思潮遭到了主流媒体和广大学者的批判。马克思主义理论界的广大学者认为,西方宪政是资本主义制度的产物,是资本主义政治体制的体现。西方宪政的本质是资产阶级专政的政治制度,实质是维护和巩固资本主义剥削制度和统治秩序的工具。汪亭友指出,西方宪政其实就是资本主义制度的代名词,是资产阶级专政的社会制度换了一种形式的表述。[②]"资本主义宪政的实质是资产阶级专政,旨在维护资本主义的剥削制度和统治秩序,维护资产阶级私有制。"实行多党制、议会民主与三权分立等是资本主义宪政特有的内涵。作为维护生产资料的资本主义私有制、反映资产阶级利益和意志的政治制度,无论是君主立宪的"宪政",还是议会制、总统制的"宪政",都没有改变"宪政"是资产阶级专政的实质。[③]郑志学指出:西方"宪政"思潮主张指向非常明确,就是要在中国取消共产党的领导,颠覆社会主义政权。不能把"宪政"作为我国的基本政治概念,以落入其背后隐藏着的"话语陷阱"。[④]杨晓青认为,西方"宪

[①] 张文显:《宪法与中国特色社会主义道路》,《21世纪》2013年第3期。
[②] 汪亭友:《对宪政问题的一些看法》,《红旗文稿》2013年第6期。
[③] 汪亭友:《对西方宪政论的评析》,《思想理论教育导刊》2014年第3期。
[④] 郑志学:《认清"宪政"的本质》,《党建》2013年第6期。

政"思潮是由一些"关键性"制度元素与理念和"非关键性"的制度元素及理念共同构成的完整制度架构。作为西方现代政治基本的制度架构,西方宪政的关键性制度元素和理念只属于资本主义和资产阶级专政,主要包括,西方宪政以私有制的市场经济为基础,实行议会民主政治,西方宪政实行三权分立、互相制衡的国家政权体制,实行"司法独立"及司法机关行使违宪审查权,实行军队"中立化、国家化"。①

2. 是否存在社会主义宪政。主张宪政思潮的一些人认为,宪政没有"社、资"之分。那为什么宪政必然"姓资",而不可能"姓社"? 还有一种人认为,我国不能搞宪政,但可以搞社会主义宪政。这里又分两种情况:一种是打着"社会主义宪政"的旗号实则宣扬资本主义宪政的"伪社会主义宪政"观点。有代表性的观点,就是所谓的"宪政社会主义",其基本观点是:在宪政体制与共和治理框架内实现人民民主、党的领导与依法治国的有机统一,并以宪政制度来合理限制、规范、规训人民主权、党权、政府治权与司法治权,保障公民权利。并提出,宪政社会主义是中国特色社会主义逻辑发展的新阶段,而且是一个最具有转折意义、最艰巨、最复杂、最生死攸关的关键环节。② 但是,尽管他们特意强调他们所主张的宪政是"超越自由主义的宪政",但实质上还是自由主义的宪政。正如有人所指出的:宪政社会主义其实是宪政民主。宪政社会主义学派之所以要用宪政社会主义这个名称而不用宪政民主,这是因为宪政民主属于自由主义宪政的专利——也就是大多数资本主义国家目前实行的社会制度。③

另一种主张社会主义宪政的人,可谓是"真正社会主义宪政",这是一种理想主义主张。他们主张把宪政与社会主义有机结合起来,借鉴西方宪政国家的经验,结合自己国情搞中国特色的"社会主义宪政"。比如,有的人认为:应当坚定不移地高举"宪政"的旗帜,理直气壮地推进中国

---

① 杨晓青:《宪政与人民民主制度之比较研究》,《红旗文稿》2013 年第 5 期。
② 华炳啸:《宪政是个好东西——兼论什么是宪政社会主义》(http://www.yhcqw.com/html/kwgnew/2009/825/0982517237A11GC61098FKl1HJI14BG7EG.html, 2009 - 08 - 25/2015 - 03 - 12)。
③ 王开石:《对宪政社会主义观点的几点看法》(http://www.21ccom.net/articles/gsbh/2014/0413/104319.html, 2014 - 04 - 13/2015 - 03 - 13)。

的宪政建设。①

毛泽东提出过"新民主主义的宪政",是否说明应该有"社会主义宪政"？汪亭友指出：要结合当时的社会性质来理解。新民主主义社会之所以可以实行宪政,是由新民主主义社会的性质所决定的。在毛泽东的论述中,并没有一个适用于一切社会的抽象的"宪政"。准确地说,毛泽东赞成实施的是"新民主主义的宪政"。② 他认为,正因为毛泽东当时把宪政严格限制在新民主主义社会的范围,亦即资本主义的范畴,因此,在毛泽东所有公开的文献中都不曾有"社会主义的宪政"或"无产阶级专政的宪政"的提法或类似表述,甚至他在新中国成立以后连宪政这个词都不曾提及。

3. 关于宪政思潮污蔑中国现在是"有宪法而无宪政"的问题。宣扬宪政思潮的一些人诬蔑说我国现在是有宪法无宪政。

对"有宪法必有宪政"的观点,汪亭友指出,世界各国的实际情况证明,实行宪政的国家未必都有明确而系统的成文宪法,而有完备的成文宪法的国家未必是宪政国家。因此,有没有宪政的实质并不在于有没有宪法,关键是这个国家的国体和政体是什么性质的,确立了什么样的社会制度。有无宪法只是宪政的表象,有没有实行资产阶级专政的社会制度,才是判断有无宪政的根本标准。虽然同样是宪法,社会主义国家的宪法同资本主义国家的宪法也有着本质区别。因为统治阶级不一样,反映其意志的宪法的性质和内容也会不一样。一些人主张有宪法即有宪政,也许有抵御西方指责我国没有宪政、没有民主的善良用意,但这在理论上经不起推敲,客观上也可能起反效果。因为西方国家恰恰是寄希望于中国宣布实行宪政,从而以之作为突破口,逐步取消共产党的领导和社会主义制度,这是需要我们警惕和注意的。

针对一些人认为我国现在是"有宪法而无宪政"的指责,《求是》杂

---

① 殷啸虎：《当代中国宪政问题研究之研究》，《政治与法律》2012年第11期。
② 唐红丽：《毛泽东关于"宪政"到底说了什么？——访中国人民大学马克思主义学院副教授汪亭友》，《中国社会科学报》2014年4月30日第4版。

志发表署名秋石的文章指出,我们党历来强调宪法是国家的根本大法,是治国安邦的总章程,具有至高无上的法律地位;历来主张依法治国首先是依宪治国,依法执政关键是依宪执政,任何组织和个人都必须以宪法为根本的活动准则。党领导人民制定宪法和法律,党领导人民执行宪法和法律,党自身必须带头在宪法和法律范围内活动,这些都是毫无疑义的。文章指出了他们攻击我国"有宪法,无宪政""共产党一党执政不具合法性""党大于法"的真正目的,不是要履行宪法、实施宪法,而是要否定、反对我国的现行宪法,是要我们进行他们所期望的"政治改革",根本目的是要取消共产党的领导、改变我国的社会主义制度。[1]

4. 有人把依法治国歪曲为要实行宪政。习近平总书记在首都各界纪念现行宪法公布施行30周年大会上的讲话中强调:"坚持中国特色社会主义政治发展道路,关键是要坚持党的领导、人民当家作主、依法治国有机统一,以保证人民当家作主为根本,以增强党和国家活力、调动人民积极性为目标,扩大社会主义民主,发展社会主义政治文明。"一些人竟然歪曲习总书记的精神,据此来说明,中国共产党是要实行宪政的,我国既然提出依法治国方略,实行"社会主义宪政"理应成为建设社会主义法治国家题中应有之义。

对此,汪亭友认为,宪政同法治不是一回事,不能将两者混为一谈。法治是统治阶级按照自己制定的法律管理国家和社会,从而实现阶级统治的一种方式、手段。法治作为一种社会现象,存在于一切依法治理的社会中。而宪政是伴随宪法而来的资本主义社会特有的社会政治制度。显然,法治同宪政不是同一层次的概念。前者是管理国家和社会的一种方式、手段,后者则属于社会制度的范畴,有着特定的制度内涵。即便是法治,在不同的社会条件下,也会因服务对象的不同,目的、任务的不同,而有不同的性质和表现。资本主义社会法治的目的和根本任务,是要维护资产阶级的统治和资本主义社会的长治久安。而社会主义法治的目的和根本任务,

---

[1] 秋石:《巩固党和人民团结奋斗的共同思想基础》,《求是》2013年第20期。

是要发扬社会主义民主，保障人民当家作主，维护社会主义国家的长治久安。可见，不同社会的法治有着不同的阶级内涵和社会属性。从这个意义上说，建设社会主义法治国家，不等于就要实行宪政。

通过对宪政问题讨论的梳理，我们可以得到以下几点认识：一是要认清这场争论的实质是事关中国改革方向和国家发展道路的重大问题。宪政问题绝不是一个纯学术问题，它首先是一个政治问题。他们主张把西方的宪政当成是中国政治体制改革的目标和方向，其目的就是要改变社会主义中国的性质和发展道路。因此，我们必须旗帜鲜明地反对宪政思潮。二是坚持马克思主义立场观点和方法，切实加强对宪政思潮及相关问题的学术研究，有理有据地回击和驳斥错误观点。尽管主张宪政思潮的人政治目的非常明显，但是，立足于教育广大群众分歧是非，围绕"宪政"做学术研究和理论论辩仍具有重要意义。既然主张宪政思潮的人常常以学术的面目来立论，我们就应该在学术上给予回答和分析。而且一些观点很能迷惑人，确实需要认真的学术分析，如"社会主义宪政"或"宪政社会主义"。因此，既要区分政治立场和学术争论的界限，坚持百花齐放、百家争鸣，又应以有理有据的学术研究，给予有力的驳斥和批判，来澄清这些模糊认识。三是要切实加强理论宣传，揭露西方宪政民主的本质和假象，从而澄清一些人的模糊认识。四是要讲清楚中国国体和政体的根本性质。在理论上，人民民主专政制度本身就是对西方宪政制度的超越，是比西方宪政制度更为真实、优越的民主制度，我们已经在实践中取得了巨大的成效。社会主义公有制的存在和发展保证了人民大众享有真实的民主权利。五是以依法治国的实际成就回击西方宪政思潮。马克思主义认为，批判的武器不能代替武器的批判，但武器的批判比思想的批判更加有力量。我们就是要牢牢把握"党的领导、人民当家作主、依法治国"的方向，推进我国社会主义制度的成熟和发展，推进我国基本制度的定型，实现全面深化改革的总目标，实现中国梦。

（作者单位：哈尔滨理工大学、中国社会科学院马克思主义研究院）

（原载《思想理论教育导刊》2015年第6期）

论党与法的高度统一

李 林

新中国成立以来，尤其是改革开放以来，在我国社会主义民主法治的发展进程中，关于党与法关系的争论，从来就没有终结过。党与法的关系问题，不仅是一个法治问题，更是一个政治问题；不仅是一个理论问题，更是一个实践问题。习近平同志指出：党和法的关系是一个根本问题，处理得好，则法治兴、党兴、国家兴；处理得不好，则法治衰、党衰、国家衰。党的领导是中国特色社会主义法治之魂。建设中国特色社会主义法治体系，建设社会主义法治国家，必须从理论与实践、历史与现实的结合上正面回答党与法的关系问题，这样才能在全面推进依法治国的伟大实践中更加自觉地坚持和实现党与法的高度统一。

一 "党"与"法"的概念范畴

在我国语境下，讨论党与法的关系，首先应当弄清"党"与"法"的概念范畴及其涉及的主要关系。

（一）"党"的概念范畴

其一，从全称概念来看，这里所讲的"党"，是特指中国共产党，而不包括其他政党组织或者社会团体。根据《中国共产党党章》，"党是中国工人阶级的先锋队，同时是中国人民和中华民族的先锋队，是中国特色社会主义事业的领导核心""党除了工人阶级和最广大人民群众的利益，没有自己特殊的利益"；根据《中华人民共和国宪法》，"党"是中华人民共和国国家政权的领导党，是必须以宪法为根本的活动准则，并且负有维护宪法尊严、保证宪法实施职责的执政党。其二，从主体来看，这里所讲的"党"，是一个包括中国共产党的全体党员、党员领导干部、党的各级组织、党的各类机关等各种主体在内的集合概念。这就意味着，某个共产党员、党员领导干部、党的组织甚至党委书记、党的领导人等，他们只是"党"的组成部分，是"党"的一分子，而不能把他们简单地等同于"党"；他们的言行在有限的意义上或许可以代表"党"的形象、权威和意志，但不能简单地与"党"画等号。其三，从领导和执政行为来看，这里所讲的"党"，有时也有引申出来的含义，如"党的领导、党的执政、党的政策、党的决策、党的文件、党委决定、组织意见、领导人讲话、书记指示、上级命令"等。这些都是中国共产党及其各级组织、各级领导干部履行党的宗旨、实施党的领导、开展执政活动、带领人民群众治国理政的重要方式方法，但不能把它们的单个行为活动简单地等同于中国共产党的整体意志和集体行为。

（二）"法"的概念范畴

这里所讲的"法"，首先是指由国家制定并由国家强制力保证实施、规定公民权利与义务、调整社会关系的行为规范体系，在我国即指中国特色社会主义法律体系。在我国法律体系中，主要包括宪法、基本法律、法律、行政法规、地方性法规、自治条例和单行条例等。其次是指法制、法治、依法治国、依法执政、依法行政、依法办事等概念和活动，以及科学立法、严格执法、公正司法、全民守法等概念和活动。最后是引申出来的含义，指立法者的立法行为，执法者的执法行为，法官检察官的司法行为，全体公民和社会组织的守法行为等。

(三)"党"与"法"的关系

在我国语境下,"党"与"法"的关系主要有如下一些解读:一是指中国共产党与国家法律的关系;二是指党的领导与国家法治、依法治国的关系,与科学立法、严格执法、公正司法、全民守法的关系;三是指党的路线方针政策与国家宪法法律法规的关系;四是指党的领导方式、执政方式与法治、依法治国的关系;五是指具体的党员领导干部、公职人员、执法司法人员等人员的权力及其行为与法治、依法行政、依法办事的关系;六是指"党"和"法"在对待具体人、具体事、具体案件中是否存在法外特权,能否做到法律面前人人平等,等等。

由于人们对"党"与"法"概念的不同理解,对"党"与"法"关系的不同组合,因此在现实生活中,"党与法"关系的问题,往往被演变成为"党的文件与国家法律适用哪一个""领导的指示与国家法治听哪一个的""法院依法办案还是按领导说的办案""领导说了算还是法律说了算""书记大还是法律大"等问题;往往把领导人说的话当做"法",把某些党员公职人员、党员领导干部甚至党委书记的具体言行当做"党",把立法、行政、司法等机关的具体行为当做"党"的活动,甚至把某些领导干部、执法司法人员违反法律或者破坏法治原则的行为当做"党"的行为,进而提出"党大还是法大"的疑问。从理论上说,"党大还是法大"是个"伪命题","党与法"的关系问题也已从法理与制度、党章与宪法的结合上得到有力回答。但是,从人民群众观察和感受到的我国法治建设中还存在种种弊端和不足的角度看,从人民群众热切期待实现"有法必依、违法必究、严格执法、公正司法、依法治权、法律面前人人平等"的良法善治的角度看,"党与法"关系的问题,又不仅仅是一个理论问题、认识问题,更是一个实践问题。换言之,如果我们不能在法治建设实践中切实解决一些地方和部门、某些领导干部中依然存在的权大于法、以权压法、以言废法、有法不依、执法不严、违法不究、司法不公、贪赃枉法等问题,不能有效解决关乎人民群众切身利益的执法司法问题,那么,这些地方、部门和个人违反法治的言行就会被归责于我国的政治体制、共产党的领导和社会主义法治,"党大还是法大"的问题就很难从现实生活中淡出。因此,我们在从理论与制度结合上讲清了党与法高度统一的前提下,还要在全面深化改革、全面推进依法治国、全面从严治党的实践中,下大力度解决好依法治权、依法治官、切实把权力关进法律和制度笼子里的问题。

二 法治与政治的统一性

党与法的高度统一,归根结底是由法学与政治学的密切相关性,法治(法律)与政治的统一性决定的。从渊源上讲,在早期(如古希腊时期)西方社会,法学是包括在政治学当中的,或者说法学与政治学是长期结合在一起的。今天,法学与政治学往往是密不可分的"政法"或者"法政"学科,法律与政治成为相互依存、密不可分、高度统一的统治(治理)艺术,因此法治与政治在核心价值和实质功能上必然是高度统一的。法学与政治学的彼此交叉、相互融合、科学整合,形成了法政治学。法政治学是以具有政治和法律双重属性的社会现象作为研究对象,以政治学和法学的研究方法来研究相关社会现象的法学与政治学的交叉学科。英国《牛津法律大辞典》指出:"正如法理学的理论研究与政治理论总是紧密联系的一样,实践性更强的法律规则与现实的政治总是密切相关的。法律规则是由政治家和政治组织为实现某种政治理论、政治信念和政治目的而制定或废除的……公共管理的整个领域都充满着法律需要与政治需要、法律手段与政治手段、法律作用与政治作用的交互影响。"列宁则一针见血地指出:"法律是一种政治措施,是一种政策。"所以宪法法律有时被称为"法典化的政治",而在宪法规制下政治有时则被简称为"宪政"。政治权力、政治体制、政治行为等的正当性、合法性和法治化,法律体系、法治过程、司法权等的政治导向、政治属性、国家意志特征,无疑是当下法学与政治学、法治与政治都不能回避也回避不了的重大问题。在法政治学的意义上,国家法律、立法与党政治、政党选举、执政党理论、执政党目标、执政党政策是密不可分的，国家法律与人民民主、人民主权、人民利益、人民权利是密不可分的，国家宪法与立法权、行政权、司法权、公民权利是密不可分的，国家政治与司法权、政治与司法独立、政治原则与司法活动、政治体制与司法制度、政治体制改革与司法体制改革是密不可分的。站在一个更宏观的角度来看，无论政治、法治还是德治等，实质上都是人类治理国家和社会的方式方法、制度安排，都是人类进行"他治、自治以及共治"的不同理论、不同方法，归根结底是要实现人类治理的科学化、法治化和民主化。

在价值层面，法治涉及的价值，既有理性、正义、公平、意志、善恶、幸福、平等、自由等抽象价值范畴，也有利益、权利、民主、秩序、效益、安全、和平、发展等具象价值范畴，这些"价值准则之间基本上可以概括为一致、对立、主从和分立四种关系结构形式"。法律价值依附于法律规范并在法律实施中得到实现。法律价值本质上具有鲜明的政治性，以追求公平正义为使命的司法，其政治性也是不言而喻的。"相对于立法和行政职能，司法活动自古就是比较强大的一种政治职能""一个国家可以没有议会……行政机关也可以萎缩到最低限度，但司法机关却不可没有或削弱。司法功能是国家最基本的政治职能之一，没有司法，国家就不能生存。"法律和司法的政治性是十分明显的，在政党政治的条件下，法律价值和司法必然会强烈地表现出执政党的政治导向和政策倾向，或者说执政党必然会通过各种渠道和方式，把其执政的基本理念、政策要求等转化为法律的某些内容，落实到司法的具体过程中。

美国是十分强调司法独立的国家，其司法理念甚至认为司法应当与政治"无涉"。但在美国的司法生活中，"司法独立作为一个原则，必然要在现实政治生活中受到某种程度的扭曲"。在美国，遴选法官的过程具有很强的政治性，"不管最高法院的法官们如何正直和无可指责，最高法院本身一般带有，并且无疑将继续带有鲜明的政治色彩，这种政治色彩来自时代色彩，而最高法院的大多数成员都是在那个时代里挑选出来的"。民主党总统罗斯福任命了203名民主党人和8名共和党人为联邦法官；共和党总统艾森豪威尔任命了 176 名共和党人法官和 11 名民主党人法官；民主党总统肯尼迪任命了 169 名民主党人法官和 11 名共和党人法官；共和党总统尼克松任命了 198 名共和党人法官和 15 名民主党人法官；共和党总统福特则任命了 52 名共和党人法官和 12 名民主党人法官。"几乎无一例外的是，（美国）那些被评为'伟大'或'近乎伟大'的法官，其风格向来更多的是'政治的'而非'司法的'。从约翰·马歇尔到厄尔·沃伦，大多数最有影响的法官都曾出任过被选举或被任命的政治职务，而且他们常常是具有很强党派观念的政治人物。一旦进入最高法院，这种政治经历就会对他们的处事风格构成影响。"事实上，美国联邦最高法院并非是超凡脱"政"的独立机构，它在美国政治生活中常常扮演重要角色。"联邦最高法院的确参与了政治进程"，"在美国政治史上，一些十分重大的决定不是由总统或国会作出的，而是由最高法院作出的"。与此同时，联邦最高法院"作为一个兼有法律的、政治的和人的特点的机构，它具有与这些特点随之而来的种种优势和弱点"。托克维尔在《论美国的民主》中对美国政治与司法的关系做了另一个角度的描述。他写道：美国所出现的问题很少有不转为司法问题的，因为或迟或早这些问题都要归结为司法问题。因此在美国，"没有一个政治事件不是求助于法官的权威"解决的。由此不难理解，为什么 20 世纪 30 年代美国罗斯福总统要推行"法院填塞计划"，以从党派构成上改组美国联邦最高法院。

在美国学者诺内特和塞尔兹尼克推崇的自治型法律社会中，法律与政治的分离也是相对的，法律是忠于现行政治秩序的保证，与国家密切一致地履行政治职能，致力于秩序、控制和服从，法律机构（法院等）以实体服从换得程序自治，以实体上与政治保持一致换来的程序上与政治的相对独立，而不是真正的法律与政治的分离。

马克思指出："人们奋斗所争取的一切，都与他们的利益有关。"利益是社会的原则。作为西方法社会学一个分支的利益法学，以强调法官应注意平衡各种相互冲突的利益为其理论基础，认为法是立法者为解决相互冲突的各种利益而制定的原则。因此，为了获得公正的判决，法官对一定法律，必须首先确定什么是立法者所要保护的利益。法官决不应像一台按照逻辑机械法则运行的法律自动售货机，而应是独立思考的立法者的助手，他不仅应注意法律条文的字句，而且要通过亲自对有关利益的考察去掌握立法者的意图。西方利益法学主张"社会效益"是法官裁判的重要目标，"强调法律适用的政治功能，也就是法学、法院实践和政治之间的关系"。西方"利益法学的划时代的功绩就是考虑到了社会与政治现实以及法律规范的法政策学目的"。无论人们是否承认，法院在依据法律作出判决时，都不可能从纯粹的法条主义出发，片面强调"宪法法律至上"原则和法律的规定，而不考虑政治、社会、道德、利益、民情、文化等复杂因素。

某些西方法理学家也不得不承认马克思主义法理学作为一种学理派别的存在价值，承认马克思主义法理学的以下观点："任何法都是有利于统治阶级政党的法……它形成、培养、塑造意识，并保护既有统治关系不受敌对势力的攻击"。"社会主义法是在马列主义政党领导下获得国家权力的工人阶级的工具"，社会主义法的任务，首先是保护社会主义社会和马列主义政党的单独统治对外不受敌对势力的破坏，对内不受反革命的敌对破坏；其次是借助法律来建设社会主义并引导共产主义社会的建立。"司法在本质上是国家活动的工具"，它"通过对统治者的合法性、意识形态和道德观的有效补充，来实现各种司法功能"。

马克思主义法治观认为，阶级社会中的法治（法制）都具有政治性、阶级性和法律性的色彩。法治（法制）的政治性是由执政党或者执政集团的纲领路线方针政策等决定并体现出来的重要属性；法治（法制）的阶级性是由统治阶级及其同盟阶级的利益、意志和本质要求所决定并体现出来的重要属性；法律性则是法治（法制）所应当具有的技术特征和文化属性。正如曾任最高人民法院院长的谢觉哉在《马列主义的法律观》一文中毫不隐讳指出的那样："我们的法律是服从于政治的，没有离开政治而独立的法律。我们的司法工作者一定要懂政治，不懂政治决不会懂得法律。司法工作者若不懂政治，有法也不会司"。人民法院最重要的工作是审判。审判不仅具有高度的专业性，而且具有极强的政治性。"'审'是把案件的事实审查清楚，'判'是在搞清事实的基础上，做出裁判。'审'是客观事实，是什么就是什么，不是凭审判员的脑子想怎样就怎样。'判'是根据党的方针、政策，在一定的法律范围内考虑量刑幅度。客观事实是判的对象，搞清事实是第一步工作；在搞清事实的基础上，依靠党的政策和法律来判是第二步。"

在中国特色社会主义条件下，社会主义法治的政治性集中体现了中国共产党的性质、宗旨、基本任务和奋斗目标等党的事业要求，体现了党的路线方针政策的制度化、规范化和法律化；社会主义法治的阶级性集中体现为它的人民性、民主性，因为在现阶段，阶级矛盾已经不是我国社会的主要矛盾，占社会成员绝对多数的公民属于人民范畴，人民当家作主，执掌国家政权，法治的人民性取代了其阶级性；社会主义法治的法律性集中体现在两个方面：一是法律和法治所固有和应有的客观性、规范性、强制性、可预测性、明确性、程序性和技术性；二是法律和法治所具有的中国法文化传统及其当代特色，以及其学习借鉴吸收一切人类法治文明有益成果的中国化特征。

当然，我们在论证法学与政治学的密切相关性、法治（法律）与政治的内在统一性的同时，必须承认它们之间存在明显区别和重大不同。两者在学科划分、研究对象、概念范畴、实践运行、体制机制等方面的区别和不同，正是我们讨论它们之间相关性和统一性的前提和基础。

三　党与法是高度统一的

在西方三权分立和多党制的政治哲学和宪政模式下，由于西方政党代表利益的不同以及执政党、在野党、反对党等政治角色的不同，西方国家政党与法治往往存在多元、错位甚至是割裂的多重关系。西方政党是不同阶级、阶层和利益集团的代表，西方法治则号称是代表全体人民共同意志的国家意志的体现，这种多元利益取向的政党制度与其法治标榜的中立性、平等性、公正性必然存在矛盾和冲突，在本质上其政党与法治必然难以统一。

在中国共产党一党领导的社会主义制度和政党体制下,在我国宪法和法律确认和保障的以公有制为基础的经济制度和人民当家作主的政治制度下,在中国共产党的性质、宗旨和历史使命的本质规定性下,在社会主义法是党的主张与人民意志相统一的内在一致性的条件下,在中国共产党代表人民共同利益而无自己任何私利的政治基础上,党与人民、党与国家、党与法不是矛盾对立的关系,而是和谐一致、高度统一的关系。

(一) 从党的领导与社会主义法治的本质看党与法的高度统一

从一定意义上讲,坚持和改善党的领导,实行社会主义法治,推进依法治国,都是手段、方式、举措和过程,它们的本质都是全心全意为人民服务的,它们的目的都是为了实现国家富强、人民幸福、中华民族伟大复兴的中国梦,为了实现社会主义现代化的宏伟目标。我们党代表中国最广大人民的根本利益,党除了工人阶级和最广大人民群众的利益,没有自己特殊的利益。党在任何时候都把群众利益放在第一位,同群众同甘共苦,保持最密切的联系,坚持权为民所用、情为民所系、利为民所谋,不允许任何党员脱离群众,凌驾于群众之上。社会主义法治是为了人民、依靠人民、造福人民、保护人民的法治,它以人民为主体,以依法治权、依法治官为手段,以保障人民根本权益为出发点和落脚点,保证人民依法享有广泛的权利和自由,维护社会公平正义,促进共同富裕。党与法、党的领导与社会主义法治,归根结底都是以人民利益为根本利益,以人民意志为崇高意志,以人民幸福为最高追求,以人民满意为最高评价,以人民拥护为政治基础,以人民民主为生命源泉。党与法、党的领导与社会主义法治,归根结底是高度统一在全心全意为人民服务的本质属性和内在要求上。

(二) 从《中华人民共和国宪法》看党与法的高度统一

宪法作为国家的根本法,具有最高的法律效力和法治权威,是党领导人民治国安邦的总章程。我国宪法不仅以根本法的形式肯定了党在带领人民进行革命、建设和改革历史进程中的领导地位和作用,确认了党是继续领导全国各族人民把我国建设成为富强、民主、文明的社会主义国家的领导核心,而且以根本法的形式规定国家实行依法治国,维护社会主义法制的统一和尊严的原则,要求包括中国共产党在内的各政党必须以宪法为根本的活动准则,并且负有维护宪法尊严、保证宪法实施的职责;必须遵守宪法和法律,一切违反宪法和法律的行为必须予以追究;任何组织或者个人都不得有超越宪法和法律的特权。宪法的这些规定,以国家根本法的形式为党与法的高度统一提供了宪法依据和宪制基础,开创了迥异于西方三权分立和多党制的中国特色社会主义的新型党与法关系。

(三)从《中国共产党党章》看党与法的高度统一

党章是党内制度和行为的最高规范,是从严治党、依规治党的根本规矩,是保证党与法高度统一的根本党内法规。党章在明确规定党是中国特色社会主义事业的领导核心的同时,明确要求必须坚持党的领导、人民当家作主、依法治国有机统一,走中国特色社会主义政治发展道路,扩大社会主义民主,健全社会主义法制,建设社会主义法治国家;必须完善中国特色社会主义法律体系,加强法律实施工作,实现国家各项工作法治化。为保证党与法、党的领导与国家法治的高度统一,党章专门规定,党的领导主要是政治、思想和组织的领导;党必须在宪法和法律的范围内活动,坚持科学执政、民主执政、依法执政;党必须保证国家的立法、司法、行政机关,经济、文化组织和人民团体积极主动地、独立负责地、协调一致地工作;除了法律和政策规定范围内的个人利益和工作职权以外,所有共产党员都不得谋求任何私利和特权,都必须模范遵守国家的法律法规。党章的这些规定,比宪法的有关规定更加具体、更加严格、更有针对性,对实现党与法关系的和谐统一具有非常重要的根本规范和制度保障作用。

(四)从党代会文件看党与法的高度统一

处理好党与法关系,构建党与法治、党的领导与依法治国高度统一的新型政法关系，历来是党在领导人民进行中国特色社会主义民主政治建设、推进依法治国过程中高度重视并着力解决的重大理论与实践问题。党的十五大报告在把依法治国正式确立为党领导人民治理国家基本方略的同时，特别强调指出："党领导人民制定宪法和法律，并在宪法和法律范围内活动。依法治国把坚持党的领导、发扬人民民主和严格依法办事统一起来，从制度和法律上保证党的基本路线和基本方针的贯彻实施，保证党始终发挥总揽全局、协调各方的领导核心作用。"这是第一次以党代表大会政治文件的形式，提出了把"党的领导、人民民主和依法办事"统一起来的命题和要求，明确回答了依法治国背景下如何建构党与法关系的问题。党的十六大报告阐明了中国特色社会主义民主政治的本质特征和内在要求："发展社会主义民主政治，最根本的是要把坚持党的领导、人民当家作主和依法治国有机统一起来"，第一次正式确立了"三者有机统一"的基本政治原则。党的十七大报告在坚持"三者有机统一"原则的基础上，明确提出"要坚持党总揽全局、协调各方的领导核心作用，提高党科学执政、民主执政、依法执政水平，保证党领导人民有效治理国家"。

党的十八大报告进一步加大了依法治国和法治在"党与法"关系中的分量，重申依法治国是治理国家的基本方略，首次提出法治是党治国理政的基本方式；强调要更加注重发挥法治在国家治理和社会管理中的重要作用；任何组织或者个人都不得有超越宪法和法律的特权，绝不允许以言代法、以权压法、徇私枉法。党的十八届四中全会第一次全面系统地回答了如何在理论上正确认识"党与法"的关系、在顶层设计和制度安排中把"党的领导与依法治国"统一起来的问题。四中全会《决定》从以下六个方面阐释了中国特色社会主义的"党与法"新型关系：一是本质特征——我国宪法确立了中国共产党的领导地位。党的领导是中国特色社会主义最本质的特征，是社会主义法治最根本的保证。二是基本经验——把党的领导贯彻到依法治国全过程和各方面，是我国社会主义法治建设的一条基本经验。三是根本要求——坚持党的领导，是社会主义法治的根本要求，是全面推进依法治国的题中应有之义。四是相互关系——党的领导和社会主义法治是一致的,社会主义法治必须坚持党的领导,党的领导必须依靠社会主义法治。五是依法执政——党依据宪法法律治国理政,依据党内法规管党治党,必须坚持党领导立法、保证执法、支持司法、带头守法。六是"党与法"高度统一的顶层设计——"三统一":必须把依法治国基本方略同依法执政基本方式统一起来,把党总揽全局、协调各方同人大、政府、政协、审判机关、检察机关依法依章程履行职能、开展工作统一起来,把党领导人民制定和实施宪法法律同党坚持在宪法法律范围内活动统一起来;"四善于":善于使党的主张通过法定程序成为国家意志,善于使党组织推荐的人选通过法定程序成为国家政权机关的领导人员,善于通过国家政权机关实施党对国家和社会的领导,善于运用民主集中制原则维护中央权威、维护全党全国团结统一。

(五)从党的路线方针政策法律化看党与法的高度统一

在我国,宪法和法律是党的路线方针政策的定型化、条文化和法律化,这从法律规范的渊源上最大限度地保证了我们党关于改革发展稳定的重大决策与国家立法的统一性、协调性,使党和法的关系在国家法律制度体系中有机统一起来。一方面,用法律的方式把我们党成熟定型的路线方针政策制度化、法律化和国家化,用国家法律引领、推进和保障党的路线方针政策的全面贯彻落实。另一方面,党的路线方针政策的成功实践,又为国家法律的不断完善提供方向指引和发展动力,推动国家法律体系的创新发展。

(六)从国家民主立法看党与法的高度统一

立法实质上是党的主张与人民意志相结合,通过立法程序转变为国家意志的产物。国家立法机关在充分发扬民主的基础上,把反映人民整体意志和根本利益诉求的党的主张,通过民主科学的立法程序,及时转变为国家意志,并赋予这种意志以国家强制力保障实施的法律效力,要求全社会成员一体遵循,从而通过立法实现了党的主张、人民意志到国家意志的转换提升,实现了党与法的立法化结合，保证了党的领导与依法治国的有机统一。

（七）从坚持党的领导和司法机关依法独立公正行使职权看党与法的高度统一

在我国，坚持党的领导与司法机关依法独立公正行使司法权是相互统一、彼此一致的关系。首先，宪法和法律是党的主张与人民意志相统一的集中体现，是党的路线方针政策的法律化，这就在立法层面上落实了党的领导和依法治国的有机统一，保证了党的政策与国家法律的统一性和一致性。在这个基础上，司法机关遵循法治原则，严格依法独立行使审判权和检察权，就是依照党的主张和人民意志履行司法职责，就体现了坚持党的领导与依法独立行使司法权的统一性。刘少奇从中国社会主义国家的实际出发，对人民法院、人民检察院独立行使职权的含义做了说明："法院独立审判是对的，是宪法规定了的，党委和政府不应该干涉他们判案子。检察院应该同一切违法乱纪现象作斗争，不管任何机关任何人。不要提政法机关绝对服从各级党委领导。它违法，就不能服从。如果地方党委的决定同法律、同中央的政策不一致，服从哪一个？在这种情况下，应该服从法律、服从中央的政策。"司法机关"服从法律，就是服从党中央的领导和国家最高权力机关的决定，也就是服从全国人民"。其次，在我国法律体系如期形成，党的路线方针政策和党实行政治领导、组织领导的多数内容要求已经法治化，党推进经济、政治、文化、社会和生态文明建设的多数战略部署已经得到法律化背景下，司法机关严格依法办事，切实独立公正行使司法权，就是坚持党的领导、执行党的意志、维护党的权威；而且，司法机关越是依法独立公正地行使司法权，让人民群众在每一个案件中都感受到法治的公平正义，法官检察官越是"只服从事实，只服从法律，铁面无私，秉公执法"，就越体现了党的宗旨，贯彻了党的方针政策，就是从根本上坚持了党的领导。第三，我们党是执政党，它支持和保障司法机关依法独立公正行使司法权，实质上就是巩固党领导和执政的法治基础，就是运用法治思维和法治方式切实有效地坚持和维护党的领导。我国宪法和法律规定的审判独立、检察独立，与坚持党的领导在理论逻辑上是有机统一的，在司法制度设计中是完全一致的，在司法实践中是互动发展的。

这里需要特别指出的是，坚持党与法的高度统一，绝不是要实行"党与法不分""以党代法""以党代政"甚至"以党治国"。邓小平早在《党与抗日民主政权》一文中就指出，我们必须"保证党对政权的领导"。但是，"党的领导责任是放在政治原则上，而不是包办，不是遇事干涉，不是党权高于一切。这是与'以党治国'完全相反的政策"。因为"'以党治国'的国民党遗毒，是麻痹党、腐化党、破坏党、使党脱离群众的最有效的办法"。而这种遗毒在有的领导同志身上也存在着，表现为"这些同志误解了党的领导，把党的领导解释为'党权高于一切'，遇事干涉政府工作，随便改变上级政府法令；不经过行政手续，随便调动在政权中工作的干部；有些地方没有党的通知，政府法令行不通……甚有把'党权高于一切'发展成为'党员高于一切'者，党员可以为非作歹，党员犯法可以宽恕。""结果群众认为政府是不中用的，一切要决定于共产党……政府一切错误都是共产党的错误，政府没有威信，党也脱离了群众。这实在是最大的蠢笨！""党与法不分""以党代法""以党代政"或者"以党治国"，实质上是否定国家法治和人民民主，是与坚持党与法高度统一的原则完全背离的。

四　坚持党与法的高度统一是我国法治建设的基本经验

坚持党的领导地位，发挥党的领导核心作用，始终是我国革命、建设和改革的成功法宝和基本经验。但是，坚持社会主义法治，把法治作为党治国理政的基本方式，坚持依法治国，把依法治国作为党领导人民治理国家和社会的基本方略，坚持依法执政，把依法执政作为党执政的基本方式，使党与法高度统一起来，却经历了一个从人治到法制、从法制到法治和依法治国的发展过程。在这个历史发展过程中，随着社会主义法治建设的不断加强，依法治国的不断推进，全社会法治观念的不断提高，党与法、党的领导与法治的关系不断呈现出动态协调、高度统一的态势。

新民主主义革命时期，我们党作为以夺取国家政权为使命的革命党，主要靠政策、命令、决定、决议等来组织和领导革命。党领导人民夺取政权的过程，就是突破旧法律、废除旧法统的过程。工人阶级革命是不承认国民党政权的宪法和法律的，"如果要讲法，就不能革命，就是维护三大敌人的统治秩序。那时候对反动阶级就是要'无法无天'，在人民内部主要讲政策"。我们党"依靠政策，把三座大山推翻了"。那时，只能靠政策，革命法律只是党领导群众运动和开展武装斗争的辅助方式。

新中国成立前夕，中共中央发出了《关于废除国民党〈六法全书〉和确定解放区司法原则的指示》（下文简称《指示》），明确指出："在无产阶级领导的以工农联盟为主体的人民民主专政的政权下，国民党的六法全书应该废除，人民的司法工作不能再以国民党的六法全书作依据，而应该以人民的新法律作依据"。同时要求人民的司法机关"应该经常以蔑视和批判六法全书及国民党其他一切反动的法律法令的精神，以蔑视和批判欧美日本资本主义国家一切反人民法律法令的精神，以学习和掌握马列主义——毛泽东思想的国家观、法律观及新民主主义的政策、纲领、法律、命令、条例、决议的办法，来教育和改造司法干部。"《指示》明确提出，要让广大司法干部认识到，我们的法律是人民大众的，法庭是人民的工具。我们的法律是服从于政治的……政治需要什么，法律就规定什么，因而"司法工作者一定要懂政治，不懂得政治决不会懂得法律"，司法人员一定要"从政治上来司法"，要把案子联系到各方面来看，这就必须要有政治认识才行。

1949年党领导人民建立了全国性的政权，翻开了人民法制的历史新篇章。共同纲领和1954年宪法的制定，一批重要法律法令的颁布，奠定了新中国政权建设的法制基础。我们党开始从依靠政策办事，逐步过渡到不仅依靠政策，还要建立健全法制，依法办事。"建国后中国共产党作为执政党，领导方式与战争年代不同，不仅要靠党的政策，而且要依靠法制。凡是关系国家和人民的大事，党要做出决定，还要形成国家的法律，党的领导与依法办事是一致的。"

然而，1957年下半年"反右派"斗争开始，国家政治、经济、社会生活开始出现不正常情况。"究竟搞人治还是搞法治？党的主要领导人的看法起了变化，认为'法律这个东西没有也不行，但我们有我们这一套'，'我们基本上不靠那些，主要靠决议、开会，不靠民法、刑法来维持秩序。人民代表大会、国务院开会有它们那一套，我们还是靠我们那一套'，'到底是法治还是人治？看来实际靠人，法律只能作为办事的参考。'"到了"文化大革命"时期，以阶级斗争为纲，"大民主"的群众运动成为主要治国方式，地方人大和政府被"革命委员会"所取代，公、检、法三机关被砸烂，新中国建立的民主法制设施几乎被全面摧毁，社会主义法制受到严重破坏。

为什么会发生"文化大革命"那样的悲剧，一个根本原因是国家法制遭到严重破坏，党和国家生活陷入了"和尚打伞，无法无天"的混乱局面。在以阶级斗争为纲、搞"大民主"的非常时期，少数人凌驾于党和国家领导制度之上，以言代法，以权废法，恣意妄为。在这种不正常的特殊历史条件下，一些干部群众对林彪、"四人帮"破坏党内法规制度、假借党的名义践踏宪法、侵犯人权、破坏法制的言行不满，提出了"党大还是法大"的质疑，目的是同林彪、"四人帮"的倒行逆施做斗争，实质是要坚持党的集体领导，维护人民民主和国家法制秩序。

邓小平在《党和国家领导制度的改革》中深刻指出："我们过去发生的各种错误，固然与某些领导人的思想作风有关，但是组织制度方面的问题更重要。这些方面的制度好可以使坏人无法任意横行，制度不好可以使好人无法充分做好事，甚至走向反面……制度问题更带有根本性、全面性、稳定性和长期性。"实践证明，共产党领导和执政的社会主义国家，如果以人治方式治国理政，必然对党的领导和国家法制造成双重损害：既损害了党的集体领导、削弱了党的政治权威，又践踏了人民民主、破坏了社会主义法制，给党、国家、人民和社会带来深重灾难。粉碎"四人帮"、结束"文化大革命"以后，我们党深刻总结了"文化大革命"破坏民主法制的惨痛教训,分析了以人治方式治国理政的根本制度弊端,果断选择了走发展社会主义民主、健全社会主义法制的政治发展道路。正如党的十八届四中全会《决定》指出的那样:"党的十一届三中全会以来,我们党深刻总结我国社会主义法治建设的成功经验和深刻教训,提出为了保障人民民主,必须加强法治,必须使民主制度化、法律化。"在党的领导下坚定不移地走社会主义法治之路,坚持党与法的高度统一,是新中国社会主义建设实践的必然选择,也是新时期改革开放的必然要求。

改革开放30多年来,党在领导人民加强法治建设、推进依法治国的实践中,始终高度重视正确认识和把握"党与法的关系"这个社会主义法治建设的核心问题。1978年12月,邓小平在《解放思想,实事求是,团结一致向前看》中指出:"为了保障人民民主,必须加强法制。必须使民主制度化、法律化,使这种制度和法律不因领导人的改变而改变,不因领导人的看法和注意力的改变而改变。"他说:"现在的问题是法律很不完备,很多法律还没有制定出来。往往把领导人说的话当做'法',不赞成领导人说的话就叫做'违法',领导人的话改变了,'法'也就跟着改变。"针对领导人说的话就是"法",而领导人又往往被认为是代表党的这种不正常现象。某些群众提出了"党大还是法大"的问题,实质上是对以往党和国家政治生活中个人或少数人说了算的人治做法的指责,是对权大于法的官僚主义现象的鞭笞。对于这种权大于法、以言代法的人治现象,邓小平在改革开放初期就非常明确地指出:"领导人说的话就叫法,不赞成领导人说的话就叫违法,这种状况不能继续下去了。"

1979年7月,彭真在讲到党的领导和人民法院人民检察院独立行使职权只服从法律的问题时,对"党与法"的关系问题作出了十分明确的回答。他说:"有的同志提出,是法大,还是哪一位首长、哪一级地方党委大?我看,法大。""不管你是什么人,都要服从法律。在法律面前不承认任何人有任何特权。服从法律,就是服从党中央的领导和国家最高权力机关的决定,也就是服从全国人民。"1984年3月,在《不仅要靠党的政策,而且要依法办事》中,彭真又进一步阐释了"党与法"的关系。他说:

"党的领导与依法办事是一致的、统一的。党领导人民制定宪法和法律,党也领导人民遵守、执行宪法和法律。党章明确规定,党的组织和党员要在宪法和法律的范围内活动。这句话是经过痛苦的十年内乱,才写出来的。""党的活动不在法律范围内,行吗?不行!决不行!这是十年内乱已经证明了的。党章、宪法对此有明确的规定。"从彭真关于"党与法"关系的经典阐释中,我们可以得出如下判断:(1)这里的"法",无论作为抽象概念还是具体概念,都是国家权威和国家意志的体现,任何组织和个人都必须遵守服从;(2)这里的"党",不是抽象的指代"中国共产党",而是具体指向某位"首长",或"某级地方党委",不能把党员领导干部个人、党的某级组织或机构与"中国共产党"等同或混淆同起来;(3)国法面前人人平等,党员领导干部(即使是位高权重的"首长")、党的某级组织或机构必须服从国法,在宪法和法律范围内活动;(4)国法在党员领导干部、党的某级组织或机构面前至高无上,永远是"法大";(5)党员领导干部、党的组织或机构服从国家法律,就是服从党中央的领导,就是服从国家最高权力机关的决定,就是服从全国人民,党与法、党的领导与国家法制是完全统一的。

在江泽民同志担任总书记期间,多次就"党与法"的关系发表重要观点。1989年9月26日在回答《纽约时报》记者提问时,他说:"我们绝不能以党代政,也绝不能以党代法。这也是新闻界常讲的究竟是人治还是法治的问题,我想我们一定要遵循法治的方针。"1998年,江泽民在学习邓小平理论工作会议上强调指出:推进社会主义民主政治建设,必须处理好党的领导、发扬民主、依法办事的关系。党的领导是关键,发扬民主是基础,依法办事是保证,绝不能把三者割裂开来、对立起来。他指出,坚持党的领导同依法治国是完全一致的。我们党的主张,国家的法律,都是代表和体现人民的意愿与利益的。党领导人民通过国家权力机关制定宪法和各项法律,把党的主张变为国家意志,党在宪法和法律范围内活动,各级政府依法行政,这样就把党的领导同依法治国统一起来了。

在胡锦涛同志担任总书记期间,也非常明确地指出:发展社会主义民主政治，最根本的是要把坚持党的领导、人民当家作主和依法治国有机统一起来。党的领导是人民当家作主和依法治国的根本保证，人民当家作主是社会主义民主政治的本质要求，依法治国是党领导人民治理国家的基本方略。正确认识和处理好这三者之间的关系，才能把全党和全国各族人民的意志和力量进一步凝聚起来。

党的十八大以来，在全面推进依法治国、加快建设社会主义法治国家新的历史起点上，习近平总书记更加重视从党和国家工作战略大局上把握党与法的关系。2014年1月，在中央政法工作会议的重要讲话中，习总书记要求政法机关和政法工作"要坚持党的事业至上、人民利益至上、宪法法律至上，正确处理党的政策和国家法律的关系。因为，我们党的政策和国家法律都是人民根本意志的反映，在本质上是一致的。党既领导人民制定宪法法律，也领导人民执行宪法法律。"2014年10月，在关于十八届四中全会《决定》的说明中，习总书记又进一步深刻指出，党和法治的关系是法治建设的核心问题。把坚持党的领导、人民当家作主、依法治国有机统一起来是我国社会主义法治建设的一条基本经验。全面推进依法治国这件大事能不能办好，最关键的是方向是不是正确、政治保证是不是坚强有力，具体讲就是要坚持党的领导，坚持中国特色社会主义制度，贯彻中国特色社会主义法治理论。2015年2月，在省部级主要领导干部专题研讨班开班式的重要讲话中，习总书记再次强调指出，全面推进依法治国，方向要正确，政治保证要坚强。社会主义法治必须坚持党的领导，党的领导必须依靠社会主义法治。法是党的主张和人民意愿的统一体现，党领导人民制定宪法法律，党领导人民实施宪法法律，党自身必须在宪法法律范围内活动。把党的领导贯彻到依法治国全过程和各方面，一是党要领导立法，根据党和国家大局、人民群众意愿，立符合党的主张、尊重人民意愿、满足现实需要的良法。二是党要保证执法，建设职能科学、权责法定、执法严明、公开公正、廉洁高效、守法诚信的法治政府，坚持法定职责必须为、法无授权不可为。三是党要支持司法，为司法机关依法独立、公正行使职权提供坚实保障，健全监督制约司法活动的制度机制，保证司法权在制度的笼子里规范运行。四是党要带头守法，每个领导干部都必须服从和遵守宪法法律，不能把党的领导作为个人以言代法、以权压法、徇私枉法的挡箭牌，而应做尊法学法守法用法的模范，自觉为全社会作出表率。

总之，从中国特色社会主义法治理论的角度来看，从党的十六大以后，我们主要是根据坚持党的领导、人民当家作主、依法治国有机统一的政治哲学来论证"党与法"两者高度统一关系的，党的领导是依法治国的根本保证，依法治国是党领导人民治理国家的基本方略，是党治国理政的基本方式；在中国特色社会主义法治的实践中，"党与法"两者的关系则经历了一个由政策主导到法律主导、由人治到法制、由法制到法治的不断转变、不断发展的长期探索过程，是一个不断实现党与法、政治与法治、党的领导与依法治国相辅相成、高度统一的磨合过程。在中国特色社会主义法治文明的发展进程中，随着依法治国基本方略的不断落实和全面推进，坚持党与法的高度统一日益成为全党和全国人民的共识，成为中国特色社会主义法治的基本特征和政治优势。

（作者单位：中国社会科学院法学所）

（原载《法制与社会发展》2015年第3期）

三

揭露西方民主的虚伪本质

"历史终结论"评析

程恩富　谢长安

1989年，美国斯坦福大学弗里曼·斯伯格里国际问题研究所奥利弗·诺梅里尼高级研究员弗朗西斯·福山因提出"历史终结论"而名噪一时。二十多年间，国际形势可谓风云突变，以美国为首的西方强国打着民主自由和人权高于主权等旗号在世界各地肆意发动战争，西方金融寡头采取各种巧妙手段在国内外攫取巨额经济利益。2008年爆发的金融危机使得金融资本主义的贪婪和弊端暴露无遗，资本主义虚假的民主自由形式不仅遭到了广大发展中国家和第三世界国家的抵制，也引发了西方民众的不断质疑。

在号称民主自由的西方发达国家尚未走出金融危机阴影之时，福山没有相应修正自己的"历史终结论"，反而试图给名誉扫地的西方民主恢复信誉，发表文章坚持声称"民主依然挺立在'历史的终结'处"。通读《民主依然挺立在"历史的终结处"》全文，文章歪曲历史和现实，误导世人，特别是对中国模式的评价怀有傲慢和偏见，对已经陷入危机状态的欧美模式缺乏深刻反思。本文提出三个问题，以对该文主要观点予以评析。

一　没有出现对"历史终结论"的最严重威胁吗？

首先，福山认为没有出现对"历史终结论"的最严重威胁，充满了西方中心论的自大和吹嘘。据他说民主自由最早诞生于欧洲启蒙运动中，是当时的启蒙思想家们根据古希腊文明发展而来的。然而，中国有学者经过严谨考证后指出，"在西罗马帝国灭亡后（公元5世纪）到文艺复兴（15世纪）的1000年所谓'黑暗世纪'（中世纪）里，多数的欧洲人根本不知道世界上曾经存在什么希腊文明，也几乎没有人懂古希腊文"①。德国学者贡德·弗兰克也指出，"可以断定，直到1800年为止，欧洲和西方绝不是世界经济的中心，如果非要说什么'中心'的话，客观地说，不是处于边缘的欧洲，而是中国更有资格以'中心'自居"②。换句话说，直到工业革命后才逐渐占据人类世界发展舞台中心位置的西方资本主义国家，之所以提出民主自由并非出于对过去辉煌文明的继承，而仅仅是为了突破封建主义堡垒。今天一些西方学者再次鼓吹民主自由则是基于西方资本控制全球利益的需要。

其次，福山在文中大谈民主，却不懂辩证法，不知民主具有形式和实质之分。西方政府对内实行的是维护国家统一和资产阶级利益的务实政策，对外输出的民主却是怂恿他国民众反抗政府的无政府主义思潮。2011年，美国政府对"占领华尔街"的民众动用警察强制清场造成流血事件清楚不过地说明了美式民主的实质。对外方面，美国将民主作为战略工具获得的最大成就，莫过于成功地摧毁了苏联社会主义政权，获得一强独霸的地位。进一步观察，主体性和适应性才是检验民主真假的根本标准。主体性是自主行动和自主决策的能力。引入西方大国的民主对其他国家而言可能意味着动乱，因为一国民主制度的建立和实施是以本国主权和国家安全得到保障为前提的。国家发生动乱，主权和安全尚且无法保障，主体性必然丧失，自主行动和自主决策只能是空中楼阁。在苏东剧变之后的二十多年里，美国相继发动了两次伊拉克战争、科索沃战争和阿富汗战争，近些年在北非、中东、乌克兰等地的动乱中煽风点火，制造地区动乱，伺机浑水摸鱼，强行输出美式民主。为了国内金融寡头的利益而使用民主工具侵害他国利益甚至引起他国政局动荡，这样的民主已经威胁到了世界安宁和繁荣发展，

---

① 何新：《希腊伪史考》，同心出版社2013年版，第1页。
② ［德］贡德·弗兰克：《白银资本：重视经济全球化中的东方》，中文版前言，中央编译出版社2008年版，第7页。

又怎么能成为人类社会共同追求的价值观呢？再看适应性。存在严重弊端的西方民主制度在发展中国家基本是"水土不服"。一些拉美、非洲国家，包括亚洲的菲律宾和泰国等国，早已引入美国的一人一票的民主选举形式，但这些国家政局不稳，甚至人民的温饱也无法解决。正如有学者指出的，其根本原因在于：在发展中国家不存在一个掌控全局的稳定的核心组织（指以共济会为代表的寡头）。研究国际政治问题的福山也看到了西方民主在各国实践效果不佳的情况，他在文中承认"许多现存的民主国家运转不良"[①]，但对其为何"运转不良"却遮遮掩掩。

最后，经济民主优先于政治民主。福山喜欢民主，但似乎不知道民主是以经济发展为前提的。在寡头垄断的经济环境中，就没有实质性的经济民主和共同富裕。波及近百个国家的"占领华尔街"运动纷纷高举"99%民众与1%富豪对抗"的标语，便充分表达了广大选民的心声和愤怒。苏东剧变之后，尽管普通群众也获得了选票，但民众的生活水平却并未得到提升和保障。

被称为经济最发达、政治最民主的美国，一直以来都被自由主义者描绘成天堂般的国度。但美国的真实情况比福山所言的"利益没有得到共享，派性明显的两极化政治体制"恐怕要严重得多。一方面，在新自由主义盛行的过去30年中，美国国内的贫富差距达到了历史顶点。另一方面，美国的民主本质是金钱民主、寡头民主和狭隘利益集团的民主。众所周知，金融危机期间美国政府未经纳税人投票和许可就动用纳税人的钱救助贪婪的华尔街金融寡头，这正是这种民主虚伪的表现。

福山开口闭口谈民主，将最近几十年来世界经济发展的成就都归功于美式民主，但没有反思这类所谓民主政治的实质是"金钱政治""寡头政治"和"家族政治"，而非真正的人民民主政治，这种民主导致当今世界发展的严重不平等和不平衡。福山也没有注意到发达资本主义国家在金融和高科技等领域的高度垄断，以及对世界市场的巨大的依赖性。试

---

① ［美］弗朗西斯·福山：《历史的终结与最后的人》，新版序，广西师范大学出版社2014年版，第2页。

问：若离开了垄断和广阔的外部市场，仅凭民主，资本主义还能延续到今天吗？

二 谁在威胁全球稳定？

福山坚持西方中心论，从西方民主的视角观察世界，在这一狭隘框架下，得出俄罗斯和中国是威权政体的结论。不仅如此，福山还借用外交政策分析家沃尔特·拉塞尔·米德的观点，认为中俄在欧亚两端威胁全球稳定[①]。

（一）东亚不稳定的制造者是美国和日本而不是中国

2001年12月11日，中国结束了长达15年的艰苦谈判正式加入世界贸易组织（WTO），成为其第143个成员。中国加入WTO十几年的表现大大超出西方的预期：跃升为世界第二大经济体和第一大出口国，一大批企业走出国门，国际影响力不断提高。

今天，西方国家面对中国崛起的事实，开始采取各种围堵政策，贸易围堵就是其中的一种。2013年6月21日，海峡两岸关系协会在上海签署了《海峡两岸服务贸易协议》。以民进党为首的在野党歪曲丑化服贸协议，并通过各种渠道对其造谣中伤，极力阻挠其通过。2014年3月18日，数百名台湾地区大学生突然冲破安保人员的防线，在民进党"立委"的带领下，强行闯入台湾地区"立法院"，高喊"反服贸"，砸破玻璃进入议事大厅[②]。台湾地区的"服贸风波"是美国贸易捆绑中国的一部分，台湾地区学生和民进党的背后，显然有美国的支持。就是在香港地区的"占中"运动中，我们也能看到美国政府的影子，西方势力在香港地区挑拨的目的，

[①] 参见张文海《斯蒂格利茨批评新自由主义的结构调整》，《国外理论动态》2001年第12期；方兴起：《乔治·索罗斯：反新自由主义的"新辩证法"》，《马克思主义研究》2010年第4期。

[②] 《起底台湾反"服贸"缘由："懒人包"误导不对等》，华夏经纬网，2014年3月24日，http://www.fmxia.com/tslj/lasq/2014/03/3806895.html。

是妄图逼迫中国大陆动用解放军平息事态进而陷于被动,然后西方再对中国大陆实行全面制裁。

不仅破坏中国大陆和台湾地区的贸易,美国还试图和一些国家打造新的贸易绞索。美国之所以遏制中国搞"自由贸易",有着深刻的经济战略考量。因为中国成为全球第一大贸易国的事实,意味着人民币迟早会成为世界贸易结算的第一大货币。美国不仅在贸易等经济领域挑拨亚洲各国的关系,而且还不断怂恿日本等国家在领海领土问题上挑衅中国,破坏东亚和整个亚洲的和平与稳定。

2012年,日本政治家突然挑起钓鱼岛争端。钓鱼岛争端背后有着急迫的经济原因。数据显示,截至2013年6月底,日本政府负债已经达到了1008.6万亿日元(约合人民币64万亿元)[①]。不仅是负债严重,日本还面临国内市场狭小、资源短缺和人口老龄化等问题。可以说,自20世纪80年代末经济泡沫破灭之后,日本经济已经徘徊了二十多年,其表现越来越差。同时,美国尚未从金融危机中复苏,一直试图对外转嫁危机,脆弱的日本经济就是其转嫁对象。一些美国政客预期的最佳结局是像20世纪80年代末一样,席卷日本海量的国民财富。

(二) 欧洲不稳定的制造者是美国而不是俄罗斯

世界的另一端——欧洲也不太平。"冷战"结束后,在某种意义上,美国实现了独霸全球的目标。然而在后冷战时期,虽然美国享受了长达二十多年的"'冷战'红利",但中国和德国却在快速成长。一直未放弃"冷战"思维,不愿意丧失全球霸主地位的美国把中、德两个大国视为其霸权地位的主要威胁。美国的长期战略是围堵中国、分化欧洲。科索沃战争是美国为维护美元霸权打压欧元的明证。通过北约东扩,美国把欧洲推到了同俄罗斯冲突的第一线。在乌克兰危机中,美国也是反复火上浇油,意欲

[①] 《日本人均负债50万元,负债率超希腊近100%》,亚洲金属网,2013年8月13日(http://www.asiamnetalcn/news/viewnews.am? newsld = 1618012)。

让德国等欧洲国家同俄罗斯直接发生冲突，最大限度地消耗俄、德两国和欧盟的实力。

（三）哪里有美国需要的利益，哪里就有冲突

政治是直接或间接为经济服务的。早在20世纪70年代，美国战略家、时任国务卿的基辛格就直言不讳地说：如果你控制了石油，你就控制了所有国家。历史也表明，美国为了控制石油确实是不遗余力。石油是支撑美元币值的重要担保物，美元霸权是美国的核心利益，是美国霸权最重要的基石，美国为了捍卫美元霸权往往不顾一切。美国发动伊拉克战争的原因之一，就是萨达姆公开主张用欧元代替美元作为石油结算货币，而同样被美国打击的卡扎菲不仅主张石油结算非美元化，还试图在非洲和阿拉伯世界建立新的货币体系。2014年美国操纵石油价格猛跌，其目的就是重挫俄罗斯经济，遏制俄罗斯在乌克兰的政治军事行动。

三 中国模式难道不是对"历史终结论"的否定吗？

福山将中国模式描述成威权政府、不完全市场经济以及高技术水平官僚和科技能力的混合体，甚至大胆猜测，50年之后，中国在政治上更像欧美。

（一）中国模式是对"历史终结论"的否定

苏东剧变后，中国顶住了西方世界的压力，坚定不移地走出了一条具有中国特色的社会主义道路，极大地解放了生产力，提高了人民生活水平，使社会主义伟大事业在中国大地焕发光彩。可以说，中国模式的一系列制度创新——国家在社会主义初级阶段，坚持公有制为主体、多种所有制经济共同发展的基本经济制度，坚持按劳分配为主体、多种分配方式并存的分配制度，国家主导型的多结构市场制度，经济效率和经济公平交互同向和并重，自主型的全方位开放体系等，很好地解决了经济发展、国家稳定、

社会和谐之间的关系。这也是确保坚持人民主体地位,维护国家和人民的经济主权,实现人民民主,避免西方的金钱民主等虚假民主形式的根本经济制度保障。社会主义中国追求的民主是实质民主与形式民主相统一的人民民主,保障了人民当家作主,走出了一条与西方不同的道路,为世界各国树立了榜样。[①]

(二) 中国模式还需要不断完善

诚如福山所言,中国存在的土地污染、空气污染等问题,使得政府积累了大量的隐性负担。我们承认,处于高速发展状态的中国的确产生了不少问题,因而必须在"四个全面"的战略布局下,不断完善在经济、政治、文化、社会和生态等各个领域的体制和政策。不过,当年西方在资本原始积累阶段和当代所产生的不少问题,比现今的中国要严重得多。就以生态环境为例,发展中国家(包括中国)资源与环境遭到的严重破坏,与西方大国实行的新帝国主义经济、政治政策不无关系。正是由于在发展中产生了大量问题且问题复杂,所以我们不能简单地以为引入西方"先进"模式就可以解决问题。面对众多问题,我们不能盲目悲观,妄自菲薄,而应该在坚定"三个自信"的基础上,积极完善中国模式。

四 结语

改革开放以来,一些西方国家的政客和学者利用中国在建设和改革中出现的某些失误,仰仗其文化"软实力",向中国推销新自由主义、"历史终结论"和西方宪政观等混淆视听的理论,试图解构中国文化,操纵中国国家意志,诋毁新中国六十多年发展取得的伟大成就。而国内某些舆论由于缺乏道路、制度、理论和文化的自信,出现了随意附和西方的现象。积极改变这一不良倾向,必须认真学习和贯彻习近平总书记关于西方宪政、

[①] 房宁:《民主还是中国的好》,《红旗文稿》2009年第2期。

民主政治和中国模式等问题的系列重要讲话精神，认清中国和世界的民主政治及其各种模式发展的历史大趋势。

（作者单位：中国社会科学院马克思主义研究院、上海财经大学马克思主义研究院）

（原载《政治学研究》2015年第5期）

乌克兰转型之殇：
西化道路上的民主迷失

张树华　赵卫涛

近期，乌克兰动荡的国内局势再次成为全世界关注的焦点。前总统亚努科维奇被议会解除总统职务，国家政治格局被迫再次面临重组。新组建的临时政府极力"向西"，而历史上原属于苏联的克里米亚实现"历史的回归"，被重新纳入俄罗斯的版图。美国、欧盟、俄罗斯三方在乌克兰问题上的政治角力正愈演愈烈，内战甚至是分裂的阴影仍然像魔咒般笼罩在乌克兰上空。自苏联解体之后，政局混乱、经济衰败、社会和民族分裂等一系列问题成为困扰乌克兰的西化、民主化之殇。是什么原因造成了乌克兰今天的乱局？未来的乌克兰究竟应该走向何方？这些都成了已经背负沉重包袱的乌克兰难以回避的政治难题。

西化道路上的民主迷失：乌克兰最大的转型之殇

在俄语中，"乌克兰"一词有"在边缘""边沿地带"的意思。近代以来，乌克兰的立国之路一直都是历尽曲折，命途多舛。"在漫长的数百年时间里，乌克兰人作为一个民族，顽强而艰难地书写着自己的历史。然而，乌克兰此时只是作为一个地理学概念和民族学概念而存在，却不是一个政治学概念，因为不存在乌克兰这样一个国家。"直到苏联解体前后的1991

年，乌克兰才成为一个真正意义上的独立国家。独立之初，乌克兰首任总统克拉夫丘克踌躇满志，梦想着自此能够迅速摆脱经济危机，挤进民主、文明、富强的"欧洲大家庭"。然而，20多年过去了，乌克兰却几乎沦落到在苏联15个加盟共和国中发展程度"垫底"的境地。2012年乌克兰的实际GDP仅相当于1990年的69.5%。如果考虑人口逐年减少的影响，人均实际GDP为30953格里夫纳，仅为波兰的1/4，相当于1990年的81.1%。回顾乌克兰20多年的转型之路，我们不难发现，西化之路上的民主迷失无疑是困扰乌克兰最大的转型之殇。

1991年8月24日，乌克兰正式宣布独立。在欧美等国提供的经济"援助"和改革"指导"等"画饼"的诱惑下，乌克兰盲目地进行了大刀阔斧式的"西化"改革。强力推行激进的市场化政策，西式"三权分立"原则和议会民主制被强行移植入国家政体。这些非但没有在乌克兰"生根发芽"，反而成了引发随后20多年持续性政局动荡和经济衰败的"定时炸弹"。"由于缺乏明确的经济目标和战略，政府所采取的一些措施仅仅是头痛医头，脚痛医脚，并未收到应有的效果。"因此，独立之初的乌克兰不仅没有实现经济的迅速繁荣，反而陷入了严重的经济危机之中。在内忧外患的冲击之下，克拉夫丘克在1994年的总统选举中黯然下台，让位于高举"改革"大旗的库奇马。库奇马上台后，力主推进国家权力结构改革，不断加强总统职权。1995年5月，《乌克兰国家政权和地方自治法》在议会获得通过，它"不仅改变了宪法关于总统与议会联合组织政府的规定，将组织政府和行政权力全部转移到总统手中，而且加强了对地方政权机构的领导，形成了由总统直接领导的垂直行政权力体系"。经济方面，库奇马政府纠正了克拉夫丘克时期的一些政策失误，经济危机有所缓和，恶性通货膨胀也得到了抑制，经济发展步入相对稳定的时期。然而，对国家政治制度的"矫枉过正"并没有从根本上使乌克兰走上有序和稳定的正常发展轨道。空前强化总统权力的总统议会制虽然暂时得以推行，但总统与议会及其内部各党派之间的矛盾却变得日益尖锐化。在库奇马执政时期，乌克兰各项经济和社会改革进展缓慢，腐败程度进一步加深，地区、民族矛盾不断积累发酵，这些都为后来乌克兰走上激进的"颜色革命"道路埋下了伏笔。

2004年底，乌克兰爆发了轰动世界的"橙色革命"。在这场以总统选举中的舞弊问题为导火索的政变运动中，尤先科最终战胜时任总理亚努科维奇，成功当选乌克兰总统。当选后的尤先科迫于来自国内外的压力，对国家权力结构进行了重大调整。根据2004年12月通过的《宪法》修正案，自2006年1月1日起，乌克兰由总统议会制转变为独立之初的议会总统制，政府由对总统负责转为对议会负责。虽然仍是国家元首，但总统的实际权力已被大幅削弱。但是，这一权力分配结构改革仍未能从根本上化解政府与总统之间的矛盾。当总统与政府之间的矛盾不可调和时，频繁更换总理往往成为政治斗争的必然结果。而在议会内部，支持总统和总理的不同政治派别之间的激烈斗争也在不断加剧。由此，总统、政府和议会之间无休止的斗争伴随着尤先科政权的始终。在2010年的总统选举中，利用尤先科和季莫申科两派势力分裂的契机，亚努科维奇顺利当选总统。亚努科维奇执政后，废除了2004年通过的《宪法》修正案，将乌克兰的政体又改回总统议会制，总统的权力重新得到了加强。然而，2013年底，以亚努科维奇放弃与欧盟签署联系国协定为导火索，反对派势力在全国迅速掀起要求亚努科维奇下台的浪潮。对示威游行处置失当的亚努科维奇被迫与反对派妥协，并最终被议会驱赶下台。2014年2月21日，乌克兰议会投票通过决议，恢复2004年宪法，这标志着议会和政府的权力重新得到扩大，总统权力则再次受到削弱，乌克兰重回议会总统制的改革起点。

针对国家权力分配和制衡制度的改革从未停止，始终是乌克兰国内政治斗争的核心议题。然而，令人遗憾的是，乌克兰并未在该问题上实现质的突破，各派势力在改革问题上陷入了"进一步，退两步"的怪圈。笔者认为，从事物内、外因的辩证关系来看，由制度失范而导致的"政治无序化"无疑是乌克兰政局长期持续动荡的根本原因。历史地看，这种制度性缺陷也正是乌克兰独立20多年来盲目推行西化道路以致最终陷入民主迷失的必然结果。

乌克兰政治传统的深刻弊病

自苏联解体以来,脱胎于高度集中的政治经济体制下的乌克兰,在国家认同上长期难以达成共识。在漫长的历史时期内,乌克兰饱受外族欺凌,国土长期被分割统治。正是这种特殊的历史背景,造就了乌克兰传统上的"东西"之争。根据1989年的统计数据,"乌克兰总人口为5170.7万人,其中乌克兰人占72.7%,俄罗斯人占22.1%"。近年来,虽然乌克兰族人口比重有不断上升的趋势,但俄罗斯族仍旧占据较大比重,尤其是在南部的克里米亚地区,俄罗斯族的比重更是超过一半。从族群分布情况来看,乌克兰族主要分布于西部地区,俄罗斯族则主要分布于东部地区和南部地区。从民族归属感上看,"历史上由于长期处于俄国和苏联管辖之外,西乌克兰人要求建立独立乌克兰国家的愿望更强。乌克兰西部地区成为历史上乌克兰民族主义运动的主要活动区域,与较早并入俄国的东部和南部相比,表现出更多的亲西方特性"。独立以来,虽然东、西乌克兰之间在维护国家统一问题上持相近立场,但由于语言、宗教信仰和经济发展水平等方面的差异,东、西两地区之间的分歧呈现逐渐扩大的趋势。1992年,作为乌克兰自治共和国的克里米亚就曾以议会决议的方式宣布脱离乌克兰,重新并入俄罗斯联邦。"独立以来,乌克兰历届政府为消除区域发展之间的失衡和减少族群关系中的不和谐采取了一系列措施,但历史上形成的东西部之间的差异,以及族群之间的隔阂很难在短时间内得到彻底改变。"可以说,对于独立后的乌克兰,这种由族群差异而导致的"东西"之争在历次政治纷争中都发挥着不可忽视的影响力。

而在国家制度建设方面的严重缺失,也是乌克兰始终难以克服的转型障碍。独立之初,在尚未充分考虑本国国情的背景下,急于摆脱旧体制束缚的乌克兰便迈出了民主化的步伐。可以说,乌克兰独立以来的20多年,也是西式民主大行其道的20多年。然而,历史却已经充分证明,在乌克兰,西式民主所标榜的"自由""民主""平等""博爱"等美好愿景只是一幕幕虚假的民主化幻影。在历尽"民主"洗礼后的今天，乌克兰人不得不无奈且辛酸地承认：民主并不是一剂包治百病的"灵丹妙药"，名义上的西式民主带来的不是人民生活的安定与富足，更不是国家的稳定与繁荣，而只是无休止的政治纷争与社会动荡。从这个意义上说，来自国家内部的民主迷失无疑是造成今天乌克兰陷入转型陷阱的根本原因。

苏联解体之后，陷入西式民主化歧途的乌克兰非但没有摆脱在国家发展道路上的迷惘，反而陷入一轮又一轮的政治动荡，患上了严重的苏联解体"后遗症"。独立之初，乌克兰在国家道路的选择和国家政治建设方面一时陷入制度的"真空期"。于是，在"逃离"苏联、"拥抱"西方的口号之下，乌克兰几乎将美式的议会民主制全盘照抄。在乌克兰大多数政治精英看来，美国的两党制和三权分立无疑是实现政治稳定和国家繁荣的必然选择。然而，事实证明，美式民主在乌克兰遭遇到严重的"水土不服"。理想中的西式政党模式在实践中演化为少数寡头之间的争权夺利，尔虞我诈。"三权分立"的制衡原则也在强权政治和腐败横行中变得形同虚设。以宪法为例，乌克兰1991年独立，由于来不及制定新宪法，因而仍沿用苏联时期的1978年宪法。直到1996年6月28日，乌克兰才颁布了第一部正式宪法。但在2004年的"橙色革命"中，1996年宪法又被以修正案的形式推翻。而在2010年亚努科维奇当选总统后，2004年宪法修正案又被废除。2014年2月21日，2004年宪法再度被恢复。短短十几年间，作为国家根本制度框架的宪法已经历了数次反复，完全沦为了政治寡头们"翻手为云，覆手为雨"的政治工具。

2004年，乌克兰爆发了"橙色革命"。对此，国际上一些政治势力无不感到欢呼雀跃、欣喜若狂，以为这是继"冷战"结束后国际民主化的"第四波"。然而，没过多久，当"颜色革命"的狂热褪去之后，一切又都复归了原形：宪法继续形同虚设，议会、政党和总统之间纷争不断，掌控国家的寡头们在不同政治势力的支持下继续上演着一幕幕你方唱罢我登场的政治闹剧。在独立后的乌克兰，国家的政治经济大权依旧掌握在少数几个寡头手中。他们或在幕后扶植代理人，操纵议会和总统选举，或凭借雄厚的资本实力，直接参与竞选。以近期重新复出的季莫申科为例，被称为"天然气公主"的她早在20世纪90年代前后的乌克兰私有化浪潮时期就通过成立石油公司赚取巨额利润。1996年，季莫申科又成立了"乌克兰联合能源系统"公司并出任总裁，该公司是乌克兰从俄罗斯进口天然气的主要经营商。在寡头横行的乌克兰，自上而下的腐败已经达到了空前严重的地步。根据"透明国际"2013年公布的世界廉洁指数，在总分为100分的测评中，乌克兰仅得25分，在参评的177个国家和地区中位列第144位，连续多年被评为"严重腐败"国家。长期腐败得不到有效遏制，社会经济日益凋敝，广大普通民众的生活境况长期得不到改善，由此导致的社会矛盾和不满情绪一触即发。在此次乌克兰危机之中，正是因为亚努科维奇拒绝与欧盟签署联系国协定，才引发了来自西部的亲欧洲民众强烈的反对浪潮，并最终导致了亚努科维奇的下台。而早在三年前的2011年，时任总统的亚努科维奇以季莫申科涉嫌在2009年越权同俄罗斯签署天然气购销合同为由判处其7年有期徒刑。可以说，自"橙色革命"以来，乌克兰政局已经演变为尤先科、季莫申科和亚努科维奇三人你争我夺的角力场。其间，一场场翻云覆雨式的"政治清算"无一例外都打着"民主"与"法律"的旗号。乌克兰与其说是"民主化"，不如说是政治商业化、市场化、帮派化、地区化；与其说是民主政治，不如说是对抗政治、帮派争斗、清算政治和复仇政治。

与其说美国在输出"民主"，不如说在输出"动乱"

苏联时期，乌克兰一向以工业基础雄厚和制造业发达著称，经济发展水平位居15个加盟共和国前列。苏联解体20多年了，乌克兰是所有独立国家中经济水平下降幅度最大的，至今仍没有恢复到苏联解体前的水平。经济深陷谷底，政治动荡不已，除政治人物治国无方、缺乏责任之外，西方大国难辞其咎。自"冷战"结束以来，包括乌克兰在内的独联体地区就一直是美国全球战略的重点关注对象。因此，无论前几年的"颜色革命"，还是此次"街头暴力""广场暴动",都不乏西方大国和"民主谋士"们策划、煽动的影子。针对当前的乌克兰和克里米亚问题,美国总统奥巴马3月12日在白宫会晤乌克兰临时总理亚采纽克时,再次警告俄罗斯不要干涉乌克兰"内政",并强调美国"将与乌克兰站在一起"。克里米亚公投后,奥巴马则强调,克里米亚公投是在俄罗斯军事干预的"胁迫"下举行的,违反乌克兰宪法,"美国绝不会承认公投结果"。奥巴马表示,俄罗斯的行为破坏了乌克兰主权和领土完整,"在欧盟伙伴的协调下,我们准备让俄罗斯为其行为付出更高代价"。但是,在表态坚决支持乌克兰的同时,奥巴马也"呼吁乌、俄两国通过外交渠道解决纷争"。与2004年大力支持"橙色革命"有所不同,美国的上述表态反映了其在面对变化了的国际地缘格局和本国战略利益时的一种调整。

实际上,苏联解体后,美国虽然"没有一项明确阐述的统一的和始终如一的对独联体政策,但历史地看,美国对独联体政策的总体脉络却是十分清晰的"。对于美国而言,在全球范围内推广和输出美式民主和自由,始终是其对外战略的重要组成部分。对于乌克兰等独联体国家而言,向这些国家输入美式的民主制度和价值观念,促成"颜色革命"并建立亲美反俄政权,自然成为美国对独联体民主输出战略的重要目标。库奇马上台之后,推行更加西化的政治经济改革计划,美国也由此开始加大了对乌克兰的经济援助力度。而在"橙色革命"之前,鉴于俄罗斯在乌克兰所具有的传统意义上的影响力,美国虽然也从经济、政治、文化等方面不断加强对乌克兰的渗透力度,但一直未能打破俄罗斯在乌克兰长期保持的相对优势。直到2004年,在美国的积极鼓动之下,乌克兰爆发了"橙色革命",亲美的尤先科最终当选总统,这也标志着美国对乌克兰的民主输出战略取得了"重大进展"。

从实施手段和方式上看,美国对乌克兰实施民主输出战略的手段是多样的,总体而言,主要由以下几个方面构成:首先,通过经济援助等利益手段不断促使乌克兰进行所谓的"民主改造"。在与独联体各国的交往中,美国往往将自身的西式民主树立为独联体国家民主化改革的终极目标。同时，充分利用乌克兰等独联体国家经济普遍落后的弱点，向这些国家提供大量经济援助，以此来促进它们在与俄罗斯逐渐疏远的同时与美国建立起紧密联系。"冷战"结束以来，为了在独联体国家中树立"民主样板"并达到反制俄罗斯的目的，乌克兰一直是美国最大的经济受援国之一。在此次乌克兰危机爆发后，为了帮助乌克兰应对"俄罗斯出于政治动机而采取的贸易行动"，奥巴马政府宣布向乌克兰提供10亿美元紧急援助，并推动国会批准国际货币基金组织（IMF）2010年份额改革方案，为乌克兰争取更多IMF贷款。

其次，通过培养和扶植亲美反俄的反对派领导人，寻求从内部瓦解并控制乌克兰。例如，尤先科就是美国长期以来最为倚重的反对派领导人之一。早在1999年，尤先科就曾出任乌克兰政府总理。尽管标榜实行独立的外交政策，但尤先科却一直将乌克兰加入欧盟和巩固西式的价值观念作为自己的政治纲领。据美国媒体报道，在"橙色革命"前后的两年时间里，美国政府一共向乌克兰反对派提供了至少6500万美元的政治献金资助。这些资金除了为尤先科与美国领导人会面提供方便之外，还用于支付总统大选前后的各项政治开销。而尤先科的妻子卡捷琳娜在2004年放弃美国国籍之前，曾在美国国务院供职长达6年之久。除尤先科之外，刚刚被释放出狱的季莫申科也一直是美国扶持的重要对象。在过去的10年间，亲美的季莫申科和尤先科与亲俄罗斯的亚努科维奇三人之间无休止的政治斗争与清算，正是乌克兰政局混乱、民不聊生最真实的写照。

再次，通过各种非政府组织不断向乌克兰进行民主渗透。在形形色色的非政府组织中，以成立于1983年的美国国家民主基金会最具影响力。该基金会的宗旨是"促进及推动全球的民主化，并向相关的非政府组织及团体提供资助"。实际上，除了一小部分民间捐助，该基金会绝大部分的经费都来自美国国会通过国务院进行的年度拨款。

最后，通过扶植各种"自由媒体"来进行思想舆论渗透。一方面，通过长期灌输，促使广大民众从思想上接受美式自由民主理念，彻底瓦解乌克兰民众针对西方的思想防线。另一方面，在总统和议会选举等关键时期，利用媒体来诱导舆论支持亲美的反对派势力，肆意攻击竞争对手。

总之，在"冷战"结束后的独联体地区，虽然始终标榜"美国的首要利益是帮助确保没有任何一个大国单独控制这一地缘政治空间，保证全世界都能不受阻拦地在财政上和经济上进入该地区"。然而，在揭开美国全球民主输出战略的表象之后，暴露的则是其赤裸裸的全球地缘战略企图。从本质上而言，乌克兰不过是美国全球战略格局中的一颗棋子。以美国为首的西方国家打着民主的旗号，向乌克兰输出的并非真正意义上的民主，而是导致无休止的混乱与无序的劣质民主。

（作者单位：中国社会科学院信息情报研究院、中国社会科学院研究生院）

（原载《人民论坛（学术前沿）》2014年第5期）

国际金融危机把西方民主制推下神坛、打回原形

徐崇温

自由、平等、民主、人权是人类共同的价值追求和理想，也是人类在追求文明进步中所创造的伟大成果。但是，不同阶级的人，处在不同社会地位上的人，他们对于自由、平等、民主、人权的理解和要求又是各不相同的；不同的国家，处在不同的历史发展阶段上，其自由、平等、民主、人权的实现形式和途径也是各不相同的。因此，世界上没有什么可以放诸四海而皆准、适用于一切民族和国家的普世的民主形式、制度和体制。

以美国为首的当代西方国家的自由、平等、民主、人权理论，是对18世纪西方资产阶级自由、平等、博爱理论的继承和发展，它实质上是资本主义商品经济中自由贸易、等价交换原则在政治领域中的表现和反映。这种理论以及在它的指导下形成的制度、体制，在反对和摆脱封建王权与神权的束缚，争取政治上的自由、平等、民主、人权和巩固新生的资本主义制度的斗争中，具有重大的进步意义和积极作用，但它又具有反映资产阶级狭隘私利的极大的阶级局限性。

然而，自从资产阶级成为西方社会的统治阶级以后，就开始给它的自由、平等、民主、人权理论和制度涂上一层又一层的灵光圈，把它供奉到神坛上，让人们对它顶礼膜拜。美国成为超级大国、夺取世界霸权以后，无论在国内还是在国际上，更把西方资产阶级的这种自由、平等、民主、

人权的造神运动，把西方资产阶级制造的这种民主迷信，粉饰到登峰造极、无以复加的地步。

然而，在2008年以后由美国次贷危机发展形成的世界金融危机中，由于西方世界的经济普遍衰退，与被他们排除在民主政体之外的社会主义中国的快速崛起形成鲜明的对比，这就从根本上抽掉了西方资产阶级这种造神运动的物质基础，把被它们神化了的自由、平等、民主、人权从神坛上推下来，打回了原形。

2013年3月21日，美国外交学会研究员乔舒亚·柯兰齐克在美国《大西洋》月刊网站上发表的《为什么"中国模式"不会消失》一文中，曾经提到过这个过程："2008年和2009年的全球经济危机重创了几乎每一个主要民主国家的经济，而在经济低迷时期，中国却几乎毫发未损，中国经济在2009年增长了近9%（实为9.1%——引者，下同），而日本经济则萎缩了超过5%（实为-6.2%），美国经济收缩了2.6%""经济衰退过后，危机使许多西方国家领导人……不仅质疑自己的经济制度，而且怀疑自己的政治制度实际上包含严重的、而且无法修复的缺陷。"

于是，这场危机就在无意中成了对世界各国社会制度优胜劣败的检验石。在危机爆发之初，许多西方学者都认为，美国和西方将率先复苏，依靠国际市场的中国随后才能好转。然而，事情的发展却是：中国不仅第一个复苏，而且还拉动世界各国走出危机，如果说在2007年，中国对世界经济增长的贡献率为19.2%的话，那么，到了2009年，中国对世界经济增长的贡献率已经达到50%。世界上许多人都在说，看看美国，他们的金融发生了大崩溃，他们不能控制市场的无节制，为此而付出了沉重的代价，而中国的平均增速却有9%，甚至10%，盖过了别国。国际金融危机的性质和美国政府的对策，既使西方人对西式的自由民主制丧失了自信，也破坏了世界公众对于自诩具有普世意义的西方民主唯一合法性的认识，使人们摆脱了对它的非理性的顶礼膜拜，认识到只要符合一国的文化和历史，非西方的政治治理模式同样是可以获得成功的，柏林墙倒塌后所谓获得永久性胜利的西方成熟的自由民主资本主义模式再也不是唯一的意识形态目标了。

那么,西方的自由、平等、民主、人权,是怎样被推下神坛、打回原形的呢?

一 输出民主,是美国干涉别国内政,推行新殖民主义的战略

首先被推下神坛、打回原形的,当数美国的输出民主战略。和其他西方发达资本主义国家一样,美国信奉的也是西方的自由、平等、民主、人权,但又和其他西方国家有所不同,美国特别热衷于把其民主的价值观和政治制度输出到别国,推广到普天之下,当作上帝赋予自己的历史使命。还在第一次世界大战的时候,美国总统威尔逊就说过,民主是一个重要的指导原则,它代表着一种全新的国内秩序,由此当然也能普及于国际秩序。新的自由民主将是美国的重要输出品之一,要确保民主在全世界通行无阻。在第二次世界大战后,美国从1946年起正式在其他国家促进西方民主的发展,在60多年的时间里,为此而开支的总额达数百亿美元。特别是"冷战"结束以后,从老布什政府到克林顿政府,从小布什政府到奥巴马政府,美国更把传播民主、输出民主当作美国对外政策的"基石""最优先议程"国家战略的重要内容和中心。在从"冷战"向"后冷战"过渡的时期,老布什就把在国外"促进自由民主的政治体制的发展",当作"人权和经济与社会发展项目的最可靠保障";克林顿则认为,在1977年时,卡特政府的人权政策是以个人为目的的,在"冷战"结束以后,则应从民主这个更基本的层面上去促进人权。为此,他把提高美国安全、发展美国经济和在国外促进民主,作为美国国家安全的三大目标,进一步明确地把在国外促进民主上升到国家安全战略的高度;小布什在2003年2月的一次讲话中说:"推广民主的价值观明显地符合世界利益,因为稳定、自由的国家不会培养出谋杀的意识形态,它鼓励人们以和平的方式追求幸福的生活。"过了两年,他又在其第二任期的就职演说中说,"我们受常识的指引

和历史的教诲，得出如下结论：自由是否能在我们的土地上存在，正日益依赖于自由在别国的胜利，对和平的热切期望只能源于自由在世界上的扩展""有鉴于此，美国的政策是寻求并支持世界各国和各种文化背景下成长的民主运动，寻求并支持民主的制度化，最终目标是终结人世间的任何极权制度"。据此，2006年4月的《美国国家安全战略报告》指出，"必须在全球范围里采取有效措施扩展自由、民主"；奥巴马继续了这项推广和输出民主的事业，仅仅为在俄罗斯发展西方的民主和人权就拨款两亿美元。正是在这种输出民主的战略思想的指导下，美国用和平演变促成东欧剧变、苏联解体，对南联盟狂轰滥炸，在中东推行"大中东民主计划"，在东欧、中亚推行"颜色革命"，在西亚、北非推行"茉莉花革命"，在东亚、东南亚有针对性地搞民主人权渗透等。

美国推行输出民主战略的一个重要的理论支柱，就是所谓的"民主和平论"。这种理论认为，自由民主国家之间很少表现出相互不信任或对相互占领感兴趣，它们遵循共同的普遍平等和权利的原则，不存在相互质疑合法性的情况。自由民主的非战特性不仅源于它压抑了人的攻击和暴力的本性，而且源于它从根本上改变了人的本性，泯灭了帝国主义的冲动。美籍日裔社会学家弗朗西斯·福山在《历史的终结和最后的人》一书中也鼓吹"建立在共和制原则之上的国家相互之间不太容易交战"，有的人更据此鼓吹把推广西方的自由民主制度奉为维护世界和平的前提和保证。

然而，这种"民主和平论"即使在西方国家也遭到人们的广泛批评。例如，发表在2003年9月10日美国《国家利益》周刊网站上的《信仰疗法》一文，就强调指出，自古以来，民主国家之间从不打仗，不是因为它们有着类似的政治体制，而是因为它们有着共同的利益，假如爆发了武装冲突，这些共同利益就会遭到致命的危害；美国外交学会会长里查德·哈斯在《自由不是一种原则》一文中说，民主国家并不总是和平的，不成熟的民主国家因为在选举中缺乏真正的民主所应有的许多制衡机制，特别容易受制于民众的情绪，这种国家会走向战争，如苏东剧变后的塞尔维亚；英国历史学家埃里克·J.霍布斯鲍姆则在《传播民主》和《输出民主的危险》两文中指出，强行输出民主去改造世界，会造成我们时代的野蛮性。20世纪的发展历程表明，一个国家是无法改造世界或简化历史进程的，它也不可能通过越境向国外输出制度和机构，从而轻而易举地实现他国的社会变革。

再从输出民主的实施情况来看。由于任何国家的民主体制的形成，都是在自己本土上生长和发展起来的，具有自己独特的历史条件和民族特性，并不具有什么普世性，因而它虽可供别国借鉴参考，却又具有在别国不可照抄照搬的不可复制性和不可移植性。以美国为首的西方的自由、平等、民主、人权为例，仅在物质财富基础的一个方面来说，它就是建立在西方资产阶级500年来掠夺和攫取殖民地居民及其财富的基础上的，其中包括3000万印第安人遭到种族灭绝，5000万黑奴作为无偿劳动力被贩卖到美洲，以及西方发达资本主义国家在全球化的生产和分配格局中，盘剥第三世界国家而攫取的利润等。撇开这个物质财富基础而把西方的自由、平等、民主、人权那一套强制输出和推广到历史和民族条件全然不同的别的国家去，又怎么能够行得通呢？实际上，所有照抄照搬西方民主制度的第三世界国家基本上都没有获得成功。移植西方民主所带来的，绝不是他们原先期盼的经济发展、政治稳定和社会进步，而只能是政党林立、政局动荡、社会分裂和经济倒退：俄罗斯在苏联解体后照搬西方民主，结果陷入了经济衰退、政局混乱、内外交困的境地，只是让戈尔巴乔夫获得西方颁发的一枚"和平奖"；中亚地区的"颜色革命"所带来的是那里经济社会的巨大倒退，例如乌克兰，在"橙色革命"前，经济以5%的速度恢复增长，而在"革命"后的2009年，经济萎缩了15%；美国输出民主的伊拉克战争，吞噬了那里10多万人的生命，使100多万人无家可归，也使美国消耗军费近万亿美元，近4500名美军士兵阵亡，3万多美军士兵受伤；而在非洲，移植的西方民主的多党制引发了非洲部族之间的相互仇杀、生灵涂炭。如几内亚比绍在1994年实行多党制选举以后，政治对手之间相互仇杀，导致军事暴动、政治冲突不断；2012年4月又发生叛军解散政府、逮捕总统的政变；2007年12月肯尼亚总统选举时，执政党和反对党之间的暴力冲突，导致几千人死亡和35万人无家可归。

所有这些都说明：美国的输出民主战略及其理论支柱"民主和平论"，从历史事实上看，是站不住脚的；从理论上看，是错误的；从法律上看，是违反《联合国宪章》和现行国际法中有关国家主权和不干涉内政的一系列明确规定的；从政治上看，则是与维护世界和平、促进共同发展的时代潮流背道而驰的。事实说明，在经济全球化、政治格局多极化的历史条件下，只有尊重世界的多样性，才能保证各国和睦相处、相互尊重。一个国家的经济、政治制度，归根到底要由该国的人民根据自己的需要来选择或改变，而不是由别国去越俎代庖。一个和平相处、共同发展的世界，只能是一个各种文明相互融汇、相互借鉴，所有国家平等相待、彼此尊重的世界。

美国的输出民主战略，绝不是什么保证世界和平的战略，而完全是一种干涉别国内政，推行新殖民主义的战略。

二 竞争性选举导致金钱民主、短视民主、政党恶斗乃至国家机器瘫痪

在国际金融危机中，不仅美国的输出民主战略，就连西方民主本身，也被推下神坛、打回原形。

什么是民主？它的实质是什么？对此，西方世界历来是从程序至上的角度来加以界定的。美国著名的政治学家塞缪尔·亨廷顿在《第三波——20世纪后期民主化浪潮》一书中，开宗明义地写道："用普选的方式产生最高决策者是民主的实质""民主化过程的关键就是用在自由、公开和公平的选举中产生的政府来取代那些不是通过这种方法产生的政府"。接着，他又进一步阐释说："公开、自由和公平的选举是民主的实质，而且是不可或缺的必要条件。由选举产生的政府也许效率低下、腐败、短视、不负责任或被少数人的特殊利益所操纵，而且不能采纳公众所要求的政策。这些也许使得这种政府不可取，但并不能使得这种政府不民主。"应该说，

亨廷顿的这个民主定义，极其生动地勾画出了西方民主为了程序不惜牺牲内容和实质的特色：只要是选举产生出来的政府，那么，即使效率低下、腐败、短视、不负责任、被少数人的特殊利益所操纵、不采纳公众所要求的政策，它终归还是民主的，而这也恰恰就是西方民主的病根所在。

首先，竞争性选举使西方民主沦为一种金钱民主。

美国在1907年的《蒂尔曼法案》中，曾禁止公司对联邦层次政治竞选参与者的直接金钱捐助；1939年的《哈奇法案》又限制政党组织用于选举的开销（每年300万美元）和民众付出的政治捐款（每年5000美元），以弱化特殊利益集团和富人对选举的影响力。但一种起到间接助选作用的"白手套"——叫作"政治行动委员会"的组织的抬头，却冲毁了上述两部法律建立起来的堤坝。于是，美国国会又出台了1943年的《史密斯—康纳利法案》和1947年的《塔夫脱—哈特利法案》，把禁止政治捐款的范围从公司扩展到代表工会利益的政治行动委员会组织，但这却引发了被指控为违背《联邦宪法》第一修正案中关于"政治言论自由"内容的违宪诉讼。由于联邦法院对此持暧昧态度，以致未能有效限制"政治行动委员会"的急剧蔓延与扩展。2010年1月21日，美国联邦法院在"公民联盟诉联盟选举委员会"一案的裁决中，更打开了超级政治行动委员会的"潘多拉魔盒"：这项裁决认为，竞选捐款属于言论自由，受宪法保护，美国企业可以不受限制地投入竞选资金。时任美国联邦选举委员会主席的辛西娅·鲍尔利就此解释道："（联邦法院）裁决推翻了一项对企业的限制；在此之前企业不能够为某一个候选人独立地、积极地开展竞选活动。"此后，企业、利益集团、大富翁们可以利用自己拥有的资金来影响选举，可以任意地花费数量不限的资金，捐给超级政治行动委员会，这种超级政治行动委员会只要承诺不与候选人的竞选团队存在任何联系，就可以无限制地筹集和使用捐款，而不必透露捐款人的身份。从那以后，实际上就再也没有任何障碍会阻止大量资本不断流向为富豪利益服务的政客们的竞选和连任竞选活动了。所以，美国共和党参议员、2008年大选时奥巴马的竞选对手约翰·麦凯恩指责这个裁决是一种有可能侵害到正在金钱和商业利益中沉没的民主政治的最大祸害。

这样，美国的选举民主就成为一种越来越昂贵的金钱游戏：1860年，林肯被选为第16届美国总统时，选举费用为10万美元；1952年，艾森豪威尔竞选总统时，民主、共和两党共花了1100万美元；但根据美国联邦选举委员会的数据，在2000年的选举中，各超级政治行动委员会共捐献了1.147亿美元，2004年增至1.924亿美元，2008年超过12亿美元，2012年大选时奥巴马和民主党人、罗姆尼和共和党人的筹款金额都突破了10亿美元，而大选总共耗费约60亿美元。在这种情况下，美国的选举民主就沦为由金钱扮演主角的、竞选人之间的烧钱比赛和隐藏其后大行其道的权钱交易，让本来就受金钱影响的美国选举更被金钱所牢牢控制，使美国的民主政治更受选举中出资人的摆布。共和党人总统里根、老布什、小布什都在不同程度上接受了石油等能源公司的巨额捐助。于是，作为回报，里根就在任内推动了取消石油、汽油的价格管制；而布什父子则通过发动两场伊拉克战争，把石油储量占世界第五的伊拉克牢牢控制在手。民主党方面，克林顿接受了更多信息科技产业的财政支持，上任后就积极推动信息高速公路计划，吹响美国"新经济"的号角；而奥巴马之所以在金融危机之后对"银行匪徒"太过仁慈，则是因为大型金融集团曾为他的竞选活动慷慨解囊。为此，哈佛大学教授劳伦斯·莱西格在《迷失的共和国》一书中尖锐地指出，大笔竞选捐款赋予了少数人阻挠多数人的意愿和利益以及不履行竞选承诺的机会。危险并不是阴险的大资本家和可收买的政治家的密谋，更多的是美国政治在腐化正派的男女，有意地而且合法地使他们一步步陷入对有组织的利益集团的依赖之中。这种"依赖性腐化"不是建立在直接行贿的基础上，甚至不是可疑的高昂演讲酬劳或豪华酒店的邀请，而更多的是使院外活动集团成员轻松地当选在政治决策程序中起至关重要作用的议员。此外，美国的政治民主受竞选中出资人摆布的这种情况，又让美国前总统卡特感慨万分，他说："乔治·华盛顿和托马斯·杰弗逊要是活到今天，还能当上美国总统吗?！我们永远也不知道，有多少具备优秀总统潜质的人，就因为不愿意或者不能够采取一种能够募集到大量竞选经费的政策，而永远与总统宝座无缘。"

其次，竞争性选举使西方民主沦为一种短视民主。

在西方的竞争性选举中，由于政党是特定利益群体的代表，它们的目的是赢得选举的胜利和维护自己政党的利益，参选的政客们更将选举胜利这种狭隘的利益看得高于国家长远利益，他们所关心的不是削减赤字，提升经济竞争力，他们的眼光最远也就是停在下一次选举计票上，至于由全球化所产生的诸如生态环境保护、民族国家主权让渡、全球治理等新课题，更不在其视野之内。他们即使能够上台执政，这些领导人也因任期限制，只顾眼前，拘泥于任期内的政绩，缺乏战略远见、政治胸怀和执政魄力，没有动力去关心涉及国家长远发展的大事，不愿也不敢在国家治理上放手去做；而政客们为了拉到选票，则竞相讨好选民，开出各种各样的福利支票，耗尽了国库，当前美、欧各国的债务危机、财政危机在一定意义上就是由此形成，并如滚雪球般地越滚越大的。这种短视民主还在一定程度上促成了一种"活在当下、立刻消费"的文化氛围，它背离了西方资产阶级在工业化、海外扩张、大规模战争的"辉煌时期"那种面向未来的精神，从而给西方社会尔后的生存和发展埋下了种种危机。

再次，竞争性选举还导致政党恶斗而使政府效率低下，甚至使政治机器陷于瘫痪。

在国际金融危机使西方社会更加分化对立、利益冲突更加尖锐激烈的情况下，竞争性选举使党争日益流于极端主义、绝对主义和否定主义，频频出现政党利益、个体利益绑架国家利益的现象。政府效率低下，是由此导致的恶果中影响较轻的一种。例如，在国际金融危机期间，为刺激经济增长、改善老旧不堪的国家道路体系，英国政府打算筹建高速铁路，但因有些地方民众和反对党的极力阻挠，一直久拖不决，最后达到的结果是：高铁要在2017年才能动工，2027年完成第一阶段，2032年完成第二阶段；机场建设也是如此，英国希思罗机场T5航站楼的建设，用了整整20年，5倍于北京首都机场T3航站楼从设计到建成所用4年的时间。政党和个体利益绑架国家利益影响较大的一例，是在国际金融危机高峰到来时，美国政府出台了 7000 亿美元的援助计划，却被当成了党争的好机会，以及立法与行政部门之间讨价还价的大舞台。由于有国会议员和一些经济学家的反对和阻挠，时任美国财长的保尔森情急之下竟然上演了向时任美国众议院女议长佩洛西下跪的闹剧，但在此后的第一轮投票中仍旧遭到了否决。政党和个体利益绑架国家利益影响更大的一例，是美国民主、共和两党就提高债务上限所反复展开的拉锯战：美国的国债在 2011 年下半年达到所谓的"法定峰值"，是否继续举债需要由立法决定。奥巴马政府和民主党为刺激经济增长、推动政府施政，要求提高债务上限，同时增加税收，改善财政状况；共和党则要求政府先削减公共开支、降低福利，同时坚持继续减税，否则反对继续举债。围绕这个问题，美国民主和共和两党缠斗数月，使美国陷入了"二战"以来最严重的党争；在这个问题因两党最终的妥协获得暂时的解决后，两党又在 2012 年年末因面临由减税及公债剧增而堆砌起来的 2013 年 1 月 1 日到期的"财政悬崖"而继续博弈缠斗。

西方民主因竞争性选举而一再陷入的这种政党恶斗、政治机器瘫痪的"制度困境"，促使弗朗西斯·福山在其《政治秩序的起源》一书中提出问题说：美国是否从一个民主政体变成了一个"否决政体"——从一种旨在防止当政者集中过多权力的制度变成一个谁也无法集中足够权力作出重要决定的制度？福山说，美国人在思考政府问题时，想的是要制约政府，限制其权力范围。可是我们忘了，成立政府也是为了要发挥作用和作出决断。这在联邦政府层面上正在丧失。像我们这样嵌入诸多制衡机制的制度，应有——实际上也需要——两党在重大问题上保持最低限度的合作，尽管双方在意识形态方面存在分歧。不幸的是，"冷战"结束以后，诸多因素的共同作用正在导致我们整个体制陷于瘫痪。他说，美国的特殊利益集团队伍比以往更庞大、更易动员、更富有，而执行多数人意志的机制却更乏力。这样的后果是要么立法瘫痪，要么就是小题大做，胡乱达成妥协方案。福山据此提出建议说，要摆脱我们当前的瘫痪状态，我们不仅需要强有力的领导，而且需要改革体制规则。正是在这种情况下，美国前国家安全事务助理兹比格纽·布热津斯基对西方的民主政治提出质问，说："今天的问题是，在失控和可能仅为少数人自私地谋取好处的金融体系下，民主是否还能繁荣，这还真是个问题"。

最后，与中国特色社会主义民主进行对比，更凸显出竞争性选举是西方民主深陷"制度性困境"的重要成因。

中国特色社会主义民主是人类历史上先进的社会主义性质的民主，是中国人民创造的适合中国国情的民主。第一，西方民主把形式上承认公民都享有平等的民主权利这一尺度，应用于在生产资料占有关系上存在差别和对立的人们的身上，造成实际上的不平等和金钱民主。与此不同，中国特色社会主义民主从实质上把民主界定为以人民群众当家作主为核心，因而坚持以最广大的人民群众为本，在这里，人们在富裕程度上的差别并没有妨碍人们独立、自由、平等地行使民主权利，因而是一种形式与实质相符的真正的人民民主。第二，西方民主的三权分立、两院制所体现的权力的多元行使，造成各权力机关相互扯皮、相互掣肘和政治权力运行效率不高，乃至导致政党恶斗和国家机关瘫痪。与此不同，中国特色社会主义的性质决定了一切权力来自人民、属于人民的一元化权力结构，以及在权力行使上把民主与集中有机结合起来的民主集中制原则，从而避免了西方民主的上述缺陷和弊端。第三，西方民主所实行的多党竞争、轮流执政，使任何政党上台执政都不可能完全公平地对待其他社会力量，各党相互竞争势必影响政党之间的团结合作，进而削弱社会整体力量的凝聚和发挥，建立在政党竞争基础上的制衡和监督，则具有严重的政党偏见，乃至变成相互之间的攻击与掣肘。与此不同，中国特色社会主义实行的共产党领导的多党合作和政治协商制度，形成了具有合作共赢、民主监督特色的，共产党领导、多党派合作，共产党执政、多党派参政的和谐政党关系格局。第四，西方民主普遍采用代议制的间接民主，使广大选民只能隔几年参加一次选举投票，决定由谁代表他们行使国家权力，而不可能自己直接参与国家权力的行使。与此不同，中国特色社会主义的民主形式，是选举民主与（通过政党之间和政协会议两条渠道进行的）协商民主相结合，使党和国家的重大决策建立在充分政治协商的基础上，从程序上实现了我国根本政治制度与基本政治制度的成功对接,从而既扩大了公民的政治参与、拓展了民主的社会基础,又提高了决策的科学水平,克服了单纯实行选举民主所难以避免的缺陷。

因此,2010年3月10日,新加坡《联合早报》网站发表宋鲁郑的文章,强调指出,回避了政治制度因素的重要作用,是国外中国模式成功原因研究的共同缺陷,而在事实上,"中国真正与众不同的特色是有效的政治制度,这才是中国实现经济成功、创造出'中国模式'的全新现代化之路的真正原因";2010年11月16日,澳大利亚《悉尼先驱晨报》网站发表彼得·哈尔彻的文章说,"中国成为强有力的替代模式和一种挑战,甚至让西方国家以及我们有关民主自由怡然自得的想法相形见绌";而2013年1—2月号美国《外交》双月刊发表李世默的文章,指出如果中共十八大的战略规划能够一一实现,"那么有朝一日(召开这次大会的)2012年就可能会被视作一种理念——认为选举民主是唯一合法和有效的政治治理制度的理念——的终结"。"诚然,中国的政治模式不可能取代西方选举民主,因为和后者不一样的是,中国的模式从不自命为是普适性的,它也不会输出给他国"。"中国成功的意义不在于向世界提供一种替代模式,而在于展示其他的成功模式是存在的"。

三 美国自由、平等、人权的状况和政策,与《独立宣言》《世界人权宣言》基本精神背道而驰

西方社会关于自由、平等、人权的理想,它的一个重要基础是西方资产阶级的天赋人权——自然权利论。在1776年由托马斯·杰弗逊执笔起草的美国《独立宣言》,把英国唯物主义哲学家洛克提出的天赋人权——自然权利论奉为美国的立国之本,它坚持人民主权论,坚持人民主权是国家生活的基础,庄严地宣告,"我们认为下述真理是不言而喻的:所有人在被创造出来时就是平等的。造物主赋予他们若干不可剥夺的权利,其中包括生命、自由和对幸福的追求",政府是人民为了保障这些权利才成立的,

政府的正当权力来自被统治者的同意，如果政府损害了这些目的，人民就有权改变或废除这一政府而建立新政府，因为政治组织的首要任务应当是保障人们的自由和幸福。所以，尽管这个《独立宣言》还没有摆脱资产阶级的阶级局限性，用有关权利和平等的抽象议论掩盖现实生活中的阶级矛盾和对立，却还是被马克思高度评价为全人类"第一个人权宣言"。

然而，尽管由于西方民主的竞争性选举招致那里的政党与政党、行政部门与立法和司法部门相互掣肘和相互扯皮，但西方国家的政府特别是美国政府，却还是与《独立宣言》所宣告的理想相背离，严重侵犯公民的政治权利和自由。

什么是自由？自由是一项基本人权，指不受奴役、不受专横干预的权利。洛克把人的自然权利归结为自由权，他在《政府论》一书中指出，法律的目的不是废除或限制自由，而是保护和扩大自由。1791年美国宪法第5条修正案规定，非经正当法律程序，不得剥夺任何人的生命、自由或财产。"二战"以后，联合国的几个人权文件又多次重申自由权作为公民的一项基本权利的不可动摇性和不可剥夺性。《世界人权宣言》第3条规定，人人享有生命、自由与人身安全；第2条规定，人皆得享受本宣言所载的一切权利与自由。

美国拥有强大的人力、财力和物力资源，本可以对暴力犯罪进行有效的控制，但是美国社会却长期充斥着暴力犯罪，公民的生命、财产和人身安全得不到应有的保障。由于美国将私人拥枪权置于公民生命和人身安全的保障之上，枪支管理松懈，枪支泛滥，以致不时爆发枪击致人死伤事件。据美国有线电视新闻网2012年7月23日的报道称，美国公民手中约有2.7亿支枪，每年有10余万人遭遇枪击，仅2010年就有3万多人死于枪伤。美国政府自身严重侵犯公民的政治权利和自由，如在2011年9月，由美国社会严重不公、不平等、贫富不均和高失业率而引发的"占领华尔街"运动中，美国政府就粗暴地用武力对待成千上万的示威者，肆意践踏民众集会示威和言论自由。在2012年9月17日"占领华尔街"运动1周年时，在华尔街附近的示威者又与警察发生大规模冲突，有超过100名的示威者遭到逮捕；在2001年的"9·11"恐怖袭击事件以后，美国政府还不断强化对民众的监控，大幅限制和缩减美国社会的自由空间，严重侵犯公民自由，并以提高安全级别为由，违反法律和行政命令进行情报调查的不当行为，不断侵犯公民自由，美国最高官员甚至将包括美国公民在内的民众作为海外暗杀目标。2011年12月31日签署的《国防授权法》又规定美国总统有权无限期扣押怀疑与恐怖组织或"相关势力"有关的人。最近颁布的法律还取消了1978年《外国情报调查法》所规定的限制，允许通过未经许可的窃听以及政府利用电子通信手段来侵犯公民的隐私权；美国有不少警察滥用职权，粗暴执法，滥施暴力，使许多无辜的公民遭到骚扰和伤害，有的甚至失去自由和生命；美国缺乏基本的诉讼程序保护，政府不断申明有权随意剥夺对公民的法律保护；美国仍是世界上囚犯人数最多和人均被监禁率最高的国家，羁押囚犯的环境恶劣，造成囚犯抗议、自杀等事件不断发生；美国的种族歧视根深蒂固，渗透到社会生活的各个方面：少数族裔的选举权受到限制，少数族裔在就业方面受到歧视，执法和司法领域种族歧视严重，宗教歧视明显上升，种族隔离在事实上依然存在，种族关系紧张，仇恨犯罪频发，原住民的权利得不到应有的保障，非法移民的权利被侵犯。这种情况使美国乔治·华盛顿大学法学教授乔纳森·特利在2012年1月15日《华盛顿邮报》上发表文章申述《美国不再是自由之地的十个理由》，并得出结论："华盛顿获得的每一项新的国家安全权力……拼凑在一起，使得美国至少在一定程度上成为了独裁国家"，标榜美国为"自由之地"只不过是自欺欺人。

什么是平等？平等也是一项基本人权，就是说人在人格尊严上要求得到同等对待，在权利分享上要求得到公平分配。美国《独立宣言》提出"人人生而平等"，《世界人权宣言》提出："对人类家庭所有成员的固有尊严及其平等和不移的权利的承认，乃是世界自由、正义与和平的基础"；其第1条明确规定"人皆生而自由；在尊严及权利上均为平等"。在资本主义商品经济条件下，流通中发展起来的交换价值过程，是自由和平等的现实基础，经济上的平等更是其他各种平等的现实基础。

美国是世界头号经济强国,但却有不少公民享受不到个人尊严和人格自由发展所必需的平等权利的保障。例如,美国的失业率长期处于高位,据美国劳工部2012年5月4日公布的数据,2012年4月,美国的失业率为8.2%,失业人口高达1250万人;2008年国际金融危机以来,美国的贫困问题持续加剧,据美国人口统计局2012年9月12日公布的统计数据,美国2011年的贫困率为15%,生活在贫困线以下的美国人有4620万人,约有1800万家庭吃不饱饭,22%的美国儿童生活在贫困之中。近年来,美国的贫富差距又进一步拉大,2011年,美国的基尼系数为0.477,2010—2011年,美国的收入差距增长了1.6%,收入最高的20%的家庭占美国家庭总收入的份额增加了1.6个百分点,收入最高的5%的家庭的份额增加了4.9个百分点,中等收入家庭的份额相应减少,低收入家庭的份额几乎未变;美国有为数众多的无家可归者,在2011年达636017人,平均每万人中就有21个无家可归者,其中无处容身者达243071人,就是说,每10名无家可归者中就有4人无处容身;美国有15.7%的居民没有医疗保险,人数达到48613000人。仅2010年,美国就有26100名年龄在25—64岁的劳动人口由于缺乏医疗保险而丧命,比2000年增加了31%。美国的不平等现象已经达到1928年以来的最高水平。正是财富的过度集中和严重的经济不平等在威胁着世界上最发达的资本主义国家——美国的这种情况,使得有些人把美国民主称作一种归富人有、富人治、富人享以致引发贫富对立和社会分裂的"富豪民主"。

上述美国自由、平等的人权记录说明美国的人权状况十分糟糕,但美国政府不检点自身在人权问题上的所作所为,切实改善自身的人权状况,却硬要以"人权卫士""人权法官"自居,霸道地利用人权问题干涉别国内政,年复一年地发表什么"国别人权报告",对世界近200个国家和地区的人权状况品头论足、歪曲指责,把人权作为丑化别国形象和谋取自己战略利益的政治工具。然而,事实上,美国不仅国内人权状况不佳,还在国际上不断侵犯他国人权。联合国在1948年通过的《世界人权宣言》是世界自由、正义与和平的基础,它明确地承诺,要确保权力不再是压迫或伤害人民的掩盖手段，而要让所有人民拥有生存、自由和人身安全的平等权利，受到法律的平等保护，免受虐待、任意羁押或被迫流亡。然而，美国却是冷战结束后世界上对外发动战争最频繁的国家，在2001—2011年，每年约有14000—110000名平民死于美国领导的"反恐战争"之中。据联合国阿富汗援助团推算，2007—2011年7月，至少有10292名阿富汗平民被打死，而伊拉克"死亡人数统计项目"则记录，在2003年至2011年8月，有约115000名平民死亡。在巴基斯坦、也门和索马里，有许多平民死于美军炮火。以美国为首的军事行动还制造了生态灾难，伊拉克战后儿童出生缺陷率惊人地增加，美国士兵还严重侮辱阿富汗人的尊严，亵渎他们的宗教感情。美国在关塔那摩监狱长期非法关押外国人，拒绝给予他们《日内瓦公约》规定的战俘权利，并用酷刑虐待他们。美国政府的反恐政策至少违反了《世界人权宣言》30条规定中的10条，包括"残忍不人道或有辱人格的待遇或惩罚"。美国在国内外严重侵犯人权的这种行径，促使美国前总统吉米·卡特在2012年6月25日美国《国际先驱论坛报》网站发表《一份残酷而异常的记录》一文，指出美国人权记录残酷异常，美国侵犯国际人权的做法并没有让世界更安全，反而帮助了敌人而疏远了朋友，美国正在放弃它作为全球人权捍卫者的角色，无法再拥有道德权威了。他要求美国根据国际人权规范，扭转方向，为捍卫全球人权作出表率。

（作者单位：中国社会科学院）

（原载《毛泽东邓小平理论研究》2013年第6期）

一些西式民主化转型国家困境的深层原因及启示

杨光斌

一 西式民主化政治的常见性和易发性

从亨廷顿所说的第三波民主化（即 1974 年开始的西班牙、葡萄牙民主化到 20 世纪 80 年代中后期东亚国家和地区的民主化、南美民主化以及苏联东欧的易帜），到有第四波民主化之称的中亚国家的"颜色革命"和中东国家的"阿拉伯之春"，再到今天的乌克兰、泰国政治的乱局，西式民主化政治是世界政治最常见的也是改变国际格局的最重要政治形式之一。那么，为什么西式民主化政治如此常见或者说具有易发性？

第一，西式民主观念的普遍化。"冷战"的起源在于意识形态竞争，两大阵营在全球范围内竞相推销自己的思想观念。有意思的是，二者推销的都是民主观念，只不过一个是自由主义民主，一个是社会主义民主，结果西式自由民主占了上风，赢得了"冷战"。以至于当某些国家的人民对政权不满或对当下政治不满时，就把西式民主政治当作灵丹妙药，甚至视为宗教信仰加以追求。

第二，后物质主义价值观凸显。经济增长不必然带来民主，但是经济增长的一个后果却是，公民权利意识越来越强，行动更积极，抗争活动更加频繁，特别是青年人价值观快速变化以及相应行动能力的提高。根据密执安大学英格尔哈特教授的"世界价值观调查"项目对81个国家的长达20年（1981—2001）的研究发现，对于那些成长于经济不稳定和经济短缺时期并且价值观形成于这一时期的人们而言，一般都具有"物质主义"的价值观，更加强调经济和物质安全，因而事实上是一种"生存型价值观"；而成长于经济繁荣和安稳时期的人们一般有着"后物质主义"的价值观，比如更加重视自由和清洁环境，是一种"自我表现型价值观"。随着经济发展和代际变迁，物质主义价值观明显地向后物质主义价值观转换，从"生存型价值观"向"自我表现型价值观"转变。英格尔哈特根据数据得出结论，不管其传统文化如何，经济发展都会使社会朝同一方向演进，即朝向"自我表现型价值观"发展。这种价值观在政治上的表现就是"摆脱威权的控制"，从而产生更多挑战执政者的和平示威活动。

一般认为，无论是第三波民主化还是随后的起始于突尼斯的第四波民主化即"阿拉伯之春"，以及当前的乌克兰事件和泰国周期性街头政治，都是"自我表现型价值观"的政治表现。

第三，两类国际背景组织的决定性作用。如果没有苏联态度的变化，即让东欧国家拥有更多的自主性以及欧盟成员国身份的诱惑，很难设想东欧国家在如此短的时间内走得那么远、变得那么快，今天的乌克兰更是国际力量较量的结果。具体而言，两类国际背景的组织干预和促进了一些国家的民主化进程，第一类是致力于提升民主和提升人权的国际非政府组织或准政府组织，包括私人协会、运动组织、基金会、咨询公司、政党组织等所提供的思想、联系和财政上的支持；第二类是区域性和全球性组织如欧盟所承诺的成员国身份，其他的如美洲国家组织、英联邦、非洲联盟等，都实行一种全新的外部干预模式即"政治附加条件"，对"违宪"政体加以惩罚。

上述三种因素，尤其是国内经济发展所带来的价值观转型和西方世界的支持和拉拢，使得西式民主化政治成为当今世界最为常见的政治形式。但是，西方民主化所带来的结局大多数并不符合追求者的预期，带来的经常是多元化且人们的不满占主导地位的混乱的政治格局。

二 向西式民主化转型国家困境的深层次原因

大多数向西式民主化转型国家都出了问题，而且不是一时的难题，其原因固然很多，比如经济发展水平、政治文化、公民素质等，而最根本的原因无外乎一内一外两个方面。"外"是指外部传导的西式民主理论以及民主形式有问题，"内"则是指缺少西式民主政治的最根本条件即同质性这个"基因"。

1. 西式民主理论本身的问题：选举式民主——党争民主

西方国家和一些国际机构大力推行的西式民主化政治，其实质就是竞争性选举；而当世界范围内的西式民主化政治不如预期甚至出现政治衰退的时候，他们也绝不会从"根"上加以反思，即他们所奉行的、所推行的西式民主化政治是否在理念上、在理论上就是错误的，或者至少是不符合其他国家国情的民主化理论和民主化政治的。例如，因"历史的终结"而一炮走红的福山说，民主的失败，与其说是在理念上，倒不如说是在执行中。这里，福山和其著名的"历史的终结"论一样，再一次暴露了其理论修养的不足。世界范围内的西式民主政治的危机，绝不能简单地归因为民主执行问题，而是流行的民主理论、民主观念本身的问题。

目前，在世界上流行的西式民主观念就是被称为"竞争性选举"的"熊彼特式民主"。在熊彼特那里，流行几千年的"人民主权"即人民当家作主的民主理论被改造为"竞争性选举"：民主就是选民选举政治家的过程，而政治家如何做决定、议会如何立法，均不是西式民主政治的范畴。这样，熊彼特就来了一个简单的颠倒：传统的人民主权理论把人民当家作主当作第一位，而在他那里，则变成了选举过程是第一位的，人民当家作主是第二位的。西方社会科学经过几代人的努力，"人民主权"就被置换成"人民的选举权"。

人民有选举权本身并没有错，但问题是这种形式的民主与各种政治思潮联姻就会招致西式民主政治的变种。民主政治本身是一种大众权利政治，而大众权利政治会与各种政治思潮相结合，比如与民族主义、宗教势力、民粹主义，或者说这些政治思潮、政治势力必然会借助于民主政治形式而实现自己的政治目的，结果出现了埃及的穆兄会式的伊斯兰主义民主、乌克兰式的民族主义民主、南美的民粹主义民主，其结果有目共睹。

也就是说，在理论上，作为民主形式的竞争性选举本身并没有错，但是，谁来组织竞争性选举？当然是政党，因此，竞争性选举必然是"党争民主"。党争民主的实质又是什么呢？政党是有其特定的群众基础的，如可能是不同的阶层（阶级）、宗教势力和民族（种族），这样党争民主在有的国家就变成事实上的阶级斗争，如泰国；在有的国家变种为宗教极端政治，如埃及的穆兄会政权；或变成分裂国家的民族之争，如目前的乌克兰。

在理论和历史经验上，民主形式事实上是多样化、多元化的，而且有的民主形式比竞争性选举更重要，发生得也更早，如宪政民主、分权民主、协商民主、参与式民主，等等。在民主发生学上，西方国家的选举民主来得比宪政民主、分权民主都更晚，而且美国的立国原则即宪法是通过协商民主建立起来的。但是，美国却刻意对发展中国家推广一种形式的民主即事实上的"党争民主"，而"党争民主"如果发生在缺少同质性"基因"的社会，势必会导致前述的种种恶果。

2. 西式民主政治的社会文化基因：同质性条件

不同于君主制和贵族制，西式民主是大多数群众参与的政治活动，实现条件自然比其他政体要多、要高，其中最重要的应该是社会同质性条件。参与政治活动的多数人如果分别处于对立或异质化结构中，冲突必然发生。民主的同质性条件，也是很多西方思想家和学者根据自己或比较政治发展的基本历史经验而得出的规律性总结。根据世界民主化成败经验，西式民主的同质性条件至少有以下三个要素：

共同的国家认同。很多发展中国家都是多民族国家，如果按照英国、德国、日本那样的一族一国，发展中国家将四分五裂，因此，研究向西式民主转型国家经验的代表性学者林茨等都把"国家性"即对同一个国家的认同，当作民主成败的前提条件。如果没有国家认同，政治派别之间就会为反对而反对，而不是在忠于国家的基础上的反对（英国叫"忠于女王陛下的反对"），结果可能会撕裂国家。在德国魏玛共和国时期，自由主义的最有力评判者卡尔·施密特也是从这个角度谈论其民主同一性理论的。在施密特那里，同一性首先是指同一个民族。今天，后发国家与早发国家的最大不同之处是，早发国家的民主都是在同一个民族内进行的，而后发国家则是多民族的事。不能说多民族国家不能搞民主，但至少有多元一体的国家认同，否则就会导致国家分裂。苏联解体、南斯拉夫分裂、今天的乌克兰，都是因为民族之间没有基本的国家认同。中国台湾地区的情况虽然没有乌克兰那么严重，但是性质是一样的，因为存在本省、外省之间的蓝绿对决，纯是为反对而反对，结果有利于台湾岛的两岸贸易服务协议被长期搁置，台湾也因此从过去的东亚经济领头羊而被边缘化。

共享信念。连西式自由民主的最有力论证者萨托利也说，没有政治观念上的共识，多党制是很危险的。确实，在英美等西方国家，不管是什么党，哪怕是共产党，信奉的都是法治和以自由主义为基调的意识形态。第三波民主化以来的历史是，很多国家恰恰是因为缺少共同信念而内斗不止，甚至导致国际冲突。"阿拉伯之春"国家的问题事实上就是教派之间的冲突。

平等性的社会结构。民主本身就是社会平等化的产物，因而平等性也是同质性的首要条件。在托克维尔看来，美国基于平等的社会自治本身就是人民主权的生动体现。今天，很多失败的向西式民主化转型的国家就是因为社会结构的极端不平等。在不平等的社会结构里，民主不过是民粹主义的另一种说法。

第三波民主化以后之所以出现那么多问题，甚至导致国际冲突，大概都可以从西式民主理论本身以及民主的同质性条件那里找到答案。党争民主本身具有冲突性，而冲突性的党争民主如果发生在政治信仰对立、主张一族一国的异质性国家或者社会结构严重不平等的国家，冲突是必然的事。党争民主本身是冲突的，而竞争性选举更强化了冲突，因为在异质性国家，竞争性选举是以党派、信仰、民族为基础而展开的政治动员。

这样，亨廷顿的"文明的冲突"模式则可以拓展为"民主的冲突"模式。"文明的冲突"为什么会发生？亨廷顿列举了五大原因：第一，每个人都会有多重认同，它们可能会相互竞争或彼此强化，全世界的人都会根据文化界限来区分自己，因而文化集团之间的冲突越来越重要，不同文明集团之间的冲突就会成为全球政治的中心；第二，现代化运动刺激了非西方国家的本土认同和文化的复兴；第三，任何层面的认同只能在与"他者"的关系中得到界定，而交通和通信的改善导致不同文明的人民之间互动更加频繁，结果是对自己的文明的认同更显著；第四，控制其他集团一直是冲突的最古老的根源，不同的文明国家总是企图将自己的价值、文化和体制强加于另外一个文明集团，物质利益的冲突可以谈判解决，但文明冲突则无法通过谈判解决；第五，常识是，憎恨是人之常情，人们需要敌人，冲突无所不在。"'冷战'的结束并未结束冲突，反而产生了基于文化的新认同以及不同文化集团（在最广的层面上是不同的文明）之间冲突的新模式"，这就是亨廷顿所说的文明的冲突的模式。

西方人尤其是美国人大力推广民主，但是，制度变迁充满了非预期结果，作为全球化形式之一的西式民主化最终却刺激了本土化文化的认同，强化了种族和宗教差异，使得不同民族和宗教之间产生了更强烈的控制欲望以及由此而来的对非我族类的憎恨，最终不仅导致国际冲突，也伴随着频繁的国内冲突以及由国内冲突而引发的国际冲突。

三 启示

1. 经济增长结果的双面性

经济增长的短期——中期政治效益是增加合法性，长期政治后果则是对执政者本身的挑战。一方面，有的执政者常常把执政的合法性建立在经济发展之上，即所谓的绩效合法性，但这种增长绩效对成长于经济贫困时期的人来说很有效，当经济长期增长以后，成长于经济繁荣时期的人们并不简单地满足于物质消费，而是要求更多的精神层面的东西，即自由、清洁空气、政治参与等，这反而对执政合法性构成挑战。

2. 找到问题的根源，对症下药，创新民主制度

党争民主的危害性已经很清楚了。但是，党争民主只是民主的一种形式而已，是西式民主中一种纵向的和国家层面的民主形式，不能因为规避党争民主的危害而回避民主本身。政治制度具有纵向的多层次性，政治功能具有多样性，与此对应，民主形式自然也应该是分层的、多样性的。我们反对选票至上，但是我们应该认识到而且必须承认，不同层次、不同功能的政治生活需要相应的民主制度安排。

社会自治。美国实用主义哲学大师杜威说，任何国家都存在专断，也都有民主，民主是一个多少问题，而不是有无问题。任何国家都有自己的"原发性民主"（proto-democracy），诸如自由和社会自治。商会自治和家族性自治是中国一种古老的社会自治形式，因此，我们谈社会自治大可不必与所谓的西方国家的公民社会这样的外生性概念联系起来。加强社会自治建设，发展基础民主，是民主政治建设的一种重要的形式之一。

选举民主。我们反对选票至上，但并不意味着选票不重要，选举毕竟是民主的最原始、最重要的形式之一。但是，选举民主如何运用？对于解决政治功能问题（比如权力滥用、乱立项乱花钱），选举民主是无能为力的。但是，在基层单位和社区层面，选举民主就是重要的。因为大家彼此了解，如果上级强行任命一个德才都有问题的人，人们的不满是自然的，而且不满的人们会迁怒于体制和执政党，认为因为有了这样的制度才有带病上岗的单位领导。同样，在人们生活的社区，居民委员会本来是为社区居民服务的，但是作为事实上的一级政府组织，它们又要有所作为，比如完成上级交代的丰富社区文化生活的任务，搭台唱戏、放电影，这些活动在农村或许是必要的，在城市社区就要得到社区居民的同意。鉴于此，社区选举也是重要的，应能选举出真正为居民服务的居民委员会。

协商民主。如果说在横向层面的基层单位——社区需要选举民主，政治功能层面则需要协商民主。政治功能是分层次的，比如事关日常生活的

居住环境问题，社区和街道建设问题，都需要协商民主制度。

参与式民主。从本质上说，选举民主和协商民主都是参与式民主，但是它们并不能解决所有层次和所有功能上的问题，而把余下空间的百姓的参与归类为参与式民主。参与式民主主要适用于纵向层次的政治生活，既包括基层政治中的政治参与，也包括中观层面的利益集团的活动，还有全国层面的政治参与。

（作者单位：中国人民大学国际关系学院）

（原载《红旗文稿》2014年第13期）

西方民主衰败的五大原因

——近期国内外媒体对西方民主的反思

田改伟

由于西方国家长期走不出金融危机的阴影,而走向西方民主的乌克兰又出现战乱和分裂,中国台湾地区和泰国的民主也出现了病灶,加上北非、中东的混乱,民主无论在老牌国家还是新兴政治体内,好像都出现了问题。近一段时间,国外一些学者和媒体对西方民主体制较为集中地进行了反思和批评,其中不乏一些著名的西方学者如弗兰西斯·福山、斯特恩·雷根以及《经济学人》《华盛顿邮报》《赫芬顿邮报》等知名媒体。国内一些学者如张维为发表了《西方民主真的该吃药了》,观察者网组织学者撰写了《当代西方民主能否走出困境?》《西方意识形态的攻防转换大历史》等文章,集合智慧来会诊西方民主。

一 西方民主已经开始衰败

近期国内外媒体刊发的文章普遍认为西方"民主正在经历困难时期","民主在"20世纪晚期的进步势头在21世纪终止了"。"英美两国本应是民主的中坚力量,然而由于缺少领导和培育,民主制度正在这里走向崩坏"。

1. 西式民主在全球的发展停滞了,甚至可能已经逆转。《经济学人》

2014年3月发表了《西方民主病在哪儿?》的长篇文章指出,2013年是全球自由指数连续下降的第8个年头。2000年以来,民主面临的障碍越来越多。民主的问题已经没法用简单的数字来呈现。独裁者被赶下台以后,反对派大多无法建立行之有效的民主政府,甚至在那些业已建立民主制度的国家,体制问题已经变得十分明显,社会上弥漫着对政治的幻灭情绪。

2. 许多名义上的西式民主国家已经滑向专制政权,民主只剩选举这一外在形式,缺少民主制度有效运转所需要的人权和体制保障,一些新的民主转型国家失败。苏联解体是20世纪西方民主扩张最大的成就,然而俄罗斯的民主徒具形式,虽然维持着每个人都可以投票的形式,但严重缺乏新闻自由,反对派往往遭到关押。乌克兰、阿根廷等地依样画葫芦,没有完全抛弃而是维持着民主的假象。一些全球认可的新兴民主国家或者堕入腐败与专制的深渊,如土耳其;或者反对党抵制大选、拒绝接受选举结果,如泰国、孟加拉。因此,"那种以为民主可以自己迅速生根发芽的想法已经烟消云散"。

3. 在西方民主制度内部,民主常常与"债台高筑""运作失灵"等字眼联系在一起,人们民主参与的积极性大为降低。西方民主在面对2008年爆发的金融危机时显得体制僵化,应对迟缓。美国已成为政治僵局的代名词,国家如此痴迷于党派之争,致使过去两年间两度站在债务违约的悬崖边缘。"欧盟也是如此,不是民主的榜样了"。西方民主传统大本营的表现,使民主失去了昔日的光辉形象。

4. 西式民主对民众的吸引力越来越小。据《经济学人》报道,发达国家的党员数量持续下降,现在英国人仅仅1%参加政党,而1950年的数字是20%。选民数量也在下降,一项针对49个民主国家的研究显示,选民数量在过去30多年时间里下降了10个百分点。2012年针对7个欧洲国家的调查显示,逾半数选民"根本不信任政府"。同年Yougov公司针对英国选民的调查表明,62%的受访者认为"政客永远在撒谎"。

二　五大原因导致西方民主衰败

西方民主究竟哪里出了问题，导致其制度衰败？对此，学者和媒体分析的角度不尽一致，大致有以下几种观点。

1. 西式民主制度结构决定论。西方民主制度本身的结构造成了其衰败。福山提出，美国制度三大相互盘根错节的结构特征决定了其衰败。第一，司法和立法部门（也包括两大政党所发挥的作用）在美国政府中的影响力过大，由此就催生了立法部门解决行政问题的局面。久而久之，这种处理行政需求的方式变得成本极高且效率低下。第二，利益集团和游说团体的影响力在增加，扭曲了民主进程，侵蚀了政府有效运作的能力。第三，由于联邦政府管理结构在意识形态上出现两极分化，美国的制衡制度变成了否决制。决策机制变得过于松懈，集体决策难以实现，使政府难以调整公共政策。

2. 西式民主基因缺陷论。张维为认为，西方民主衰败是由于其模式本身的三个假设前提存在问题。这三个假设分别是：人是理性的，权利是绝对的，程序是万能的。"人是理性的"，也就是所谓人可以通过自己理性的思考，投下自己庄严的一票。但事实是人可以是理性的，也可以是非理性的，有时候人非理性的一面往往更容易占上风；"权利是绝对的"，就是权利与义务本来应该是平衡的，但在西方民主模式中，权利绝对化已成为主流。各种权利绝对化，个人主义至上，社会责任缺乏。美国两党把自己的权利放在美国整个国家的利益之上，互相否决；"程序是万能的"则导致了西方民主制度的游戏化，民主已经被简化为竞选程序，竞选程序又被简化为政治营销，政治营销又被等同于拼资源、拼谋略、拼演艺表演。在国际竞争日益激烈的当今世界，西方所谓"只要程序正确，谁上台都无所谓"的"游戏民主"似乎越来越玩不转。

3. 西方领导选拔模式缺陷论。贝淡宁在《选民应该接受测试吗？》中提出，在欧洲，领导通过选举进行选拔的模式本身存在缺陷。一是在面积庞大、人口众多、由不同国家组成的高度多样化的政治组织内，期待民众以知情的方式投票本身就不现实。二是选民不知道他们在干什么。理论上，欧盟的政策影响到各成员国的国民和欧洲公民，欧洲选民应该投票支持那些代表国家利益和欧洲利益的政党，欧洲选民应该很好地理解国家政治和欧洲政治，愿意了解最新消息，因为它对国家政治和欧洲政治产生影响，同时详细了解不同政党的政纲以便作出知情的决定。但实际上，欧洲选民缺乏知情投票所需要的政治知识，大多数选民从来不主动了解选举信息，选举的参与率在逐年降低。

4. 西方民主制度退化论。宋鲁郑在《当代西方民主能否走出困境？》中提出，制度逐渐衰败，是任何政治制度都难以避免的现象。西方民主制度已经退化决定了其在当下的衰败局面。美国民主政治制度退化主要表现在：一是金钱的重要性日益增大；二是裙带关系和家族政治日益突出；三是政党利益高于一切，政党恶斗成为惯例。牛津大学教授斯特恩·雷根也提出，雅典民主最终衰亡的历史经验告诉我们，成败无常，美国的民主制度在持续了250年后，可能正面临着与雅典民主一样的历史命运。他提出，民主制度是一种必须受到精心呵护的政治制度，民主制度的缔造者与践行者们必须付出决心与恒心，否则它最终不过是一触即溃的沙上楼阁而已。英美等国存在的诸多问题与政府不作为有着密切的关系，原本赋予宪政体系的权力被各种外围集团榨取、篡夺，金钱越出市场的边界，金主追逐候选人。社会的不平等和金钱的僭越一起构成了对西方民主致命的威胁。

5. 中国崛起论。《经济学人》认为，是中国共产党打破了民主世界在经济发展方面的垄断，加上始于2007年的金融危机导致了西方民主的衰败。金融危机之所以发生，一方面是由于全球化改变了一国的政治根基，使国家领导人将一大部分权力移交给全球市场和跨国主体，使得西方政治家无法向选民兑现承诺。英国、美国等民主国家的底层在不断地向中央政府夺取权力，由于互联网的发展，使"微观权力"正在扰乱传统社会，使得每隔几年才举行一次的政治选举越来越与时代脱节。另一方面，西方选民沉湎于日常生活的享乐，而民主政府逐渐习惯于背负庞大的结构性债务，借钱满足选民的短期需求，忽视长期投资。

与此同时，中国的崛起打破了西方民主的神话。美国每30年生活水平翻一番，而中国过去30年间每10年生活水平翻一番。共产党紧密控制和稳定的选贤任能方式，是中国崛起的关键。中国领导人每10年左右换一届，按照完成施政目标的能力选拔干部，使得中国体制显得比西方民主效率更高，更能避免僵局。中国领导人有能力处理国家建设方面的重大问题，而这些问题可能困扰民主国家数十年。因此，"针对民主的优越性和必然性这一理念，中国造成的威胁远比共产主义来得大"。

三 如何看待西方民主的衰败

当前，西方学者和媒体对西方民主较为密集的进行反思，引起了国内一些学者对西方民主反思的热潮。中西互动共同会诊西方民主，反映了当前世界政治格局的变动和人心的变化。

1. 西方民主制度的神圣光环逐渐消退，中国制度越来越具有吸引力。尽管分析西方民主衰败原因的角度不同，但都提到了西方民主衰败三个共同原因，就是金钱政治、选举至上和分权制衡的失效。金钱政治导致了政治成为资本控制的带线木偶，是家族政治的温床，使西方民主成为少数人的民主；选举至上不仅导致选举成为民主的僵化形式，盲目相信选举，唯程序至上，政治家一味邀宠于选民，使选举已难以选拔出杰出的国家领导人；分权制衡大大限制了西方政府的作用发挥，使得重大政策长期议而不决，难以根据形势的变化进行科学决策。这三个方面相互影响，都不是西方政治制度自身短期内能够克服的。西方难以摆脱金融危机的影响，社会发展乏力，集中暴露了其体制的虚弱和不足。相反，中国通过35年的快速发展，越来越引起国际社会的认可和关注。西方从承认中国经济发展的成就到目前一些有识之士羞羞答答地认可中国政治制度的优越性，在中国崛起的历史进程中具有标志性意义。

2. 西方不会放弃把民主作为向国外进行意识形态渗透的工具。西方媒体学者反思其制度的弊端，一方面显示了西方国家自我改革、自我调适的本能，另一方面，是想借反思来纠正其民主体制的弊端，从而重振其民主事业，延续其所谓民主的辉煌，而绝不是想从此放弃其在全世界推销民主的行动和坚持其政治制度的决心。《经济学人》尽管分析了西方民主面临的深刻问题，不少问题靠西方制度本身是无解的，但最后结论还是认为"民主是20世纪意识形态之争的伟大胜利者"。可见，无论西方民主遭遇多大的挫折，西方国家都不会放弃从意识形态斗争的高度来看待其民主理念的作用，依然会把民主作为"普世价值"向世界其他国家兜售。

3. 中国要保持清醒头脑，贯彻落实全面深化改革的各项措施，实现改革的总目标，实现中华民族伟大复兴，还有很多长期艰苦的工作要做。中国的崛起使中国政治制度对西方民主提出了很大的挑战，这是"冷战"结束之后首次出现的局面，必然大大提高了我们的"制度自信"。然而，我们要十分警惕西方对中国的"捧杀"意图。现在一些媒体都在热炒世界银行认为中国2014年经济规模可能要超过美国的报道以及兰德公司《对华冲突——前景、后果与威慑战略》的报告。把西方在政治、经济、军事三个方面的舆论结合在一起，我们可能更容易看清楚当前的世界局势。西方通过购买力平价计算来抬高中国经济实力的做法虽然不是第一次了，但是这种经济上鼓吹"中国很可能成为世界第一"和政治上不断抬高中国模式的论调可能会相互作用，成为让中国承担超过自身能力的世界责任的证据，甚至成为"中国威胁论"的借口。正如斯特恩在回答《环球时报》记者时所说的："美国已维持强劲发展近250年，而中华人民共和国才60多年历史。因此，中国仍有200多年来证明自己。当然，中国有可能发明一种优于民主的模式，但是现在庆祝还为时过早。"因此，我们在宣传中国改革发展的成就和经验、剖析西方的制度缺陷的时候，应该保持清醒的头脑。

（作者单位：中国社会科学院政治学所）

（原载《红旗文稿》2014年第15期）

正确认识西方自由民主的阶级属性及虚伪本质

李江静

"冷战"结束以后，自由主义全面勃兴，日裔美籍学者弗朗西斯·福山在1989年撰文提出"历史的终结"之后，紧接着于1992年出版了轰动一时并流传甚广的《历史的终结及最后之人》一书，宣称西方的自由民主制将是人类最终的政治形式和人类意识形态发展的终点。其间，以美国为首的西方国家更是将"自由民主"作为普遍的政治合法性原则在世界范围内推广，掀起了所谓的第三次民主化浪潮。时至今日，"自由民主"的传播不仅没有像西方国家期望的那样得到普遍的、有效的传播，反而导致了蔓延世界各地的"自由民主"危机，长期奉行"自由民主"的西方发达资本主义国家自身也陷入泥潭。然而，就在福山与"历史终结论"离我们渐行渐远之时，有自由主义学者又将这一话题拿出来进行炒作，甚至宣称共产主义制度、法西斯制度都是自由民主制演进过程中的产物。在建设中国特色社会主义和实现中华民族伟大复兴的"中国梦"的今天，有必要对种种骇人听闻的谬论进行澄清，为我国政治、经济、文化的发展营造有利的舆论环境。

一 "自由民主"不是普遍的政治合法性原则

当下，尽管"自由民主"的实践遭遇了普遍的失败，却仍有学者将

"自由民主"作为观念的胜利为之辩护,声称它作为一种具有普遍性的政治原则,不仅在大多数地区确立了合法性,而且在人类发展的历史上已经没有了可供替代的方案。那么,"自由民主"究竟是不是一种普遍的政治合法性原则?它在人类历史发展上究竟起到了什么样的作用?我们可以从历史和现实两个方面进行考察。

1. 历史地看,"自由民主"是为资产阶级服务的制度与理念

"自由民主"既是一种制度又是一种理念,"自由"是为了体现个人自由和个人权利,并对国家权力加以限制;"民主"则意味着国家权力的归属。结合而言,"自由民主"是指国家权力来自人民,但应受到限制。自由民主实践与制度决定了作为思想意识形态领域的自由民主理念,二者根本上是一致的。从起源来看,"自由民主"的政治形式缘起于中世纪英国的议会制度,"近现代西方民主政治的基本原则和制度架构在英国议会制度的产生、发展过程中都已经出现"[①],代议民主制奠定了基本的制度形式,资产阶级的政治统治构成了"自由民主"的制度内容,同时,自由、平等、民主等价值观念是与之相应的意识形态。它伴随着欧洲资本主义的萌芽而发展,是新兴资产阶级为了摆脱宗教和封建专制统治的束缚,保护自身利益尤其是私有财产不受威胁和侵犯,以及保障和实现一定社会经济地位的合法性而逐步确立的。因此,"自由民主"起源于西方,是西方社会发展到一定阶段的产物,有其特定的社会历史背景。

在相当长的一段时期,"自由民主"的理念与制度起到了十分进步和革命的作用,限制了封建王权,为代表社会更大多数的资产阶级争得权利,保证和促进了资本主义的发展,带来了社会繁荣的局面。但是,究其根本,"自由民主"是针对资产阶级而言的,应该被完整地称作"资本主义自由民主",它代表的"人民"事实上等同于"有产者",因而"自由"等同于"有产者的自由","民主"也等同于"有产者当家作主"。就服务对象而言,"自由民主"是为资产阶级"量身定制"的产物,是有产者享有自

---

① 房宁:《西方民主的起源及相关问题》,《政治学研究》2006年第6期。

由、民主、平等、人权等权利的制度,而广大的无产阶级却是被排斥在外的一个群体。列宁认为,资本主义民主的实质,"就是容许被压迫者每隔几年决定一次究竟由压迫阶级中的什么人在议会里代表和镇压他们"。① 的确,从民主政治的实践来看,"无论在英国、美国或其他任何西方国家的民主政治发展史上,民主制度下的选举权都被刻意地限定在'某一群有资格的人'中"。

2. 现实地看,"自由民主"面临普遍的政治合法性危机

"冷战"结束后,迎来了"自由民主的春天",不少自由主义学者一时欢欣鼓舞,宣布人类社会在资本主义自由民主的带领下进入了历史的巅峰。但自推广以来,"自由民主"无论在其"原生地"还是"次生地",都面临着普遍的政治合法性危机。

其一,在自视为老牌"自由民主"国家的欧美诸国。自2008年国际金融危机以来长期无法摆脱负面影响,又遭遇接踵而至的债务危机、经济危机。分权制衡的体制导致政府在面临危机时往往效率低下、应对不力,在很大程度上招致了民众的不满意与不信任。以"自由民主楷模"自居的美国为例,据发表在美国《纽约时报》2014年8月27日的一篇文章称,"民调显示,60%的美国人认为,美国是一个'正在衰落的国家'。美国人的悲观失望情绪日益加深,不仅对经济没信心,对政府更绝望";调查称,"美国人对他们目前的处境感到忧虑,对于他们何去何从更感焦心。尤其是,他们对总统奥巴马、对民主党和共和党均颇为不满。他们没有看到任何东西、任何人能带领他们走向光明";甚至有"71%的人认为,美国已然走入歧途,有79%的美国人表示对体制不满"。② 此外,美国知名民调机构盖洛普(Gallup)公司在2014年6月下旬也进行了一项民意调查,结果显示,对于三权分立的机构,美国人的不信任程度可谓创下了"历史新

---

① 《列宁专题文集·论马克思主义》,人民出版社2009年版,第259页。
② 《美国民调:六成民众认为美国正在衰落对政府绝望》(http://qh.people.com.cn/n/2014/0827/c182778-22127534.html,2014-08-27/2014-10-13)。

低",美国国会支持率在2014年仅为7%,创下41年来的最低纪录;[①] 同时,只有30%的人表示信任最高法院,29%的人信任总统领导的政府。以"自由民主"的制度设计来看,国家权力由人民赋予,人民满不满意、信不信任都是国家合法性的重要衡量尺度。在这个意义上,"自由民主"的美国正面临合法性危机。

其二,被视作"自由民主"扩张最大成就的苏联解体。20世纪90年代初苏东剧变后,以俄罗斯为首的独联体各国纷纷采取西方的自由民主制,西方资本主义国家借此大肆鼓吹"冷战"结束与苏联模式的失败代表着"自由民主"的最终胜利,他们同时趁机进行"颜色革命",企图巩固和平演变的胜利果实。然而,这些国家在进入西方的"自由民主"模式后,持续遭遇政局不稳、经济衰退。在俄罗斯,普京执政以后率先摆脱了西方的自由民主模式,重新回到俄罗斯特色的民主政治制度上来,才逐渐实现了经济社会的复苏和国际地位的提高;同俄罗斯类似,白俄罗斯、哈萨克斯坦等国也由于采取了适合国情的民主制度,保持了社会的稳定发展。与之相反,被西方当作必争之地的乌克兰,至今仍陷于经济凋敝、政局混乱、社会冲突不断的深渊中,无法再充当西方"自由民主"的遮羞布。

其三,照搬或被强行移植西方"自由民主"的非西方国家,主要集中于亚、非、拉的发展中国家。在亚洲,有长期将西方"自由民主"奉为圭臬的泰国、菲律宾、印度、巴基斯坦等国,不仅没有因为"自由民主"带来福音,反而因此为社会发展设置了制度性障碍,长期陷于社会动荡与骚乱的困境;在中东地区,有巴勒斯坦、伊拉克、阿富汗等国"被移植"民主的失败,更有美国披着民主的外衣进行内政干涉、制裁和打压引发的暴力恐怖主义和反西方势力活动;在非洲和拉美多国,在采用西方民主模式后,经历了长期的政局动荡,至今仍有很多国家还没有摆脱阴影。正如学者张维为所说,"非西方国家照搬西方模式,基本上是

[①]《美国民调:美国国会支持率创41年最低纪录》(http://msn.people.com.cn/n/2014/0622/c242548-25183026.html, 2014-06-22)。

照搬一个，失败一个"。①

从"自由民主"的起源来看，是在西方社会随着资本主义的发展而确立的基于西方国家经济关系基础之上的特殊产物，它在历史上曾经起过十分积极的作用；但"自由民主"反映的是资本主义的政治经济关系，归根结底是为资产阶级的利益服务，有其特定的立场。在"冷战"结束20多年之后的今天，"自由民主"不仅没有走向辉煌反而遭遇普遍的危机，不能将它作为普遍的政治合法性原则，更不能因为短暂的繁荣而认为它构成了历史的终结。

二 "自由民主"并不在满足人类寻求"承认"需要的意义上终结历史

自由主义学者绕开"自由民主"实践的失败，转向从理念层面为之辩护的理由是：历史根本上是由人们寻求"承认"的需要所推动，除自由民主制之外的其他制度都不能满足人性中普遍的、寻求"承认"的心理需求，因此它导致了一种相对稳定的社会均衡，构成了历史的终结。在这里，亟待解决的一个疑问是，如何确定"自由民主"是否在满足人类寻求"承认"需要的基础上构成历史的终结。对此需要首先回答两个问题："自由民主"是否满足人类普遍的、寻求"承认"的需要？人类寻求"承认"的需要是否是历史发展的推动力？

1. 人性是具体的，不存在人类普遍的、寻求"承认"的需要

人的需要，包括寻求"承认"的需要，是一个抽象的人性问题，但人性本身是具体的。人除了具有自然属性以外，还具备区别于动物的质的规定性，即社会属性。社会属性是在实践基础上发生的人与人之间的各种关系，也就是说，"人的本质不是单个人所固有的抽象物，在其现实性上，

---

① 张维为：《西方民主真的该吃药了》（http：//www.guancha.cn/zhang－wei－wei/2014_ 04_ 11_ 216694.shtml，2014－04－11）。

它是一切社会关系的总和"①。在现实生活中,人性从属于特定的社会制度要求,是历史的、阶级的,在不同社会、不同历史阶段有着不同的内涵。具体而言,在阶级社会中,人们必然从自身的阶级属性出发形成自身的需要(包括欲望、理性等),离开了对具体的社会历史的考察,离开了阶级分析法,人们就无法从根本上确定自身的需要或选择。恩格斯曾指出,"人们自觉地或不自觉地,归根到底总是从他们阶级地位所依据的实际关系中——从他们进行生产和交换的经济关系中,获得自己的伦理观念"②。如同道德观念一样,人的需要也不存在普遍性、超阶级性,而是基于一定的阶级属性,随着社会历史条件的变化而变化。

在当下仍然存在阶级和阶级分化的社会历史条件下,人们总是自觉或不自觉地从所处的阶级地位出发,形成并发展自己的观念,人的需要是一定社会经济状况的产物,不可能存在普遍的、人类共同的寻求"承认"的需要。如果将人的需要视作普遍的,等同于认为人性是抽象的,认同人的本质是超社会历史的、超阶级的。这一观点在政治领域的典型表现就是声称"自由民主"是合乎人性的、是普遍的,是在平等的、相互的和有意义的基础上满足了人类寻求"承认"的需要。但究其本质可以发现,这样的说教只是毫无根据的抽象人性论。

2. 历史发展不取决于人的主观意志,其推动力归根结底是生产力

黑格尔认为,绝对精神是世界的本原,自然、人类社会、人的精神现象都是绝对精神在不同阶段上的表现形式,因此,历史就是绝对精神的自我发展历程。这一客观唯心主义原则将历史视作了一个有规律的、不以人的意志为转移的发展过程。但如果将人类寻求"承认"的需要认为是推动历史发展的根本动力,是将历史发展置于人的主观意志之上,认为人的主观意志主导了历史的方向、决定了历史的发展。这种观点既不像自由主义学者辩护的那样,是站在黑格尔的传统中,也不符合历史客观的发展规律。

---

① 《马克思恩格斯文集》第1卷,人民出版社2009年版,第505页。
② 《马克思恩格斯文集》第9卷,人民出版社2009年版,第99页。

历史发展的一个基本事实是人的实践活动。"人们为了能够'创造历史'，必须能够生活。但是为了生活，首先就需要吃、喝、住、穿以及其他一些东西。因此第一个历史活动就是生产满足这些需要的资料，即生产物质生活本身"，这就是说，历史是由人类创造的，而人类创造历史的首要实践活动是从事物质生产。物质生产包含生产力与生产关系两个要义，生产力是其中最关键的因素，当人类的生产力发展到一定程度时，就需要有一定的生产关系与之相适应；生产关系的总和构成社会的经济基础，经济基础的变迁也会导致上层建筑的变化。生产力与生产关系、经济基础与上层建筑并不总是协调一致的，它们之间的矛盾构成了人类社会的基本矛盾并贯穿于整个历史的发展。正是由于社会基本矛盾运动，归根结底是生产力的发展，推动人类社会形态沿着原始社会、奴隶社会、封建社会、资本主义社会到共产主义社会这一从低级到高级变化的过程。因此，历史是一个有规律的客观过程，不以人的主观意志为转移，更不由人的寻求"承认"的需要来推动。

解决了上述两个问题，我们就可以知道，人的需要从属于特定的社会制度要求，是建立在一定社会历史阶段的、政治经济关系之上的产物，不存在人类普遍的寻求"承认"的需要；历史不由人的主观意志所推动，而是生产力发展的结果。如果将历史构建在人类寻求"承认"的需要上，将满足资产阶级"承认"需要的"自由民主"作为历史终结，在违背客观事实的背后，更有其深层次的动因：思想上，鼓吹反映资产阶级根本利益的意识形态，是对马克思主义的颠覆；政治上，企图推广西方国家的民主模式，是对我国民主政治建设社会主义方向的否定；文化上，为西方实行思想统治和价值渗透提供合法性，是"普世价值"的表达，也是"西方中心论"的典型反映。

三 资本主义的基本矛盾无法依靠"自由民主"解决，只能诉诸制度更替

第二次世界大战后，资本主义国家采取了一系列改革措施，如实施国

家宏观调控、福利制度等调适内在矛盾，使资本主义呈现出良好的发展局面。那么，这是否意味着"自由民主"的资本主义国家只存在无关紧要的"问题"，而并没有根本性的"矛盾"呢？是否这些"问题"都能够在自由民主制的"内部纠错功能机制"或"自我调校能力"下得以解决，而不需要进行制度更替呢？

1. 资本主义的内在矛盾是制度性危机，无法依靠"自由民主"解决

当今世界是一个全球化的世界。全球化的实质是经济全球化，意味着资本突破了传统民族国家的界限在世界范围内畅通无阻地积累、流动。与之相伴，生产也达到了前所未有的社会化程度，使资本主义"在经历了自由资本主义、一般垄断资本主义和国家垄断资本主义阶段之后，正在进入它的最高最后的阶段——全球垄断资本主义阶段"。[①] 在全球垄断资本主义阶段，资本主义的发展呈现出生产信息化、资本虚拟化等诸多新特征，为资本主义榨取剩余价值的本质开辟了新的空间，但这并不意味着资本主义的基本矛盾已经消除。全球垄断资本主义发展的另一面，是社会化生产的不断扩大和资本的积聚、集中程度更高，是全球经济被纳入资本扩张的体系以及资产阶级和无产阶级的对立关系在全球范围内扩展，是资本主义各种内在矛盾在全球范围内的激化。2011年，由于2008年国际金融危机持续发酵导致的经济持续低迷和巨大失业率，美国爆发了声势浩大的"占领华尔街"运动，运动从最开始的抗议活动逐步向规模浩大的社会运动演变，指责政府被大财团所控制并日益成为金融寡头的代表。"我们代表99%的人，但华盛顿的政客都在为1%的富人服务"，表达了民众对自身处境以及政治受少数财富集中的人所控制的不满，这实际上是资本主义基本矛盾爆发的集中体现。

基本矛盾的爆发是根本的制度性危机，尽管"自由民主"的资本主义国家为调适矛盾进行了社会改良，对生产关系实行了重大调整，采取雇员参股、分红等方式使私有制的实现形式发生变化，并运用政府宏观调控对

---

① 曹文振：《从金融危机看全球垄断资本主义的内在矛盾》，《社会主义研究》2010年第1期。

经济进行干预和税收调节收入再分配,但资本主义的基本矛盾无法消除并以周期性爆发的金融危机、经济危机体现出来。在经济全球化和全球垄断资本主义发展的过程中,资本不断增殖、不断扩张的逻辑远远压倒了民主的逻辑,生产企业不断兼并,财富不断集中到拥有生产资料的资本家一极,跨国垄断集团的权力急剧膨胀,政府越来越成为少数有产者利益的代表,而广大雇佣劳动者成为被牺牲、被排斥的另一极。这些远远超越问题层面的资本主义基本矛盾,不可能在资本主义的框架内得以消除,最终会成为资本主义走向灭亡的推动因素。

2. 阶级分化与阶级对立是对"自由民主"不满的根源,制度更替是解决途径

全球垄断资本主义的条件下,发达资本主义国家的产业结构发生重大变化,使得雇佣劳动者由传统的农业、制造业向以服务业为主的第三产业转移,他们的生活水平有所改善,工资水平有所提升,劳动时间与劳动强度有所减轻,并享受社会福利的保障,这使劳资矛盾趋于缓和。在当代资本主义社会,已经很难看到自由资本主义时代自由民主制下的剧烈阶级冲突。在长期的稳定局面下,自由民主制被赋予了终极意义,自由民主理念也被作为"普世价值"向世界其他国家推广,这一现象可以集中体现在美国梦上。美国梦宣扬依靠个人奋斗和个人努力实现成就与自我价值,用以象征美国社会拥有个人自由的最大化、人与人之间的最平等化和机会获取的最公正化。在美国梦的"布道"下,人们相信,成功的实现不取决于先天的出身和特定的社会阶级,而取决于后天的勤奋、努力、勇气、决心等因素。无论个人出身多么卑微,个人努力与个人奋斗都是享受自由市场机会的最佳渠道,人人都有可能迈向人生的辉煌。长期以来,人们陶醉于这一编织的美好梦想之中,用一个个凭借个人奋斗成功的例子来确证自由民主制的优越和自由、民主价值观的不可替代:出身平凡的美国总统奥巴马、新近移民的华裔商务部长骆家辉、白手起家的苹果公司创始人史蒂夫·乔布斯、靠个人探索创建"脸谱网"的马克·扎克伯格等。但背后的事实,却被繁华的表面巧妙地隐藏起来。洞察资本主义可以发现,雇佣劳动者的

绝对贫困状况虽然有所改善，但他们仍然处于相对贫困之中，阶级分化与对立并没有消失，贫富差距不断扩大，无产阶级无法在资本主义自由民主制下获得与资产阶级平等的权利。数据表明，当下的自由民主国家里，即使"在财富分配最平等的社会（还是20世纪70、80年代的斯堪的纳维亚国家），最富裕的10%占有国民财富的50%"；近年来"在多数欧洲国家，尤其是在法国、德国、英国和意大利，最富裕的10%占有国民财富的约60%。最令人惊讶的事实是，在所有这些社会里，半数人口几乎一无所有：最贫穷的50%占有的国民财富一律低于10%"。[1] 而美国自1980年以来收入不平等就开始迅猛扩大，"最富的10%人群的收入份额从20世纪70年代的30%—35%上涨到21世纪头十年的45%—50%"。[2] 资本的集中导致了政治的危机，"说到资本所有权，这样高的集中度早已成为严重政治紧张的源泉，用全民公投通常难以调和"[3]。

资本主义社会阶级不平等和阶级对立的根源是私有制，只要财产私有的情况不改变，阶级冲突的情况就会存在：矛盾尖锐时，就以剧烈的对抗形式表现出来；矛盾缓和时，对抗方式也相对趋于温和。要改变这一状况，只能通过生产力空前释放、物质财富极大丰富的过程的不断积累，当资本主义生产方式成为不断扩大的生产力的桎梏之时，旧的生产关系将被消灭，取而代之的是新的更高的生产关系。那时，人不再受到雇佣劳动关系的制约，阶级和阶级分化的状况将被消灭，由此导致的阶级冲突以及对"自由民主"的不满才能真正得以消除。

四 真正的自由民主在共产主义社会才能实现

马克思主义从来都不否定自由民主的价值，在中国当前建设社会主

---

[1] ［法］托马斯·皮凯蒂：《资本收入拉大贫富差距》，《红旗文稿》2014年第14期。
[2] 《法国学者：美国收入不平等扩大酿成金融危机》（http://news.xinhuanet.com/world/2014-07-09/c_126730997.htm，2014-07-09）。
[3] 《〈21世纪资本论〉节选二："拼爹资本主义"在21世纪重现》（http://news.xinhuanet.com/world/2014-07-02/c_126701573_3.htm，2014-07-02）。

核心价值观中,也包含着自由、民主的要素。马克思主义的追求目标,就是消灭人类社会的剥削和压迫,消灭产生剥削和压迫的社会制度,彻底解放全人类,建立一个自由人的联合体,使人民群众真正当家作主,每个人都能自由而全面的发展。马克思主义倡导自由民主本身,但激烈批判资本主义自由民主的虚伪性。"资产阶级口头上标榜自己是民主阶级,而实际上并不如此,它承认原则的正确性,但是从来不在实践中实现这种原则"①;所谓的"理性王国"也不过是"资产阶级的理想化的王国;永恒的正义在资产阶级的司法中得到实现;平等归结为法律面前的资产阶级的平等;被宣布为最主要的人权之一的是资产阶级的所有权;而理性的国家、卢梭的社会契约在实践中表现为,而且也只能表现为资产阶级的民主共和国"。资本主义自由民主的实现,只是使市民社会中的一部分人获得解放,即资产阶级的解放,这一解放引起的是市民社会与政治国家的分离,但并没有实现全社会的自由和民主。

具有普遍意义的自由民主,只有超越资产阶级的政治解放,通过无产阶级革命暴力夺取政权,从而实现全人类的解放,才能够真正实现。当然,这一时刻的到来要遵循人类历史的发展规律,"无论哪一个社会形态,在它所能容纳的全部生产力发挥出来以前,是绝不会灭亡的;而新的更高的生产关系,在它的物质存在条件在旧社会的胎胞里成熟以前,是绝不会出现的"②。当前,资本主义对生产关系进行了重大调整,全球垄断资本主义的发展又为生产力的增长开辟了巨大空间,使资本主义具有了存在的合理性和进一步发展的可能性,具体表现为历次经济危机、金融危机爆发造成的社会动荡以及阶级对立、阶级分化引发的剧烈冲突,最后都重归平静并且社会也继续在自由民主制的轨迹下运行。但生产力的发展是不断向前的,必然要求新的更高的生产关系与之相容,无产阶级革命的时代终将到来,联合起来的无产阶级将通过革命使自己成为统治阶级、争得民主,并运用

---

① 《马克思恩格斯全集》第 10 卷,人民出版社 1998 年版,第 692 页。
② 《马克思恩格斯选集》第 2 卷,人民出版社 1995 年版,第 33 页。

暴力消灭旧的生产关系，同时消灭阶级对立、阶级本身的存在条件，将"全部生产集中在联合起来的个人的手里"。到那时，"公共权力就失去政治性质"[①]，国家将消亡，真正属于全人类的、具有普遍意义的自由民主才最终得以实现，广大人民群众驰骋于历史原野、创造历史的时代才会真正开启。

(作者单位：中国社会科学院马克思主义研究院)
(原载《思想理论教育导刊》2015年第2期)

---

① 《马克思恩格斯文集》第2卷，人民出版社2009年版，第53页。

苏联亡党亡国过程中的几次法治改革陷阱及警示

朱继东

自从党的十八届四中全会作出了全面推进依法治国的重大部署，围绕如何推进法治改革的争论就一直没有停息过。最近，有些人竟然呼吁通过修改宪法，取消公有制的主体地位、人民民主专政等；还有些人呼吁尽快推出《新闻法》，以促进在中国实行西方所谓的"新闻自由"、言论自由；也有些人建议应该通过立法加快国企私有化的步伐等。

这一切不禁让我们想起苏联解体过程中的几次法治改革陷阱：通过修改宪法取消了原来宪法中关于党的领导地位的决定，剥夺了苏共领导和指挥苏联军队的最高权力；通过推出《新闻出版法》等推行西方的"新闻自由"、言论自由；通过出台《关于企业非国有化和私有化原则法》（以下简称《私有化法》）等全面推行国有企业私有化改革。历史为何如此惊人地相似？以史为鉴，我国在推进依法治国的进程中怎样做才能够不重蹈苏共的覆辙？这是我们必须认真面对和回答的重大问题。因此，我们要认真总结和反思苏共亡党、苏联解体进程中的法治改革教训，确保我国始终沿着中国特色社会主义的道路和正确方向全面推进依法治国。

一 通过修改宪法取消苏共的领导地位

总结苏共亡党、苏联解体的教训,在所谓的改革中放弃党的领导地位被认为是最根本的原因。尤其是党的领导地位的放弃竟然是在苏共中央总书记戈尔巴乔夫的推动下、通过修改宪法来实现的,不能不令人感到震惊。那么,苏联是怎样通过修改宪法取消了原来宪法中关于党的领导地位的决定?又是什么力量在推动修改宪法,这样修改宪法又产生了怎样的危害呢?

在苏联宪法中取消苏共的领导地位,戈尔巴乔夫在其中起到了关键性的作用。这位1985年3月11日当选的苏共中央总书记,在其上台之后就匆忙推行经济领域改革,改革失败之后,不仅没有反思,反而又开始推行所谓的政治改革。在所谓的"民主化""公开性"大潮中,以辩论会、俱乐部、青年小组等面目出现的各种"非正式组织"从1986年开始就在苏联不断涌现,并在1987年底发展到3万多个,到1989年更是猛增到9万多个。其中不少"非正式组织"公然推崇西方民主,甚至主张全盘西化,并在幕后操纵各种反共、反社会主义的集会、游行、示威、罢工和罢课等,而作为苏共总书记的戈尔巴乔夫竟然对此大加赞赏。

就是在戈尔巴乔夫的支持下,被流放长达六年之久的"持不同政见者"萨哈罗夫1986年底回到莫斯科,很快就开始了反共、反社会主义的活动,并迅速成为了苏联国内所谓"民主派"的领袖级人物。在1989年春举行的全苏人民代表选举中,得知萨哈罗夫落选的消息后,戈尔巴乔夫竟然特别为他增加了一个名额,使其最终当选为人民代表。戈尔巴乔夫的这种做法也引起了国内一些人的质疑,甚至有人怀疑在他和萨哈罗夫之间存在着利益链条。

成为人民代表之后的萨哈罗夫,很快就锁定了取消宪法中关于苏共的领导地位的决定这一重要目标。在1989年5月25日召开的苏联第一次人民代表大会上,他率先发难,提议取消苏联宪法第6条,而就是这一条明确规定了苏共在苏联社会中的领导地位。他的提议马上得到叶利钦等所谓"民主派"代表的赞成。但由于大多数代表对萨哈罗夫的提议表示坚决反对，该提议最终未能通过。

虽然第一次尝试失败了，但萨哈罗夫并没有死心，他和叶利钦等一些所谓的"民主派"人物联手，继续从多方面努力试图早日取消宪法第6条。在1989年12月12日召开的第二次苏联人民代表大会上，他再次提议取消宪法第6条，从而得到了更多代表的支持。

面对萨哈罗夫、叶利钦等人的进攻，戈尔巴乔夫不仅没有表示反对，反而公开进行迎合。1989年11月26日，他撰文赞赏西方议会民主，认为苏联应该效仿西方式的三权分立。1990年1月，他在公开发表的讲话中竟然宣称："我认为实行多党制不会是悲剧""我们不应该像魔鬼怕烧香那样害怕多党制"。他的讲话在党内外引起极大的思想混乱，并迅速被国内外反动势力所利用。

在戈尔巴乔夫的默许甚至纵容下，苏共党内外反动势力联手发动了越来越猛烈的进攻。1990年2月4日，所谓"民主派"竟然在莫斯科组织了20万人参加的集会游行，并公然喊出了"取消苏共领导地位""实行多党制""审判苏共"等口号。一个多月后举行的第三次苏联（非常）人民代表大会上，在所谓"民主派"代表和戈尔巴乔夫及其领导的苏共"改革派"的共同推动下，大会竟然正式通过了修改宪法的法律——《关于设立苏联总统职位和苏联宪法（根本法）修改补充法》，将宪法第6条"苏联共产党是苏联社会的领导力量和指导力量，是苏联社会政治制度以及国家和社会组织的核心"修改为"苏联共产党、其他政党以及工会、共青团、其他社会团体和运动通过自己选入人民代表苏维埃的代表并以其他形式参加制定苏维埃国家的政策，管理国家和社会事务"。不仅如此，法律同时还作出规定，苏联公民有权组织政党。这标志着，苏共的领导地位不仅被正式取消，而且还意味着苏联开始施行多党制。

不仅如此，《关于设立苏联总统职位和苏联宪法（根本法）修改补充法》中还作出规定，苏联总统是苏联武装力量的最高统帅，有权任命和撤销军队高级指挥员。这就等于确认了西方一直鼓吹的"军队国家化"的合法性，通过法律途径剥夺了苏共领导和指挥苏联军队的最高权力，从此，"党指挥枪"的根本原则也被取消了。

取消了党的领导地位，苏共亡党、苏联解体的悲剧就不可避免了。一年以后，1991年8月24日，戈尔巴乔夫擅自决定辞去苏共中央总书记一职，并宣布苏共中央自行解散。11月6日，时任俄罗斯总统叶利钦签署了《关于终止苏共和俄共在俄罗斯联邦领土上活动的命令》，苏共中央办公大楼被查封。12月25日，戈尔巴乔夫通过电视讲话辞去苏联总统职务。第二天，苏联最高苏维埃举行了最后一次会议，正式宣布苏联终止存在。

2006年，戈尔巴乔夫在接受《环球人物》杂志采访时说，"我深深体会到，改革时期，加强党对国家和改革进程的领导，是所有问题的重中之重。在这里，我想通过我们的惨痛失误来提醒中国朋友：如果党失去对社会和改革的领导，就会出现混乱，那将是非常危险的"。

苏联的前车之鉴警示我们，坚持、加强和改善党的领导是我们社会主义事业不断取得胜利的根本保障，一旦失去了党的领导，就会亡党亡国。邓小平曾指出："有些人打着拥护改革开放的旗帜，想把中国引导到搞资本主义，这种倾向不是真正的拥护改革政策，它是要改变我们社会的性质。"习近平总书记更是警示道："中国是一个大国，不能出现颠覆性错误。"苏联的前车之鉴已经敲响警钟，我们必须警钟长鸣，在整个社会主义革命、建设和改革的过程中都必须始终坚持、加强和改善党的领导。虽然现在还没有人敢公开叫嚣要取消党的领导，但已经有人打着改革的旗号公开呼吁通过修改宪法取消公有制的主体地位、人民民主专政等，我们决不允许这种变相取消党的领导的做法继续存在，也决不允许任何人、通过任何手段推行西方的多党制、"军队国家化"等，更决不允许任何人打着依法治国的旗号通过修改宪法颠覆党的领导和社会主义制度。

二 通过推出《新闻出版法》等推行西方的所谓"新闻自由"、言论自由

作为意识形态的重要组成部分,新闻媒体等舆论工具一直备受西方国家的重视,而如何渗透、控制、摧毁社会主义国家的新闻媒体一直是其对外进行意识形态渗透的重要目标,通过宣扬所谓的"新闻自由"、言论自由等来解除社会主义国家的意识形态武装则是其最常用的手段。在苏共亡党、苏联解体的过程中,西方国家和苏联国内的反对派相勾结,通过推出《新闻出版法》推行西方的"新闻自由"、言论自由,最终瓦解了苏联的意识形态防线,甚至让不少媒体站到了苏共的对立面并成为其掘墓人。

苏联意识形态防线的动摇是从大肆鼓吹所谓"公开性"开始的。1986年2月,在戈尔巴乔夫等人的策划、推动下,苏共二十七大正式提出所谓"公开性"问题,并宣称"公开性"就是要"让人民知道一切"、不留"被遗忘的人物和空白点"等,甚至专门揭露党和国家历史上的所谓"阴暗面""消极现象"和歪曲、伪造历史等。同年3月,戈尔巴乔夫掀起"重评斯大林"运动并邀请大众媒体批评苏联党政机关,甚至对新闻媒体说:"在当今社会发展阶段,我们的报刊可以成为独特的反对派。"在"公开性"的旗号下,一大批过去被禁止的反共、反社会主义的小说、电影等文艺作品被纷纷解禁,先是诋毁、攻击斯大林时期政治生活的影片《忏悔》在1986年12月公映,然后是歪曲、抹黑斯大林时期党内斗争的长篇小说《阿尔巴特大街的儿女们》在1987年公开面世……越来越多攻击、抹黑苏共和社会主义的文艺作品不断出笼,历史虚无主义泛滥造成了极大的思想混乱,尤其是《忏悔》公映被认为是苏联"共产主义意识形态崩溃的开始"。

为进一步推动"公开性",戈尔巴乔夫及其领导的苏共"改革派"又进一步要求推行指导思想多元化,这也是其一直鼓吹的"人道的民主的社

会主义"的一大理论支柱。1988年2月,他提出要在国内、国际政策的任何问题上的舆论多元化,自由对比各种不同观点并进行争论等。他这样做的目的非常明显,就是要否定马克思列宁主义在意识形态领域的指导地位。同年6月底召开的苏共第十九次全国代表会议上,他又把"民主化""公开性""多元论"并列为三大"革命性创议",并把"多元论"称为"民主化""公开性"发展逻辑的归宿。

不仅在国内大搞"公开性""多元论",戈尔巴乔夫还为西方对苏联进行意识形态渗透大开方便之门。1988年12月,在他的指使下,苏联多年来一直进行的、对被认定为反动电台的多家西方电台的干扰被停止,并且还决定拨款400万卢布外汇用来进口20个西方国家的报刊在苏联国内公开出售。很快,美国专门在西欧设置了针对苏联和东欧社会主义国家的自由电台、自由欧洲电台,每天用6种语言向苏联民众宣传西方社会的生活方式、价值观念等,并通过造谣、抹黑等方式对苏共和社会主义进行攻击、诋毁,大肆进行意识形态渗透。美国国际广播委员会认为:"苏联停止干扰西方广播,可能比戈尔巴乔夫决定从东欧撤军50万的允诺更重要。对美国来说,它为促进苏联社会的'和平演变',提供了难得的机会。"戈尔巴乔夫竟成了西方和平演变苏联的"好帮手"!

在一步步推进之后,戈尔巴乔夫终于迈出了摧垮苏联意识形态防线的最关键一步,就是通过立法为反共、反社会主义的言论提供法律保障。1990年6月12日,他以总统名义批准了《新闻出版法》,并在6月20日的《真理报》上全文公布,自1990年8月1日起正式生效。这部《新闻出版法》共7章,分别是:总则、舆论工具活动的组织、舆论的传播、舆论工具同公民和各种组织的关系、新闻工作者的权利与义务、新闻领域的国际合作、违反新闻出版法的责任。《新闻出版法》明确规定"报刊和其他舆论工具是自由的""公民有创办舆论工具的权利"等,其出台和实施标志着苏联开始推行西方一直鼓吹的所谓"新闻自由"、言论自由。尤其是《新闻出版法》中关于国家机关、政党、社会组织、宗教团体以及年满18岁的公民都有权利创办舆论工具的规定,更是为"自由办报"开了绿灯,使反对派政党团体办报、私人办报等从此完全合法化，也助长了更多反共、反社会主义媒体的创办与发展。

让西方很兴奋的是，《新闻出版法》中的一大"亮点"是规定新闻舆论不受检查，改审批制为登记制，印数低于1000份的出版物甚至可以不用登记。这就彻底改变了苏联对新闻出版行业的严格管理制度，引发了苏联媒体格局的裂变。仅仅是到1990年10月，苏联全国便已经有700多家报刊进行了登记，而且其中1/7属个人所有，甚至还涌现出独立的通讯社。而这些新涌现出来的媒体，大部分的舆论倾向都是反共、反社会主义的。从此，苏联的意识形态领域彻底进入了混乱时代，坚持为苏共和社会主义服务的媒体不断受到打压，以《真理报》为代表的苏共党报体系受到沉重打击，从此一直走下坡路并一蹶不振，苏共彻底丧失了对新闻媒体的领导权和舆论的主导权。

1990年7月，苏共二十八大通过了"走向人道的民主的社会主义"的纲领声明与新党章，新党章竟然规定"苏联共产党坚决放弃政治上和意识形态上的垄断主义"，主动放弃了多年来一直坚持的在意识形态领域的主导地位。此举进一步加剧了苏联意识形态领域的混乱局面，让越来越多的人陷入极大的迷惘之中。

事实证明，所谓"新闻自由"、言论自由只是国内外敌对势力用来灭亡苏共、解体苏联的工具。1991年"8·19"事件后，叶利钦就抛开了《新闻出版法》，加强对新闻媒体的控制，不仅颁布了《关于俄罗斯联邦新闻中心的命令》等，而且明确规定俄罗斯联邦新闻中心服从于俄罗斯联邦总统，并且其领导人由总统任命。尤其是1993年的"白宫事件"后，叶利钦更是进一步加强了对舆论的管控，命令在政府内部成立一个特别部门来控制新成立的管理电视、印刷品的国家委员会。在其强势管控下，不少媒体受到打压，还有的报纸因为"言论危及总统"而被开了"天窗"，更有的媒体被逼关门。

近些年来，在西方的意识形态渗透下，我国国内一直有些人批评中国没有"新闻自由"、言论自由，并通过呼吁出台《新闻法》来推动实现所谓"新闻自由"、言论自由。事实上，作为西方新闻理论的组成部分，资产阶级鼓吹的"新闻自由"虽然主张尊重理性个人的自由表达权利，要求媒介自由报道信息，反对任何对新闻活动的限制和干预。但世界上从来没有绝对的自由，包括"新闻自由"在内的任何自由永远是相对的，尤其是"新闻自由"作为有重要社会影响的一种权利，更是历史的、具体的、相对的，具有鲜明的阶级性。资本主义国家也从来没有不受限制的"新闻自由"、言论自由。苏联的前车之鉴再次证明了这一点，并警示我们必须始终坚持在党的领导下依法管理、引导、规范和推动新闻出版行业的发展。

三 通过出台《私有化法》等全面推行国有企业私有化改革

通过推行新自由主义瓦解社会主义国家的经济基础，把经济体制改革变成经济制度变革，是西方对社会主义国家进行和平演变的重要手段。在时任英国首相撒切尔夫人、美国总统里根的引诱和苏共党内西化派的推动下，戈尔巴乔夫及其领导的苏共"改革派"成为新自由主义的"俘虏"，不仅为国有企业私有化大开方便之门，甚至通过了《私有化法》，利用法律手段强推国有企业私有化，最终毁掉了苏共执政的经济基础。经济基础决定上层建筑，当经济基础崩溃、丧失之后，苏共亡党、苏联解体就是自然而然的事了。

早在1984年，戈尔巴乔夫和新自由主义的旗手、时任英国首相撒切尔夫人就已经见面，双方从此便建立起密切关系，新自由主义等西方思潮也从此开始影响戈尔巴乔夫。在戈尔巴乔夫1985年3月当选为苏共中央总书记后，随着历史虚无主义在苏联的泛滥，一些思想西化的经济学家便开始鼓吹新自由主义，并打着所谓反思的旗号攻击苏联的全民所有制，企图全盘否定其社会主义经济建设的伟大实践，进而给苏联开出私有化的药方，认为只有这样才能走出改革的困境。尤其是在西方某些政治、经济势力的推动下，国内外仇视社会主义的势力勾结起来，一股大力推动国有企业私有化改革的思潮快速在全国蔓延开。在1988年6月召开的苏共第十九次全国代表会议上，戈尔巴乔夫提出了从根本上进行经济"改革"的任务，开始尝试为推行国有企业私有化打开大门。1990年8月，他更是公开攻击公有制为主体是"经济垄断"，并认为"改革"的主要而又刻不容缓的任务就是取消公有制的垄断地位，大力推行企业非国有化、私有化，甚至主张放弃国家对经济的宏观调控。越来越多的事实表明，戈尔巴乔夫已经变成新自由主义的信徒，开始以新自由主义作为党和国家经济工作的指导思想，指导苏联的经济改革。

经戈尔巴乔夫授权，根据叶利钦和一些自由派经济学家的授意，为尽快推行"加速向市场经济过渡"的改革方针，经济学家、苏联总统委员会成员沙塔林等人制定出了《向市场经济过渡——构想与纲领》，这就是著名的"500天计划"。这个被称为"休克疗法"的激进方案主张在大规模私有化的基础上，从1990年11月1日到1992年3月14日的500天内，分四个阶段将苏联从计划经济快速过渡到市场经济。1990年8月，戈尔巴乔夫与叶利钦达成妥协，同意以"500天计划"为基础向市场经济快速过渡。1990年10月，苏联最高苏维埃通过了由戈尔巴乔夫主持起草的《稳定国民经济和向市场经济过渡的基本方针》，实质上就是全盘接受了"500天计划"中的全面私有化内容。在这一错误思想的指引下，苏联经济在1990年出现了第二次世界大战后的首次负增长。

"500天计划"流产后，1991年4月，在戈尔巴乔夫的授意下，原俄罗斯共和国部长会议副主席亚夫林斯基和美国哈佛大学政治学教授阿里森合作，共同制订了一个以新自由主义为准绳的所谓"希望协定"——"亚夫林斯基——阿里森计划"，也被称为"哈佛计划"。这个被苏联官方称为"苏美稳定苏联经济计划"的经济改革纲领，被认为是解决苏联政治经济危机的新药方，其实就是撒切尔夫人和美国总统里根等从20世纪80年代开始大肆推销、用来和平演变社会主义国家的新自由主义的翻版，其基本思路就是：在西方的援助下，进行激进的经济改革，建立以私有制为基础的市场经济和西方的民主政治制度。这个"哈佛计划"虽然受到苏共内部一些真正的共产党人的反对，但却非常受戈尔巴乔夫本人的青睐和支持。为进一步加快私有化步伐，苏联国内外的反共、反社会主义势力在"哈佛计划"的基础上，决定搞一次法治改革，用法律为私有化保驾护航。1991年7月1日，苏联最高苏维埃通过了《关于企业非国有化和私有化原则法》，也就是著名的《私有化法》，制定了国有企业分阶段私有化的时间表。根据这部法律，到1992年底，苏联有将近一半的工业企业将脱离国家控制，并且这一比例到1995年将达到60%至70%。而叶利钦任总统的俄罗斯更是充当了国有企业私有化的急先锋，1991年12月19日，叶利钦批准《1992年国有及市有企业私有化纲要基本原则》，加快推进经济自由化、私有化。在法律的庇护下，苏联的经济改革就这样亦步亦趋地按照西方指引的方向，走上了一条新自由主义的"不归之路"。

私有化改革不仅重创了苏联经济，而且瓦解了苏共执政的经济基础，进一步加速了苏共亡党、苏联解体的进程。1990年到1991年，苏联经济年均下降近9.5%，并且在1991年更是下降了15%。并且，随着国有企业私有化快速推进，除了少数当权者利用手中权力疯狂瓜分、掠夺国家财产而致富外，苏联国家和人民成为最大的受害者，物价飞涨，人民生活水平一落千丈，苏联经济很快到走向崩溃。而经济崩溃迅速导致社会秩序全面崩溃，失业率、犯罪率急剧上升，越来越多的人对苏共彻底失望、绝望，苏共亡党、苏联解体的悲剧自然很快就发生了。

改革开放以来，我国始终坚持公有制的主体地位、坚决反对和批判新自由主义。但也一直有人呼吁要"全面打破国企垄断""进行彻底市场化""政府全面退出市场"等，变相鼓吹、推行新自由主义，企图通过削弱、瓦解甚至取消公有制的主体地位来改变我国的基本经济制度。尤其是在国企改革中，有些人竟然认为国企改革就是卖国企、混合所有制改革就是要搞私有化等，甚至有人呼吁要彻底取消国企、消灭公有制，认为中国经济改革的最根本出路就是私有化。对这些错误论调，我们要有清醒的认识，一定要牢记习近平总书记要求的"国企不仅不能削弱，而且要加强"这一底线，真正牢记苏联的前车之鉴，决不能让一些人在改革中把国有资产变成谋取私利的机会，更不能允许有些人通过私有化动摇甚至瓦解我们党执政的经济基础。

(作者单位：中国社会科学院马克思主义研究院)

(原载《红旗文稿》2015年第9期)

"街头政治"之火是如何燃起的?

——一些国家民主恶性竞争的畸变异化

周少来

从突尼斯到埃及,从土耳其到乌克兰,从泰国到菲律宾,"街头政治"之火四处点燃,此起彼伏,引发一波又一波的政局动荡、社会混乱,甚至民族冲突、国家分裂,其发生的政治、经济和社会根源何在?

"街头政治"大多发生在"民主欠发达国家",经济社会现代化迟滞是其社会总根源,民主制度未巩固成熟是其制度性特征,社会分化和选民分裂是其民众基础,国际势力的推波助澜甚或恶意促成是其外部动因。

长期积累的社会矛盾的偶然引发,是"街头政治"之火的"起燃点"

后发现代化国家往往在急剧现代化中实现快速转型,利益格局调整所引发的问题和摩擦,需要制度改革和利益协调机制的及时同化和消解。然而,"民主欠发达国家"往往处于现代化发展的低级阶段,经济增长缓慢,社会分化明显,族群和宗教势力强大,选民敌意对立严重。同时,各种家族政治势力或部族政治势力根深蒂固,僵化滞后的制度体制与纷乱变革的社会进程不相适应,导致社会问题和社会矛盾不能及时有效地化解。而长期的社会矛盾和社会问题的叠加积累,使整个社会犹如"一间不断被扔进干柴和破烂的庞大杂货屋","星星之火"即可点燃整个炽热的"杂货屋社会"。

水土不服的西方民主体制，为"街头政治"之火提供了"过火通道"

"街头政治"作为民主法治国家民众政治诉求的集体表达方式，是社会运动的政治化抗争形式，如果在宪法和法律的框架下合法、理性、和平地组织和行使，本应是一种正常的合法政治行动过程。

但在后发的"民主欠发达国家"，急切而匆忙地全盘引进西方的竞争性民主体制，是在迟滞的现代化社会根基之上"嫁接"的"舶来品"，由此引发了一系列"制度性不适应"：恶性竞争的政治乱局无法提供现代化发展亟须的稳定和秩序，"为反对而反对的政党政治"无法提供化解贫富分化和阶级对立的协调机制，家族政治、族群政治和"恩庇政治"的盛行无法培育出良性的公民文化，民主法治文化的滞后无法培养政治家和民众的"规则认同"，等等。

法治不成熟的竞争性民主体系却提供了各个党派组织和鼓动"街头政治"的制度性通道和"路径"。一旦有偶然性的"点火"事件爆发，各个党派便使出浑身解数"借火助燃"，极力引导"着火"过程朝有利于自己党派的方向"燃烧"，恶意竞争民主便自然成了"火借风势"的"过火通道"，从议会内到议会外，从首都到各大城市，从城市到乡村，各路民众被广泛动员和组织起来涌向街头，"街头政治"之火愈演愈烈，于是，"街头抗争"走向"街头暴力"。这在泰国和乌克兰的"街头政治"演进过程中得到活生生的演练和展示。

反对派的组织化动员和操弄，是"街头政治"之火的"助燃剂"

民主政治的法治化运行，需要社会大众对民主规则的衷心认同和支持，更需要政治家和党派领袖对民主规则的衷心坚守和践行，而这需要长期的民主本土化过程，需要民主的落地生根，需要"遵守民主规则"成为习惯和惯例。

而"民主欠发达国家"在"一夜之间"全盘接受开放竞争的西方民主体系，但政治活动参与者的"头脑"和行为习惯还停留在传统和过去之中，从而为根本没有认同民主规则的政治党派提供了操弄民意的制度通道。在"街头政治"之火燃起之时，反对派往往看到的是如何借此"大火"烧垮执政党的"政权大厦"，为夺权而反对的"趁火夺权"成为最高宗旨，罔顾国家利益和民族大义。

在泰国"黄衫军"和"红衫军"街头抗争的拉锯对抗的背后，人们看到的只是泰国民主党和为泰党为了夺权执政的"你死我活"。无论哪一方上台执政，都可以看到反对党绝不放过任何一次"点火助燃"机会，"小题大做"加上"恶意损伤"，使"煽风点火"——"火上浇油"——"趁火夺权"成了泰国"街头政治"之火的国内三部曲。成熟民主运作所必需的理性、包容、妥协、协商被"街头之火"焚烧殆尽，直逼得民主政治走向制度化解决的"死胡同"，方才靠"军人政变"来强行"灭火"，此中反对派"火上浇油"的"助燃剂"功效难辞其咎。

国外势力的渗透和干预，成为"街头政治"之火的"鼓风机"

在全球化经济联系日益紧密的当今世界，全球化政治也借各国国门开放之机日益关联。"自由民主"似乎成为各国政治合法性的唯一正当理由。美、欧发达国家始终不遗余力地"输出民主"，并常常与经济援助捆绑挂钩，成为这些国家"街头政治"之火的"鼓风机"。

一旦哪个国家"点火起事"，国际势力绝不放过任何一个"输出民主"的绝佳机会。政要出访、情报支持、经济援助、培训骨干、军事渗透等，各色手段全部上阵，借风助燃。"煽风点火"——"火上浇油"——"趁火变天"成了国际势力进行"颜色革命"的"国际三部曲"。乌克兰因为总统亚努科维奇拒绝与欧盟的联系协议而引燃的"星星之火",不但受到国内反对派的"煽风点火",更是被国际势力视为"煽风点火"的绝佳时机。身处美欧与俄罗斯东西"夹缝"之中的乌克兰,不但被"街头政治"之火"燃烧撕裂",更被推入国家分裂和国内混战的"烈火之中"。人们透过不断蔓延的"漫天火势",依稀可以看到国际强权"趁火打劫"的"鬼魅魔影"。

"街头政治"之火,最终只能被军事性暴力强制性"灭火"

"街头政治"如果作为合法、和平的集体性政治抗争,是民众政治诉求和政治意见的表达方式,能起到一个"下情上传"的政治输入作用。但"欠发达民众国家"的"街头政治",往往是长期累积的社会矛盾和社会问题的总爆发,瞬间喷发的大规模民众参与的"大爆炸",加上恶性竞争民主的"放大提升"作用,再加上国内反对派的"煽风点火"和国际势力的"推波助澜","星星之火"就可能成就"燎原之势"。

一个小小的"偶发事件",在成熟民主国家完全可以通过法治化的制度机制加以解决,但在"低民主国家"却成了"你死我活"的"抗争拉锯"。竞争性政治变成了敌对性政治,街头抗争变成了街头暴力,压力机制变成了暴力机制。在泰国和乌克兰的"街头政治"演变中,一场又一场的"街头政治"导致政局动荡、社会混乱和暴力蜂起。既然体制内的法治化制度机制无法解决,那就只能靠非法治、更非民主的军事力量强行"灭火终止"。种下的是"民主的龙种",收获却是"专制的跳蚤",历史吊诡地又回到"原点",一切又得"从头再来"。有些低质民主国家甚至陷入"民主——混乱——政变"的怪圈而难以自拔,民主发展迟迟无法进入良性轨道。

后发民主国家如何走出"街头政治"畸变异化的"怪圈"?靠的只能是各国人民自主选择政治发展道路,自主构建国家制度和民主体系。维护稳定有序的社会发展环境，大力推进现代化变革和创新，奠定民主法治的雄厚经济社会基础，培育理性包容的公民政治文化，坚守民主法治的制度规范，这是一条曲折漫长的前行之路，但也许是不得不走的前行之路。

（作者单位：中国社会科学院政治学所）

（原载《红旗文稿》2014年第3期）

中东欧民主化与市场化关系初探

高 歌

20世纪80年代末90年代初,中东欧国家开始向民主制度和市场经济转型。同时进行的民主化与市场化进程彼此交织,相互作用,为研究二者关系提供了鲜活的案例,也在很大程度上决定着转型的成败。如《从休克到治疗:后社会主义转轨的政治经济》一书所说:"一般认为民主和市场之间是协调的,但并不意味着在民主化和市场化过程中也总是协调的。"民主化与市场化可能恶性互动,导致民主化和/或市场化进程的逆转,亦可能良性互动,推动转型走向成功。

一 民主化与市场化的恶性互动

中东欧国家转型之初,虽已确立了民主制度的发展方向,但多党制和议会制尚不稳定,一些国家的国家结构形式仍处于变动之中,导致政局时有波动,有些国家甚至发生战乱。这些国家虽已走上了市场化道路,但长期实行计划经济的恶果、市场化本身必须付出的代价以及政策失误的影响,使得经济大幅衰退、通货膨胀加剧、失业率居高不下。而"正当21世纪初新自由主义改革似乎在长期的转型衰退后最终实现了快速经济增长时,2008年的全球经济崩溃又把中东欧国家推回到危机之中"。民主化和市场化遭遇困境,陷入恶性互动。

（一）民主化困境对市场化的不利影响

《民主转型与巩固的问题：南欧、南美和后共产主义欧洲》一书指出："即使是试图通过有序和合法的方式限制公有制活动范围（私有化）的新自由主义，也都毫无疑问地通过强国家（能力）而不是弱国家来推行其政策。由于国家能力丧失而无法推行任何管制措施，从而导致既有经济水准的大幅度下降，很可能使经济改革问题和民主化问题混淆起来。"[①] 转型初期，处于民主化困境中的中东欧国家几乎都不具备强有力的国家能力。激烈的党派斗争分散了执政当局制定切实可行的市场化战略的精力，频繁的议会和政府更迭削弱了市场化进程的连贯性，不时发生的政局动荡更是直接危及市场化进程，使经济发展陷入困难境地。

"保加利亚的转型过程被看作一个最不成功的例子。由于政府的周期性更迭，改革方案也随之不断变化，没有实施持续性的改革政策。"[②] "既没有追求持续渐进的政策，也没有承担休克疗法的风险。政府一直拖延痛苦但又不可避免的决策，并且因此积累了改革的需要，加剧了结构的不平衡，直到经济最终崩溃。"[③] 1991—1992 年的民主力量联盟政府实行了价格自由化，与之相伴出现了经济衰退。1992—1994 年的专家政府放慢了市场化步伐，企业死账和银行业无力偿还债务等突出的结构问题没有解决，虽然"这些消极后果并没有立刻表现出来，但经济后来却不可避免地成为其内部不平衡和矛盾的牺牲品"。1995 年上台的社会党政府使经济有所恢复，但经济结构变得更加不平衡，银行业陷入严重危机。"巨额赤字耗尽了财政预算，这又进一步削弱了政府刺激经济增长的能力。"国家银行保释了国家控股的商业银行，使它持续地把"恶性的"即无法收回的贷款贷给国有企业和私营企业。宏观经济结构的不平衡进一步加剧，加上政府对价格

---

① ［美］胡安·J. 林茨、阿尔弗莱德·斯泰潘：《民主转型与巩固的问题：南欧、北美和后共产主义欧洲》，孙龙等译，浙江人民出版社 2008 年版，第 13 页。
② 苑洁主编：《后社会主义》，中央编译出版社 2007 年版，第 324 页。
③ 同上书，第 327 页。

的控制使国际金融机构不愿给保加利亚新的贷款。为对付庞大的外债，保加利亚很快就耗尽了国家银行的外汇储备。① 1996 年金融危机和经济危机爆发，国内生产总值下降 8.043%，通货膨胀率升至 123%，1997 年的通货膨胀率更是达到了惊人的 1061.21%。②

罗马尼亚 1992 年上台的政府得到 5 个"中左翼"政党的支持，却遭到 8 个右翼政党的反对，导致政府提出的许多经济政策和法案经常得不到议会的通过。③ 1996 年上台的政府由属于民主协议会、社会民主联盟和匈牙利族民主联盟 3 个性质完全不同的政治联盟的 7 个政党组成，内部分歧严重，终致在 1997 年底、1998 年初发生政府危机，1998 年度财政预算案迟迟不能通过，政府推出的 2000 年中期发展计划也难以贯彻，经济全面滑坡，1997 年和 1998 年相继出现了 6.053% 和 4.818% 的负增长。其后的两届政府碍于内部分歧和 1999 年日乌河谷矿工工潮，无力推进市场化进程，经济鲜有起色，1999 年仍有 1.15% 的经济负增长，2000 年的经济增长率也仅为 2.921%。

阿尔巴尼亚原本就落后于欧洲其他国家的经济，在不时爆发的党派争斗和政治骚乱中屡遭打击，特别是 1997 年社会党与民主党的斗争借非法集资案之机迅速升级，在很短时间里演变成全国性武装动乱，造成惨重的经济损失。许多工厂和政府机构被洗劫一空，物质损失达数十亿美元。多数较大的生产性工业企业瘫痪，仅有个别几家勉强维持部分生产。石油、铁路等国民经济重要部门奄奄一息。④ 1997 年的通货膨胀率由上年的 12.734% 激增至 33.166%，经济在 1992 年后再度出现 10.2% 的负增长，市场化面临困境。

欧洲复兴开发银行《转型报告 2013》指出，政治极化的程度越高，政

---

① 苑洁主编：《后社会主义》，中央编译出版社 2007 年版，第 326—327 页。
② See International Monetary Fund, World Economic OutlookDatabase, April 2014, http://www.imf.org/external/pubs/ft/weo/2014/01/weodata/index.aspx. 以下有关中东欧国家的经济数据，除特别标明外，均参见于此。
③ 参见赵乃斌、朱晓中主编《东欧经济大转轨》，中国经济出版社 1995 年版，第 371 页。
④ 参见张森主编《俄罗斯和东欧中亚国家年鉴（1997）》，当代世界出版社 1999 年版，第 218、220—221 页。

府和政策变化的可能性以及市场化的困难就越大。1990—2004 年，罗马尼亚、保加利亚和阿尔巴尼亚正是位于政治极化程度最高的一组国家之中。①

不但市场化进程需要国家和政府的有力推动，就连市场经济本身也需要国家和政府的调节和干预。《论民主》一书认为："不受政府干预和管制的市场资本主义在民主国家中是不可能存在的"，因为"首先，市场资本主义自身的许多基本制度要求广泛的政府干预和管制。竞争性的市场、经济实体的所有权、强制性的契约、防止垄断、保护产权——上述的以及其他的市场资本主义的许多方面要完全依赖于政府实施的法律、政策、秩序及其他的政府行为。市场经济不是，也不可能是完全地自我管制的。其次，没有政府的干预和限制，市场经济不可避免地会对一些人造成严重的伤害；并且这些受到伤害或者是预期将受到伤害的人将会要求政府干预"。②

然而，处于民主化困境中的中东欧国家和政府大都没有调节和干预市场经济的能力。③ 在国家和政府作用缺失的情况下，中东欧国家出现了市场主体行为的自发性和盲目性、价格垄断和混乱、价格信号作为资源配置的传导作用失灵等所谓"市场失效"现象，无政府主义、高通货膨胀、黑市交易、形形色色的"倒"和"炒"、获取暴利、不公平竞争等无序状态盛行。④

此外，捷克斯洛伐克联邦和南斯拉夫联邦的解体延缓了其各自的市场化进程。在捷克斯洛伐克联邦解体前的近两年中，联邦议会基本延续了以前的组织形式，即人民院议员按捷克和斯洛伐克两个民族居民人数比例产生，捷克占 2/3，斯洛伐克占 1/3，民族院议员则基于两个民族均等的原则产生，因为联邦立法的通过需民族院中捷克议员和斯洛伐克议员各自的多

---

① 政治极化指的是当反共派别掌权时最大的后共产主义派别在议会中的代表比例，反之亦然。比如，在保加利亚，1994 年选举后社会党获胜组阁，反共的民主力量联盟赢得议会 29% 的席位，保加利亚的极化指数为 29。参见 European Bank for Reconstruction and Development, Transition Report 2013, http://www.tr.ebrd.com。
② [美] 罗伯特·达尔：《论民主》，李柏光、林猛译，商务印书馆 1999 年版，第 182—183 页。
③ 由于对计划经济体制下国家作用的全盘否定和对新自由主义市场经济模式的盲目推崇，中东欧国家执政当局没有认识到国家和政府在市场经济中的作用。
④ 参见赵乃斌、朱晓中主编《东欧经济大转轨》，中国经济出版社 1995 年版，第 367 页。

数赞成,所以,即使反对激进改革的斯洛伐克议员在人民院中处于少数地位,也可以通过民族院阻止相关的联邦立法,这就使得捷克政府推崇的"休克疗法"的推行由于斯洛伐克的阻挠而变得困难重重。

南斯拉夫联邦的解体和战乱,更是极大地破坏了这一地区多数国家的经济,打断了还没有来得及起步的市场化进程。且不说曾受国际制裁的南斯拉夫联盟[①],更不用说历经数年内战的波黑,难以形成并执行系统的市场化战略,就是经济恢复较快的克罗地亚,由于战争造成的生活水平急剧恶化,许多小的股份持有者不得不把手中的股份退回给私有化基金,其私有化进程的展开也是步履维艰。到1992年6月底,在3619家计划转型的社会所有制企业中,只有119家开始了私有化,而其中仅60%的私有化得以完成,结果,国家对经济的控制实际上甚至比转型前实行社会所有制时还要多。[②]

可见,正如《全球化与后社会主义国家大预测》一书所说:"与政治上的转轨相联系的混乱状况严重地妨碍了贯彻旨在发展经济的相应政策。结构改革和建立规章制度的工作,虽然其目的是为了更好地实行资源配置和改进税收体制,但在民主化条件下,它推行起来却往往更加困难。"[③]

(二) 市场化困境对民主化的不利影响

《民主与市场——东欧与拉丁美洲的政治经济改革》一书指出:"新的民主制度的生存,不仅依赖于其制度结构和主要政治势力的意识形态,而且还在很大程度上依赖于这些制度在经济上的表现。"[④] 处于市场化困境中

[①] 1992年4月,原南斯拉夫联邦的塞尔维亚共和国和黑山共和国联合组成南斯拉夫联盟共和国。2003年2月,塞尔维亚和黑山正式宣告成立,南联盟不复存在。2006年6月,黑山宣布独立,塞尔维亚和黑山成为两个独立国家。

[②] See Karen Dawisha and Bruce Parrott (ed.), *Politics, Power, and the Struggle for Democracy in South - East Europe*, Cambridge University Press, 1997, p. 90.

[③] [波] 格·科沃德科:《全球化与后社会主义国家大预测》,郭增麟译,世界知识出版社2003年版,第92页。

[④] [美] 亚当·普沃斯基:《民主与市场——东欧与拉丁美洲的政治经济改革》,包雅钧、刘忠瑞、胡元梓译,北京大学出版社2005年版,第154页。

的中东欧国家在转型初期恰恰经济表现糟糕，经济衰退、物价飞涨、失业人数众多和生活水平下降极易引起民众对执政当局的不满，经济困难和为推进市场化而实施的经济政策成为各党派相互攻击和社会对抗的主要内容，政府变动、政权更迭乃至政局波动、社会动荡往往与此有关。如果说政府变动和政权更迭是民主制度的应有之义，那么政局波动和社会动荡则会削弱民主制度的稳定性。

在罗马尼亚，20世纪90年代初，经济滑坡，通货膨胀率激增。1991年，日乌河谷的矿工举行罢工并进入首都布加勒斯特，政府被迫辞职。90年代末，经济状况再度恶化。执政联盟内的第二大党民主党以退出政府相要挟，要求政府采取果断措施，加快改革，第三大党国家自由党也指责政府政策，提出自己的经济改革计划。1999年，日乌河谷矿工再掀工潮，政府的强硬态度激化了矿工与政府矛盾，争取经济利益的工潮演变成要求政府下台的政治行动，并得到各地工会和工人的声援，局势陷于动荡，总理被解职。

在波兰，1993年，议会通过1993年度预算案，决定削减工业、农业、教育、卫生等部门的经费，引发罢工。来自农民协议会的农业部长因不满农产品最低价格的规定而辞职，导致政府危机。团结工会议员团乘机向议会提出对政府的不信任案。不信任案通过后，总统拒绝接受政府辞职，宣布解散议会，提前大选。

在保加利亚，1994年，政府因经济改革不力遭到总统、民主力量联盟和社会党的抨击，被迫辞职，总统解散议会，大选提前举行。1996年，面对不断恶化的经济危机，首都索非亚等大城市爆发游行示威，执政的社会党的候选人在总统选举中失利，社会党内部也发生分歧。12月政府辞职后，民主力量联盟反对社会党重新组阁，要求马上进行选举，并声称准备遵照国际货币基金组织的指示，建立一个货币管理委员会。"民盟的声明唤醒了民众""和平的示威游行开始了"。1997年初，发生了暴力冲击议会事件。接着，"罢工和游行示威席卷了整个国家，保加利亚的局势更临近于公开革命的局面了，或许此时比自1989年以来的任何时期都更接近于内战的边缘"。① 直到议会各党派就成立看守政府、提前大选达成协议,局势才逐渐平稳下来。

在匈牙利,1995年,执政两党——社会党和自由民主主义者联盟在国有企业私有化问题上分歧加剧,自民盟指责社会党不兑现其在竞选时许下的加速私有化进程的诺言,拖延实施联合政府商定的经济计划。在其力主之下,政府开始实行紧缩政策,引起反对党的一致反对和民众的强烈不满,铁路工人举行全国总罢工,教师、学生、医生等也组织了规模不一的游行示威活动,匈牙利出现了剧变以来最为动荡的局面。为重新赢得民众支持,摆脱自民盟的掣肘,修改经济紧缩措施,增加社会福利,社会党在未征求自民盟意见的情况下宣布改组政府。自民盟则以退出政府相威胁,迫使社会党放弃政府改组计划。随后,两党围绕《个人所得税法》再次发生分歧,尽管议会通过了社会党的提案,但绝大部分自民盟议员投了反对票,两党因此指责对方违反联合执政协议。1996年,罢工和示威游行仍时有发生,私有化丑闻②的曝光更是引起政局波动,工商部长兼私有化部长被解职,执政两党相互推卸责任,反对党则要求停止私有化进程并要求政府下台。

2008年下半年以来,国际金融危机和欧元区债务危机接踵而至,绝大多数中东欧国家的市场化进程遭受打击,经济衰退。一些国家的民众发起抗议活动,表达对国家经济状况和政府政策的不满,反对党也提交对政府的不信任案,导致政局不稳。

在匈牙利,青年民主主义者联盟—匈牙利公民联盟等反对党以政府采取的危机应对措施不力为由,要求政府辞职并提前举行议会选举。为维持执政地位,执政的社会党以退为进,2009年3月,社会党主席、总理久尔恰尼·费伦茨在社会党代表大会上提议改组政府,随后他辞去了社会党主

---

① 参见[英]R.J.克兰普顿《保加利亚史》,周旭东译,中国大百科全书出版社2009年版,第217—219页。
② 1995年底1996年初,为解决与地方政府之间存在的国家财产分配矛盾,匈牙利国家私有化和财产管理股份公司董事会决定起用"外部专家"与地方政府谈判,事成后付给"外部专家"高额酬金。

席的职务。4月，社会党特别代表大会确定党外人士、国家发展与经济政策部部长鲍伊瑙伊·戈尔东为总理候选人。接着，社会党向议会递交了对总理久尔恰尼的不信任动议，议会通过该动议并选举鲍伊瑙伊为总理。与此同时，首都布达佩斯爆发示威活动，要求解散议会，提前大选。

在保加利亚，2009年初，爆发了要求政府下台的示威和罢工，民主力量联盟等反对党也以政府应对金融危机不力等为由向议会提交不信任案，未获议会通过。2010年3月，由于总统批评政府对金融危机采取的政策，并把与副总理兼财政部部长的会谈记录在未告知后者的情况下在网上公布，执政的欧洲发展公民党向议会提交弹劾总统议案，被议会否决。2011年6月，反对党社会党和争取权利与自由运动指责政府没能带领国家走出危机，反而使经济状况更加恶化，并以此为由提交对政府的不信任案，未被议会通过。2013年初，为抗议电力公司的垄断行为和高价电费，多个城市举行游行示威，抗议者要求政府将电力公司国有化，甚至要求总理下台。抗议活动不断升级，终致政府辞职，提前大选。5月社会党政府上台后，欧洲发展公民党以政府经济政策失败等为由，多次提出不信任案。虽然不信任案均被议会否决，但欧洲发展公民党的攻势已令社会党疲于招架。2014年5月，社会党在欧洲议会选举中惨败于欧洲发展公民党。6月，总统、总理与议会各大政党达成共识，决定解散议会，组建看守政府，提前举行议会选举。在10月的议会选举中，欧洲发展公民党获胜，并在11月上台执政。

在罗马尼亚，2010年，为满足国际货币基金组织的贷款条件，减缓金融危机的冲击，政府决定采取紧缩措施，遭到工会强烈抗议。5月，五大工会联合会在首都布加勒斯特组织了罗马尼亚近10年来规模最大的一次抗议集会。6月，最大的反对党社会民主党对政府提出不信任案，但仅以8票之差未获议会通过。9月，在空前严峻的经济形势以及来自反对党和工会的巨大压力下，政府改组。同月，为要求政府恢复被削减的工资和放弃内务部裁员计划，警察举行游行示威，遭总统批评，内务部长因此辞职。10月，社会民主党牵头议会反对党再次提交对政府的不信任案，工会方面也在布加勒斯特组织示威游行，配合反对党的倒阁行动。不信任案被否决，社会各界对政府的不满有增无减。2011年3月，社会民主党、国家自由党和保守党组成的社会自由联盟针对政府通过《劳动法》的决定提出不信任案，工会也组织示威集会，呼吁议员支持不信任案，不信任案未获通过。进入2012年后，布加勒斯特等多座城市相继出现集会游行活动，抗议政府和总统。2月，政府变动。4月，议会通过社会自由联盟提交的对政府的不信任案，执政仅两月有余的政府下台。

在斯洛文尼亚，面对欧元区债务危机带来的债务困境和严重恶化的经济形势，为平衡国家金融体系，实现经济长远发展，2012年2月上台的以民主党为首的政府致力于经济改革，扩大私有经济，采取减少公共部门员工福利待遇、取消部分行业部门的公共假日等节流措施，遭到各行业工会的反对。4月，在首都卢布尔雅那等地爆发了要求政府修改紧缩计划的游行示威。政府仍坚持推行紧缩政策，致使社会矛盾不断加剧。2013年2月，议会通过不信任投票，政府下台。

2012年4月，围绕2013年和2014年"一揽子"财政紧缩方案的出台，捷克发生政府危机和民众抗议。10月，马其顿社会民主联盟等反对党指责政府提振经济不力，向政府发起不信任投票。

市场化困境对民主化的不利影响不止于此。"假使民主的最早实验是以通货膨胀、失业、贫富差距拉大和人口中'沉默的大多数'的生活水平的下降收场，那么它会造成恐惧、异化和不信任。"[①] 特别是"在转型过程中的'失败者'"，"很容易受反民主鼓动的民粹主义的影响。这种鼓动以市场化造成的穷困为依据，使自己传播的民族仇恨、国家扩张和集权的国家主义观点得到了支持。在这种情况下，这一地区自由民主的民众基础看来很成问题"。[②]

进入21世纪后，波兰带有民粹主义色彩的法律与公正党、自卫党和波

[①] [日]猪口孝、[英]爱德华·纽曼、[美]约翰·基恩编：《变动中的民主》，林猛等译，吉林人民出版社1999年版，第154—155页。

[②] [英]戴维·李、布赖恩·特纳主编：《关于阶级的冲突：晚期工业主义不平等之辩论》，姜辉译，重庆出版社2005年版，第273页。

兰家庭联盟崭露头角，一度上台执政。2008年下半年以来，伴随着国际金融危机和欧元区债务危机及其带来的经济衰退，"民粹主义政治在整个大陆兴起，集权主义倾向在各国重新浮出水面。2004—2007年，中东欧国家加入欧盟时被宣告为巩固的民主国家。那时，它们似乎拥有切实可行的宪法、行政机构和市场。但时过境迁，现在这些新民主国家特别易于受独裁转向的攻击和影响"。[1] 在中东欧国家政坛上，斯洛伐克方向——社会民主党、人民党——争取民主斯洛伐克运动和民族党、罗马尼亚民主自由党、保加利亚欧洲发展公民党等具有民粹主义倾向的政党或长或短地执掌政权。尤其是在匈牙利[2]，青民盟——匈牙利公民联盟与基督教民主人民党组成的联盟在2010年和2014年议会选举中两度获得2/3的议会多数，可以不受掣肘地通过《媒体法》和《基本法》等有悖于民主制度的法律，以至于匈牙利被法国《世界报》贴上了"欧洲心脏地带的集权主义国家"的标签。[3]

可见，正如《20年来民主的状态：国内和国外因素》一文所说："20年前经常讨论的一个问题是向市场经济的转型使中东欧社会冒不稳定的重大风险，这将危及1989年后民主转型的机遇。这一担心没有成为现实，在随后的10年我们目睹了不同水平的民主巩固。但今天正是危机和市场可能会破坏巩固的民主。"[4]

美国学者罗伯特·达尔说过："如果一个国家中民主政治制度的存在严重地影响了市场资本主义的运行，那么这个国家中的市场资本主义也会严重地影响民主政治制度的运作。"[5] 困境中的民主化与市场化的恶性互动就是这样。政治动荡中的市场化和经济衰退中的民主化加剧了彼此的困境，民主化和/或市场化进程存在倒退，甚至逆转的可能。

---

[1] Jacques Rupnik, Jan Zielonka, Introduction: The State of Democracy 20 Years on: Domestic and External Factors, East EuropeanPolitics and Societies and Cultures, Volume 27, Number 1 (February 2013).
[2] 匈牙利是受国际金融危机打击最为严重的中东欧国家之一。
[3] Jacques Rupnik, Jan Zielonka, Introduction: The State of Democracy 20 Years on: Domestic and External Factors.
[4] Ibid.
[5] [美]罗伯特·达尔:《论民主》，李柏光、林猛译，商务印书馆1999年版，第185页。

二 民主化与市场化的良性互动

自20世纪90年代中期起,中东欧国家逐步走出了转型之初的民主化和市场化困境。随着民主化和市场化的推进,二者之间良性互动,而且愈加显著,民主化与市场化从一种较低水平的均衡状态①走向较高水平的均衡②。

(一) 民主化和民主制度对市场化的有利影响

处于困境中的民主化危及市场化进程,不意味着民主化和民主制度总是不利于市场化进程。实际上,"如果民主化进程一时因残缺不全而在某些国家里暂时没有促进经济增长,那么它的积极影响将会在今后的长期发展中体现出来"③。

第一,民主化和民主制度的实行有助于强化市场化的选择。

中东欧国家的民主化和市场化始于对苏联模式的全盘否定,民主化的一个主要任务是摆脱苏联模式和苏联控制,这"为向市场经济过渡粗线条地扫除了来自政治权力的和意识形态的阻力"④,市场化也带有反苏联模式的政治色彩,成为民主化和民主制度的必然要求。正因如此,不论党派斗争如何激烈,议会和政府更迭如何频繁,政局如何动荡,也不论市场化面临如何严重的困难,市场化的大方向始终没有改变。不同政党在市场化的具体政策、方式和进度上发生分歧乃至相互攻击,而对市场化本身几乎没

---

① 匈牙利学者贝拉·格雷什科维奇认为:"由于危机与经济转型的影响,民主体制只能在牺牲某些本质的特性时才能稳定下来。相应地,经济转型只有在牺牲其速度和激进性的情况下才会保持其可行性,而其许多不完善之处在很大程度上是由于变革的民主体制框架所致。经济与政治体制达成一种均衡状态,但是与像西方那样的成熟市场民主体制通常所具有的均衡状态相比,这种均衡处于较低的水平。"参见 [匈] 贝拉·格雷什科维奇:《抗议与忍耐的政治经济分析》,张大军译,广西师范大学出版社2009年版,第215页。
② 有中国学者认为:中东欧国家满足了加入欧盟的条件,表明其市场化和民主化程度达到了"较高水平的均衡"。参见程伟主编:《中东欧独联体国家转型比较研究》,第206页。
③ [波] 格·科沃德科:《全球化与后社会主义国家大预测》,郭增麟译,世界知识出版社2003年版,第91—92页。
④ 赵乃斌、朱晓中主编:《东欧经济大转轨》,中国经济出版社1995年版,第49页。

有异议。不管右翼还是"左翼"执政,都或快或慢地推动市场化进程。

有学者甚至认为,"由于指令经济崩溃,在市场经济充分落实而且产生收益之前,民主政体能够而且必须以各种途径建立起来并且取得合法性"。在这种情况下,"民主的政治体制使市场经济具有正当性,而不是相反。这是因为,当民主国家之中的大多数人不去质疑私有所有权的产生方式的时候,尽管这种质疑可以以合法的方式进行,私人财产才受到了保护"[1]。

第二,民主化和民主制度的实行有助于产生有效的市场化政策,促进经济增长。

首先,虽然"民主不能自动保证:在任何情况下由选举做出的选择都是最好的经济政策"[2],但在大多数情况下,民主程序的执行和代表的广泛性有助于避免经济决策的失误,推出有效的市场化政策。《转型报告2013》以大量的数据证明:与总统制相比,议会制缺乏推行必需却不受欢迎的改革议程的强大的领导能力,但能够制约总统权力的滥用,减轻腐败的危害。比例代表制以及与其密切相关的多党联合政府也许不够稳定并拥有更多的支出和预算赤字,但由于其广泛的代表性,却倾向于产生更好的经济制度,在转型地区尤为如此[3]。中东欧国家实行议会制,大多采用比例代表制,多为多党联合政府,这对经济制度有积极影响。

其次,"民主秩序和市场纪律是有利于持续增长的基本的组合。民主意味着组织和规则,也意味着一种文化和行为。所有这些因素,发育到一定程度,就会促进和提高经济行为所应该遵循的市场游戏规则的透明度和条件的可预测性。民主保障稳定,而稳定又往往促进增长"[4]。中东欧国家政局动荡对市场化进程和经济发展的不利影响从反面证明了这一论断,而中东欧国家的经济增长也都出现在政治稳定的时期。

---

[1] 参见[美]胡安·J.林茨、阿尔弗莱德·斯泰潘《民主转型与巩固的问题:南欧、北美和后共产主义欧洲》,浙江人民出版2008年版,第459页。
[2] [波]格泽戈尔兹·W.科勒德克:《从休克到治疗:后社会主义转轨的政治经济》,上海远东出版社2000年版,第281页。
[3] See European Bank for Reconstruction and Development, Transition Report 2013.
[4] [波]格泽戈尔兹·W.科勒德克:《从休克到治疗:后社会主义转轨的政治经济》,上海远东出版社2000年版,第280—281页。

最后，民主化的推进加强了经济民主。企业家自由从事商业活动，各个利益团体都在为自身的扩张而努力，结果加快了整个经济的增长。对商业活动的自由参与——买与卖、生产与竞争、储蓄和投资——都构成经济增长的驱动力，并以促进经济整体增长为目标而有效地组织起来。除自由从事商业活动外，经济民主还要求雇员参与企业决策和成果的分配，从政策上保证最低工资水平和收入。凡此种种，有利于经济增长和市场化进程①。

第三，民主化和民主制度的实行有助于缓解民众对市场化困境的不满，避免市场化道路的逆转。

民主化遭遇的困难加剧了市场化的困境，但民主化和民主制度本身却"可能会起到安全阀的作用：它们将对社会不满情绪的表达导入民主程序之中，并由此造成一种延迟和平衡的效果。民主化没有威胁到经济稳定与转型，而是最终成了它们的政治工具"②。

随着民主化进程的开启，中东欧国家进入波兰经济转型设计师莱舍克·巴尔采罗维奇所称的"非常政治期"或丹麦学者奥勒·诺格德所称的"机遇空间期"。在这个时期，思考公共事务并展开行动成为社会中的一股强劲的潮流，以往的既得利益者不敢谋求其狭隘的私利，不敢反对有关市场化的立法，民众可以暂时不顾个人经济利益，支持包括市场化在内的在他们看来象征着与过去彻底决裂的任何政策。③"即使人们都意识到经济的衰退，仍有可能产生一种延期的、对将来的满足和信心。"④ 这样，对政治的积极评价为痛苦的经济重构提供了有益的缓冲⑤。这是中东欧国家转型

---

① [波]格泽戈尔兹·W.科勒德克：《从休克到治疗：后社会主义转轨的政治经济》，上海远东出版社2000年版，第280、284—286页。
② [匈]贝拉·格雷什科维奇：《抗议与忍耐的政治经济分析》，广西师范大学出版社2009年版，第214页。
③ 参见[丹]奥勒 诺格德：《经济制度与民主改革：原苏东国家的转型比较分析》，孙友晋等译，上海人民出版社2007年版，第182—183、217页。
④ [日]猪口孝、[英]爱德华·纽曼、[美]约翰·基恩编：《变动中的民主》，吉林人民出版社1999年版，第236页。
⑤ 参见[美]胡安·J.林茨、阿尔弗莱德·斯泰潘《民主转型与巩固的问题：南欧、北美和后共产主义欧洲》，浙江人民出版社2008年版，第460页。对此的论述还可参见[波]格泽戈尔兹·W.勒德克《从休克到治疗：后社会主义转轨的政治经济》，上海远东出版社2000年版，第295页。

之初面对急剧的经济衰退仍坚持市场化道路的一个重要原因。

即便在"非常政治期"或"机遇空间期"过去之后,民众"开始要求新政府提供具体的实惠"[①],民主制度的运转也能为吸纳和消化市场化困境的负面影响提供较多的回旋余地。因为"选举一直在望,可以产生替代性的社会经济计划和政府,而政体可保持不变。这意味着大多数新的民主政体有八年的喘息时间——最初的政府大约四年时间,取而代之的政府又大约四年"[②]。这给中东欧国家更多的时间调整经济政策,也为民众适应新的民主政府所采取的根本性社会经济变革所带来的伤害,提供了宝贵的空间[③]。因此,至少在一定时间内,中东欧国家民众对民主化和民主制度的认同使其能够容忍市场化困境,"使得政治制度可以不受人们对新经济体制低效能的看法的影响"[④],从而避免民主制度因市场化困境的不利影响发生逆转。

《转型报告2013》通过数据分析证实了民主化和民主制度对市场化的有利影响,指出:虽然民主制度既不是成功的经济改革的必要条件也不是充分条件,但民主化与经济改革之间存在巨大的关联,民主制度较为完善的转型国家倾向于采取更进一步的经济改革措施,似乎能够实行更好的经济制度并促进经济增长。[⑤]

(二)市场化和市场经济对民主化的有利影响

处于困境中的市场化危及民主化进程,不意味着市场化和市场经济总是不利于民主化进程。实际上,"一种市场资本主义经济,它所造成的社会,它所引起的、为它所特有的经济增长,这一切,对于发展和维持民主

---

① [丹]奥勒·诺格德:《经济制度与民主改革:原苏东国家的转型比较分析》,上海人民出版社2007年版,第217页。
② [美]胡安·J.林茨、阿尔弗莱德·斯泰潘:《民主转型与巩固的问题:南欧、北美和后共产主义欧洲》,浙江人民出版社2008年版,第84页。
③ 同上书,第460页。
④ [日]猪口孝、[英]爱德华·纽曼、[美]约翰·基恩编:《变动中的民主》,吉林人民出版社1999年版,第235页。对这一观点的论证参见该书第232—236页。
⑤ See European Bank for Reconstruction and Development, Transition Report 2013.

政治制度来说，都是非常有利的条件"①。

第一，市场化和市场经济的实行有助于形成多元化的利益结构，乃至不同的社会阶层或阶级，为多党制的发展奠定基础。

中东欧国家的政党大多是在剧变中为夺权建立或重建的，缺乏确定可靠的社会基础。波兰团结工会、捷克公民论坛、斯洛伐克公众反暴力、保加利亚民主力量联盟和斯洛文尼亚德莫斯等甚至算不上严格意义上的政党，而只是一个在反共的共同目标下由意识形态和政治主张各不相同的政治势力组成的庞杂的集合体。

市场化和市场经济的实行打破了中东欧国家原先的社会结构，"促进了社会层化""产生了由经济利益（追求获得资产、商品、收入和机会）界定的社会阶级"②。有学者认为，中东欧国家形成了如下社会阶层：新的精英、中产阶级（商业、管理和专业人士）、社会基层（蓝领工人、农民和部分依靠预算收入的知识分子）、边缘化的集团③。也有学者根据在捷克、波兰、匈牙利、斯洛伐克、罗马尼亚、保加利亚以及立陶宛、俄罗斯、乌克兰9国对社会结构和政治态度与行为进行调查所搜集的数据，按照就业地位（如雇主、自我经营者和雇员之间）的差别和雇员之间在就业条件、职位安全程度和职业机会上的差别，把这些国家中的阶级划分为10个类别。不同阶级的成员拥有不同的资源以从市场化中受益，经历着与转型相联系的不同的经济变化，具有不同的未来预期，形成了不同的阶级利益。在转向市场经济的目标和方法上的阶级分化已经出现，可能会塑造该地区政治竞争的性质，甚至可以预计，在中东欧地区，政治的阶级基础比在西方国家还要强④。

---

① ［美］罗伯特·达尔：《论民主》，李柏光、林猛译，商务印书馆1999年版，第167页。
② 孔田平：《东欧经济改革之路——经济转轨与制度变迁》，广东人民出版社2003年版，第295、289页。
③ See Vladimir Mikhalev, *Inequality and Transformation of Social Structures in Transition Economies*, Research for Action 52, 2000。转引自孔田平《东欧经济改革之路——经济转轨与制度变迁》，广东人民出版社2003年版，第291页。
④ 参见［英］戴维·李、布赖恩·特纳主编《关于阶级的冲突：晚期工业主义不平等之辩论》，重庆出版社2005年版，第275—295页。

在社会阶层或阶级不同利益的驱使下,鱼龙混杂的政党和反对派运动不断分化组合,形成为数不多的有固定阶层或阶级支持、能对国家政治生活产生重大影响的政党,实现多党制的稳定和完善。

第二,市场化和市场经济的实行有助于形成公民社会和中产阶级,为民主化的推进提供支持。

首先,"市场的高度自主性和经济之中所有权的多样性,是保证公民社会的独立性和活跃性的必要条件,而这种公民社会有助于民主的发展"①。由于历史的原因,到20世纪90年代初,中东欧国家几乎一直不存在"独立和公正的政治与民间机构",这成为"自由民主形态走向成熟的实际或潜在的主要障碍之一"②。实行市场化后,波兰、匈牙利、捷克、斯洛伐克和斯洛文尼亚的公民社会发展良好,其他中东欧国家的公民社会也大都获得了不同程度的进展。③ 有学者断言:在中东欧,公民部门已经形成④。

其次,市场化和市场经济的实行"创造了一个庞大的追求教育、自治权、个人自由、财产权、法治和参与政府事务的中产阶级"⑤。这个群体包括工业和农业企业的新业主,服务业和中小企业的技术人员,外资企业雇员和管理人员,行政部门中与欧盟的行政管理关系密切的人员,在财经、银行、保险和咨询部门等1989年后的新部门中发展起来的人以及能够在从咨询到私人教育等极其多样的部门中施展才智的知识分子⑥。"中产阶级是民主理想和制度的天然盟友"⑦"创造一个独立的、竞争的和相对广泛的中产阶级对于民主化来说应该是极为有益的"⑧。

---

① [美]胡安·J.林茨、阿尔弗莱德·斯泰潘:《民主转型与巩固的问题:南欧、北美和后共产主义欧洲》,浙江人民出版社2008年版,第12页。
② 参见[英]罗伯特·拜德勒克斯、伊恩·杰弗里斯《东欧史》下册,韩炯等译,东方出版中心2013年版,第870页。
③ 参见郭洁《东欧转型国家公民社会探析》,《科学社会主义》2009年第4期。
④ 参见苑洁主编《后社会主义》,第16—17页。
⑤ [美]罗伯特·达尔:《论民主》,李柏光、林猛译,商务印书馆1999年版,第176页。
⑥ [法]弗朗索瓦·巴富瓦尔:《从"休克"到重建:东欧的社会转型与全球化—欧洲化》,陆象淦、王淑英译,社会科学文献出版社2010年版,第187页。
⑦ [美]罗伯特·达尔:《论民主》,李柏光、林猛译,商务印书馆1999年版,第176页。
⑧ 苑洁主编:《后社会主义》,中央编译出版社2007年版,第113页。

第三，市场化和市场经济的实行有助于促进经济发展，为民主化的推进创造条件。

历史经验表明："由无数的竞争参与者各自独立地做出无数的决策的经济体系（这里的竞争参与者都是自利的并且被市场提供的信息所引导）能够以最高的效率生产产品和服务"[1]，促进经济发展。中东欧国家也不例外，在20世纪90年代初的经济衰退后，它们相继步入增长期，直到2009年在国际金融危机冲击下再次陷入衰退。虽然"没有一种经济发展的格局自身对导致民主化是必不可少的，或是充分的"，但"在经济发展的程度与民主之间存在着一种全面的相关性"[2]。更确切地说，经济发展有利于民主化。

从理论上讲，经济发展消除贫困和改善生活水准，培育民众的满足感、相互信任、自我约束和凭能力竞争的性格，使其能够理智参与政治；提供给个人、团体和政府更多的剩余资源以支持教育，提高社会中的教育程度；使社会集团之间有更多的资源可供分配，加强融合和妥协，减少社会和政治冲突；导致社会变迁，促进中产阶级的扩大，壮大民主化的支持力量，提高镇压的代价；导致威权政权越来越难以驾驭的新的，更加多样、复杂和相互依赖的经济，造就新的财富和权力来源，需要分散决策权；要求并推动社会对外开放，接受工业化世界流行的民主概念的影响[3]。更为直接的是，良好的经济发展会使民众对正在实行的市场化和民主化产生好感，进而支持市场化和民主化。

从经验上看，"把产油国作为特例放在一边，世界上最富裕的国家除新加坡外，都是民主国家，世界上几乎所有最穷的国家，除印度和其他一两

---

[1] [美]罗伯特·达尔：《论民主》，李柏光、林猛译，商务印书馆1999年版，第175页。
[2] [美]塞缪尔·亨廷顿：《第三波——二十世纪后期民主化浪潮》，刘军宁译，上海三联书店1998年版，第68页。
[3] [美]塞缪尔·亨廷顿：《第三波——二十世纪后期民主化浪潮》，刘军宁译，上海三联书店1998年版，第75—77页；[美]罗伯特·达尔：《论民主》，李柏光、林猛译，商务印书馆1999年版，第176页；[美]胡安·J.林茨、阿尔弗莱德·斯泰潘：《民主转型与巩固的问题：南欧、北美和后共产主义欧洲》，浙江人民出版社2008年版，第82—83页；[美]西摩·马丁·李普塞特：《政治人——政治的社会基础》，张绍宗译，上海人民出版社1997年版，第27页；[美]霍华德·威亚尔达主编：《民主与民主化比较研究》，榕远译，北京大学出版社2004年版，第179页。

个特例外，都不是民主国家。处于经济发展中间层次的国家有些是民主国家，有些不是民主国家"①。计量经济学的证据进一步表明："人均国民生产总值与民主体制稳定之间存在巨大的关联，即从来没有一个人均国民生产总值为6055美元或以上的民主体制遭到过失败。"② 经过20余年的曲折发展，绝大多数中东欧国家的人均国内生产总值都超过了这一标准，这成为推进民主化的一个有利条件。同时，"经济上越发达和富裕，民主化的发展也越快"③。波兰、捷克、斯洛伐克、斯洛文尼亚等经济发展较好、较为富裕的国家，其民主化进程明显领先于经济比较落后的波黑、阿尔巴尼亚、马其顿、塞尔维亚等国。

《转型报告2013》通过数据分析证实了市场化和市场经济对民主化的有利影响，指出：除石油输出国外，不断增长的人均国内生产总值导致更多的民主。市场改革不仅通过其对增长的作用，而且直接——可能因为它阻止了反民主的政治和经济精英确立并巩固其地位——有利于民主化④。

丹麦学者奥勒·诺格德认为："初期的政治事件（选举）切断了与旧政权的联系，推动了民主的、基础广泛的政治制度的建设，这时会出现良性的循环。良好的政治制度反过来促进经济变革的成功，后者又使民主得到了进一步的巩固，因为这些制度催生了新的既得利益群体，同时还因为良好的经济绩效提升了民众对产生这种结果的政治体制的支持。"⑤ 中东欧国家能够走出转型之初的困境，一个重要原因是民主化和民主制度与市场化和市场经济之间形成了良性互动。至于这种良性互动在当前国际金融危机和欧元区债务危机给中东欧国家造成的困境中能起到多大的积极作用，

---

① [美] 塞缪尔·亨廷顿：《第三波——二十世纪后期民主化浪潮》，中国人民大学出版社2013年版，序第3页。
② [美] 詹姆斯·F.霍利菲尔德、加尔文·吉尔森主编：《通往民主之路——民主转型的政治经济学》，何志平、马卫红译，社会科学文献出版社2012年版，第330—331页。
③ [波] 格泽戈尔兹·W.科勒德克：《从休克到治疗：后社会主义转轨的政治经济》，上海远东出版社2000年版，第296页。
④ See European Bank for Reconstruction and Development, Transition Report 2013.
⑤ [丹] 奥勒·诺格德：《经济制度与民主改革：原苏东国家的转型比较分析》，上海人民出版社2007年版，第155页。

还有待观察和评判。

三 对民主化与市场化关系的思考

20世纪90年代初,中东欧国家的民主化与市场化遭遇困境,呈恶性互动关系。政局波动、国家和政府作用缺失不利于市场化和经济发展,经济衰退不利于民主化和政治稳定。90年代中期以来,民主化与市场化愈益相互促进,协调发展,呈良性互动关系。

中东欧国家的民主化与市场化之所以能从恶性互动走向良性互动,得益于民主制度与市场经济之间的兼容性。从理论上说,同时进行的民主化与市场化会有四种结果,民主化与市场化的同步推进只是其中之一,可能还会出现市场化由一个专制政府推进、市场化被放弃而民主制度得以幸存、市场化和民主化都发生逆转的情况[1]。从实践上看,虽然历史上也存在过市场经济与专制政府并存(如两次世界大战之间的大部分时间里除捷克斯洛伐克外的中东欧国家)、专制政府发起市场取向的经济改革(如佛朗哥统治下的西班牙、皮诺切特统治下的智利、革命制度党长期执政时期的墨西哥等)、民主政府"在'极少和极短的情况下'有效率地管理经济"(如"一战"和"二战"期间的英国和美国)[2]的事例,但市场经济与专制政府在除捷克斯洛伐克外的中东欧国家并存的时间不长,便终止于第二次世界大战;西班牙、智利、墨西哥等国最终走上了民主化道路;而"在和平时代将中央集权经济和民主制度结合在一起的实验从来没有被尝试过"[3]。多数情况下,特别是在西方国家,民主制度与市场经济共存,这表明它们之间有很强的兼容性。这种兼容性成为中东欧国家民主化与市场化同时推进的前提条件。

---

[1] 参见[美]亚当·普沃斯基《民主与市场——东欧与拉丁美洲的政治经济改革》,北京大学出版社2005年版,第107页。
[2] 参见[美]罗伯特·达尔《论民主》,李柏光、林猛译,商务印书馆1999年版,第179页。
[3] 同上书,第180页。

中东欧国家的民主化与市场化从恶性互动走向良性互动更得益于欧盟在其中所起的规范和推动作用。中东欧国家急于加入欧盟，因而欧盟提出的有关民主制度和市场经济的标准对中东欧国家的民主化与市场化进程有很大的规范和推动作用，"甚至把诸如斯洛伐克、保加利亚和罗马尼亚等几个起初似乎在民主或市场或在两个方面摇摆不定的国家都纳入民主化和市场化进程之中"[①]。

随着越来越多的中东欧国家加入欧盟，一方面，民主化和市场化在这些国家实现了较高水平的均衡[②]；另一方面，由于欧盟不太可能取消他们的成员资格，欧盟制约的空间有所缩小，在国际金融危机和欧元区债务危机带来的市场化困境之下，一些国家出现了与民主化背道而驰的迹象。不过，就目前情况看，中东欧国家经济已经得到不同程度的恢复，民粹主义和集权主义的力量也没有强大到颠覆民主化的地步。至于民主制度与市场经济间固有的张力[③]则不仅是中东欧国家，也不仅是转型国家，而且是拥有成熟民主制度与市场经济的西方国家共同面临的挑战。

纵观中东欧国家20余年的发展历程，可以看出，其民主化与市场化之间呈现出明显的正相关关系。民主化和市场化越困难，带来的政局波动和经济衰退越大，它们越有可能相互威胁，彼此拆台；民主化和市场化越顺畅，民主化和市场化程度越高，它们越有可能相互促进，共同发展。在整体趋势上，民主化与市场化进程间往往存在着一致性，也就是说，民主化进度较快、民主制度较为巩固、政局较为稳定的国家一般也是市场化步子较大、市场经济较为成熟、经济发展较为迅速的国家。

（作者单位：中国社会科学院俄罗斯东欧中亚研究所）

（原载《俄罗斯学刊》2014年第6期）

---

① Mitchell A. Orenstein, *What Happened in East European (Political) Economies? A Balance Sheet for Neoliberal Reform*.
② 参见程伟主编《中东欧独联体国家转型比较研究》，经济科学出版社2012年版，第206页。
③ 参见［美］罗伯特·达尔《论民主》，李柏光、林猛译，商务印书馆1999年版，第181—191页；［英］约翰·邓恩编：《民主的历程》，林猛等译，吉林人民出版社1999年版，第255—256页。

拉美国家民主巩固与
转型的趋势及困境

袁东振

本文主要从政治发展的视角分析拉美国家民主发展的路径特征，从民主体制、政党制度、政府体制以及民主多样性等方面透视拉美国家民主转型的基本趋势，从民主质量、民主的巩固、代表性危机等方面分析拉美民主转型的困境。

一 拉美民主的发展路径特征

拉美是发展中世界最早确立民主体制的地区，但其民主发展的历程异常曲折，经历了民主与专制相互交替的漫长周期。19 世纪上半叶独立后，该地区的政治家和精英阶层普遍接受了近代资产阶级民主政治的基本原则，多数国家模仿美欧的体制模式，建立起三权分立制度。但在相当长的时期内，拉美国家民主体制具有从外部"移植"的特性，真正的分权和制衡机制并没有建立起来。相反，从欧美引入的民主体制表现出一定程度的"水土不服"，甚至发生严重变异。在独立后长达 170 年的时间里，尽管民主制度的内涵不断丰富，但民主体制与考迪罗政治并存，民主政治与威权统治交替发挥作用成为拉美民主发展过程的"常态"。

（一）拉美民主的发展路径

多数拉美国家独立后以美国和法国宪法为蓝本制定了宪法，确立了"人民主权"、法律是"普遍的意志"、通过代议制治理国家等基本原则。但在民主初建时期，其政治体制基本是一种"权贵政治"，是"竞争性的寡头制"或"寡头共和主义"[1]，在自由民主的原则和口号下，在性别、财产和文化等方面对选举权作出许多限制，占人口绝大多数的妇女、穷人和文盲被剥夺了选举权。在独立后的最初30年里，克里奥尔（指土生白人）保守派和考迪罗垄断着各国的政治生活[2]，投票权受到严格限制，选举通常是间接的，享有投票权的人通常不足总人口的1%。即使是乐观的估计，在19世纪的大部分时期，拉美国家男性人口的政治参与度也不足5%[3]。

从19世纪50年代起，拉美国家公民政治权利不断扩大，民主内涵不断丰富。在自由派推动下，许多国家确立了直接选举制度，政治参与权扩大。19世纪后半叶，许多国家在财产等方面对投票权的限制逐渐放宽，一些新社会集团逐步参与到国家政治生活中。进入20世纪特别是到20世纪中叶，对选举权的所有限制都被取消。继乌拉圭和巴西（1932年）之后，到50年代中叶，拉美主要国家的妇女都获得选举权。到50年代和60年代，对选举权在文化方面的限制也被取消，但各国取消限制的时间不同，阿根廷（1912年）和乌拉圭（1918年）较早，哥伦比亚（1936年）、委内瑞拉（1947年）、哥斯达黎加（1949年）和智利（1970年）等稍后，秘鲁和巴西最晚，直到1979年和1985年文盲才获得选举权[4]。由于普选原则的确立，拉美的"权贵政治"最终过渡到代议制民主政治。相关资料显

---

[1] [美]彼得·H.史密斯：《论拉美的民主》，谭道明译，译林出版社2013年版，第29页。
[2] 考迪罗是西班牙语caudillo的译音，意为"首领"。拉美独立战争期间，特指自组军队、称雄一方的非正规军首领。拉美国家独立后，指以军事实力为靠山、依靠武力夺取政权、实行专制统治的军事首领。
[3] Harry E. Vanden and Gary Prevost, *Politics of Latin America: the Power Game*, Oxford University Press, 2002, p.204.
[4] [英]莱斯利·贝瑟尔主编：《剑桥拉丁美洲史》第六卷（下），当代世界出版社2001年版，第99—100页。

示，拉美国家投票率因此达到 40%—50%，与美国基本持平[①]。

（二）民主与专制的相互交织

但在独立后相当长的一段时期内，殖民地时期西班牙专制主义传统仍有很大影响，致使考迪罗主义盛行。考迪罗主义经常凌驾于法律和宪法体制之上，许多国家的权力交接不能按法律程序进行，用非宪法手段夺取政权的现象非常普遍。列文认为，从独立到第一次世界大战，拉美世界共发生过 115 次成功的军事政变，未遂政变不计其数[②]。考迪罗主义通常没有鲜明或一成不变的意识形态，"可以支持各式各样和相互矛盾的事业"[③]。他们有时把自己说成联邦主义者，有时又把自己装扮成中央集权主义者；有时支持自由派，有时支持保守派。保守主义的考迪罗和自由主义的考迪罗虽有不同的政治理念，但在统治方式上都采用专制手段。美国西北大学教授弗兰克·萨福德认为，即使在所谓"自由主义者"控制政权后，除了自由主义的口号外，其统治方式与专制独裁政权差别不大，在自由主义旗帜下，其统治方式完全是独裁专制的，"这些政权回到了接近西班牙传统的统治模式"[④]。

进入 20 世纪以后，随着拉美经济的发展和社会的变迁，考迪罗逐渐淡出政治舞台。然而，传统考迪罗"退场"并不意味着独裁专制统治绝迹，相反，民主和独裁的斗争仍贯穿于 20 世纪以后该地区政治发展的始终，各种形式的专制统治周期性地出现，军事政变依然是政治进程中"正常"的和"常规"的组成部分，民主政治与专制威权统治呈现出相互交替的"钟摆效应"。"二战"结束之初，拉美许多国家建立了民主政府，但好景不长，不少国家的军人借"冷战"形势，通过政变夺取政权。到 50 年代末，在民主化潮流的推动下，专制统治纷纷垮台。当时有不少观察家乐观地认

---

① Howard J. Wiarda (eds), *The Continuing Struggle for Democracy in Latin America*, Westview Press, 1980, p.43.
② Edwin Lieuwen, *Arms and Politics in Latin America*, Praeger, 1961, p.21.
③ ［英］莱斯利·贝瑟尔主编：《剑桥拉丁美洲史》第三卷，社会科学文献出版社 1994 年版，第 376 页。
④ 同上书，第 426 页。

为，专制统治在拉美行将结束[①]。然而，以1964年巴西军事政变为标志，拉美开启了独裁专制统治的又一周期。到70年代中期，只有哥斯达黎加、哥伦比亚、委内瑞拉和墨西哥等少数国家仍然保留着民主形式的政府。

值得指出的是，20世纪中叶以后拉美的专制政权与传统考迪罗既类似，又有不同。这两类政权的获取都不是通过正常法律程序实现的，在行使职权时通常会超越法律和宪法的限制，它们都是民主政治的对立物。胡安·林茨将20世纪中叶以后拉美的专制政权称为"威权主义"政权，认为它在概念和经验上，既不同于以自由和开放的多元主义为标志的民主制度，也不同于以国家对社会进行"全面"支配为标志的极权主义统治。相反，"威权主义体制是政治多元主义受到一定限制、不对人民负责的政治制度，它没有详尽和指导性的意识形态，但有别具一格的思想，一般情况下没有严密和广泛的政治动员"。威权主义的领袖通常不是个人，而是一个小集团，在形式上含糊不清但实际上在可预见的界限内行使权力。彼得·史密斯认为威权主义"是一种与众不同、符合逻辑的制度"，既包括军政府体制，也包括个人化的独裁体制，以及一党独大的制度[②]。

20世纪70年代末开始的"还政于民"到90年代初基本完成，拉美进入历史上最长一轮的民主周期。此后，尽管一些国家出现军人干政企图（如海地、厄瓜多尔、委内瑞拉和洪都拉斯），但这些都是在特定国家、特定历史节点的个别或偶发现象，没有像以往那样在周边国家产生明显的"传染效应"，且事态发生后很快便回归正常，没有导致民主政治和体制的逆转。目前所有拉美国家都处于民主政府统治之下，威权政治向民主的转型基本完成，传统的民主与威权统治的"钟摆效应"似乎已经被打破。

二 拉美国家民主巩固与转型的基本趋势

随着威权政治向民主政治的转型，拉美国家民主体制渐趋完善，政党

[①] Harry E. Vanden and Gary Prevost, *Politics of Latin America: the Power Game*, p.189.
[②] 参见［美］彼得·H. 史密斯《论拉美的民主》，译林出版社2013年版，第13页。

运行规则日益清晰，政府体制及其效率趋于改善，民主的多样性进一步发展，维护民主的共识和意愿增强。这既是拉美民主转型的基本趋势，也是拉美民主转型的重要特征。

（一）民主体制渐趋完善，政党运行规则日益清晰

拉美国家建国初期，社会和阶级结构都比较简单，占人口少数的大地主、天主教会和军队上层等寡头集团在政治和经济上占绝对统治地位，其他阶层则处于被支配、被排斥和边缘化状态。国家政权为寡头势力所垄断，其他阶层的代表性在国家机构中没有得到相应的体现。在国家政权结构方面体现为权力机构之间关系的严重不对称，以总统为核心的行政机构居支配地位，而立法和司法机关则处于相对虚弱甚至是被支配和服从的地位。

20世纪以后，经济发展和工业化带动社会和阶级结构出现重大变化，新兴工商企业集团力量不断扩大，产业工人、中间阶层和现代农业企业家等群体迅速崛起，社会和政治力量出现多元化趋势。这些多元化的新兴力量要求参与、分享甚至主宰国家的政治生活。传统精英集团、新兴利益集团以及这些集团内部的不同派别通过竞争和博弈，逐渐在国家行政、立法和司法机构中占据一定地位，也使这些机构具有了更广泛的代表性。行政机构特别是总统个人集大权于一身、立法和司法机构过度虚弱的传统政权结构模式已不符合新的社会和政治现实，三权分立制度开始具有实质性内容。在20世纪80年代后民主巩固与转型过程中，拉美国家的民主体制渐趋完善，立法和司法机构的地位和作用不断加强。90年代后拉美"国家改革"的重点之一是加强立法和司法机构作用，强化其对行政机关的制约和监督。改革之后，许多国家的议会拥有了较大自主性，不再是总统的"橡皮图章"，而是能在许多方面正常行使宪法规定的权力和职能。一些国家的议会根据宪法赋予的权力，完成对违宪总统的质询或解职，继巴西（1992年）、委内瑞拉（1993年）和秘鲁（2001年）总统被议会罢免后，2009年和2012年洪都拉斯和巴拉圭总统也被解职或弹劾。

随着民主体制渐趋完善，拉美国家的政党政治趋于成熟。拉美国家的政党最早出现在19世纪上半叶，主要是自由党和保守党，这两类传统政党均是精英组织，是寡头集团政治斗争的工具，群众基础薄弱。19世纪末开始特别是进入20世纪，拉美国家先后出现所谓现代政党。与传统政党相比，现代政党成分较复杂，群众基础相对广泛，政治立场和政策主张相对温和，利益诉求更加多元化。20世纪90年代以后，拉美地区又出现一种新型政党，多党政治的趋势进一步稳固，政党与民主巩固的关联度进一步增强。第一，政党的作用更趋重要。政党成为重要甚至是居统治地位的政治力量，成为国家政治正常运转的重要动力和基本保障。主要政党间的妥协与合作成为推进政治经济改革及维护社会稳定的重要手段。第二，政党职能更为广泛。政党与选举制度、议会制度间建立起密切联系，连接着政治体制中的各种要素，广泛深入地参与到社会政治生活之中。在绝大多数拉美国家，政党起到了培养政治新人、加强政治联系、实现社会控制、参与政府组织和决策的功能。第三，政党管理更加规范。拉美各国宪法和法律对政党的地位做了明确规定，许多国家通过制定专门的《政党法》，对政党登记、政党资金、政党参与竞选活动的程序、政党的活动方式作了详细规定，将政党管理完全纳入国家的政治体制。

（二）政府体制趋于完善，政府效率趋于改善

公务员制度（又称文官制度）是现代政府体制的重要标志。由于政治传统不同，拉美国家公务员制度的成熟度有较大差异。英语加勒比地区的国家在20世纪60年代独立前就已经拥有了相当完善的英国式公务员制度，独立后完整地将这一制度继承下来。此后虽进行过若干改变，但该制度的框架和效率基本得以延续。阿根廷、巴西等拉美主要国家的公务员制度也已相当发达，有专门负责公务员培训的部门和机构，公务员制度的组织、公务员工资的确定、人员的奖惩也有专门机构负责实施。智利、委内瑞拉、乌拉圭、巴拿马等国的公务员制度也早就相当成熟[1]。多米尼加、厄瓜多尔等国家的公务员制度虽还不够

---

[1] George Thomas Kurian (ed.), *Encyclopedia of the Third World*, Third Edition, Facts on File Inc., 1987, p. 2099, p. 2072, p. 1535.

成熟，有些国家甚至在法律上长期没有确立"职业文官制度"，但这一制度也已经起步，设立了负责公共部门职员培训工作的专门机构。

在20世纪90年代以后"国家改革"中，拉美国家采取相关措施完善公务员制度，以提高政府效率。多数国家重视完善公务人员选拔、任用、考核和晋升机制的完善，力图最大限度消除执政党更迭对机关工作的冲击。一些已经确立公务官制度的国家，最大限度地推进功绩奖赏制度，有意识地消除传统"官职恩赐制"残余，力图改变职务晋升不是按业绩，而是靠政治联系的历史传统。拉美国家普遍把清除腐败行为作为完善公务员制度的重要内容，许多国家颁布了专门的反腐法令或法规，几乎所有国家都有反腐措施出台。

（三）民主的多样性进一步发展，民主的内容更加丰富

代议制民主是拉美国家民主最主要的传统形式。代议制民主最显著的特点是，由公民选举立法和行政机关代表，并代表其在国家机构中行使权力。议会制度（又称内阁制）和三权分立制度（又称总统制）是拉美地区代议制民主两个最主要类型。20世纪60年代后独立的13个加勒比地区国家中[①]，除圭亚那外均实行议会制。拉美大陆国家则主要实行三权分立制度。

进入21世纪，拉美多元民主的趋势进一步加强，多个国家开展"参与式民主"的实践。1999年查韦斯执政后，积极在委内瑞拉推进人民参与的新民主模式建设，这种新民主模式就是所谓"参与式民主"。查韦斯的主张得到玻利维亚、厄瓜多尔等国家"左翼"领导人积极响应。这些国家构建"参与式民主"的主要手段和内容包括：第一，改造传统国家体制。查韦斯上台后，将两院制议会改为一院制，打破传统立法、司法和行政三权分立体制，增设公民权和选举权，建立五权分立模式。第二，强调人民参

---

① 20世纪60年代后中美和加勒比地区共有13个国家独立，苏里南是原荷兰殖民地，其他都是原英国殖民地。这12个英语国家独立后都留在英联邦内，其中9个国家把英王作为国家元首，把英王任命的总督视为英王代表。

与决策。主张"在参与式民主下,人民有决策权";认为建立"参与式民主"就是建立人民的统治,把权力交给人民;提出把权力转变为人民的工具,把统治建立在民众享有参与权的基础上,把决策权建立在人民权利的基础上;强调参与式民主是直接民主,是由人民的组织取代统治人民的官僚机构。第三,替代代议制民主。认为代议制民主的所有国家机器都是改良性质的,而改良主义国家是建立在庇护主义政治文化基础上的。代议制民主虽然名义上"代表人民",但"代表"却变成凌驾于人民之上的"上层"。查韦斯宣称"所有代议制民主不可避免的趋势是走向官僚政府制度和精英主义体制",因此"我们正在摒弃代议制民主,赋予参与式民主以活力"①。第四,公众参与的重要渠道是社区组织的发展。主张把决策权交给社区,因为"社区"是公众参与的重要方式,是"共和国的最基层单位""是履行民众权利的工具""是未来社会的基本细胞"②。当前,对"参与式民主"尚有不少争论,但无论如何,它极大丰富了拉美国家民主的内容。

(四)维护民主的共识和意愿增强,民主巩固的地区环境更加有利

如前所述,拉美国家在传统上深受独裁专制统治之累,在公民自由、人权、国际声誉等方面付出高昂代价,建立、巩固和维护民主逐渐成为拉美各界共识。20世纪70年代以来,美国从其自身利益出发,在拉美积极推进民主战略,也在客观上推动了拉美国家民主共识的形成与巩固。

1994年美洲国家组织会议通过《华盛顿宣言》,主张对违反民主制原则的美洲国家进行制裁。此后的三次美洲国家首脑会议均重申这一原则。2001年4月美洲国家首脑会议通过的《魁北克宣言》(以下简称《宣言》)附加了"民主条款",强调"民主的价值与实践是实现各项目标的基础",本地区国家对民主秩序的任何篡改和修改或破坏,都将构成该国政府参加美洲国家首脑会议无法逾越的障碍;美洲国家可以对以非民主手段取得政

---

① Carlos Malamud, *Populismos Latinoamericanos*, Ediciones Nobel, 2010, p. 122.
② Marta Harnecker, "Building Socialism in Venezuela", http://alternatives-international.net.

权的行为进行干预。与会的34个国家领导人,只有委内瑞拉总统查韦斯对《宣言》提出两点保留。2001年9月,美洲国家组织34个成员国代表签署《美洲民主宪章》(以下简称《宪章》),《宪章》的宗旨是加强维护民主的力度,强调"美洲人民有权享受民主,政府有义务促进并维护这一权利"。

拉美国家在实践上也一直试图按照民主原则和《宪章》精神对改变民主规则的行为进行抵制和制裁,体现了其维护民主的共识和意愿。2009年洪都拉斯发生政变后,该国被取消美洲国家组织成员国资格,洪都拉斯临时政府遭到拉美国家集体抵制。2012年巴拉圭总统被"闪电式弹劾"后,拉美国家认为弹劾违背民主程序,遂暂停巴拉圭"南美洲国家联盟"和"南方共同市场"成员国资格,拒绝承认该国临时政府。

三 拉美民主巩固与转型的困境及其原因

尽管拉美国家民主共识增多,民主机制和制度框架更加完善,民主多样性进一步发展,但在民主巩固与转型方面仍面临许多难题和困境,化解这些难题和困境背后的根源并不是一件很容易的事。

(一)拉美地区民主质量较低,民主制度尚缺乏对公民基本权利的保护

拉美学者认为,拉美民主具有"低度民主"的特质,选举民主虽日益成熟,但民主的深化远未完成,因为"正常选举并不一定表明民主质量改善";公民获得了选举权,但民主制度缺乏对公民其他权利的保护。拉美学者的研究显示,即使在进入21世纪后,只有半数拉美国家完全尊重公民的政治权利;只有不到1/3的国家完全尊重结社、言论、加入社会组织、免受滥用权力侵害等公民自由;从1988年到进入21世纪的十多年时间里,在公民自由方面没有明显改善[①]。2009年与1996年相比,至少有5个国家

---

① FLACSO – Chile, *Amenazas a la Gobernabilidad en America Latina*, Santiago de Chile, 2003, pp. 18 – 19.

的新闻自由度降低,加剧了"不自由民主"现象①。造成拉美国家民主质量较低,民主制度缺乏对公民权利的保护的主要原因有以下方面:

第一,一些国家体制的重要方面尚不能完全适应民主巩固与转型的需要。20世纪90年代的"国家改革"促进了拉美地区的民主转型,但在一些拉美国家,选举制度的缺陷日益暴露,由选举引发的争斗和内耗现象频发,加大了民主转型的难度。墨西哥2006年和2012年大选中,得票率居第二位的总统候选人公开抵制大选结果,引发严重社会和政治冲突。早在2006年欧盟就向墨当局提出包括修改选举法在内的49项具体改革建议,卡尔德隆总统(2006—2012年执政)任内也曾提出相关建议,但未得到实质性推进。在委内瑞拉2013年总统选举中,执政党候选人马杜罗以不到2%的微弱优势取胜后,反对派不承认选举结果,两派发生激烈冲突,政治局势一度陷入动荡。洪都拉斯2005年和2013年两次总统选举后,均对选举结果产生争议,大选失利者拒不承认选举结果,并长时间采取抗议行动。拉美的经验表明,那些已将总统选举由一轮改为两轮的国家,对选举结果的争议相对较少,当选者因而也具有更大的合法性。对选举结果产生的争议多出现在目前仍采用一轮定输赢的墨西哥、洪都拉斯等少数国家。对这些国家来说,要想进一步推进民主转型的深入,必须进行体制改革特别是选举制度改革②。

第二,考迪罗主义和威权主义政治传统对拉美民主的巩固与转型有不可低估的负面影响。如前所述,在拉美独立后相当长时期内,考迪罗主义盛行,考迪罗经常置法律和宪法体制于不顾,通过非宪法手段夺取政权、用专制方式进行统治。进入20世纪以后,传统考迪罗逐渐淡出拉美政治舞台,但传统考迪罗"退场"并不意味着独裁专制统治的绝迹,相反,民主和独裁的斗争仍贯穿于20世纪以后该地区政治发展的始终,各种形式的专制统治周期性地出现,军事政变依然是政治进程中"正常"和"常规"组成部分,民主政治与专制威权统治呈现出相互交替的"钟摆效应"。当前

---

① [美] 彼得·H. 史密斯:《论拉美的民主》,译林出版社2013年版,第325—327页。
② 在洪都拉斯2013年总统选举中,执政的国民党候选人埃尔南德斯以36%得票率当选。2014年1月该国议会提出选举改革建议,提出如果任何总统候选人都不能获得50%的选票,则需举行第二轮投票。

拉美虽处于民主巩固与转型的过程中，但考迪罗主义和威权主义政治传统的影响依然根深蒂固。在许多国家，威权主义、民众主义和克里斯玛式风格的政治领袖依然受到追捧，非民主的统治手段依然盛行，一些激进执政者甚至公开挑战传统民主制度的规则，这必然会对该地区民主转型产生不可低估的影响。

第三，体制性危机频繁发生加剧了民主转型的难度。拉美地区的民主一直是脆弱的，除少数例外，政治体制存在严重缺陷是该地区的普遍现象。由于缺少民主传统以及体制脆弱，再加上经济和社会的稳定性相对较差，拉美地区政治危机频繁出现，许多国家经常遭受严重政治危机的困扰。即使在进入21世纪以后，一些政治和军事寡头还经常试图使用军事威胁的方法打断民主化进程，而民众因对现实不满所进行的各种抗议活动也加剧了一些国家的政治动荡。不稳定仍然是拉美地区的重要特征，政治危机和社会动荡仍经常会导致一些国家政权的非正常更替。20世纪80年代以来，拉美地区有近20位总统不能完成法定任期，被迫在政治不稳定的环境中提前下台。

（二）拉美民众对民主的信任度下降，对民主体制的运转效果不满意

在拉美民主体制下，许多民众对民主的信任度下降。在一些拉美国家，对选举不感兴趣的人，或对竞选活动感到厌倦的人增多，政治参与的热情降低。例如2013年智利大选投票率不足42%。民调机构"拉美晴雨表"最新调研结果显示，与1995—2013年的平均水平相比，2013年拉美有7个国家对民主的支持率下降，其中哥斯达黎加下降16个百分点，墨西哥12个百分点，乌拉圭、巴拿马、洪都拉斯、尼加拉瓜和萨尔瓦多也有不同降幅。南美洲和墨西哥对民主的支持率为60%，中美洲地区仅有49%。2013年拉美民众对民主运行的满意度为39%，不满意度高达57%[①]。

拉美地区民众对民主的信任度下降，既源于其对民主体制的运转效果

---

① Corporacion Latinobarometro, "2013 Report", pp. 17–21, p. 34, 1 November, 2013, http://www.latinbarometro.org

不满,以及对其基本诉求在民主体制下长期得不到回应和满足感到失望,还源于严重的贫困和不平等、普遍的社会排斥和边缘化现象的存在。政治冷漠主义的抬头,也进一步加大了民众对民主的不信任,这些都对拉美地区民主的巩固与转型构成潜在威胁。

首先,民主体制未能有效化解严重的贫困和固化的社会不平等现象。拉美地区一直存在规模庞大的贫困群体。近年来拉美国家在减贫方面取得较大进步,但尚不足以消除根深蒂固的贫困现象。据联合国拉美经委会统计,2012年拉美约6亿人口中有1.66亿处于贫困状态,其中6500万人是赤贫人口,当年全地区只有200万人脱贫。2013年贫困人口比重虽继续下降,贫困率由28.2%降到27.9%,但赤贫人口却从11.3%增加到11.5%,从6600万人增加到6800万人,净增200万人[1]。

其次,民主体制未能缓解严重的社会排斥和边缘化问题。所谓社会排斥和边缘化是指一部分人口、阶层或群体被排斥在国家发展进程之外,长期不能分享经济发展和社会进步的利益,在国家政治、经济和社会生活中处于被剥夺、被歧视和被排斥地位。社会排斥和边缘化现象是拉美地区的痼疾,拉美分配结构中的"过度不平等"、社会财富高度集中于少数人手中的问题一直非常严重。虽然2003年以来的经济持续增长使失业率降到历史低点(2013年为6.3%),但全地区仍有1480万人失业,近半数劳动力在非正规条件下工作,30%的劳动力没有任何社会保险[2]。

最后,政治冷漠主义强化了对民主的不信任。越来越多的拉美人将对执政党和政府政绩及执政能力的不满,将其基本诉求在民主体制下长期得不到回应的失望,逐渐扩展为对现行民主体制的不满,并表现出对国家政治问题的冷漠,导致执政者合法性的降低。由于政治参与热情和投票率低,执政党实际上很难得到多数选民认可,致使其普遍面临合法性难题。在2013年智利大选中,巴切莱特以该国民主体制恢复以来最高得票率

---

[1] CEPAL, Panorama Social de América Latina 2013, http://www.eclac.cl/
[2] OIT. Oficina Regional para América Latina y el Caribe, Panorama Laboral 2013 – América Latina y el Caribe, 17 de diciembre de 2013, http://www.ilo.org/americas/publicaciones/panorama-laboral/

(62.16%）当选总统，但如果考虑到投票率不足42%，她实际上只得到26%的选民支持，其执政明显缺乏合法性。2012年培尼亚当选墨西哥总统时，只获得38%有效选票，如果考虑到60%的投票率因素，他实际上只得到20%的选民的支持，明显缺乏合法性基础。拉美民众对执政者合法性的不认同，增加了政府的施政难度。由于政治冷漠主义抬头，越来越多的民众可能对非民主的或专制行为持容忍、宽容、漠不关心甚至认同的态度，而这必然会对民主的巩固与转型构成严重威胁。

（三）政党面临代表性和信任危机，民主政治的基础受到损害

拉美国家民众对政党的不信任感增强，许多执政党遭遇前所未有的代表性危机和信任危机。相关资料显示，政党已经成为拉美地区民众信任程度最低的组织，对政党的信任度不足20%。许多人认为，"如果没有政党的存在，情况会更好"，甚至主张正直的公民都应该远离政党[1]。1995—2013年，认为没有政党民主照样可以运转的人占29%—36%，2013年为31%，其中墨西哥和哥伦比亚高达45%和43%[2]。

拉美国家之所以会出现政党的代表性危机和信任危机，主要原因是拉美国家政党自身存在严重缺陷，特别是执政能力存在缺陷，不能从根本上解决各自国家面临的严重政治、经济和社会难题，失去民众信任。

拉美国家政党普遍缺乏理论创新能力。在政治经济和社会转型背景下，拉美的社会政治力量出现新组合，形成了新的利益集团，传统执政党曾长期赖以生存的社会基础和阶级基础已发生重大改变。新的历史条件对执政党提出新挑战和新要求，要求其对自己的传统理论、政治理念和政策主张进行适度调整，通过理论和思想创新，对拉美国家政治经济和社会的新变化作出切合实际的解释和应对。但许多拉美传统政党对国内外形势的急剧变化不敏感或缺乏准备，不能合理采取应对措施，甚至在急剧政治和社会

---

[1] Osvaldo Hurtado, "Democracia y Gobernabilidad en los Países Andinos", Foreign Affairs en Espa？ol, octubre–diciembre 2005.

[2] Corporacion Latinobarometro, "2013 Report", p.36.

变革中手足无措，逐渐失去多数民众的信任和支持。

拉美地区不少政党特别是长期执政的政党普遍忽视自身建设。许多政党固有的思想混乱、组织涣散、凝聚力不足等弊端不断加剧；党内缺乏有效的监督机制，党的领导层日益脱离民众，滋生官僚主义和腐败习气，逐渐失去民心；许多党因循守旧，不能及时推进制度和体制创新，无法满足大众诉求，致使党的吸引力和感召力下降，引起人们的不满和失望。许多政党甚至经常发生党内斗争和组织分裂，严重损害了党的声誉和影响力。

更为重要的是，不少执政党未能有效化解各种经济和社会难题。拉美国家传统执政党在执政能力方面存在根本缺陷，缺少实现经济社会稳定和应对危机的有效手段和资源。多数执政党既不能解决长期困扰各自国家的经济和社会发展脆弱性难题，也缺乏有效治理腐败难题的能力，甚至未能营造出安定的社会环境。20世纪90年代以前，当时拉美尚处于长期威权统治之后的民主化巩固时期，执政党有较高威信，其提出的"平等""社会公平"等口号虽空洞，但体现了中下阶层的意愿和诉求，许多人对执政党在民主体制下解决长期困扰拉美国家的各种难题充满希望。20世纪90年代以后，拉美国家经济增长和社会发展不和谐的矛盾进一步明显化，社会矛盾和社会冲突有所加剧。人们对执政党长期不能解决拉美的政治、经济、社会难题产生失望情绪，并对其失去信心，转而把解决上述难题的希望寄托于新兴政治力量和民众主义风格的领导人，致使传统政党遭受前所未有的信任危机。一些国家甚至出现所谓的"政党危机"，政党几乎丧失了作为民主基础的作用，拉美民主政治的基础因而也受到损害。

总之，新一轮民主化进程推动和完成了拉美国家由威权政治到民主政治的转型，在政治体制、政党运行机制、民主内涵等方面推动了民主的巩固。但拉美国家在民主深化、民主质量改善等方面仍面临许多难题和风险，民主巩固与转型的任务仍未完成。

（作者单位：中国社会科学院拉丁美洲研究所）

（原载《当代世界与社会主义》2014年第4期）

中东变局后北非国家民主转型的困境

——基于马克思主义民主理论的分析视角

贺文萍

在过去的几年里,北非地区发生了很多始料不及和令世人瞠目的变化。2010年底,始自突尼斯的北非政治变革浪潮以摧枯拉朽之势终结了突尼斯、埃及和利比亚等北非三国的长期威权统治。先是中东变局的诞生地突尼斯,该国执政23年的前总统本·阿里在28天的群众抗议后下台并流亡沙特,接着是执政30年的埃及前总统穆巴拉克在民众抗议18天后黯然下台并被囚禁审判。结局最惨的是利比亚"沙漠强人"卡扎菲,其长达42年的铁腕统治则是在近7个月的利比亚血腥内战后以他本人的死亡而画上句号。

中东变局初起之时,一些西方舆论认为北非国家的民主进程将由此开启。然而,4年多时间过去了,上述三国中除了突尼斯的转型过程尚属基本顺利和稳定以外[1],其余两国的民主转型则遭遇重大挫折、陷入困境。利比亚迄今仍基本处于各部族武装占山为王,国家机构的建立都没有完成

---

[1] 突尼斯自2011年末起草新宪法以来,党派纷争和政治暗杀不断。直至2014年1月,该国制宪议会才通过新宪法,并于同年底成功举行了总统选举。88岁的突尼斯呼声党领袖埃塞卜西成为该国首位民主选举产生的领导人。突尼斯当前除了面对振兴经济和降低失业率的挑战(2015年第一季度,突尼斯经济增长仅1.7%,国内生产总值同比下滑0.2%),而且安全层面也有隐忧。据悉,超过3000名的突尼斯人前往伊拉克与叙利亚参加"伊斯兰国"(IS)领导的"圣战",是"伊斯兰国"外籍武装人员中人数最多的来源国。

的混乱局面。埃及在过去几年里则经历了过山车般的政局逆转和血雨腥风式的抗议与镇压。穆巴拉克的出狱以及首任民选总统穆尔西被判死刑引起很大的国际争议，一些人认为"埃及革命的惊人倒退达到了登峰造极的地步""'阿拉伯之春'革命已经死亡"[①]。那么，为何埃及和利比亚两国的长期威权统治和强人的倒台并未迎来自由和稳定，反而陷入民主转型困境？当我们尝试从马克思主义的民主理论视角来仔细梳理这两国的经济、社会、文化等民主转型所依附的基础与条件时，答案似乎并不难找到，那就是：经济不平等；民主基石缺乏。

无论作为政治集权国家，还是转型后发国家，上述北非诸国如此快速的政权崩盘在非洲地区乃至世界近现代史上都是十分罕见的。虽然北非政治社会动荡伊始，一些西方媒体便难掩兴奋，迅速将其冠名为北非阿拉伯国家人民争取民主和自由的"阿拉伯之春"，但这场抗议活动的起源其实并非主要针对"政治不平等"，而是"经济不平等"。而经济发展滞后和失业率居高不下等"民生"问题又是构成上述国家"民主"转型陷入困境的主要原因。

（一）"经济不平等"导致民怨沸腾

突尼斯、埃及、利比亚等国的街头抗议活动，起因均为民众对低收入和高物价所带来的经济冲击的不满。如在中东变局的源发地突尼斯，大规模示威的火种源自一位失业并因父亲早亡而承担着对弟妹的养育责任的大学毕业生，他用自焚的极端方式抗议城管和警察用粗暴手段没收其街头零售摊，而且几经交涉仍无法索回这一几乎全部家当之后的绝望之举。它反映的是2008年后全球经济危机冲击下突尼斯所出现的高物价和高失业（大学毕业生的失业比率高达50％以上）现象以及执法失当所致的警民冲突的社会矛盾。另外，抗议群众喊出的口号也主要是"要面包，要工作，不要

[①] 奥马尔·穆罕默德：《"阿拉伯之春"革命已经死亡》，载［美］"石英"财经网站2015年5月20日刊发文章，参见《参考消息》2015年5月22日。

本·阿里",目标指向主要为经济问题以及应该对这些问题负责,并因长期执政而招致不满的总统本·阿里本人。虽然在骚乱爆发前,突尼斯一直被认为是非洲和阿拉伯国家中最稳定、经济最具活力的国家之一,全球经济竞争力还数度被世界经济论坛排列在非洲以及马格里布地区之首,但经济危机特别是欧洲主权债务危机和欧元汇率的大幅波动暴露了突尼斯经济过度依赖欧洲市场的脆弱一面。对欧洲市场出口的萎缩、旅居欧洲突尼斯侨民侨汇收入的下降以及旅游业的不景气,使得突尼斯经济增长乏力、物价上涨,老百姓生活品质下降。本·阿里执政期间重视教育,突尼斯教育普及率很高,但如今许多受过高等教育的青年找不到工作,有限的工作机会又往往被任人唯亲的权势部门的人所把持,因而加深了这些受过良好教育的年轻人对社会不公现象的不满。

埃及的情况也是如此。从表面看,穆巴拉克的倒台是突尼斯"茉莉花革命"的"蝴蝶效应"使然,但深究原因,突尼斯所发生的一切不过是压垮穆巴拉克政权的最后一根稻草。在长达30年的执政时间里,穆巴拉克政权已经积聚了太多的沉疴和民怨。埃及本是世界文明的发源地和中东地区较先进、发达的国家,但进入现代社会之后,埃及迅速走向衰落,成为一个主要依靠老祖宗留下的文明古迹吃旅游饭的国家。笔者在2007年5月赴埃及考察时曾亲眼看到首都开罗城郊成片的烂尾楼群以及众多追逐游客讨要零钱的埃及孩童。一方面,埃及人口迅速增长;另一方面,国民经济增长的速度无法创造足够的就业岗位。美国国会的研究报告则称,埃及半数成年男性没有工作,90%的埃及妇女在毕业两年之后仍然失业。美联社2010年5月6日的报道称,埃及8500万人口中有40%的人口生活在贫困线以下或接近贫困线(联合国规定的标准贫困线为每天生活花费不足两美元)[①]。

拥有丰富石油资源但人口规模尚不及埃及1/10的利比亚,则是典型的

[①] 安维华:《埃及:尼罗河畔的"大饼革命"》,载马晓霖主编《阿拉伯剧变:西亚、北非大动荡深层观察》,新华出版社2012年版,第142—143页。

国富民穷、贫富悬殊的国家。虽然该国人均国内生产总值（GDP）已高达上万美元，但下层老百姓的实际收入很低，巨额的石油收入并未惠及普通民众尤其是长期处于发展边缘的利比亚贫困的东部地区（反对卡扎菲的示威抗议就是从利比亚东部城市班加西开始，并逐渐向全国蔓延的）。2008年全球经济危机的爆发加上国际经济制裁对利比亚经济的不利影响，致使利比亚社会福利开支削减、通货膨胀率上升（油、蛋等基本食品的价格涨幅超过了50%，甚至100%）、失业率也连年攀升达到20%—30%[1]。而卡扎菲及其8子1女则把利比亚国家银行变成了其家族的提款机，不仅涉足国内的石油、燃气、酒店、媒体、流通、通信、社会基础设施等产业，而且经常豪掷上亿美元购买国外的别墅或者足球俱乐部，等等。经济不景气、人民生活品质下降和贫富分化差距的日益扩大，再加上上述北非国家强人长期执政、高压和专制统治、裙带关系以及政治体制僵化、统治阶层的腐败行为等（和卡扎菲家族一样，本·阿里和穆巴拉克下台后均被曝光了总统家族敛集的巨额国家财富），终使长期积累的矛盾和民怨经突尼斯小贩"自焚事件"的刺激而爆发。

（二）经济发展和民生改善才是民主建立和巩固的基石

马克思和恩格斯在《共产党宣言》中曾指出："每一个历史时代的经济生产以及必然由此产生的社会结构，是该时代政治的和精神的历史的基础。"[2] 由此可见，马克思主义唯物史观的基本观点是经济基础决定上层建筑，上层建筑是经济基础的反映，并且服务于经济基础。民主在社会结构中属于上层建筑，因此，民主的存在与发展、民主的性质与形式，归根到底都是由社会的经济基础决定的。民主发展的真正动力，是生产力和生产关系、经济基础和上层建筑的矛盾运动。列宁曾明确指出：任何民主，和一般的任何政治上层建筑一样，归根到底是为生产服务的，并且归根到底

---

[1] 《利比亚及它的"卡扎菲时代"》，载大公网（http://news.takungpaacom/world/brexpo/2013-08/1871509.html，2015—06—01）。

[2] 马克思、恩格斯：《共产党宣言》第3版，人民出版社2005年版，第39页。

是由该社会中的生产关系决定的。① 原始社会的生产力及生产资料的共同占有，决定了原始劳动的等性质，并导致原始社会中自然形成的民主制。而奴隶所有制和封建所有制的生产关系，是以人身占有、依附和严格的等级制度为基础的，因此一般建立的是以特权等级制为特征的专制政治制度。现代民主制度则是随着资本主义生产方式的确立和商品经济的发展而逐步建立和完善起来的。

马克思主义的民主理论告诉我们，没有充分发展起来的商品经济做基础，民主这个上层建筑的根基就是不坚实和不牢固的。同样，指望通过建立民主的政治制度而一举解决严峻的经济问题则更是痴人说梦。威权政府可以在一夜间被推翻，但经济发展的红利却难以在短期内实现并使民众普遍享受到。当人民走上街头并带着对新时代的美好憧憬和对民主的极大热情积极参与投票和选举时，他们希望的是新的民选政权能够给人民带来"面包""工作"和"自由"，新政权需要通过经济发展和民生改善来为这些"信任选票"背书和强化自身的合法性。否则，民众的"信任选票"甚至等不及下一次选举就要被强制收回。埃及穆斯林兄弟会（简称"穆兄会"）及其领导人穆尔西的命运就是这一定律的生动诠释。

埃及在 2011 年推翻穆巴拉克后的次年 6 月，选举产生了近 60 年来首位非军方出身的民选总统——穆兄会下属"自由与正义党"主席穆尔西。然而，在其后一年多的政治转型过程中，由于各利益相关方和各大政治力量（如世俗和宗教势力、前政权残余和新兴政治势力等）均把主要精力和资源用于政治利益和权力的博弈，穆尔西及穆兄会也表现出极强的权力占有欲，不仅屡屡打破自身约束权力的既往承诺，而且在经济发展和社会管理方面亦毫无建树、交不出让人民满意的任何"成绩单"。埃及的经济发展在政治变革之后反而呈现的是加剧下滑的态势，经济增长率从 2010 年的 5.1% 猛烈下滑到 2011 年的 1.8%，2012 年则继续下滑到 1.5%。居高不下的通货膨胀率、失业率和贫困率粉碎了一些人寄希望于政治变革带来民

---

① 《列宁选集》第 4 卷，人民出版社 1995 年版，第 405 页。

生改善的梦想①。很多人终于明白,民主并不能自动带来面包和工作。资本和投资总是喜欢与稳定的政治环境比邻而居。可以说,正是人们梦想的破碎和民生状况的不升反降最后导致上台仅一年的穆尔西早早结束了短暂的政治生命。

另外,从大规模抗议活动产生的实际效果看,社会大动荡非但没有带来自由民主以及经济发展,反而使国家走上了动荡——衰弱——再动荡的恶性循环。卡扎菲之后的利比亚,不仅远未迎来"民主"与"自由",甚至稳定与安全环境都没有保障,更谈不上经济和社会发展。自从卡扎菲政权倒台后,利比亚乱局从未停止。目前,该国东、西部甚至出现了两个平行的"国民议会"和两个"政府"相互对立的乱象,有进一步滑向"失败国家"的危险。

近年来的北非政治变革浪潮还揭示了一个简单却深刻的真理,那就是"民可载舟,亦可覆舟"。不管是威权国家,还是民主政体,都必须把人民的福祉放在首位。"变革"也好,"革命"也罢,其终极目的都应当是改善和提高人民的生活水平及经济与政治权利。当尘埃落定,热闹的街头抗议和"革命"过后,如果这些国家的人民生活不进反退,没有"民生改善"支持的"民主诉求"则会很快蜕变为无根之花、无源之水,很快就会凋零和枯竭。

社会分化:民主的阶级属性尚未形成

虽然和一些撒哈拉以南非洲国家相比,北非国家的经济发展程度和社会阶层分化程度都相对高一些,但距离现代民主制度建立所需要的阶级构成和政治组织架构形成(如资产阶级和无产阶级以及建立在阶级基础上的政党制度建设等)仍有较大的距离。在利比亚,卡扎菲 40 多年的家族统治

---

① 埃及近年来的经济发展数字可参见《英国经济季评》及中国外交部和商务部网站。如:http://www.finprc.gov.cn/mfa_chn/ghdq_603914/gj-603916/fz_605026/1206_605052,2015—06—02

基本是建立在部族社会以及部族忠诚的基础之上的。埃及社会的构成要素也并非现代意义的阶级、阶层或政党,而是军方、世俗派力量和以穆兄会为代表的宗教力量。

(一) 民主作为一种国家形态具有阶级性

在阶级社会中,国家和民主具有阶级性,不存在超阶级的国家和民主,这是马克思民主理论的一个最根本的观点。列宁曾直截了当地指出,"民主是国家形式,是国家形态的一种"[1]。作为一种国家形式、国家形态的民主制,在人类历史上是随着私有制、阶级和国家的产生而产生的。在阶级社会中,民主政治制度无非是统治阶级意志的体现,它在本质上反映的是居于国家政权统治地位的统治阶级的利益、意志和愿望,构成统治阶级行使权力的机关和手段。民主的阶级性主要指民主代表哪部分阶级的利益,它由国体的性质所决定。只要国家政权为哪个阶级所掌握,民主就归哪个阶级支配。因此,考察一种民主政治制度,最根本的就是要揭示其阶级统治的实质,认清谁是统治阶级,谁是被统治阶级。马克思、恩格斯在《德意志意识形态》中明确指出:"国家内部的一切斗争——民主政体、贵族政体和君主政体相互之间的斗争,争取选举权的斗争,等等,不过是一些虚幻的形式,在这些形式下进行着各个不同阶级间的真正的斗争。"[2] 列宁也指出,掩盖现代民主的资产阶级性质,把它说成超阶级的"一般民主"或"纯粹民主",是对群众的欺骗[3]。列宁还把那种认为资产阶级民主共和国就是"纯粹民主""自由的人民国家""非阶级或超阶级的民权制度"或"全民意志的纯粹表现"等观点,斥责为小资产者的幻想[4]。总之,马克思主义认为,所谓"一般民主""纯粹民主"的西方民主理论是虚伪的,实质是抹杀民主的阶级性质。超越具体社会历史条件和阶段、区域、民族、

---

[1] 《列宁选集》第3卷,人民出版社1995年版,第201页。
[2] 《马克思恩格斯选集》第1卷,人民出版社1995年版,第84页。
[3] 《列宁选集》第3卷,人民出版社1995年版,第600—601页。
[4] 同上书,第581页。

阶级的抽象民主、普遍民主和绝对民主是从来不存在的。不论古希腊雅典城邦的民主制，还是现代资产阶级国家的民主制，概不例外。其实，民主的阶级属性是建立在资本主义商品经济的发展以及生产的社会化大分工基础之上的，是生产力发展到一定阶段的产物。但在卡扎菲统治下的利比亚以及穆巴拉克统治下的埃及，既无充分发展的资本主义商品经济，也没有形成强有力的阶级及其政党，民主阶级属性的先天缺失使得后强人时代的民主转型缺乏强有力的社会政治基础。

(二)"利比亚是一个部落国家"

卡扎菲的儿子曾说过，"利比亚是一个部落国家"①，这句话还颇能说明利比亚的政治现状。部落是构建利比亚社会的基本单位，也是利比亚民众的社会归属。据统计，分布在利比亚各地的部落大大小小共有几百个，中等规模的有30多个，主要分成三大部落联盟：即在东部地区占据主导地位的萨阿迪部落联盟（The Saadi Confederation）；在中部地区占据主导地位的阿瓦拉德-苏莱曼部落联盟（The Saff Awlad Sulayman Confederation），卡扎菲所属的卡扎法部落（Qadadfa）和利比亚最大的部落瓦法拉部落（Warfalla）就属于该部落联盟；在西部和南部地区占据主导地位的巴哈尔部落联盟（The Safal - Bahar Confederation）。"由于利比亚在历史上并未形成国家层面的公共权力，因此，以血缘关系和共同祖先凝结而成的家族和部落，以及伊斯兰传统始终是处理政治和社会问题的主要方式和依据，致使利比亚在历史上有部落而无国家（Statelessness），呈现出'碎片化'的政治地理特征。"②

卡扎菲执政初期，曾一度试图打破利比亚社会中的这一"部落等级制"结构，但效果不佳。20世纪后期，内外交困的卡扎菲政权为巩固统治，又刻意回归和使用"以部落制部落"的方式来强化利比亚的"部落等

---

① 《利比亚及它的"卡扎菲时代"》，载大公网（http://news.takungpao.com/world/brexpo/2013—08/1871509.html，2015—06—01）。

② 闫伟、韩志斌：《部落政治与利比亚民族国家重构》，《西亚非洲》2013年第2期，第117页。

级制"结构。卡扎菲家族、卡扎菲所属的卡扎法部落,以及由西部地区和南部地区的瓦法拉部落和马加哈部落组成的部落联盟成为维护卡扎菲统治的三个同心圆。这些部落控制了利比亚政府的主要机构和安全部门,在国家财富的分配上占据主导地位。利比亚东部地区的部落和少数民族则备受打压[1]。因此,东部区域及部落人员也是最早揭竿而起反对卡扎菲统治的。

浓厚的部落色彩不仅体现在权力、财富占有以及安全和军队构成等政治、经济和军事的宏观层面,也体现在人们的社会交往和人际圈等微观层面。姑且不论农村地区普遍存在的对部落酋长的效忠强于对国家的认同,即便在大城市,由于"利比亚的城市化源于农村的家族和部落向城市的整体性迁徙""来自同一部落的人往往居住在相同或相近的街区,他们在安全和就业等方面相互帮助,邻里关系只是部落关系的延伸"[2]。

正是由于前资本主义的传统部落因素在利比亚政治与社会生活中的强势主导地位,加之在强人卡扎菲专制统治的42年里,利比亚的国家政治生活中既没有宪法,也没有政党,因此,当危机爆发时,利比亚的政治前途也自然地由部落来决定,部落便成为未来国家转型和新秩序构建的关键参与者。卡扎菲倒台后,利比亚各部落联盟拥兵自重,互不买账,冲突不断,目前统一国家架构的组建都成了问题,出现了两个"议会"、两个"政府"和两个"总参谋部"的混乱局面。不同部落联盟又被不同意识形态裹挟,并得到不同境外力量支持。具有伊斯兰色彩的东部"政府"目前为国际社会所承认,并得到土耳其、卡塔尔和苏丹的强力支持;西部"政府"则由世俗化的部落联盟领导,并得到埃及和阿联酋的扶持。两个"政府"在过去的一年里相互攻讦,政治上千方百计巩固地位,军事上持续攻城略地。"伊斯兰国"(ISIS)等国际恐怖势力则利用当前利比亚乱局,趁势在利比亚集结和扩张,已成为影响利比亚安全和政治转型的重要因素。

---

[1] 闫伟、韩志斌:《部落政治与利比亚民族国家重构》,《西亚非洲》2013年第2期,第128页。
[2] 同上书,第127页。

（三）埃及社会存在以军方为主的三大主导力量

埃及自2011年1月以来，作为"风暴之眼"和重要政治晴雨表的开罗解放广场就几乎没有平静过，只是每次人们游行示威所针对的对象都在变换，要被赶下台的"独裁者"在不断地换人。在过去几年的政治转型期，虽然表面上埃及也涌现出名目各异的政党，但实际上埃及社会以及政坛上的真正玩家仍然是军方、穆兄会、世俗派势力这三大主导力量。而且三大力量在中东变局后的权力博弈中不断交替变换权力舞台上的主角和正、反方。

穆兄会和世俗派力量联手，通过声势浩大的百万人以上的大游行，终于以18天的超级速度赶走了前总统穆巴拉克，但取而代之的却是把持过渡时期权力的埃及最高军事委员会的将军们。在随后一年多的政治转型过渡期内，军方与迅速崛起的以穆兄会为代表的埃及伊斯兰势力间的矛盾和对抗日益激化，双方围绕着议会选举、制宪委员会的组成等政治过渡"路线图"争执不断。军方在2012年6月总统大选之前甚至解散由穆兄会控制的议会，并把立法权、制宪权、预算制定权，以及对外宣战权等权力悉数收入囊中。虽然此后依照政治过渡"路线图"，埃及依次举行了议会和总统选举，经历两轮总统选举之后，民选总统穆尔西最终仅以微弱优势获胜。他在上任时就存在"先天不足"的情况，因为他既没有军队的强大后盾，而且因议会和总统选举倒置性地放在了新宪法产生之前，新总统上任后尚不知在其后产生的宪法将赋予他何种权力。因此，为尽快成为"名副其实"的总统，穆尔西联手世俗派与军方展开了较量，并在2012年8月12日借助"西奈半岛"事件成功地解除了原军方领导人国防部长坦塔维和总参谋长阿南等军队高级官员的职务，并任命了塞西等新生代的军方高层。

然而，遗憾的是，穆尔西及其穆兄会在与军方争权的过程中走得过急和过远。在上台执政的短短一年里，经"民主"手段产生的民选总统穆尔西及穆兄会一直以"不民主"的手段来实现对权力的垄断和集中，表现出极强的权力占有欲。2012年11月22日，穆尔西颁布赋予其自身更多权力的新宪法声明，规定总统有权任命总检察长，强调在新宪法颁布和新议会选出前，总统发布的所有总统令、宪法声明、法令及决定都是最终决定，任何方面无权更改。该声明一发布，立刻引来反对党和世俗力量如潮水般的抗议，认为穆尔西的这一"扩权声明"妨害了司法独立，是大权独揽的独裁行为。人们再次潮水般地走上街头，掀起了大规模的抗议浪潮。

穆尔西及穆兄会对集权的贪欲以及在治国理政上的无能，加上日益表现出的伊斯兰政策倾向，使得原本支持穆尔西及穆兄会的一些知识阶层和自由派及世俗力量，甚至包括一些持自由化思想的穆斯林力量均开始站在了穆尔西的对立面。他们认为，以民主方式上台的穆尔西及穆兄会正在蜕变为埃及新的"法老"，其所推行的政策已经与"民主"的本意相去甚远。

随着抗议浪潮的不断扩大，埃及三大力量之间的合纵连横又出现了新的组合。2013年7月初，国防部长塞西领导的埃及军方再次以强力介入政治，与世俗派力量联手把执政刚刚一年的民选总统穆尔西赶下了台，并开始上演全力剿灭穆兄会的大戏。8月14日，埃及军方不顾国际舆论的压力，对开罗几个广场上的穆尔西支持者进行武力清场，造成了上百人死亡和数千人受伤的新的流血和伤亡。此后，埃及军方再出重拳，取缔有87年历史的穆兄会并宣布其为"恐怖组织"，没收其资产。据统计，自2013年7月以来，已有约2.4万名穆兄会成员被捕入狱[①]。

2014年6月，脱下军装并以压倒性多数票当选埃及总统的塞西宣誓就职，成为继穆尔西之后的埃及新总统。与此同时，穆巴拉克和穆尔西的命运也出现了乾坤大逆转。2013年8月，即军方逼穆尔西"下课"和收押他的次月，埃及法庭即宣布释放前总统穆巴拉克。这前后两位总统"一进"和"一出"的节奏被媒体解读为"埃及政治时钟的倒拨"[②]。2014年12月，埃及开罗刑事法院宣布穆巴拉克及其两个儿子等人涉嫌"谋杀示威

---

① 雷东瑞：《"重拳"打击穆兄会，埃及当局意欲何为？》，载新华网（http://news.nen.com.cn/system/2014/03/26/012058304.shtml，2014—03—27）。

② 《穆巴拉克出狱，埃及政治时钟倒拨》，《环球时报》2013年8月22日。

者"和"经济贪腐"案罪名不成立,这一无罪判决使得舆论普遍认为埃及革命"死了",这个国家又回到了穆巴拉克时代的"原点"[①]。2015年5月16日,同一个埃及开罗刑事法院以"越狱"和"谋杀"罪名判处穆尔西死刑。消息传出仅两个小时后,埃及西奈半岛3名法官即遭枪击身亡。

埃及政治图谱在过去两年里所发生的令人眼花缭乱的变化与其说是"民主"转型的"成功"或"必经阶段",不如说是"威权政治"的"回归"。埃及军方的"强硬之手"以及在埃及社会三大主导力量博弈中的决定性作用已经展现无遗。虽然塞西将军脱下军装华丽转身为"民选总统",但埃及军方对中央和地方行政机构、司法系统、媒体以及经济领域的控制却日益加强。如今,在埃及被任命的27个省的省长中,17个由军队将领担任,其余或由警官统领,或采取文官与军官共管。一系列大型工程项目要么花落军方之手,要么跳过公开招标程序,要么直接承包给力挺军队的海湾国家大型企业[②]。

总之,不管埃及军方此次走上政治前台的背景如何具有特殊性,但军人干政毕竟是发展中国家政治不成熟的表现,也不是民主政治的应有之义。在成熟的民主社会中,军队本应该与政治相分离。而且,军人干政一旦反复上演并形成一种制度化的遗产,就会不可避免地对民主政治构成一种惯性冲击,使民主化的建设更为艰难。

包容精神缺失:民主政治文化尚待培育

发展中国家的民主转型除了制度建设,更重要的还有民众素质的提高以及民主政治文化的培育。打破旧制度、推翻威权领导人以及举行"民主选举"似乎并不难,但公民素质的提升以及"民主政治文化"的培育则十

[①] 参见王晋《穆巴拉克,有罪无罪已不重要》,载国际在线(http://gb.cri.cn/42071/2014/12/02/2165s4788121.htm,2014—12—03)。

[②] 参见王丁楠《判决穆尔西,革命的终结还是开始?》,载观察者网(http://www.guancha.cn/WangDingZuo/2015_05_18—319899.shtml,2015—05—19)。

分不易，甚至需要好几代人的时间。民主政治文化的培育既需要针对大众的思想启蒙运动，也需要政治精英摒弃"胜者全得"（Winner Takes All）的旧思维，用包容和妥协的精神与政治对手打交道。

（一）民众的公民文化和民主素质需要引导和提升

民主政治的发展以及民主转型的成败与民众公民意识及民主素质的高低密不可分，并且互为基础和条件。《马克思恩格斯选集》中的一段话就强调了民众素质以及公民教育的重要性，认为现代民主的"先决条件是必须有受过教育的人，而不是毛坯状态的人，也就是经过培养而超越了作为纯粹生物存在的个人……因为民主不单纯是一项保证多数人作决定的技术，而是一种以全体公民都负起个人责任为前提的管理制度。因此，实现政治自由的最大危险不在于宪法不完备或者法律有缺陷，而在于公民对政治的漠不关心"①。

另外，在马克思主义民主理论有关商品经济与自由、平等与民主关系的大量论述中，也多次谈到了经济发展对促成人的全面发展的推动作用。如马克思在《关于费尔巴哈的提纲》一文中就指出，"人的本质并不是单个人所固有的抽象物。在其现实性上，它是一切社会关系的总和"。②马克思还指出，任何人都是"经济范畴的人格化，是一定的阶级关系和利益的承担者……不管个人在主观上怎样超脱各种关系，他在社会意义上总是这些关系的产物"。③我们从人类经济发展演进所产生的各种社会关系发展中不难看到，发展到一定规模和水平的商品经济不仅直接促成了自由、平等、法制等基本民主原则的形成和出现，而且更重要的是促成了民主主体，即人的发展和成熟。在自然经济或不发达的商品经济状态下，人与人之间的关系不是由商品货币关系决定，而是由血缘关系或统治与服从的人身等级和依附关系决定的。这种人身等级和依附关系极大地束缚了人的自主发展，

---

① 《马克思恩格斯选集》第1卷，人民出版社1972年版，第121页。
② 《马克思恩格斯选集》第1卷，人民出版社1995年版，第56页。
③ 同上书，第102页。

容易使人陷入狭隘的地域观念、等级观念和民族偏见之中。而商品经济的高度发展则打破了这一切，通过参与商品化的社会经济生活和建立跨地域的广泛经济联系，人的平等意识、自主意识和参与意识都不断提高和强化，并逐渐产生了一支具有相同或相似的经济地位、持有相同或相似政治诉求的强大中产阶级队伍，进而内生出建立资产阶级民主政治的需要。

当我们考察中东变局后的北非国家民主转型时，不难发现：由于资本主义商品经济的发展还不充分，不论是本·阿里对突尼斯经济实行的家族式垄断管理，还是卡扎菲在利比亚推行的"部落等级制"结构，以及穆巴拉克执政时期对军方控制埃及经济空间的放纵，这些具有封建专制性质的威权统治，客观上抑制了上述国家现代民族工业的发展以及民主政治的推动力量——中产阶级和市民社会的形成。中东变局的爆发并不是上述国家自身内部因素（包括有产阶级的壮大及其民主政治诉求的增长）发育成熟的结果，而是由华尔街金融危机和世界经济危机（特别是与北非国家经济联系紧密的欧洲国家的债务危机）引发并加剧的北非国家经济挑战催生的。高失业率和物价上涨等日益严峻的经济挑战促使人们对现状说"不"，但对国家未来向何处去并没有多少思考和理论准备。当中东变局在猝不及防的节点爆发，这些北非国家的社会各个层面只是在"不要什么（如旧政权和强人统治）"方面迅速达成共识，但在"要什么"（伊斯兰主导的神权体制还是世俗体制，有伊斯兰特色的民主体制还是西方自由民主体制）方面不能凝聚意志，无法形成社会的最大公约数。

长期的威权统治、不发达的商品经济、复杂的教派冲突、缺乏充分民主信念的精英阶层、民众普遍缺乏的公民教育和民主意识，所有这些都构成了北非国家民主转型的巨大阻力。对于普罗大众民主素质的不足，阿拉伯国家的知识精英其实也早有洞察。出生于叙利亚的当代阿拉伯世界最杰出的诗人和思想家阿多尼斯就曾对参与中东变局的街头示威者的民主素质提出过尖锐质疑，他说，"今天阿拉伯大街上的示威者，是否正是这样一些人：他们认同一夫多妻制，只把宗教理解为许可、禁忌、责难，只用疑虑、排斥、回避、弃绝的眼光看待与自己见解不同的他者？这样的阿拉伯人能被称为'革命者'吗？他们真的是在为民主和民主文化而抗争吗？"阿多尼斯还进而提出了确立公民观念和建立公民社会的设想[①]。

公民文化及其民主素质的提高，既需要通过商品经济发展实践的催生，也需要通过社会思想的启蒙运动和开展公民教育来引导。当2013年夏天埃及开罗街头愤怒的抗议者们呼吁和欢呼军方采用"非民主"的"军事政变"手段，用武力将"民选"总统穆尔西赶下台时，我们的确看到了民众民主意识的缺失。

（二）政治精英需摒弃"胜者全得"的旧思维

在推翻旧政权和建立新制度的转型过程中，领导这一"破旧立新"进程的政治精英自身的民主素质比起普罗大众而言更为关键和重要。在以往长期的威权政体统治下，"赢者通吃""胜者全得"的旧思维和专权意识给社会的政治精英们打下了太强的思想烙印和文化记忆。当变革的浪潮来临，他们也有机会从幕后走到台前，从"被统治者"变身为"统治者"时，他们往往忘记了当初作为"被统治者"对专权统治的痛苦记忆，在权力的诱惑面前把既往的承诺迅速抛到脑后，不断扩充自己的权力和权利，拼命挤压甚至打压反对派的活动空间，最后导致"玩火者自焚"的可悲下场。

埃及的穆兄会及其领导人穆尔西就是这样的一个可悲例证。穆尔西2012年夏天在第二轮总统大选中胜选的得票率为51.7%，仅比其竞争对手沙菲克48.3%的得票率多出3.4%。如果再算上刚刚过半的投票率，实际上，穆尔西不过仅仅获得总计9000多万埃及人口中约1/4人的支持。按理来说，以微弱多数险胜，并且既无强势的军队支持又无执政经验的穆尔西及其穆兄会，应该对其他政治力量采取低调、尊重和包容的政策，接受他者和保护失败者的利益，团结一切可以团结的力量，带领埃及走出穆巴拉

[①] 转引自薛庆国《阿拉伯剧变的文化审视》，载马晓霖主编《阿拉伯剧变：西北、北非大动荡深层观察》，新华出版社2012年版，第438页。

克威权政权留下的阴霾，走上发展、民主和自由的康庄大道。然而，令人遗憾的是，以民主选举方式上台的穆尔西和穆兄会其实并没有掌握民主政治的真谛和民主政治文化的精髓。他们不断打破自身竞选时许下的约束自身权力的承诺，急切地向军队、司法等埃及旧有权力架构中最坚实的堡垒开炮，最后反而使自己沦为了"炮灰"。

突尼斯、利比亚、埃及等北非国家近年来的政治转型实践已经证明，举行"民主选举"易，培育"选举文化"和"民主政治文化"难。真正的"民主政治文化"必须有包容与妥协的精神内涵。民主的"选举文化"也要求"输者"能够承认失败，"胜者"能够兼顾并且保护"输者"及少数人的利益，而不是与之相反。正如沙特著名作家图尔基·哈麦德所指出的："民主不仅是选举和投票箱，它更代表了文化与社会价值观，理应在人们走进投票箱之前深入人心。这些价值观包括宽容、接受他者、承认选民的意愿，即使这种意愿让你失望。由于长期的专制统治，这些价值观在阿拉伯世界、在阿拉伯的政治文化中是匮乏的。"[1] 正因匮乏，才更显珍贵，也才更亟须弥补和培育。

总之，马克思主义民主理论的经济属性、阶级属性和文化属性告诉我们，民主的产生、建设与巩固，必须有与之相应的经济基础、社会结构以及政治文化。走向衰败的经济和民生、日益分裂的社会、缺乏宽容、尊重和容忍的政治文化，都会对北非国家民主制度的建设构成严重的制约甚至阻碍。如"阿拉伯之春"已演变成"阿拉伯之冬"，利比亚的内乱还未有穷期，突尼斯和埃及的社会政治变革仍在艰难的转型过程中。希望和祈愿北非国家能够抓住此次社会和政治变革的历史契机，化挑战为机遇，尽快走出民主转型的困境。

（作者单位：中国社会科学院西亚非洲研究所）

（原载《西亚非洲》2015年第4期）

---

[1] 转引自薛庆国《阿拉伯剧变的文化审视》，载马晓霖主编《阿拉伯剧变：西北、北非大动荡深层观察》，新华出版社2012年版，第438页。

读《民主的不满——美国在寻求一种公共哲学》有感

王 宇

在当下政治学界乃至思想界，呼唤民主与自由的声音此起彼伏，关于民主与自由的讨论也日趋多元和激烈，让我们静下心来，仔细阅读桑德尔的《民主的不满》，可谓在炎热夏天浇注一盆凉水，发人深省。

谈到民主与自由，美国既像一堵墙，又像一面镜子，让研究者无法绕过，还要自我对照。然而，"灯下黑"的状况古今中外都是一个模样，言必标榜民主自由的美国，其实自身也有很多虚火是我们看不到的。桑德尔洞若观火，他指出，当前美国社会的公共生活充斥着不满，主要归结为两点："无论是对于个人还是对于集体来说，我们正在失去对统治我们生活力量的控制；从家庭到邻里到国家，我们周遭共同体的道德根基正在瓦解。"桑德尔把这两点担心，总结为"自治的丧失"和"共同体的侵蚀"。

从上述桑德尔开宗明义的阐释中，我们似乎可以找到对当前我们国家相似问题的感应，特别是桑德尔所谓的道德根基的瓦解。纵观改革开放三十多年，成就且放置不谈，关于道德的滑坡有目共睹，全民皆愤，那是不是可以从桑德尔这里汲取养分？

一 对自由主义理论的反思

桑德尔的论述对我们非常有启示意义。自由主义理论与美国的现实结合得如此之紧密，应该是政治哲学的一种奇特现象，以至于美国的很多政策都要从自由主义政治哲学中汲取话语力量，在美国政治话语中，主要有三种主张。一是自由平等主义，即"想要福利国家更慷慨以及社会经济更平等的那些人的主张"；二是尊重个人权利和强调宽容的思想传统，主要是学理上的；三是自由至上主义者，但是他们都基于一个共识就是："自由就在于人们选择他们价值与目标的能力。"

毫无疑问，桑德尔是站在反对自由主义一面的，他强调的是共和主义理论。共和主义认为，自由取决于自治。共享共治需要一个完备的体系，它意味着公民就共和展开协商，并致力于塑造政治共同体的命运。它需要公民具备一定的条件，不仅需要公民具备选择自己目标的能力，以及尊重他们做同样事情的权利，而且还需要公民具备关于公共事务的知识、归属感、对集体的关心和对自己命运休戚相关的对共同体的道德担当。

可见，成为共和主义所强调的国家的公民是有一定难度的，桑德尔用了一个概念形容，叫塑造性政治，即在公民中培养自治所需要的品质的政治。而自由主义由于强调人们只是作为自由且独立的自我个体，而不受人们未曾选择之道德或公民纽带的束缚，所以相对比较容易。但是，我们在看到桑德尔对于公民的论述，作为社会主义国家的公民却并不陌生，且容易找到认同的相似价值，因为，强调集体、责任、道德，这也是社会主义集体主义价值观的一种要求。更为重要的是，桑德尔在批评自由主义理论时指出，它难以处理存在于美国社会中公共生活的无力感，也就是说，它不能激发共同体感和自由所必需的公民参与。这里就涉及公共哲学与政治参与两个概念。

二 自治、共和与美德

桑德尔所强调的自治，按照笔者的理解，应该包含了政治参与的含义，而共和主义的内在要求，就是要激发公民有效、有序、有德地参与到公共生活之中。关于德行，是共和主义政治观的核心内涵，也是政治学的一个存在基础，即我们要什么样的政治，政治的目的是什么。人们对良善生活的追求，难道不是应有之义吗？亚里士多德把政治的目标就定义为培养美德，城邦的最终目标就是公民的良善生活，社会生活的制度只是这一目标的工具。只有公民参与到政治中，城邦才能实现公民的本质，完成良善生活的最终目标。桑德尔借此提出了对自由主义强有力的驳斥，即"自由主义理想如果不能在最高人类善的名义下得到辩护，那么这些理想的道德基础在什么地方呢？"桑德尔针对功利主义（效用主义）、康德权利优先于善的观念进行了分析和批评。其中，桑德尔提出了他所赞赏的一个人物，即罗伯特·李，因为他代表了一种共和主义公民的品质，"作为能够反思自身处境的存在者，看清楚自己的生命处境并担当起来；自己深深卷入其中的特定生活对自己有所要求，而自己又意识到这种生活的特殊性，也就是说意识到存在更广阔的世界、另外的生活方式。这正是那些把他们自己想象为无负荷的自我的人所缺乏的品质，他们只为他们选择去承担的责任所约束"。桑德尔对他的表现不吝溢美之词，并与持有自由主义的人进行了对比，"自由主义的人的观念太稀薄了，以至于无法说明我们通常所承认的、诸如团结的责任之类的道德和政治责任的全部范围。甚至无法支持现代福利国家对其公民所要求的并不苛刻的公共责任"。

可见，桑德尔对于共和主义所强调的德行和善的品质倍加珍视，这也是他批评自由主义所持有的道德根基，而把持有自由主义理念的当今美国的政府形容为"程序共和国"———自由主义的方案要求政府在道德和宗教问题上保持中立，在政策及法律事务上不愿援引任何特定良善生活观念的基础上进行争论与决定。桑德尔批评说，"这不可能产生一种生机勃勃的民主生活所具有的道德能量。它会导致道德空虚，从而为狭隘的、不宽容的道德说教敞开了大门。而且它也未能培育公民共享自治所需要的那些品质"。更为重要的是，自由主义的程序共和国"不能维护它所承诺的自由，因为它不能维持自由所需要的那种政治共同体和公民参与"。

在此，桑德尔再次强调了政治参与的重要性，这在后一章共和主义与自由主义关于界定自由中再次进行了论述，在共和主义观念对于自己的理解是，"我之所以是自由的，是因为我是一个掌握了自己命运的政治共同体的成员，并且参与了支配其事务的决策"。可见，参与是自治的表现形式。

美国建国至今时间虽不长，但其宪政及高法的司法解释却经历了一个由早期共和主义到以自由主义理念为基础的关于权利的中立解释。桑德尔总结构成共和国的公共哲学有三个观念："个人权利的优先性、中立性的理想以及个人作为自由选择的、无负荷的自我的观念。"桑德尔进而回溯到美国建国前，着重论述了美国建国前到自由主义的公民观中自由观是如何逐渐排挤共和主义观念的历程，及从美国宪政的初兴到左近关于宗教自由、言论自由和隐私权的争论。进而，桑德尔花了相当大的篇幅，逐一进行了论述，用心良苦，目的就是让当代美国人明白，他们当今习以为常的观念，在美国的思想传统中竟然大相径庭，历史与现实的差距是那么的悬殊，进而激发当代美国人对历史传统的反思。笔者认为，这对于中国也有很大的启示意义。

读完第一篇，其实已经很过瘾，但是翻到第二篇，更加折服，桑德尔其实就是写了一本美国政治历史，桑德尔一步步让读者了解程序共和国是如何建立起来的，也就是说共和主义传统如何让位给了自由主义的公共哲学。

三　共和主义的内在缺陷

任何理论都是有缺陷的，桑德尔这本书也不例外，它在最后的附录里写到了他对批评者的回应，而且他也坦率地承认了一些缺憾。

"自由主义者的担忧确实包含了一个不容忽视的洞见：共和主义政治是一种有风险的政治（risk politics），一种没有担保书的政治。它所蕴含的风险内在于塑造性计划之中。将政治共同体的命运寄托于公民的品质，无异于承认了坏的共同体塑造坏品质的可能性。在公民塑造方面，分散的权力以及多元化的场所可以降低这些风险，但不可能完全消除这些危险。这是自由主义对共和主义政治的批评中包含的真理。"读到这段，笔者想起两个人，一个是以赛亚·伯林，他在阐述两种自由概念时对于积极自由进行反思。共和主义要求的公民的美德是否可以由个人达到而又与人无害，伯林从来没有乐观过，一方面，他自己经历了俄国革命并目睹了极右政权的惨无人道，所以他一生都在倡导消极自由，反对积极自由，他认为，以某种更高的名义对他施以强制，这样是可能的，别人对他人的强制有时打的旗号是为了他们自己，是出于他人的利益而非自己的利益，他人往往并不真实了解自己的想法，所以我要帮他们达到，这样一种积极的自我，有可能是一种实体，比如说国家、阶级、民族或者历史本身，伯林称之为比经验更真实的属性主体。通俗地讲，自我实现的目的往往产生暴政和血腥。另一个人是昆廷·斯金纳，他曾在"国家与公民自由"集中探讨了公民在国家中拥有自由和权利的范围，他分析了早期自由主义传统，特别是英国。他认为，国家一开始被视为自由的捍卫者，不仅"是因为它能够颁布建立一条隔离带的法律，而且还因为它能够扫除那些阻止我们实现最大潜能的障碍"。进而福利国家的概念登场了，福利国家可以做什么？他说，"国家被授权保护其公民，不仅使他们免于相互侵扰和外部敌人的侵犯，而且提高了他们的基本能力，进而引导他们走向一种更高的充满美德、奉献、满足的生活"。故事还未完，自由主义在20世纪的跌宕历史才开始，20世纪上半期经历了干预主义国家史无前例的热忱，而在20世纪下半期则又反过来无比猛烈地攻击他。斯金纳和桑德尔一样，也对自由主义历史进行了系统地回顾，只不过斯金纳是从整个西方历史的角度来看。这些都有助于理解桑德尔的用意。

当然除此之外，关于国家、公民等概念也许都存在着诸多争议，但无法掩饰桑德尔对于正义和美德的追求。桑德尔写这本书的目的，他自己在前言中已经说得很简明："我的目标是，把暗含在我们实践与制度中的公共哲学识别出来，并说明这一哲学中的紧张是如何展现在实践中的……关注隐含在公共生活中的理论，或许可以帮助我们诊断我们的政治境况，这也可能会揭示美国民主的困境，这一困境不仅表现在我们的理想与制度之间的鸿沟中，也存在于这些理想自身以及我们的公共生活所反映的自我形象中。"桑德尔所欲求的，就是共和主义的复兴和公民德行的回归，他坚定地认为："政治制度不只是独立构想出来的理念得以实现的工具，这些制度自身就是理念的具体体现。换言之，重塑一种以共和主义为理念的共和国是可行的。"相信这也是桑德尔面对那些批评者所持有的观点。

总之，笔者觉得这本书的意义和价值并不在于桑德尔所倡导的共和主义和公民美德是否可以得到实现，而在于它所反对的那些问题应该引起我们的重视和反思。桑德尔在本书的第一句就写道，"问题迭出的时代促使我们回想我们赖以生活的理想"，我国当前不也存在着诸多问题吗？如何解决，或许桑德尔给我们提供了一些参考。

最后，引用一句米兰·昆德拉的话："永远不要以为我们可以逃避，我们的每一步都决定着最后的结局，我们的脚步正在走向我们自己选定的终点。"

（作者单位：中国社会科学院青年人文社会科学研究中心）

（原载《学理论》2014年第5期）

梦醒西式民主

邓纯东　贺新元

2008年爆发的国际金融危机，开启了一个全球反思西式民主时代的到来。深入反思、质疑和批评西式民主制度，正不可遏止地成为世界范围首先是西方所谓民主国家范围内一股强劲的思想潮流。也许，2014年因乌克兰民主公投而国家动荡分裂，泰国民选总理英拉被宪法法院裁决下台，可以成为全球反思西式民主的重要一年。人们该从西式民主的迷思中醒来了！

现代西式民主：为少数人利益服务的民主

在西方的主流舆论里，西式民主制度充分体现人民的意志，充分维护人民的利益，充分保障人民的民主权利，是真正的"全民民主""纯粹民主"，自然而然具有"普世性"。事实果真如此吗？看看历史和现实，人们只能得出这样的结论：西式民主离资本很近，但距民主本质很遥远。

近代以来，西方新兴资产阶级以"人民主权"为旗号，主张实行资产阶级的"民主"制度，以战胜封建专制和维护自身切身利益。然而，资产阶级一登上政治舞台中心，就急不可耐地在"民主"前附加一系列限定词，如"代议""多元""宪政""程序（选举）"等，把"民主"变为少数人通过"选票"来获取向绝大多数人实行统治的一种制度安排，"人民"完全变为"选民"。这也正如卢梭批判英国代议制所说的："英国人民自以为是自由的,他们是大错特错了。他们只有在选举国会议员期间是自由的,议员一旦选出之后,他们就是奴隶,他们就等于零了。"列宁更是一针见血地指出:"每隔几年决定一次究竟由统治阶级中的什么样人在议会里镇压人民、压迫人民——这就是资产阶级议会制的真正本质,不仅在议会制的立宪国内是这样,在其中最民主的共和国内也是这样。"毛泽东在1940年也曾批判过这种假民主,他说:"像现在的英、法、美等国,所谓宪政,所谓民主政治,实际上都是吃人政治。这样的情形,在中美洲、南美洲,我们也可以看到,许多国家都挂起了共和国的招牌,实际上却是一点民主也没有。""民主"成了资产阶级装点门面的强权话语和愚弄欺压绝大多数穷人的迷人光环与谎言。

剖析今日一些人认为最民主的美国,可知其民主仍是为资产阶级少数人服务的。在理论上,不管众议院还是参议院,其议员都由所谓选举而出的"代议人员"组成,即便是"代议"而"众"的众议院,也还有由更为少数精英组成的参议院和拥有"帝国般权力"的总统所节制。这种两院、三权分立的制度设计的本意不是为了让民主覆盖大多数,而是为限制民主,为了使少数人的财产权通过宪法得到永久性保护。正如朱维东所分析的,在实际操作中,两院议员和总统的选举都是"钱举"。"钱举"结果必然是"钱权联姻"。如在小布什政府大选筹款中贡献最大的"先锋"俱乐部,竟有43人被任命要职,其中两位担任政府部长、19位出任欧洲各国大使;2001年小布什政府宣布退出《京都议定书》最重要的原因,就是石油和天然气等行业大公司,都是小布什竞选时的主要赞助者。2010年1月,美国联邦最高法院干脆取消政治献金限制,使美国选举变"钱举"公开行之,把原来覆盖在程序(选举)民主上一层薄薄的温情面纱撕得破碎而荡然无存。2012年,奥巴马、罗姆尼在总统选举中总共花费达60亿美元,成为美国"史上最烧钱的大选"。可是,如此之多的钱来自哪里?当然是来自少数几家的垄断资本集团从绝大多数劳动者身上的剥削所得。

斯蒂格利茨曾撰文指出美国民主的实质就是"1%所有,1%统治,1%享用"。他说:"美国上层1%的人现在每年拿走将近1/4的国民收入。以财富而不是收入来看,这顶尖的1%控制了40%的财富。""当你审视这个国家顶尖1%者掌握的巨量财富时,就不禁会感叹我们日益扩大的收入差距是一个典型的、世界一流水平的美国'成就'。而且我们似乎还要在未来的日子里扩大这一'成就',因为它会自我巩固。钱能生权,权又能生更多的钱。""事实上,所有美国参议员和大多数众议员赴任时都属于顶尖1%者的跟班,靠顶尖1%者的钱留任,他们明白如果把这1%者服侍好,则能在卸任时得到犒赏。""美国人民已经看到对不公政权的反抗,这种政权把巨大的财富集中到一小撮精英手中。然而在我们的民主制度下,1%的人取走将近1/4的国民收入,这样一种不平等最终也会让富人后悔。"果不其然,2011年9月,美国爆发了声势浩大的"占领华尔街"示威抗议运动,示威者呼喊着"我们代表99%""华尔街须为一切危机负责""把金钱踢出选举"等口号。

西式民主下的资本主义社会:"两极化社会"还是"中产化社会"

今日西式民主因资产阶级而起,随资本主义发展而发展。在西方的民主发展史上,一直是奉精英民主即资产阶级民主为圭臬。资产阶级为了宣传资本主义民主的长久合理和永恒,一直在制造一个从未存在的"中产阶级"和"中产化社会"的谎言:中产阶级占主体(绝大多数)的"中产化社会"将给人类带来自由、民主、平等、普遍富裕和社会稳定。事实上,资本主义从诞生起,从来没有形成过一个"橄榄型"的"中产化社会"。

资本本性就是制造两极分化。资本主义时代的一个最大特点就是阶级对立简单化。资本主义"整个社会日益分裂为两大敌对的阵营,分裂为两大相互直接对立的阶级:资产阶级和无产阶级"。资本作为一种导致人类分裂的巨大力量,搭载全球化平台形成国际垄断资本,在给世界人民创造从未有过的巨大财富的同时,创造出从未有过的两极分化。特别是自20世纪80年代新自由主义主导全球化以来,一个空前而持续的两极化世界呈现在人类面前。

西方垄断资本由工业资本变形升级为金融垄断资本，在一国内制造两极分化。通过把所谓中产阶级几代积累的房产、汽车、有价证券等财富过度金融化，造成财产虚拟化，进而致使绝大多数人辛苦劳动积累的财富一夜之间以金融为渠道过渡到少数人手中。这种金融垄断资本主义不仅使少数资产阶级通过金融手段消灭所谓中产阶级于无形，而且严重伤害其推行的"民主"制度。2008年开始的这场金融危机让这些"被中产阶级"或"自中产阶级"者充分意识到，在这个金融私人垄断、金融统领一切的西方社会，"中产阶级"永远都是水中月、镜中花：非危机时，"中产阶级"成为资产阶级财富积累的永动机；危机时，随便一场周期性金融或经济危机随时就可把所谓"中产阶级"消失于无影。据美国《华尔街日报》网站2013年12月27日刊发的《经济政策：25年来什么改变了？》一文，1987年以来美国的经济增长带来的财富"不成比例地都落进了'上层阶级'美国人手里"。最富有的5%美国人拥有全国72%的财富。

西方垄断资本还在全世界范围内制造两极分化。国际垄断资本立足科技、经济和军事优势，依托跨国公司、全球化、新自由主义，把低端制造业大量转移到广大发展中国家，以"师爷"身份到处鼓动发展中国家自由化、私有化、市场化，利用国际分工，把剥削的虹吸管一插到底于本不丰腴的发展中国家甚至其他稍弱的西方国家身体，不断吸取新鲜血液和骨髓，以保自身的延年益寿。2008年，世界资本主义体系金融危机、经济危机，使资本主义宣传的"中产阶级"人群大跨度地分化和坠落，"中产化社会"的谎言遂告破灭。无论西方国家内部，还是世界体系中间，贫富和社会地位的两极化，都在不可遏制地加剧。

从西式民主的迷思中醒来

2013年，土耳其、巴西、埃及等国相继发生的社会运动被西方主流媒体描述为"中产阶级现象""中产阶级抗议""中产阶级起义""中产阶级造反""中产阶级革命"。参与社会运动的中产阶级人群都是"被中产阶级"和"自中产阶级",不是真实存在的中产阶级。其实,这些被膨胀为"社会大多数"的"中产阶级"的大多数是金融垄断资本主义制度下的雇佣劳动者、工人阶级,当然其中包括极少部分的"新资产阶级"。自国际金融危机以来,西方社会的中产阶级一直在危机废墟中苦撑度日。欧美及发展中国家无处不在、此起彼伏的抗议、起义、造反、革命,都不是西方虚构的"中产阶级"的行动,而是以工人阶级为主体的世界被压迫人民、被压迫民族的行动。

马克思认为,"权利绝不能超出社会的经济结构以及由经济结构制约的社会的文化发展",西式民主标榜的平等权利完全是由资产阶级生产方式所派生出来,为资本主义经济服务的,"是被限制在一个资产阶级的框框里"。在资产阶级社会里,具有民主、自由、平等的,是资本而不是具体个人,是资产者而不是受资本雇佣的劳动者。资本在劳资对立中不断地制造小、中、大资产阶级,至于小、中资产阶级,用不着共产主义去消灭,资本主义大工业和金融资本主义发展就会自动把它们消灭,而这些小、中资产阶级应该是西式民主理论中的"中产阶级"的主体。

新自由主义下的西式民主推行到哪里,哪里就灾难横祸不断,哪里就不断地在扇西式民主的耳光。西方发达国家在全球各地极力推行德先生(西式民主政治)时,却把赛小姐(西方先进技术)金屋藏娇,为的是把采取西式民主制度国家的财富和资源通过市场化、自由化、私有化变相交由发达国家支配。这就是西式民主被大力推行的真正原因。

2008年肇始的全球金融危机致使套在西式民主身上的光环在不断褪色,但迷思于西式民主的一些国家和人们依然没有完全梦醒,尽管相继发生了埃及、利比亚、叙利亚、土耳其、巴西、泰国、中国台湾、乌克兰等国家和地区的民主事件,尽管西方发动的"阿拉伯之春"已演变成"阿拉伯之冬",尽管冰岛、希腊、爱尔兰等西方国家先后破产以及西班牙、葡萄牙、意大利等西方国家濒临破产边缘,也尽管美国经济日渐衰退并出现财政悬崖而一度关闭政府。从一定意义上讲,这些国家都是因跌落进新自由主义和"西式民主陷阱"而招致如此的社会动荡不安甚至国家分裂。

全球性对西式民主的反思，其世界历史意义在于：使西方和非西方国家都渐渐地从对西式民主的迷思中清醒过来。无法想象，如果世界上所有国家都整齐划一地采取西式民主形式，人类社会将会怎样。民主是历史的、具体的，民主必须与本国历史、文化、社会、经济发展水平等因素相结合，否则很难有效运作起来。

（作者单位：中国社会科学院马克思主义研究院）

（原载《光明日报》2014年7月16日）

西方多党民主的三大制度性困境

柴尚金

西方民主理论认为，只有实行竞争性政党制度，通过民意选择和政党博弈，才能产生比较理想的执政党及领导人。但在多元、多样、多变的时代，西方政党政治、社会结构、民众价值取向和生活方式都发生了深刻变化，作为意识形态的继承者和社会利益输送工具的政党越来越成为"选举机器"，政党政治沦落为选举游戏，政党竞选成为领袖们的"精英秀"，金钱政治、极化政治、腐败政治越来越突出，西方多党民主深陷制度困境。

被选票绑架而沦落的选举民主

政党与民主是孪生兄弟，西方民主强调多党竞争，推崇选举民主，把选举作为民主的唯一形式。西方多国宪法规定，议会有至高无上的立法权和监督权。在议会民主的实现形式中，民主的主体是各持异见的政党，行使议会立法与监督权力的议员又全部由各党来推选。因此，议会选举实质上是由政党来实施的。

国家级议会议员由地方选举产生，因此候选人基于选票的考虑，更加重视地方利益，他们只将议会视为权力角逐和政治分肥的主要场所，议会斗争目标就被简化为争取执政。现今，按照选票多少来排定座次的西方民主规则已发展到极致，政党政治完全成为了选举政治，由议会形式来支撑的民主也就成了选票民主。政党由此被选票绑架，选票成为政客"登基坐殿"的敲门砖。为了多拉选票，他们会使尽各种招数讨好选民，可谓"好话说尽"。

由于西方民主的竞选需要大量的金钱，这就意味着看似平等的候选人之间，事实上是不平等的。因为，金钱与选举的密切联系使得有些人很可能由于经费的原因无法参加竞选，百姓真正的意愿也就成为有钱人的民意。但是，西方政治人物与资本利益集团之间并不是"一手交钱一手办事"的赤裸权钱交易关系，金钱政治为了显得公正、独立，是通过一种特别的利益输出途径实现的，即利益集团影响政治人物，政治人物制定出偏向利益集团的公共政策，最终谋求各自特殊利益的实现。

随着经济自由化、金融化不断发展，金融寡头"如日中天，法力无边"。政客"傍大款"，政党联姻"金融大鳄"，从而形成"生死与共"的利益共同体。西方各政党无论信奉什么都会纷纷与大资本抱团联姻，尽管各政党的政策主张虽有不同，但都不可能得罪大资本。美国"次贷危机"引发的国际金融危机本是华尔街的投机家们惹的祸，但美国政府为避免危机恶化，不得不出手相助，用纳税人的钱，为这些金融家们的巨亏买单。"有钱能使鬼推磨"的美国，虽然金钱不可能完全决定选举的最终结果，但筹措不到足够的竞选资金肯定当不了总统。民主离不开政党，政党离不开金钱，金钱更离不开民主，在这样的循环中，民主与政党这对孪生兄弟，必定会陷入金钱所困的"三角债"，从而沦为金钱的奴仆。

"党争"极化引发社会分裂

西方政治的多党制设计，主要目的是通过多党竞争来协调统治阶级内部的矛盾，防止他们内部各集团的不平衡，以党派制衡来遏制少数人滥用权力。多党制对权力制衡的目的达到了，但协调内部矛盾、提高政府效率的目标却很难实现。

政党纷争导致议会内议员恶斗不止，议会立法效率低下，对政府的监督失效。由于议会作用的弱化，政府权力自然就会膨胀，国家权力中心必然向政权转移，由此诱导出的朝野矛盾势必将进一步加剧，议会立法和监督作用也就更不易发挥作用。例如，1972年荷兰大选后，各党用了164天才达成组成联合政府的协议。2010年比利时大选后，各党派多次未能成功协商组成政府，遭遇了540多天没有正式联邦政府的无政府危机。西方议会民主和多党民主制的衰落表明：三权分立的议会民主、多党民主可以在形式上实现相互制衡，但一旦出现问题谁也无法解决。

随着西方政治极化现象不断加剧，多党民主最后变成多党角力，执政党和反对党明显对立。近年来政治极化、党派对峙的"政治病"越来越严重。2012年美国总统选举中，共和党与民主党围绕紧缩与反紧缩、大政府与小政府的政治理念渐行渐远，形成相互对立的两大政治阵营。奥巴马高举"公平正义"大旗，强调要坚定捍卫医保、移民、教育等变革成果，维护女性、少数族裔及弱势群体利益，呼吁民众在"公平分享机会和利益"和"少数人获利、赢者通吃"之间作出选择。美国人正面临着"一代人以来最清晰的抉择"，意思是说，两党界限分明，别无选择。这种政治极化现象是美式资本主义的体制性、结构性问题的直接表现。

另外，在西方民主的实际操作中，各政党之间实际是一种没有管理的竞争。由于没有一个权威机构来进行有效的管理。为了选举的胜利，一些政党不惜使用作弊和违法手段打击对手。一系列选举政治的恶行导致青年选民对政治的冷漠，从而引发民众对政府信心的急速下降。各政党为了不断吸引越来越远的选民，候选人和他们的政治谋士就会设计人们愤世嫉俗的情感竞选口号和政策来博人眼球，提高得票率。但这种剑走偏锋的竞选承诺，不会给解决国计民生问题带来根本性的出路，反而会加剧不同利益集团之间的矛盾。基于利益集团的斗争激化，有可能导致族群甚至是国家和民族的分裂。

利益短视弱化了多党民主制度

西方国家政治、经济、社会方面的问题大多出于片面民主，如"选民是上帝"极易导致国家决策短视,"人权至上"带来对公共权利的滥用。

多党制和"人权"命题的变异,放大了个人、团体的短期利益,损害了国家和大众的整体与长远利益。选举中,较科学、能够代表绝大多数人长远利益的方案往往不能被大家所接受,各候选人的政治见解趋于功利化,为了契合各选民的政治倾向,追求当前利益成为候选人设定选举政策的唯一初衷。现今的政治竞选,充满了导致狭隘的民族主义、种族主义等意识形态的倾向。在西方多党制民主竞选的现实条件下,各执政党要想对国家做任何大的变革都是异常困难的,因为任何变革必然导致对利益重新调整,必然遭遇利益受损团体的激烈抵抗,在政治势力不可能实现"统治"的制度中,调和各方利益是执政党的主要任务,至于对国家作出有力的变革,这样的主导性利益,往往不是由执政党自发形成,而只能由社会发展决定。任何一个执政党都只会从对执政力的保持出发,没有哪个政党敢去尝试以放弃执政地位来换取国家的改革,这样有利于国家和大众的想法,不会有任何政党敢去尝试。

民主同市场一样,也是一把"双刃剑",既有好的一面,也会产生大家都不愿看到的结果。环顾世界,一些国家盲目照搬西方政治体制,导致与自身体制"水土不服"、经济停滞、民生凋敝、社会动荡,其中的教训值得人们思考。

(作者单位:中共中央对外联络部研究室)

(原载《中国社会科学报》2013年5月29日)

四

坚持中国特色社会主义民主制度的特点和优势

论中国特色社会主义民主制度建设

侯惠勤

无论在理论上还是实践中，民主问题都是坚持和发展中国特色社会主义的重大课题。新中国成立以后，由于社会主义建设的探索中曾在民主问题上走过弯路，导致了像"文化大革命"那样长达十年的全局性失误，曾一度把推进社会主义民主和法治建设提到了紧迫关口。在贯彻落实"四个全面"战略布局的今天，民主问题又一次凸显出来。如果说，改革开放之初的社会主义民主政治建设主要是为了理顺体制、机制和基本制度的关系而通过政治体制改革加以推动的话，那么今天的民生政治建设则是通过巩固、完善中国特色社会主义制度而展示社会主义民主的优越性，增强我们的制度自信。因此，针对新的历史特点，我们对于社会主义民主政治建设要有新的理论思考。

一 民主问题的实质是坚持何种国家制度的性质

把马克思主义基本原理运用到新的历史条件，是思考中国特色社会主义民主制度建设的出发点。站在新的历史起点，从更高的理论眼界去提出问题和解决问题，才能在思想上、实践上有新的进展。因此，首先要对新的历史起点有准确的认知。就民主问题而言，值得关注的新情况有两个。

1. 民主问题已经成为西方今天从制度上颠覆中国特色社会主义的主要思想武器

尽管民主问题历来是西方"西化""分化"中国的发难点,但今天这个点的理论基石是体现西方制度精神的"普世价值"。"普世价值"之争既不是思想上、学术上关于人类有无共同人性、有无价值共识争论的继续,也不是讨论当代国际社会如何努力形成共同遵循的行为准则问题,而是在特定的历史节点、针对特定的历史对象展开的思想渗透,是新的历史条件下意识形态斗争的突出表现。

具体地说,21世纪初出现在中国的这场思想斗争是西方在前苏东地区和中东、北非持续进行的"颜色革命"的延续,是在中国改革开放步入"深水区"和攻坚期力图有效地"西化""分化"中国所使用的撒手锏。推行"普世价值",就是把西方民主制度的国家模式普世化。对我国而言,其针对的就是"中国特色",理论依托就是普世民主。在"普世价值"的框架下,现代化道路只有一条,现代国家的架构只有一种,核心价值观当然也只有一个,那就是已经定型的西方资本主义国家制度及其精神。所以,走"普世价值"之路,就是走"全盘西化"之路,就是从制度上照搬西方。在极力推行"普世价值"的人看来,"以自由、理性和个人权利为核心的'启蒙价值'成为推动人类社会从传统走向现代的精神力量,成为现代性社会的价值基础"[①],"批判普世价值的人士所反对的,不是普世价值这个概念,甚至也不是自由、民主、平等、人权这些价值理念;他们所反对的,是根据这些价值理念来设计和建设的制度。他们反对按照自由、民主、人权等价值理念来改革政治体制和社会体制。这才是问题的本质所在"[②]。这段话以明白无误的语言表明,"普世价值"之争,不是学术和道德观念之争,而是严肃的政治斗争,是当代中国的国家制度性质之争。

---

① 秦晓:《秉承普世价值开创中国道路当代中国知识分子的使命》(http://finance.ifeng.com/opinion/zjgc/20100727/2447833.shtml)。

② 杜光:《试析"高潮"的来龙去脉》,《中国论坛》2010年7月15日。

这种"普世价值观"以对历史,尤其是20世纪历史误断为前提,"社会主义试验的兴起及其失败"、资本主义制度是人类"历史的终结",就是这种错误历史判断的主要结论。"苏东剧变"让西方崇尚资本主义世界体系的政客和知识分子欣喜若狂,一系列有代表性的著作纷纷发表:布热津斯基于20世纪80年代出版了《实力与原则——1977—1981年国家安全顾问回忆录》《运筹帷幄:指导美苏争夺的地缘战略构想》,美国前总统尼克松发表了《1999,不战而胜》,弗朗西斯·福山出版了《历史的终结》,塞缪尔·亨廷顿发表了《文明的冲突》等。在这些人当中,最具代表性的是美国学者福山和亨廷顿。福山在《历史的终结》一书中说:该书涉及"自由民主制度作为一个政体在全世界涌现的合法性,它为什么会战胜其他与之相竞争的各种意识形态,如世袭的君主制、法西斯主义以及近代的共产主义"①。他还进一步指出:"自由民主制度也许是'人类意识形态发展的终点'与'人类最后一种统治形式',并因此构成'历史的终结'。换句话说,在此之前的种种政体具有严重的缺陷及不合理的特征,从而导致其衰落,而自由民主制度却正如人们所证明的那样不存在这种根本性的内在矛盾。"② 由此福山得出结论:"20世纪最后二十五年最令人瞩目的变化是,不论是军事管制的右翼,还是极权主义的'左翼',人们都发现,在世界貌似最专制的核心地带存在着巨大的致命弱点。从拉丁美洲到东欧,从苏联到中东和亚洲,强权政府在二十年间大面积塌方。尽管他们没有千篇一律地实行稳定的自由民主制度,但自由民主制度却始终作为唯一一个被不懈追求的政治理想,在全球各个地区和各种文化中得到广泛传播。"③ 福山还认为,"后冷战"时期,北美、西欧和日本的大三角文化将成为世界单一的文化,人类未来面临的挑战仅仅是经济的、技术的、环境的问题,再也没有与共产主义和法西斯主义的生与死的斗争。在堪称"中国颜色革命

---

① [美]弗朗西斯·福山:《历史的终结及最后之人》,黄胜强、许铭原译,中国社会科学出版社2003年版,第1页。
② 同上。
③ 同上书,第4页。

动员令"的所谓"零八宪章"中也曾声称：在经历了长期的人权灾难和艰难曲折的抗争历程之后，觉醒的中国公民日渐清楚地认识到，自由、平等、人权是人类共同的普世价值；民主、共和、宪政是现代政治的基本制度架构。抽离了这些普世价值和基本政制架构的"现代化"，是剥夺人的权利、腐蚀人性、摧毁人的尊严的灾难过程。21世纪的中国将走向何方，是继续这种威权统治下的"现代化"，还是认同普世价值、融入主流文明、建立民主政体？这是一个不容回避的抉择。非常可怕的是，这种错误观点已经渗透到了党的高层，党的"两个总书记都在资产阶级自由化问题上栽了跟头"[①]，这绝非偶然。因此，我们今天研究民主问题，一定要紧紧围绕国家制度这个实质，紧紧抓住坚持和发展中国特色社会主义民主制度这个关键，批判抵制"普世价值观"。

更为值得警醒的是，一些似乎是赞扬和肯定中国特色社会主义制度的观点，也用"威权体制"而不是民主政治来判断我国制度。这种肯定实际上增强了西方对于民主的制度垄断，增强了西方在核心价值观上的自信，不是增强而是削弱了中国特色社会主义制度的国际影响力。例如，美国学者哈珀在2010年出版了《北京共识：中国威权模式将引导21世纪》，认为中国在"威权统治"下的崛起给西方造成了巨大的挑战和威胁，中国特色的道路是"威权统治"下的社会主义制度与建设。这一观点被一些居心叵测的人大肆炒作而似乎得到了广泛的认同，其实这是陷阱。"威权统治"不过是专制统治的柔性说辞，本质上还是专制制度，这正是西方反华、反共势力诬蔑我国制度的一贯伎俩。以"威权统治"挑战西方民主，在道义和理论上都绝无优势可言，我们决不能欣然认同。

2. 打破西方民主话语霸权的时机正在到来

当今世界出现了苏东解体乃至第二次世界大战以后罕见的动荡和混乱局面，其主要特征就是以西方为中心的世界体系的日益没落，以美国为代表的西方"民主体制"的失灵，其多种变形的"劣质民主"给全球带来了

[①] 《邓小平文选》第3卷，人民出版社1993年版，第344页。

灾难。德国学者斯宾格勒在第一次世界大战期间就预言的"西方的没落"正在成为现实。正如台湾大学朱云汉教授指出的，"人类面临的最大困境在于：'民主'与'自由'——被许多政治领袖和知识分子视为建构21世纪社会的两大支柱正严重变形与退化，成为世界动荡的来源"。[1] 西式民主的危机表现为民主日益非理性化，堕落为特殊利益集团和政治人物的"政治秀"，成为纯粹的政治伎俩。选举手段日趋下流，黑金政治大行其道，争相讨好选民，掩盖社会矛盾，只讲成败、不讲是非，严重败坏社会风气。

另外，随着中国特色社会主义的发展，中国在当今世界的伟大复兴，以及东欧一些前共产党人重新执政，包括长期所谓"一党独大"的新加坡等国的政治稳定，发展良好，都表明一种"非西式的民主"正在兴起。我们的理论研究必须跟上，对民主理论作出新判断、新阐发，掌握话语权。扩大中国特色社会主义民主制度，即人民民主专政国家制度的影响力，适逢其时。

二　中国特色社会主义民主是根本区别于西式民主的国家制度

中国特色社会主义民主制度的理论支点根本区别于西方民主政体。我们坚持马克思主义的基本理论，认为没有在生产力高度发展基础上的消灭阶级、消灭剥削，人民当家作主就是不可能的；而在现今的各种社会力量中，只有工人阶级的阶级利益和阶级要求是消灭阶级，因而只有坚持工人阶级的领导才有真民主；以"利己主义的市民个体"为基础的资本主义国家，只能搞假民主。可以肯定地说，"西式民主"在今天蜕变为纯粹的形式民主，是对民主思想的背离，绝不是真正的人民当家作主，不是"普世民主"，"西式民主政体"也不是"普世民主模式"。因而，是否实行西式民主绝不是衡量民主与专制的尺度，也不是现代国家和传统国家的

---

[1] 《朱云汉著书纵论21世纪世界大势》，《参考消息》2015年8月7日。

划界标准。真正的民主必定是形式民主和实质民主的有机统一,必定是政治平等和共同富裕的相互促进,必定是眼下的多数和长远的多数的历史统一。因此,我们在推进社会主义民主制度的建设中,始终应注意把握以下三点。

第一,形式民主价值的非至上性,我们不把投票视为终极民主。一般地说,民主作为价值目标,是就国家政治建设而言,它属于上层建筑,必须服务于经济基础,因而不能孤立地看待,不但必须与国家的主权、安全、正义和效能等进行综合考量,而且必须与发展、民生、社会和谐等相协调。特殊地说,今天西方式的民主已经完全蜕变为"形式民主",即"投票的民主",而不包含任何实质民主的含义,因而不能等同于"人民当家作主",也就不具有政治价值上的至上性。围绕着"拜票"而展开的民主,难免向着政治伎俩和情绪宣泄的竞技场方向演变,与人民当家作主渐行渐远是必然的。投票只是民主的形式,必须服务于人民当家作主的实际需要。这就是说,在社会主义民主制度的建设中,对于投票等民主形式要有一个正确的定位,不能喧宾夺主,更不能本末倒置。

第二,民主是多重价值的内在统一,因而民主必然与社会进步和人的发展相一致。民主不是孤立、抽象的"多数人"统治,而是多种善良价值的内在统一,其中最为重要的是理性、平等和民主不可分割的联系。只有理性基础上的民主才有是非界限,才可以发展进步,才有民意的整合(包括对少数意见的尊重和保护),才能真正体现人民意志,才不会蜕变为政治赌博和纯粹权术。只有平等基础上的民主才有内容,才具有实质性的意义,才是真正的多数人统治,才具有历史进步性,才不会沦为少数人的工具,而造成"沉默的大多数"。因此,民主不是政治游戏,不是政客们作秀的舞台。人民当家作主的实现过程,也就必然是社会平等和人的自由全面发展逐步实现的过程。社会主义民主制度的建设,必须和共同富裕、人的全面发展等制度安排相一致。

第三,必须破除"西式民主"的樊篱,确立民主的客观坐标。政党轮替、三权分立等只是西式民主的架构形式,并不是民主政治的必要条件,更不是民主政治的充要条件。从我们今天看来，应当突破长期以来禁锢着人们头脑的对于民主的这一认识上的樊篱，作出新的概括。新的民主政治的客观坐标应当突出以下原则：一是要有一个能够顺畅表达和有效整合民意的政党制度。这里的关键不在于是一党制、两党制还是多党制，而在于一个能够真正倾听民意、体察民意、整合并代表民意的政党制度。二是要有较为完备且能不断完善的现代国家治理体系。这里的关键不是所谓程序民主，而是民主和效率的统一，民主决策和科学决策的结合，使得国家职能能够有效地推动经济发展，促进社会的公平正义，不断改善民生、增进人民的福祉。三是要有一个有效的反腐倡廉、防止权力腐败的廉政制度。这里的关键不在于三权分立，而在于执政党能够建立起有效的权力监管，把自律和他律、法治和德治、社会监督和自我监督有机统一，真正建设廉洁政府。

概括地说，中国特色社会主义民主制度的建设相比于西方民主政体，有两个显著特征。其一，把民主制度建设纳入国家和社会发展的总体框架，而不是孤立地突出民主价值。民主作为国家制度，其作用是保障国家政治生活的健康、鲜活，因此它必然不是某个单一价值的展示，而是多重价值相互推进的过程。毛泽东在1957年就提出，要造成"既有集中又有民主，既有纪律又有自由，既有统一意志、又有个人心情舒畅、生动活泼，那样一种政治局面"①。这里就包含着民主和集中、自由和纪律、个性和共识等的统一。中国特色社会主义民主就是要围绕着这些统一，通过民主制度建设，造就生动活泼的国家政治生活。邓小平在认真总结和思考我国民主政治建设的基本经验和基本实践后，对于我国的民主建设的总目标作出了这样的论断："总的目的是要有利于巩固社会主义制度，有利于巩固党的领导，有利于在党的领导和社会主义制度下发展生产力。对中国来说，就是要有利于贯彻执行党的十一届三中全会以来所制定的一系列路线、方针、政策。要做到这些，我个人考虑有三条。第一，党和行政机构以及整个国

---

① 《毛泽东文集》第8卷，人民出版社1999年版，第293页。

家体制要增强活力,就是说不要僵化,要用新脑筋来对待新事物;第二,要真正提高效率;第三,要充分调动人民和各行各业基层的积极性。"① 这是把民主纳入了社会主义总体建设的战略中,成为坚持和发展中国特色社会主义这一主题的有机部分。能否准确把握民主在社会发展中的客观定位,是衡量真假民主的重要标准。

其二,中国特色社会主义民主的实现是一个自觉有序的过程。西式"投票民主"的弊端就在于它有一个错误的假设,即民主应该在人们的自发状态中实现。因此认为只要每个人"自愿"投出一票,多数票就代表了民意。实际上,在资本主义市场经济条件下,"心为物役"是普遍的现象和资产阶级统治的方式,个人无论是否"自愿",本质上还是为金钱所操纵。这样,人民当家作主就不能简单地通过投票的方式实现,而必然是一个社会解放和人民群众自我教育和自我提高的过程,必然是一个自觉有序的过程。人民当家作主的实现过程,也是人民群众自己教育自己、自己解放自己的过程,是一个不断地走向自觉而掌握自己命运的过程,因而也是用先进理论武装并组织起来的过程。这样,党的领导和马克思主义的指导就是社会主义民主不可或缺的有机构成。

总之,中国特色社会主义民主的实现是一个不断明辨是非、凝聚共识的过程,是人民群众通过自我教育而不断地学习当家作主的过程,是一个和坚持党的领导及先进理论指导内在统一的过程。这一民主的建设和实现,必定同社会主义精神文明的建设、同社会主义核心价值观的培育和践行、同社会主义生活方式和社会共同体的建设相向而行。民主的实现需要和整个社会的建设发展相统一,因而必然是一个自觉有序的过程。把民主局限在投票这一程序民主的形式上,渲染自发的所谓选民意愿,只能是假民主的自我陶醉。

---

① 《邓小平文选》第 3 卷,人民出版社 1993 年版,第 241 页。

三 以人民当家作主为核心价值，努力把握关于民主的话语权

中国特色社会主义民主的话语体系必须敢于面对严峻的挑战，直面现实的难点与焦点问题。我们不仅要从事例上说明中国国家制度是新型的民主法治国家的制度，还要用中国特色社会主义的话语加以叙述，更要从中贯彻我们的民主政治价值观。可以形成以下三个着力点。

1. 在区分社会主义民主和资本主义民主的基础上，着重揭露西式民主的蜕变，将当代资本主义民主和启蒙时期的资产阶级民主做一定的切割

启蒙时期的资产阶级民主理论，虽然也是为资本主义制度造势，但处在革命时期的理论，它毕竟体现了"在这瞬间，这个阶级的要求和权利真正成了社会本身的权利和要求，它真正是社会的头脑和社会的心脏"[①]。因此，虽然它主要着眼于形式民主，但也没有完全排斥实质民主。比如，法国伟大的启蒙思想家卢梭就提出了民主并非形式上的大多数人的统治，而是要体现"公意"，即人民根本意志的大多数；他还反对三权分立、两院制等政治构架。

转折点是第二次世界大战期间美国经济学家熊彼特提出的"投票民主"被西方广泛认同，并成为衡量民主国家的唯一标准。其前提是否定实质民主的可能性，否定人民意志的客观存在。这一倒退，是西方民主的严重蜕变，也是今天西方"民主政体"危机的根源。形式民主无法保证其先进性，无法区分历史的前进与倒退，因此无法防止民主变质，而且容易走向自己的反面。而如果民主导致亡国，导致军国主义、法西斯主义的肆虐，导致国家停滞不前、衰微破败，那么民主也就不复存在。要充分利用历史和现实中、资产阶级民主成为法西斯主义、军国主义孵化器的事实，揭露资产阶级民主的脆弱和危害，并揭露其嫁祸于共产主义的拙劣行径。

---

① 《马克思恩格斯选集》第1卷，人民出版社2012年版，第13页。

2. 在揭露西方民主局限性的基础上，突出中国特色社会主义民主的生命力在于，通过促进国家富强、人民富裕、社会公平正义，在逐步实现共同富裕的过程中推动人民当家作主成为现实

邓小平指出："我们大陆讲社会主义民主，和资产阶级民主的概念不同。西方的民主就是三权分立，多党竞选，等等。我们并不反对西方国家这样搞，但是我们中国大陆不搞多党竞选，不搞三权分立、两院制。我们实行的就是全国人民代表大会一院制，这最符合中国实际。如果政策正确，方向正确，这种体制益处很大，很有助于国家的兴旺发达，避免很多牵扯。"[1] 可见，民主必须在有利于解放和发展生产力、促进共同富裕和社会公平正义、增强廉洁高效的国家职能的前提下建设。鉴于今天西方民主的困境，福山也提出"没有优质的国家，就没有优质的民主"，认为国家整体治理能力比民主更能体现国家竞争力。在国家不能增进人民福祉和维护社会公平的情况下，民主不仅虚假，而且会加速社会的混乱和不公。因此，国家治理体系和治理能力的建设优于民主政治建设。

相应地，我们要旗帜鲜明地宣传我们民主观的民意理念和"以人为本"思想，即我们的民意不单纯就是"选民意愿"，我们的"以人为本"不是西方的"个体本位"，而是"社会为本、人民至上"。这一民意理念的世界观依据是，虽然历史总是人的历史，历史的活动总是人的活动，但人不是孤立的个体存在，不能随心所欲地创造历史，而总是"进行物质生产的，因而是在一定的物质的不受他们任意支配的界限、前提和条件下活动着的"[2]。因此，必须坚持人的客观物质制约性第一，主观能动性第二；社会性存在第一，个体性存在第二；生活的生产和再生产第一，生活的占有和享受第二。从价值观上看，就是人民第一、个人第二的社会主义、集体主义价值观，而不是个人主义、利己主义、享乐主义价值观。

我们必须把形式（程序）民主和实质民主的历史统一的民主思想贯彻

---

[1] 《邓小平文选》第 3 卷，人民出版社 1993 年版，第 220 页。
[2] 《马克思恩格斯选集》第 1 卷，人民出版社 2012 年版，第 146、151 页。

到底，即便是投票选举，也要做到形式和实质的尽可能统一。因此，我们对于各级领导干部的选拔，除了必要的票决，更多的是实际考察、实践检验。既有社会各层级的选择，也有中央领导集体的选择；既在社会主义建设中实践锻炼，也由各级组织进行各个层面的培育。实践的检验和选择是长期的，职位越高，经历的岗位磨炼越多。这种制度不同于家族政治制度，也不同于西方单一票选制度，更不同于所谓的威权政治制度。这一制度既避免了西方单一票选制度带来的形式化弊端，也能够避免威权政治制度、家族政治制度带来的近亲化弊端。它既是民主性制度，又是人民性制度，更是一种先进性的制度。

3. 尽管民主问题纷繁复杂，但要害是在日益复杂的国内外条件下是否要坚持共产党的领导，必须讲好讲透坚持党的领导和人民民主的一致性

西方民主制形式也是多样的，但其实质是资产阶级统治，其基础是孤立、抽象的个人，通过个人权利的形式平等而获得民主的幻觉，恩格斯因此称其为资产阶级"法学世界观"。社会主义民主的基础是人民，通过工人阶级及其政党的有效整合，体现最广大人民的意志，因而是人民民主，党的领导在其中起决定性作用。也因此，西方在民主上针对社会主义国家进行渗透的核心就是颠覆共产党的领导，主要思想武器是将"宪政民主"的政党轮替、三权分立、公权和私权的博弈等作为"普世民主的模式"加以推行。在西方民主思潮的渗透下，对于坚持和改善党的领导形成了所谓"一党独大""一党独裁"这一类的强大的话语压力，不断造就在中国进行"颜色革命"的思想氛围。把我国的政治体制改革定位于"宪政改革"，鼓吹通过诸如"党主立宪"方式，试图架空共产党而达到取消中国共产党的领导的目的，这是我们应当关注的新动向。

通过所谓"宪政改革"搞颜色革命，意图颠覆我国的社会主义制度的做法有过许多表现。例如，试图利用党政分开的改革，架空党的领导，使党的领导仅限于党内、党员；又如，试图利用加强民主协商，让民主党派在人大会议期间成立党团，使其成为真正独立的政党，把全国政协改造成与人大并列的"参议院"；再如，试图利用现代化的社会转型，推动共产

党由所谓"革命党"向"现代执政党"转型,使中国共产党由工人阶级先锋队组织蜕变为西方式的议会党,自行"多党化"。我国社会主义民主政治建设的根本立足点,就是巩固、完善中国共产党领导为根本特征的中国特色社会主义制度,这需要我们长期艰苦的努力。

我们需要更加理直气壮地宣传,没有一个敢于历史担当、勇于牺牲奉献、全心全意为人民服务的党,民主就只能是政治游戏,甚至是骗局。历史充分证明,任何社会的进步和历史的飞跃,都必须要有先进力量的引领,而要改变阶级社会以来少数人统治多数人的社会现状,实现几千年人类文明史从来没有过的人民当家作主,没有一个先进的、强大的、勇于奉献和自我牺牲的政党的持续奋斗,那是不可想象的。资本主义社会必然是一个两极分化的社会里、除了资本主导的经济逻辑使然外,就是将利己主义个人作为国家的自然基础的结果。"正如古代国家的自然基础是奴隶制一样,现代国家的自然基础是市民社会以及市民社会中的人,即仅仅通过私人利益和无意识的自然必然性这一纽带同别人发生联系的独立的人,即为挣钱而干活的奴隶,自己的利己需要和别人的利己需要的奴隶。现代国家通过普遍人权承认了自己的这种自然基础本身。"① 试想,在一个"人人为自己、上帝为大家"的社会里,可能实现"共同富裕"吗?在一个两极分化的社会里,人民可能当家作主吗?

一个全心全意为人民服务的政党不是投票投出来的,而是在马克思主义武装下,按照工人阶级的世界观和阶级面貌从严治党,在实践中不断经受住各种考验,长期锻炼出来的。这正是我们必须坚持把人民当家作主的实现和坚持党的领导联系在一起的原因。这不是一党之私,而是舍我其谁的历史担当。正如习近平总书记2013年8月19日在全国宣传思想工作会议上所说,"我一直在思考一个问题,这就是:我们中国共产党人能不能打仗,新中国的成立已经说明了;我们中国共产党人能不能搞建设搞发展,改革开放的推进也已经说明了;但是,我们中国共产党人能不能在日益复

---

① 《马克思恩格斯文集》第1卷,人民出版社2009年版,第312—313页。

杂的国际国内环境下坚持住党的领导、坚持和发展中国特色社会主义，这个还需要我们一代一代共产党人继续作出回答"。从理论上不断总结、阐发中国特色社会主义民主制度，使之更加定型和成熟，是我们今天研究民主制度建设问题的立足点。

（作者单位：中国社会科学院马克思主义研究院）

（原载《马克思主义研究》2015年第12期）

中国道路的民主经验

房　宁

民主政治是工业化时代政治发展的普遍趋势。中国正处于实现工业化、现代化的历史进程之中。民主政治是中国工业化、现代化发展的必然产物，为当代中国社会发展所需要。探索和建立适应时代需要，适合中国国情，符合发展要求的民主政治，将为中国的工业化、现代化发展提供政治保证。但是，中国在历史上是一个缺乏民主政治实践和经验的国家。当代中国的民主政治建设要在中国社会发展的实践中逐步探索，在探索中建设，在建设中发展和完善。总结中国民主政治建设的实践经验十分重要，是中国民主政治建设和发展的重要条件。

一

中国的民主政治建设和发展植根于中国的历史与现实。历史环境、现实国情，为当代中国民主政治建设和发展提供了起点和基础；而满足当代中国工业化、现代化发展的要求，则是推动和塑造当代中国民主的决定性因素。

从表面上看，民主似乎是一种"普世价值"，似乎"条条大路通罗马"，当今世界上多数国家采取的政治制度在形式上是类似的，都被称为民主政治。但是，实际上各国实行民主政治的历史原因是有差别的，民主政治在各国近现代历史发展中所起的作用也不尽相同。从近代民主政治的发祥地英国的历史情况看，英国民主政治最早起源于统治集团内部的政治斗争，因此权利保护成为英国民主的起点和重点。法国民主政治起源于法国社会内部阶级阶层之间的矛盾，出现在下层阶级反抗上层阶级的革命斗争之中。因此，长期以来争取自由成为法国式民主的主题与鲜明特色。美国民主诞生于反抗外来压迫的独立战争，由于历史和地理条件等特殊原因，美国独立建国时较之欧洲国家有较大的制度选择和建构空间，使得许多源于欧洲的民主观念与政治原则在新大陆上的表现胜于旧大陆。美国民主制度建立之初，即实行公民权利与国家权力的双重开放，这是历史赐予美国的礼物。后世各国的民主政治鲜有建立之初即实行权利与权力的双开放，这也主要是后世诸国难有美国的历史和地理条件。

"条条大路通罗马"，条条大路各不同。导致各国走上民主政治道路的原因是具体的，是有差别的。开端包含目的性，历史起点不同，历史任务不同，深远地影响着不同国家的民主政治道路。中国的民主政治的起点是由于外来殖民主义侵略引发的民族生存危机，救亡图存是中国近现代一切政治建设的历史起点和逻辑原点。在挽救民族危亡和争取民族独立的斗争中，产生了民主政治的诉求，出现了最初民主实践。在新中国成立后，寻求国家的快速工业化，建立富强的新国家，成为新的历史任务。民主政治成为调动人民建设国家，实现现代化的积极性、主动性的政治机制。中国民主政治建设的主题，也由此从救亡图存转变为建设社会主义强国。历史起点和历史主题的输入深刻地影响了中国民主政治发展的历史轨迹和现实道路。

民主政治是人们的选择，但选择不是任意的，人们只能在历史任务和国情条件等客观因素设定的可能性空间中进行选择。中国的历史和基本国情深刻地决定和影响着当代中国的政治制度，当代中国面临的根本任务是实现国家工业化、现代化；中国的基本国情要求在工业化、现代化阶段的政治制度与体制，必须能够调动和发挥广大人民群众建设国家、追求幸福美好生活的积极性、主动性、创造性，同时又能够集中民力和民智，有利于在全国范围内合理有效调配资源、有利于保卫国家安全和保障社会的安定团结。对于当代中国的政治制度来说，只有满足国家与社会发展所需要的这两方面的基本需求，才是一个可供选择和有生命力的制度，才是一个真正为中国人民所需要的制度，因而也才是一个真正民主的制度。

二

中国的民主有与其他国家的民主相通的地方，也有与其他国家的不同之处。中国的民主，是在追求民族独立、国家富强和社会进步的长期奋斗和探索中逐步形成的，历史文化传统和基本国情对当代中国民主有着深刻影响。在长期和反复的探索中，中国民主建设取得了自己的重要经验。民主的中国经验、在与其他国家民主进行比较的意义上，反映了当代中国民主的特点。根据笔者多年的观察、思考与比较，民主的中国经验中有四条尤为重要和值得人们关注。

第一，在经济社会发展进程中，把保障人民权利与集中国家权力统一起来。

改革开放给中国人民带来了前所未有的经济、社会自由，权利的开放和保障，激发了亿万人民的积极性、主动性和创造性。在资源禀赋没有发生根本性变化的条件下，由于人民生产积极性的变化，中国经济出现了历史性的飞跃。这是中国民主政治产生的巨大社会推动力的结果。自改革开放以来，中国巨大的经济成功，中国大地上不可胜数的从无到有、脱颖而出、卓尔不群的成功故事，就是以权利开放为取向的政治改革的最有说服力的注脚。然而，权利保障还只是中国改革开放和民主建设的一个方面。如果说，世界各国民主政治中都包含着权利保障的因素而并不为中国所独有，那么，中国民主政治建设的另一方面，集中国家权力则是当代中国民主政治最具特色之处。中国是后发国家，是一个大国，中华民族是一个有着辉煌历史和文化记忆的民族。因此，中国的工业化、现代化不仅要改变自己的落后面貌，还要追赶世界先进水平。"中国梦"不是田园牧歌，而是一个伟大民族立于世界之巅的雄心。"三代不同礼而王，五伯不同法而霸"。中国要后来居上就不能跟在西方发达国家后面亦步亦趋，就一定要走出一条自己的路。从民主政治的角度看，中国道路的另一个特点就是国家权力的集中。中国共产党的长期执政地位，即"共产党领导"是国家权力集中的制度体现。

西方舆论将中国模式称为"威权主义"，并将所谓"威权主义"定义为经济自由与政治专制的结合。尽管在西方甚至中国国内有不少人是这样理解中国的，但这却远不是事实。中国模式与所谓"威权主义"根本不同，二者的根本区别在于：中国现行政治体制，并非如专制政治之下以一人、一党、一集团的一己之私为目的之体制，中国现行政治体制是用以集中资源，统筹安排，实现工业化、现代化的战略性发展之体制。在中国，权力集中是现象，权力目的是本质。中国集中程度较高的政治权力与政治体制是用于国家的战略性发展，保证中国实现更具效率的集约化发展的政治体制。这是中国民主模式中与保障人民权利同等重要的另一要素。

第二，在工业化阶段，选择协商民主为民主政治建设的主要方向和重点。

将民主政治在形式上分为"选举民主"和"协商民主"，在很大程度上是一个中国式的分类方法。西方一些国家的学术界，有人针对西方普遍实行的竞争性选举存在的缺陷和导致的问题，提出以审议式民主或民主协商来补充和调适西方政治制度。但这些讨论更多地还是停留在思想理论上，议论于非主流学者的沙龙中。在中国则不同，协商民主已经在中国有了长期而广泛的实践，已经成为中国民主的重要形式。在工业化阶段重点发展协商民主是中国取得的重要经验。重点发展协商民主，可以在一定程度上避免因选举民主给工业化进程中的社会增加矛盾和冲突的可能性。现阶段发展协商民主的主要价值在于：其一，有利于减少社会矛盾，扩大社会共识。竞争性民主由于强化分歧和"赢家通吃"效应，容易造成利益排斥。而协商的本质是寻求利益交集，寻求最大"公约数"，照顾各方利益，促进妥协、促进共同利益形成。而这也正是处于工业化转型时期、社会矛盾多发时期,唯一可以缓解社会矛盾,促进社会和谐的方法。其二,有利于提高民主质量。协商民主与选举民主、多数决定的民主机制也不是截然对立和矛盾的,协商民主可以让各种意见充分发表出来,通过交流讨论使各种意见取长补短,避免片面性,尽可能趋于一致,也有助于把"服从多数"和"尊重少数"统一起来。其三,有利于提高决策效率,降低政治成本。竞争性民主以及票决民主、选举民主的前提是公开的竞争与辩论,这种民主形式具有自身的优点但也有明显的弱点,这就是分歧与矛盾的公开化。分歧与矛盾的公开化会使具体问题抽象化、原则化,形成价值对立和道德评判,其结果是提高了达成妥协与共识的交易成本。而协商民主是求同存异,在一般情况下回避尖锐矛盾,不公开分歧,结果是有利于妥协和共识的达成,有利于减少妥协的交易成本。

第三,随着经济社会发展进步,循序渐进不断扩大和发展人民权利。

中国的民主经验包含了保障人民的权利,但人民权利的实现和扩大并不是一蹴而就的。人民权利的实现和扩大是一个历史过程。发展民主政治是世界各国人民的普遍诉求,但在众多的发展中国家,民主政治之路并不平坦,许多国家经历了坎坷和曲折,遭遇了"民主失败"。民主的本意是实现多数人的统治,为什么推行和扩大民主会在一些国家导致混乱?其中一个重要原因就是人民权利的扩大超过了政治制度和体制的承载能力,形成了权利超速的现象。

在中国的意识形态和社会实践中,从未把权利神圣化、绝对化,从未以先验的、教条主义的态度对待人民的权利问题。马克思主义的权利观认为,权利不是观念的产物而是经济社会发展的产物,权利是伴随着经济社会文化的发展而不断扩大和增长的,并非与生俱来,也不是单纯靠政治斗争争取来的,权利在本质上是历史的、相对的。人们只有在具备了条件的情况下,才有可能享有相应的权利。中国主张要随着经济、社会和文化的进步,逐步地发展和扩大人民的权利,逐步提高人民享有各种经济、政治、社会和文化权利的质量。

第四,在民主政治建设和政治体制改革中,采取问题推动和试点推进的策略。

采取正确的策略进行民主政治建设和政治体制改革至关重要。经过多年的反复探索,中国形成了以问题推动改革和通过试点推进改革的重要经验,成为推进民主政治建设所采取的基本策略。

民主政治建设和政治体制改革是浩繁的社会工程。从比较理想的状态设想,民主政治和体制改革应预先进行准备和计划,然后付诸实行。这也被称为"顶层设计"。但是从现实情况看,在政治建设领域实施顶层设计所需要的条件往往是难以满足的。顶层设计需要经验积累和理论准备,顶层设计的基础是具有足够的同一领域的经验和在一定经验基础上形成科学理论。但在社会领域,尤其是在政治领域,实践对象的重复性低,又不能像自然科学和工程学那样人为制造相似环境进行实验。在政治建设领域中进行顶层设计并加以实施,并非完全不可能,历史上亦有先例,如法国大革命后的《人权法案》,美国独立建国后创制的美国宪政体制,中华人民共和国成立后以人民代表大会为代表的新中国的一系列政治制度等。这些都是人类政治发展史上重要的政治制度"顶层设计"和实施方略,但它们都具有不可或缺的重要历史机遇,这就是社会革命开辟的历史新起点和发展新空间。政治制度的"顶层设计"往往产生于新旧制度更替的革命年代。而改革与革命不同,改革是在原有基础上的变动与完善,不是"推倒重来"。改革是继承了原有制度中的众多既定因素,是在现有基础上的变革。因此,改革必须面对既有的制度、既定的格局等因素,被束缚于客观的规定性之中,而不能完全按照主观行事。形象地说,革命好似"新区开发",而改革好似"旧城改造"。与革命时代不同,改革时代的"顶层设计"是罕见和困难的。

改革开放以来,中国政治体制改革策略被形象地称为"摸着石头过河",即从实践中的问题出发而不是从观念出发,是通过实验分散进行而不是轻易采取"一揽子"方案。所谓从问题出发,就是将改革的起点设定于具体问题,从现象入手。现象大于本质。改革从现象入手不会偏离事物本质,而是在尚未认识事物本质的情况下,圈定本质的范围,由表及里、由浅入深地进行改革的尝试，通过部分地解决问题，从量的积累到质的改变。

改革必须尽可能地通过实验、试点来逐步推广。这也是中国改革和民主建设的一项重要且成功的策略。政治体制改革和推进民主政治具有高度的风险和重大责任，政治体制改革一旦失误，后果十分严重甚至难以补救。当然，改革不可能没有风险，任何改革都必然要面对风险，但政治体制改革不能冒没有退路的风险，不能冒后果不可挽回的风险。政治体制改革一旦遭遇重大挫折甚至全面失败，国家和人民就要承受不可弥补的损失，几代人的生活就有可能被毁坏。这种风险是任何负责任的政党、政府和政治领导人不应当也不可能承受的。因改革失误和失败导致国家解体、人民遭殃的惨痛教训在世界上并非没有先例，苏联的改革与崩溃可谓殷鉴不远。因此，政治体制改革必须规避可能导致政权与国家倾覆的风险。政治体制改革的所有设想、方案和实验，都必须遵守"退路原则"，应预先进行风险评估，提前准备退回预案，以作为风险防范的重要措施。而民主建设和政治体制改革要经过试点加以实施和推进的目的之一，就在于分散风险。试点可以规避整体风险，可以规避颠覆性风险。改革难免失误，只要在一定范围内则可以承受。失败和失误是探索和认识的一部分，只要不牵动全局，失误或失败会加深对事物规律性的认识，反而有利于找出更加科学、正确的方法。

三

民主有价值与实践之分。民主在价值层面的含义是人民主权，这一点在当今世界获得了广泛共识和普遍的法律确认。在人民主权得到法律确认的条件下，民主就成为一个实践问题。民主作为实践问题，意味着寻求和建立实现人民主权的民主形式、政治制度。然而，无论历史还是现实之中，无论在西方还是第三世界，探索和建立适合需要的民主形式都非一帆风顺。在实现人民主权的共识和政治正确性之下，具体的民主形式探索、选择和建立，要受到诸多历史与实现条件的制约。纵观世界民主政治发展的历史，各国民主之路无不犹如群山之中一条狭路，蜿蜒曲折，坎坷前行。

在可以预见到的未来，由于工业化发展的阶段性等诸多历史与现实条件制约，中国民主建设不能采取扩大竞争性选举的策略，这是中国民主政治建设和政治体制改革在未来长时期中都要面对的一个重要限制性因素。在这样的历史性的约束条件之下，中国的民主建设只能采取积极稳妥地扩大和推进有序政治参与、重点发展民主协商以及建立、完善权力制约和监督体系的总体策略。

第一，分层次扩大有序的政治参与。

政治参与是民主政治的一项重要内容。在我国的民主政治实践中政治参与占有重要地位，是人民群众在共产党领导下实现当家作主的民主权利的重要途径。我国的政治参与的主要途径是政策性参与，即通过民意征询系统，把国家的法律与政策建立在征询和反映人民群众意愿基础之上，通过征询人民群众的意愿使党的执政方略和各级政权的法律法规、政策能够准确地反映和代表各族人民的根本利益。实行分层次的政治参与是保证政治参与的有序性的关键。在现代的民主形式之下，即间接民主政治实践中要处理的一个基本关系是"精英"与"群众"的关系问题。民主的题中应有之义是人民群众的政治参与，但由于信息不对称、经验不对称以及利益的局限性，客观上限制了人民群众进行政治参与的能力与范围。分层次政治参与方式是克服和超越群众参与局限性的根本方法。所谓分层次参与是以利益相关性、信息充分性和责任连带性为标准设计及确定政治参与的主体、对象和方式的。区分不同的政治事务，以利益相关程度、信息掌握程度和责任连带程度为尺度，引导相关性强的群体及代表进行分层次的政治参与，而不是不分层次、不看对象的所谓全面的政治参与。这样做既从总体上保证了人民群众参与国家政治生活的权利，又可以防止无序参与带来的无效与混乱。

第二，推进协商民主，提高协商民主质量。

党的十八大正式提出中国式的协商民主概念，提出完善协商民主制度和工作机制，把推进协商民主广泛、多层、制度化发展作为未来中国民主政治建设的重点。发展协商民主，需要进一步扩大协商民主范围，推进民主协商的体制化、制度化。提升协商民主的质量是未来中国协商民主发展的关键问题。在未来发展中国式的协商民主中，社情民意的客观、准确、全面的发现和反应机制是发展协商民主，提升协商民主质量的重要相关制度，应纳入中国民主政治建设的议事日程。协商民主较之选举民主，其表达机制相对薄弱。因此，在重点发展协商民主的背景下，加速建设中国的社情民意调查系统就显得十分必要。当前我国社情民意调查工作存在很多缺陷和不足，尚未建立起专业、系统和完善的社情民意调查系统，由此导致协商民主的基础并不牢固。在这方面，我国应广泛学习借鉴国外相关经验，结合本国国情和现实需要，加快建立和完善专业化的社情民意调查机构和体系，特别是应当建立相对独立的专业化、职业化的民意调查机构，以促进协商民主质量的提高。

第三，建设和加强权力制约和民主监督体系。

权力制约与民主监督在现阶段不以扩大竞争性选举为民主建设策略选项的条件下，具有更加重要的地位和作用。人类的长期政治实践表明，权力制衡作为一项防止权力蜕化、保障权力性质的基本措施是有效和可靠的。权力制衡属于人类政治文明的优秀成果，是一种在民主政治体制下的普遍适用的原则。权力制衡的基本原理是相同或相似的权力主体间的相互监督和制约，而民主监督的基本原理是授权者或被代表的主体对于委托者或代理人的监督和制约。权力制衡和民主监督是两个性质不同、功能相近的制约与监督政治权力的管理机制，在未来民主建设都需要进一步加强。

所谓"把权力关进制度的笼子"，核心思想是建设和完善制度性的权力制约体系。在我国未来的政治体制改革中，应沿着分类、分层、分级建立权力制约机制的方式推进权力制约体系的建设。所谓"分类"，是分别在党委、政府、人大、司法等主要权力机关之中首先建立完善的内部权力制约机制。所谓"分层"，是区别中央和地方以及部门，根据条件和需要建立各具特色的权力制衡机制。所谓"分级"，由于中国当前所处发展阶段以及处于当前发展阶段的政治制度历史的限定原因，中国的政治权力将长期处于相对集中的形态，因此，中国政治体系中的权力制衡机制并非均衡和均质的，处于权力不同层级上的制衡机制应有所区别。

在缺乏竞争性选举的民主形式类型中，民主监督的地位和作用更加突出。特别是在我国实行社会主义市场经济的条件下，民主监督作为一种重要的民主政治形式更是不可或缺的。民主监督是保障人民赋予执政党、国家权力机关和政府机关的各项权力不变质，保证权为民所用、利为民所谋的根本方法。从一定意义上讲，民主监督是保障现阶段我国民主政治发展正确方向的关键因素之一。只有实行有效的民主监督，其他的民主形式才能真正发挥效力；进一步讲，只有实行和加强有效的民主监督，我国社会主义民主政治的性质才能得到真正体现。因此，民主监督是现阶段中国特色社会主义民主政治建设需要大力加强的重要领域。

（作者单位：中国社会科学院政治学所）

（原载《红旗文稿》2014年第6期）

代表型民主与代议型民主

王绍光

一 前言

过去二十多年，有两种世界观一直针锋相对。

第一种世界观体现在已故英国首相撒切尔夫人的一句口头禅里："你别无选择"（There is no alternative）。据统计，撒切尔在其讲话中使用这个口头禅达五百多次，以至于有人给她起了个绰号，叫"Tina"。所谓"别无选择"，是指除了在经济上与政治上实行自由主义，世界已别无选择。

1989年初夏，日裔美国人福山把撒切尔的"别无选择"说上升到了历史哲学层面，发表了一篇论文，题为《历史的终结》。在这篇名噪一时的论文中，福山断言："20世纪开始时，西方对自由民主的最终胜利充满了自信；到20世纪接近尾声时，似乎转了一个圈又回到了原点。结局不是像某些人曾预料的那样，出现了'意识形态的终结'或资本主义和社会主义之间的趋同，而是经济和政治自由主义完完全全的胜利"。福山之所以敢大胆预测"历史的终结"，是因为在他看来，人世间已不再有关于"大问题"（例如是资本主义还是社会主义）的斗争与冲突；人类社会已抵达意识形态演化的尽头，西式自由民主制度已无可争议地变为各国独一无二的选择。此后，人类面临的唯一问题是如何实施西式自由民主的具体技术细节。在那篇文章的结尾，福山几乎难以掩饰自己的得意，又故意流露出一丝胜利者不再有对手的失落感。据他说，历史终结以后的世界将会变得非常无聊：不再有艺术与哲学，只有在博物馆里才能看到它们的痕迹。

今天，虽然撒切尔的"别无选择"说、福山的"历史终结"说已成为学界与思想界的笑柄，但其变种仍花样翻新，不断出现。不少人不再使用"别无选择""历史终结"之类的说辞，但他们依然坚信，西方资本主义国家的今天就是其他国家（包括中国）的明天。

第二种世界观体现在反思全球化运动使用的两个口号里："拒绝单一选项，拥抱无限空间"（One no, many yeses）；"另一种世界是可能的"（Another world is possible）。这里被拒绝的就是撒切尔们、福山们鼓吹的经济与政治的自由主义。

这两种世界观的对立首先反映在对资本主义的看法上。经过2008年以来的金融危机，前一种世界观在这方面已处于守势。但在民主问题上，前一种世界观似乎依然坚挺。虽然西方民众普遍对竞争选举出来的官员不信任，虽然一些西方思想家呼吁超越"选主"，倡导参与民主、协商民主、抽选代表，但大多数人还是认为，西式代议制民主是当代唯一可欲与可行的民主制度，各国的不同只是代议制的不同形式。不管是采取总统制还是议会制，执政者只能通过不同政党之间的竞争性选举产生。这种世界观不仅在西方国家占主导地位，在其他国家（包括中国）也颇有影响。

本文的基本论点是，代议型民主只是一种"金丝鸟笼"式的民主，不应是、也不可能是唯一可取的民主形式。相反，尽管存在这样或那样的缺陷，中国实践着的代表型民主依然具有巨大的潜力，它意味着另一种形式的民主是可能的。

把西式民主称为"代议型民主"恐怕没有太多异议，但把中国的政治运作称之为"代表性民主"也许会遭到国内外不少人的质疑。说到中国，这些人往往会不假思索地给它的政治体制贴上一个标签："威权主义"政体。问题是，在过去几十年里，这个标签像狗皮膏药一样被随处乱贴，从晚清时代开始，一直到民初时代、军阀时代、蒋介石时代、毛泽东时代、邓小平时代、江泽民时代、胡锦涛时代、习近平时代无一幸免。中国政治在此期间发生了翻天覆地的变化，贴在中国政治上的标签却一成不变，这岂不荒唐？这个概念与其说是学术分析工具，不如说是意识形态的诅咒。由于一个简单的"威权主义"标签说明不了任何问题，且无法与历史上、国内外其他"威权主义"政体区隔，于是，在当代中国政治研究中，我们就看到了一大堆带形容词前缀的"威权主义"，包括"有活力的威权主义""适应性威权主义""参与性威权主义""回应性威权主义""高认受性威权主义"等，不一而足。这些前缀形容词听起来往往与"威权主义"相互矛盾。如果一个政治制度"有活力"，并带有"适应性""参与性""回应性""认受性"，把它叫做"民主"岂不是更合适吗？

本文把中国的实践定义为"代表性民主"，并将讨论：什么是代议型民主？什么是代表型民主？两者之间有哪些区别？各自有什么特点与优、劣势？但在讨论这些问题之前，也许有必要先从一个看似矛盾的现象说起。

二 "威权"标签下的较高认受性——一个"悖论"？

西方主流意识形态有一个似乎不证自明的基本假设：只有领导人经由竞争性选举产生的制度才会享有认受性，而"威权主义"体制不可能获得民众的广泛支持。但大量实证调查数据表明，被贴上"威权主义"标签的中国体制一直受到绝大多数老百姓的拥戴。

近年来，全球最大的独立公关公司，爱德曼国际公关有限公司每年都会发布《爱德曼全球信任度调查报告》（*Edelman Trust Barometer*），其最新报告于2013年初公布。这份报告表明，中国公众对政府的信任度比2012年上升6个百分点，达到81%，仅低于新加坡，在所有被调查国家中居第二位，远高于美国的53%；就各国平均数而言，公众对政府的信任度仅为48%。实际上，在过去历年的爱德曼调查中，中国公众对政府的信任度一直在各国中名列前茅。

不仅爱德曼的调查如此，在过去二十年里，不管是什么人进行调查

（包括那些对前人调查充满怀疑的外国学者），不管用什么方式进行调查（包括最严格意义上的随机抽样调查），不管被调查对象是农村居民还是城市居民，最后的结果基本上大同小异，即中国政府在人民群众中享有高度的信任感。现在，在熟悉调查数据的学者圈里，对这一点已经没有任何异议。例如，在一篇发表于2009年的文章中，约翰·杰姆斯·肯尼迪的归纳是："自20世纪90年代初期以来，所有旨在检验民众对中共看法的调查都显示，七成以上的调查对象支持中央政府与共产党领导。无论调查的提问方式如何变化，结果全都一样。"又如，2010年，布鲁斯·吉利与海克·霍尔比格在一篇合写的文章中总结道："虽然关于中共政权稳固的原因何在还存在不同看法，但具有广泛共识的是，中国的现今政权在人民大众中享有相对强有力的支持。"2010年以后进行的研究全都得出与这两位学者毫无二致的结论。

我们可以用两种方式概述上述现象：一个"威权主义"体制受人民拥护的程度比很多"民主"体制高得多；或一个受人民拥护程度如此之高的体制却被贴上了"威权主义"的标签。无论怎么概述，看起来都是矛盾的。

为了摆脱这种矛盾，那些不愿放弃"威权主义"帽子的人想出了各种各样的说辞。据他们说，毛泽东时代的政府之所以支持度高，归功于高压手段加意识形态灌输；改革开放以后的政府之所以支持度高，归功于经济持续增长以及被煽动起来的民族主义。总之，中国民众对政府的支持度高不是因为其体制好，而是因为暂时存在一些有利条件。他们的潜台词是，不管中国民众现在对政府的支持度有多高，这个"威权主义"体制终归是难以持久的。

然而，严谨的学术研究证明这些貌似合理的说辞其实毫无根据。在分析"亚洲民主动态调查"数据的基础上，台湾大学政治学教授朱云汉得出的结论是："这些说法的解释力并不像西方很多中国问题专家期待的那么强。没有任何扎实的证据表明，中国政权的民意基础高度或完全依赖其耀眼的经济表现，或依赖其对民族主义情绪的操控。"同样，在系统分析数据的基础上,留美学者唐文芳及其美国合作者也批驳了上述种种说辞,认为它们统统站不住脚。

要摆脱上述矛盾,其实很简单,只要摘掉"威权主义"的有色眼镜,中国体制认受性高的原因就显而易见了,它反映在三个方面:第一,从需方看,中国人总体而言更偏好代表型民主(或实质民主),而不是代议型民主(或形式民主);第二,从供方看,中国已发展出一套代表型民主的理论与运作方式;第三,从效果看,代表型民主的实践使得中国的党国体制能较好地回应社会需求。简而言之,中国体制之所以认受性高,是因为中国践行了一种符合本国民众心愿的新型民主——代表型民主。

三 中国人的民主观

民主的原义是人民当家作主。然而,如果问到人民当家作主的含义与实现形式,世界各大文化圈里的人民理解未必相同。今天世界上,绝大多数人都同意"民主是个好东西"的说法,但对那个被叫作"好东西"的"民主"理解却非常不同。我们切不可想当然地认为,既然大家都喜欢民主,他们支持的就是同一种东西。西方不少人自负地相信,只有他们对民主的理解才是正宗的、对民主唯一正确的理解,这是文化霸权主义的表现。实证研究表明,东亚的民主观有其独特之处,儒家文化圈的民主观有其独特之处,中国的民主观也有其独特之处。如果有人不去追求中国人自己理解的那种民主,而是费尽心机试图在中国复制西方人理解的那种民主,他们在任何意义上都称不上是"民主派",因为他们背离广大人民群众的意愿,违背了民主的第一定律:人民当家作主。

对民主的理解可以大致分为两大类,一类是从形式上理解民主,另一类是从实质上理解民主。前者关注某些据说是民主特征的东西,后者关注政策是否产生了符合广大人民群众需求的结果。如果这么划分,中国人对民主的理解属于哪一类呢?"亚洲民主动态调查"恰好包含了与两类理解相关的问题。在被问到对民主内涵的理解时,受访者有 4 种选择:有可能通过选举改变政府；享有批评当权者的自由；贫富收入差距不大；所有人都享有衣、食、住等必需品。

图表（略）对比了9个国家或地区的情况。我们看到，确有近三成的中国大陆民众认为，民主首先意味着赋予人民选举政府官员的权利；还有4.2%的民众把民主理解为自由（如批评当政者的权利）。选择这两种形式标准的人加在一起，约为民众的1/3。更多的人倾向从执政的成效来评判政治体制是否民主。28.9%的人把能否控制贫富差距作为民主的尺度；更有近四成的人认为，只有保证所有人都具备衣、食、住等生存必需品的体制才称得上民主。选择实质标准的人加在一起，比民众的2/3还多。可见，在绝大多数中国民众心目中，民主是实质意义上的民主，而不是徒有其表的民主。有意思的是，虽然中国台湾实行的是不同的政治体制，但台湾民众理解民主的方式与大陆民众没有太大区别。在东亚其他国家，倾向形式民主的人更多一些，基本上在五成左右，只有泰国超过2/3。

也许有人会怀疑表1（略）的受访者中成年人居多；在怀疑者看来，年轻人也许会更倾向接受"普世"的民主标准，亦即形式民主或程序民主。如果这个假想成立的话，随着时间的推移，中国会有越来越多的人向"普世"民主标准看齐。实际情况如何呢？

依据最新的（即第三波）"亚洲民主动态调查"数据，图1（略）显示了年轻人（即生于1980年以后）心目中的民主。在中国大陆，分别有30%的年轻人把民主理解为"良治"或"社会平等"，两者加在一起占被调查人数的六成；而把民主理解成"民主程序"或"自由"的人占四成。中国台湾的情况依然与大陆不相上下。进一步分析表明，中国年轻人对民主的理解与成年人的理解几乎没有什么差别。除了大陆与中国台湾以外，多数年轻人在实质意义上理解民主的国家还包括日本、韩国、新加坡、越南、泰国、马来西亚、印尼；只有蒙古国、菲律宾、柬埔寨例外。但即使在后三个国家，仍然有一半人在实质意义上理解民主，与在形式上理解民主的人旗鼓相当。

仅仅与亚洲邻居相比，中国人对民主的实质性理解还不太突出。但如果与美国人相比，这个特点就十分明显了。图表（略）所依据的数据来自2010年在美国所做的民调以及2011年在中国所做的民调，它包括了2组、4个选项，测度人们到底是在形式上（A组），还是在实质意义上（B组）理解民主。很明显，美国人更注重民主的形式，而中国人更注重民主能否给人民带来实实在在的实惠。

内地研究机构的相关抽样调查得出的结论与境外研究机构的结论是完全吻合的。例如，中国社会科学院于2011年进行的调查发现，中国人的民主观对内容与实质的重视远超过形式与程序。

四　代表型民主与代议型民主

偏重内容与实质的民主可以称之为"代表型民主"（Representational Democracy），而偏重形式与程序的民主观可以称之为"代议型民主"（Representative Democracy）。总体而言，东亚人民，包括中国人民更偏好前者而不是后者。虽然只有一字之差，这两种类型的民主却相去甚远。表3（略）列举了两者之间在三方面的差异。

对于代议型民主而言，最关键的概念是"代议士"。"代议士"是英文representative的一种中文译法，流行于清末民初时期，现在这个英文词通常被译为"代表"。不管如何翻译，它指的都是由选民选出来的人，主要指选出来的议员，但也包括选出来的行政首脑（如美国总统）。不过，将representative译为"代表"在很多情形下是不准确的，因为在欧美各国的民主理论与实践中，选出来的人并不是选民的传声筒，不是人民的代表。恰恰相反，一经选出，这些人便可以依据自己的主观判断行事，因为据说"选民不是天使，对公共事务未必有健全理性的判断，会常常出错，甚至会被领入歧途"，需要有"政治判断能力"的精英为他们把关。换言之，选举只不过是普通民众向政治精英授权的一种形式。选出来的精英们不必原汁原味地代表人民，只需代人民议政、替人民做主即可。这种制度倡导者的话很直白：这些选出来的人"根本就不是选民的代表……民主国家需要的不是人民的代表，而是公民选举出来的议员（代议士）！"

既然不让人民大众自己当家作主，只许一小撮选举出来的精英（美其名曰"代议士"）为民做主，这种体制的民主性体现在何处呢？代议型民主的辩解方式是重新定义民主：把要求人民大众当家作主的民主叫做"古典民主"或"乌托邦民主"；而现代民主则被定义为"代议民主"（Representative Democracy），或代议士经自由竞选产生的政治体制。经过重新定义以后，衡量一个政治制度是否民主的标准也随之发生了变化：存在自由的、竞争性的多党选举，政体便是民主的；不存在自由的、竞争性的多党选举，政体便不是民主的。

为什么经过自由竞选产生的政府便是民主的呢？有两种不同的理论为其提供支撑。一种理论强调选举的授权功能（授权论），其关注点是政客如何开始他们的政治生涯；另一种理论强调选举隐含的惩罚功能（问责论），其关注点是政客如何结束他们的政治生涯。按照授权论的说法，在竞选过程中，政党提出各自的政策主张，并推出各自的候选人，选民则有权选择支持哪个政党或哪个候选人，他们会把选票投给自己心仪的政党与候选人。既然当选者是在得到了选民赋予他们的授权后才开始执政的，这种体制当然是民主的。但授权论实际上基于三个未加言明的假设，缺一不可。第一，选民们是理性的，他们清楚全面地了解候选政党与候选人的各种政策主张及实现这些政策主张的前提条件、执行这些政策主张的可能后果；第二，政客们会恪守承诺，上台后会不折不扣地推行自己在竞选过程中主张的那些政策；第三，按竞选纲领推行政策符合选民的最佳利益。但满足三个条件中的任何一项都不容易，同时满足这三个条件则几乎是不可能的。大量实证研究发现，选民未必是理性的，往往在政治上十分无知；政客在很多情况下不愿、不会也不可能按竞选纲领行事；况且，如果把见人说人话、见鬼说鬼话的竞选语言付诸实施的话，选民不大可能从中受益。更糟糕的是，现代选举是极其昂贵的，参选政党与个人必须筹集高额竞选经费，否则根本没有当选的可能性。这就意味着，对参选政党与个人而言，重要的不是一般选民，而是那些有能力捐款的金主们。既然没有金主"抬轿子"就上不了台，这些金主才是真正的"授权者"。

问责论的前提就是假设：第一，政客未必会恪守竞选承诺；第二，即使他们恪守承诺也未必对选民有利。问责论进一步假设，当出现上述情形时，选民肯定会不满；在下一次选举到来之时，不满的选民会把当政者赶下台，选另一批政客上台替换。这就叫做问责，下台的可能性是问责的基础。如果代议士希望连选连任，不想下台，那么他们就必须在任时小心行事，以赢得选民的欢心。问题是，现代政治制度都十分复杂，任何一项政策从酝酿到草拟、到拍板、到出台、到贯彻落实，会卷入不同的政党、不同的派系、不同的部门、不同的官员。除此之外，政策效果的好坏还取决于内、外环境。选民如果对政策的效果不满意，他们未必准确地知道应该惩罚谁。政客当然一定会找到各种各样的理由或借口卸责（英文叫shirk），把选民的不满引向别人、别处。另一个问题是，问责论假设，可供选民挑选的政党与政客很多，不满意甲，可以选乙；不满意乙，可以选丙；以此类推。实际上，在两党制下，只有两个党可供选择；到多党制下，选择也不多。在挑选余地不大的情形下，选民往往不得不两害相权取其轻。更何况，对政客而言，连选连任固然不错，即便败选，天也不会塌下来。不仅如此，离开政坛后，也许油水更大。例如，近年来，美国将近一半落选国会议员投入游说团体，薪酬比担任议员高得多。再如，克林顿夫妇，一位是前总统，另一位是前国务卿，退出政坛后，他们每年的讲演收入便是天价。换句话说，在政坛干几年后退出政坛有可能获得高额"期货"回报，问责的潜在威胁恐怕只是个"纸老虎"。

由此说来，不论"授权论"还是"问责论"都无法说明所谓"代议民主"在什么意义上是民主的。三位研究代议制的权威学者对此的评论是："代议政府的创立者期待，他们鼓吹的那些体制安排会通过某种方式诱导政府服务于人民的利益，但他们并不准确地知道为什么会如此。两百多年过去了，我们今天还是不清楚。"

与代议型民主不同，代表型民主的关键概念不是"代议士"，而是"代表"（representation）。按照经典著作《代表的概念》作者汉娜·皮特金

（Hanna Pitkin）的定义，"代表"的含义是以实现公众最佳利益的方式行事，代表的主体是否经过自由的、竞争性的选举产生是另外一个问题。代表型民主的基本假设是，民主可以经由各种不同的代表机制实现，不一定非得要由选举产生的代议士来实现。既然如此，衡量一个政治制度是否民主的标准就不再是存不存在自由的、竞争性的多党选举。民主理论大师罗伯特·达尔（Robert A. Dahl）说，"民主的一个关键特征是政府持续回应其公民的偏好，而所有公民在政治上完全平等"。这里，重要的不是代议士在多大程度上能为选民代言（representativeness），而是政府对民众偏好的回应性（responsiveness）。达尔的这番话实际上为衡量一个政治制度是否民主设定了标准：代表型民主的标准。需要进一步厘清的是达尔所说的"偏好"（preferences）。我们认为，这里的"偏好"主要不是指人们的主观要求（wants）。无论何时何地，政府都不可能、也不应该迎合公众的漫无边际的欲念。相反，"偏好"指的主要是民众的客观需求（needs），以及他们就需求而提出的意见、建议等。

为了与"授权论"和"问责论"加以区别，我们可以将以上说法称之为民主的"代表论"。

五 中式代表型民主的理论

在过去几十年里，中国实际上已经形成了一套代表型民主的理论，它有四大组成部分，分别回答四个关键问题：代表谁？由谁代表？代表什么？怎样代表？

（一）代表谁？

中式代表型民主理论的回答是：人民。所有中国人都熟悉毛泽东的名言"为人民服务"；它是中国共产党的宗旨，也被镌刻在中南海新华门和中南海东门的影壁上。"为人民服务"并不是指人民被动地接受服务，其真实含义是与人民一道，通过共同努力，创造一个更加美好的世界。

那么谁是"人民"呢？不管在哪个国家，"人民"（或"公民"）这个概念的内涵与外延都是不断变化的。中华人民共和国成立前夕，毛泽东说出了他当时对"人民"这一概念的理解："所谓人民大众，是包括工人阶级、农民阶级、城市小资产阶级、被帝国主义和国民党反动政权及其所代表的官僚资产阶级（大资产阶级）和地主阶级所压迫和损害的民族资产阶级，而以工人、农民（兵士主要是穿军服的农民）和其他劳动人民为主体。"在此前后，毛泽东一直把"人民"看作一个历史的、变动的政治范畴，而不是泛指一国的全部人口，但唯一不变的是，他所理解的人民主体始终是从事物质资料生产的广大劳动群众。虽然，改革开放以后，"人民"概念的内涵与外延再次发生了重大变化，其主体依然是广大劳动群众，同时也包括一切拥护社会主义的爱国者和拥护祖国统一的爱国者。中国革命与新中国最大的历史贡献就是将亿万普通劳动人民群众第一次带入了政治舞台。

强调代表的对象是人民与自由主义形成鲜明对比。在自由主义的词典里，根本不存在社群、阶级这些群体概念，更不存在人民。只有追求一己私利的个人才值得代表。

（二）谁代表？

在西式主流代议理论中，只有选出来的代议士（所谓"政务官"）才有资格代他人做主，其他人都不够格。但在现代，不管在哪一种政治体制中，都有大批非选举产生的官员（所谓"事务官"）实实在在地行使着政治权力。说他们没有资格代表别人实际上也免除了他们必须全心全意为人民服务的压力，仿佛只需按部就班、照章办事就万事大吉了。

在谁代表的问题上，代表型民主的回答是，所有行使政治权力的人，既包括正式选举出来的代议士，也包括手握实权的其他官员。中国把所有行使某种权力的人都统称为"干部"。所有干部都有责任代表人民的利益。毋庸置疑，干部属于列宁所说的"先锋队"；但这并不意味着他们可以摆出"精英"的派头，以"精英"的方式行事。恰恰相反，有责任代表人民利益的人必须通过各种方式与广大人民群众打成一片，并在此过程中不断改造自己，因为"人民、只有人民，才是创造世界历史的动力"；因为"群众是真正的英雄"，而各级干部"则往往是幼稚可笑的"；因为"人民群众有无限的创造力"。这也就是说，各级干部都必须在"干中学，学中干"，不能"把自己看作群众的主人，看作高踞于'下等人'头上的贵族"。他们"切不可强不知以为知，要'不耻下问'，要善于倾听下面干部的意见。先做学生，然后再做先生；先向下面干部请教，然后再下命令"。这与"授权论""问责论"对代议士角色的设想（即高人一等的政治精英）形成了鲜明的对比。

（三）代表什么？

在西式代议制中会设置表达机制，让人们把自己愿望（或偏好）表达出来，形成对代议士的压力，希望因此影响政府的决策。"愿望"是个比较模糊的概念，它既包括人们的主观要求，也包括他们的客观需求。如果稍加阶级分析，我们就会了解到，衣食无忧的社会中上层往往表达的是主观要求（如减税、同性恋婚姻、表达自由），而囊中羞涩的社会下层往往表达的是客观需求（就业、就医、就学、住房等生活保障）。实际上，社会下层表达的客观需求也是社会上层的客观需求，因为后者也同样离不开衣食住行、就学、看病、养老等。只是由于他们的财力在支撑体面生活以外仍有富余，才遮蔽了他们也有这类客观需求的真相。由此可见，社会下层的需求是全社会的需求，而社会上层的要求则未必是全社会的要求。需求与要求还有一个区别：前者在相当长的一段时间里比较稳定，而后者则可能在短时间内变来变去。

为了体现人民当家作主，服务于最广大人民的利益，代表型民主要代表的是人民的客观需求，而不是随意表达的要求或转瞬即逝的观点。当然，客观需求也不是一成不变的。在经济发展水平比较低的时候，有饭吃、有衣穿是最关键的需求。但进入比较高发展水平以后，这类生存需求的重要性便下降了，其他需求的重要性开始上升，如吃得好一些、穿得漂亮一些、行得方便快捷一些、住得宽敞舒适一些、病有所医、老有所养等。代表人民的基本需求也要与时俱进。这就要求各级干部在听取社会各阶层表达出来的要求的同时，不断深入社会底层，关注他们变化着的需求。在这个意义上，代表必定是一个能动的建构过程。

（四）怎么代表？

人们通常把群众路线看作共产党传统中的民主决策方式，但群众路线也是最具中国特色的代表方式。在中国历史上，正是把群众路线作为自己"根本的政治路线"和"根本的组织路线"（参见刘少奇在七大上关于修改党章的报告）的中国共产党把亿万普通老百姓第一次带上了政治舞台，而亿万民众的觉醒是实现民主的先决条件。在这个意义上，美国学者布兰德利·沃马克把以群众路线为特色的中国体制称之为"准民主体制"（Quasi-democratic System）是有道理的。群众路线是中式代表型民主的核心所在。

中国共产党几代领导人关于群众路线的论述汗牛充栋，毛泽东的一段概括最具代表性：

在我党的一切实际工作中，凡属正确的领导，必须是从群众中来，到群众中去。这就是说，将群众的意见（分散的无系统的意见）集中起来（经过研究，化为集中的系统的意见），又到群众中去作宣传解释，化为群众的意见，使群众坚持下去，见之于行动，并在群众行动中考验这些意见是否正确。然后再从群众中集中起来，再到群众中坚持下去。如此无限循环，一次比一次地更正确、更生动、更丰富。这就是马克思主义的认识论。

在代议民主中，代议士与民众的关系集中发生在竞选期间。一旦当选，具备了行使政治权力的正当性，代议士便获得了自由裁量权，可以按照自己的意愿来代选民做主。如果代议士在任职期间也会接触民众的话，那也主要是竞选动作，为的是博得选民的青睐，以便在下一轮选举中再次当选。因此，他们倾向做那些有利于巩固与扩大自己选票基础的事，而对那些与巩固、扩大选票基础无关的事，则不闻不问，哪怕这些事正好对民众有利。

对代议士而言，参与投票的选民才是争取对象，才有接触的必要；而对那些不参加选举的民众，则可忽略不计。而不参加选举的民众往往是那些底层民众。

群众路线不同，它要求各级干部"热爱人民群众，细心地倾听群众的呼声；每到一地，就和那里的群众打成一片，不是高踞于群众之上，而是深入于群众之中"；"走到群众中间去，向群众学习，把他们的经验综合起来，成为更好的有条理的道理和办法，然后再告诉群众（宣传），并号召群众实行起来，解决群众的问题，使群众得到解放和幸福"。这里所说的"群众"即"人民大众"，与"人民"同义；而"人民"首先是指工农兵和其他劳动人民。

为了弥补代议民主的弊端，一些西方进步学者倡导参与民主（Participatory Democracy），希望为普通民众创造更多能直接影响政府决策的机会与渠道。即使与民主程度更高的参与民主相比，群众路线也独具特色。图表（略）将群众路线与公众参与进行了对比。

图表（略）展现的是群众路线与公众参与的理想状态。两者的第一个差别是图中的箭头指向。公众参与的箭头由利益相关群体指向决策者，这是指在政府决策过程中，利益相关群体有权闯进去，影响决策；但这也意味着，决策者不必迈出议事殿堂。群众路线的箭头由决策者指向利益相关群体，这是指在政府决策过程中，决策者必须放下身段，主动深入利益相关群体中去，它是决策者的义不容辞的责任。

两者的第二个差别是有没有阶级分析。公众参与往往暗含多元主义的假设，把所有利益相关群体设想为势均力敌，以为他们都能平等地参与决策过程，最终会达成政治上的均衡。群众路线则会区分占有各类资源的强势群体与资源匮乏的弱势群体。贯彻群众路线的理想状况是，决策者更多地接触弱势利益相关群体，更多地听取他们的呼声，因为他们的利益更需要关照，他们主动影响决策的能力更弱。这样做表明，群众路线不是一种不偏不倚的路线，而是偏向普通劳动人民的路线。

现实中的公众参与和群众路线也许与理想状态相去甚远。就公众参与而言，不同的社会阶级，参与能力相差很大。有些阶级占有金钱、人脉、知识等方面的优势，参与政治的意愿十分强烈，影响决策的能力很强；另外一些阶级则每天忙于糊口，无暇或没有能力对政府决策施加影响。公众参与的不平等使围绕在"参与"概念周围的光环黯然失色，其必然后果是更有利于表达"要求"，而不是"需求"。

贯彻群众路线对各级干部有相当高的要求，他们不能坐等老百姓上门，必须主动深入人民群众。如果干部的群众意识薄弱、群众观点淡化，哪怕他们依然走出去，也会"嫌贫爱富"，亲近强势社会群体，成天出席商务活动、剪彩现场，与企业家吃吃喝喝、拉拉扯扯，甚至以输送利益为筹码来索贿、受贿。这时，接触弱势群体就成了应付差事，或作秀。这是群众路线的软肋，过于依赖干部的自觉性。与群众路线相配套必须存在一整套机制，迫使各级干部不得不时时与基层的普通群众打交道。大力宣传群众路线，把群众路线的落实方式制度化，对群众路线年年讲、月月讲、日日讲，让它家喻户晓、深入人心，形成对各级干部的强烈期待与硬性要求，不失为一种好办法。

另一种迫使干部贯彻切切实实群众路线的方式是将群众路线与公众参与结合起来。虽然群众路线与公众参与各有特色，但它们并不互相矛盾、互相排斥。公众参与的比较优势是，它有助于表达民意，对决策者施加压力；群众路线的比较优势是，它有助于干部培植群众观点、了解民情、汲取民智。两者不仅不是对立的，而且完全可以搭配起来，使它们珠联璧合、相得益彰。例如，政府可以一方面促使干部贯彻群众路线，一方面对劳动大众进行政治上的增力（empowering），使他们组织起来，获得参与决策的意愿与能力。如果这样做，在劳动大众的需求表达对决策产生较大影响的同时，其他社会群体的合理要求表达也不会被忽略。

群众路线不仅是中式代表型民主的理论基石，也是中式代表型民主的主要实现途径。

毛泽东曾在党的七大政治报告中指出，群众路线是共产党区别于其他任何政党的显著标志之一。无论在革命战争年代，还是在社会主义建设时期，党的第一代领导集体都十分注重群众路线的贯彻落实，尤其是毛泽东作出了表率。用邓小平的话说，"毛泽东同志就是伟大，就是同我们不同，他善于从群众的议论中发现问题，提出解决问题的方针和政策"。改革开放之初，党的第二代中央领导集体依然十分强调群众路线。邓小平就曾说过："毛泽东同志倡导的作风，群众路线和实事求是这两条是最根本的东西……对我们党的现状来说，群众路线和实事求是特别重要。"

毋庸讳言，20世纪80年代以后，在相当长一段时间内，群众路线这份丰厚的遗产被不少人淡忘了。虽然，在官方话语中，"相信群众""依靠群众""为人民服务"之类的提法仍不时出现（频率大幅下降），但在很多地方却不再有贯彻群众路线的具体配套措施。这种状况一直持续到2011年前后才发生变化。互联网兴起后，不断升高的公众参与压力也许是群众路线复归的主要推动力。

2011年是中国共产党成立90周年。胡锦涛总书记在"七一"讲话中指出："来自人民、植根人民、服务人民，是我们党永远立于不败之地的根本。""每一个共产党员都要把人民放在心中最高位置，拜人民为师，把政治智慧的增长、执政本领的增强深深扎根于人民的创造性实践之中。"在此前后，一些省、市、区（如重庆、广东、山西、江苏、湖北、西藏、云南）开始重提群众路线，并将它的落实制度化、常态化。到2011年底，"到基层去，到群众中去"已在全国范围内蔚然成风。除上面提到的地区外，河北、浙江、安徽、陕西、吉林、甘肃、新疆等省区的省委主要领导也带头下基层，与群众"零距离"接触、面对面交流，并大规模选派干部住村蹲点调研，力求摸到群众的脉搏，贴近群众的心窝。进入2012年后，更多的省、区（如青海、广西、宁夏等）启动了类似行动。

与此同时，不少地方开始组建群众工作部（简称"群工部"）。群工部最初于2005年出现在河南省义马市。该部整合了信访、民政、劳动人事、社会保障、司法、科技、公安、国土资源、城建等部门与群众利益密切相关的部分职能和人员，集中办公，现场答复群众诉求。义马经验不久得到了中央领导的认可，并逐步推广到河南省的18个地级市和158个县（市、区）。此后，山东、湖南、黑龙江、贵州、辽宁等省也在地、县两级设立了类似机构。2011年6月，海南省成立了全国第一个省级层面的群众工作部。

2012年，中共十八大选出了新一届领导人。习近平总书记历来视群众工作为中共的生命线。早在他担任福建省宁德地委书记时（1988—1990年），他便建立了干部"四下基层"（信访接待下基层、现场办公下基层、调查研究下基层、政策宣传下基层）的常态机制。在2011年省部级领导干部专题研讨班结业式上，习近平要求各级领导干部以身作则，树立群众观点，坚定群众立场，坚持群众路线，增进同群众的感情，并创新群众工作方式方法。十八大召开前夕，在2012年省部级主要领导干部专题研讨班结业式上，他再次强调，"我们党坚持全心全意为人民服务的根本宗旨，坚持从群众中来、到群众中去的工作路线，坚持党的一切工作体现人民的意志、利益和要求，这是密切联系群众的优势，也是我们党最大的优势"。

习近平是中共十八大报告起草组的负责人，这份报告中出现频率最高的就是"人民"一词，共出现145次，这无疑是其人民意识的流露。为了加强各级干部的人民意识，党的十八大结束几周以后，中央政治局便出台了《关于改进工作作风、密切联系群众的八项规定》。中央党校、国家行政学院、中国延安干部学院把群众工作列为干部培训的重要课程。2013年4月19日，中共中央政治局又作出决定，从当年下半年开始，用一年左右的时间，在全党自上而下分批开展党的群众路线教育实践活动。

"百度指数"是以百度网页搜索和百度新闻搜索为基础的海量数据分析服务，用以反映不同关键词在过去一段时间里的"用户关注度"和"媒体关注度"，它能直接、客观地反映社会热点和网民兴趣。在2011年以前，"群众路线"的百度指数一直在均值线（破折线）以下徘徊。但此后两年，该指数越过了均值线，并在十八大后快速攀升，现已达到从未有过的高度。

在过去几十年的实践中，群众路线已发展出三类机制。第一类是了解民情、汲取民智的机制，包括调研、抓点、蹲点、以点带面等。第二类是培植群众观点的机制，包括访贫问苦、"三同"（同吃、同住、同劳动）、下放等。此外，还有一类配套机制，目的是迫使各级干部牢记群众路线、践行群众路线，包括定期进行批评与自我批评、不定期展开整风活动。这三类机制同时发力时，群众路线便能得到切实的贯彻。

在所有群众路线践行机制中，特别值得一提的是调研，因为它是最常用的机制；即使在群众路线提法销声匿迹的年代里，调研的传统依然持续，只是频率较低、深入不够。随着群众路线的复归，对调研的重视程度也大大加强，"调研"的百度指数攀升便是明证。

在提出群众路线以前，毛泽东极度重视调研，并身体力行。他于1927年春天在湖南做过长沙、湘潭、湘乡、衡山、醴陵五县调查。井冈山时期，他又进行过宁冈、永新两县调查，寻乌、兴国、东塘等处调查，木口村调查，赣西南土地分配情形调查、分青和出租问题调查，江西土地斗争中的错误调查、分田后的富农问题调查、有关两个初期的土地法的调查，长冈乡调查，才溪乡调查。成为中共领袖后，毛泽东又反复向全党强调进行调研的重要性。延安整风时期，中共中央于1941年作出了《中央关于调查研究的决定》；新中国成立后，毛泽东又两次要求"向群众请教、大兴调查研究之风"，一次是在1956年前后，另一次是在20世纪60年代初期。

十八大选出的新班子带头人习近平在身体力行调研方面也堪称典范。不管在哪里工作，从担任过党支部书记的陕西省延川县文安驿公社梁家河大队，到河北省正定县委，再到厦门市委、宁德地委、福州市委、福建省委、浙江省委、上海市委，一直到担任中央政治局常委，他都勤于调研。2002年10月，刚到浙江走马上任，习近平便展开了密集调研，头两个多月，在外调研的时间占工作的一半左右；头九个月，他已跑了90个县、市、区中的69个。2005年，习近平全年有117天在外调研，做了30次大的调研。三年间，其足迹遍及浙江全省的山山水水。2007年3月27日，他调任上海市委书记；几天以后，他便于3月31日开始对浦东展开第一次专题调研；其后，在不到半年时间里，他就把上海市19个区、县调研了一遍。用习近平自己的话说："当县委书记一定要跑遍所有的村；当地（市）委书记一定要跑遍所有的乡镇；当省委书记应该跑遍所有的县、市、区。"在十八大上担任中共中央总书记后，习近平依然坚持到基层进行调研。不仅习近平是这样做的，中共中央政治局历届常委们也都是这样一路走来的。

与由学者或智库进行的调查研究相比，这里所说的决策"调研"有八个特点。

第一，调研的定位是决策的必经程序。在毛泽东看来，决策时，"只有蠢人，才是他一个人，或者邀集一堆人，不作调查，而只是冥思苦索地'想办法''打主意'"。"这是一定不能想出什么好办法，打出什么好主意的。换一句话说，他一定要产生错办法和错主意。"哪怕是选举出来的所谓"代议士"，不经调研就决策也不可取。因此，毛泽东建议，凡是决策，"都要坚决走群众路线，一切问题都要和群众商量，然后共同决定，作为政策贯彻执行。各级党委，不许不作调查研究工作。绝对禁止党委少数人不作调查，不同群众商量，关在房子里，做出害死人的主观主义的所谓政策"。毛泽东的告诫是，"没有调查就没有发言权"。对调研后决策的要求，陈云说得更加形象："领导机关制定政策，要用百分之九十以上的时间作调查研究工作，最后讨论作决定用不到百分之十的时间就够了。"习近平完全认同对调研的这种定位，认为"必须把调查研究贯穿于决策的全过程，真正成为决策的必经程序"。

第二，调研的主体主要不是秘书、顾问等辅助人员，而是决策者本人。例如，虽然毛泽东曾委托其身边工作人员（如秘书田家英）进行调研，但他更强调领导干部"要亲自出马"，"凡担负指导工作的人，从乡政府主席到全国中央政府主席，从大队长到总司令，从支部书记到总书记，一定都要亲身从事社会经济的实际调查，不能单靠书面报告，因为二者是两回事"，因为"不亲身调查是不会懂的"。他本人以及刘少奇、周恩来、朱德、邓小平、陈云、彭真都曾到各地进行调研。今天，下基层调研仍是中国各级第一书记的必修课与基本功。习近平的切身感受是，"直接与基层干部群众接触，面对面地了解情况和商讨问题，对领导干部在认识上和感受上所起的作用和间接听汇报、看材料是不同的"。他因此告诫，"现在的交通通信手段越来越发达，获取信息的渠道越来越多，但都不能代替领导干部亲力亲为的调查研究"。习近平特别强调各级领导机关的主要负责人要亲自下去做调查，亲自主持重大课题的调研。"因为对各种问题特别是重大问题的决策，最后都需要主要负责人去集中各方面的意见由领导集体决断，而主要负责人亲自做了调查研究，同大家有着共同的深切感受和体验，就更容易在领导集体中形成统一认识和一致意见，更容易做出决定。"为此，中共中央办公厅于2010年印发的《关于推进学习型党组织建设的意见》明确要求："建立健全调查研究制度，省部级领导干部到基层调研每年不少于30天，市、县级领导干部不少于60天，领导干部要每年撰写1篇至2篇调研报告。"

第三，调研的主题可以随时变化，但主要是对决策者负责任范围内带有全局性、战略性的重大问题，以及形势发展变化带来的新情况、新矛盾、新问题、新挑战、新课题。具体到当下，就是要"深入研究影响和制约科学发展的突出问题，深入研究人民群众反映强烈的热点难点问题，深入研究党的建设面临的重大理论和实际问题，深入研究事关改革发展稳定大局的重点问题，深入研究当今世界政治经济等领域的重大问题，全面了解各种新情况，认真总结群众创造的新经验，努力探索各行各业带规律性的东西，积极提供相应的对策"；"尤其对群众最盼、最急、最忧、最怨的问题更要主动调研，抓住不放"。

第四，调研的对象是与决策相关的那些"能深入明了社会经济情况的人"，包括"真正有经验的中级和下级的干部，或老百姓"。更具体地说，"既要调查机关，又要调查基层；既要调查干部，又要调查群众；既要解剖典型，又要了解全局；既要到工作局面好和先进的地方去总结经验，又要到困难较多、情况复杂、矛盾尖锐的地方去研究问题。基层、群众、重要典型和困难的地方，应成为调研重点，要花更多时间去了解和研究"。需要指出的是，这些调研对象的角色并不完全是被动的，他们也是调研的能动参与者。决策者应该在群众中，与群众一起展开调查、一起进行研究。

第五，调研的态度是"放下臭架子、甘当小学生"，因为"群众是真正的英雄，而我们自己则往往是幼稚可笑的"，因为"只是昂首望天"，"没有眼睛向下的决心，是一辈子也不会真正懂得中国的事情的"。更何况，如果不是"恭谨勤劳和采取同志态度"，群众就不会"知而不言、言而不尽"。只有"和群众做朋友，而不是去做侦探……才能调查出真情况来"。依据自己的实际经验，习近平的建议是，"领导干部进行调查研究，要放下架子、扑下身子，深入田间地头和厂矿车间，同群众一起讨论问题，倾听他们的呼声，体察他们的情绪，感受他们的疾苦，总结他们的经验，吸取他们的智慧。既要听群众的顺耳话，也要听群众的逆耳言；既要让群众反映情况，也要请群众提出意见……这样才能真正听到实话、察到实情、获得真知、收到实效"。

第六，调研的目的是既要了解民情，也要汲取民智，用毛泽东的话说就是"向群众请教""向群众寻求真理"。对决策者而言，了解民情是为了知道该做什么，汲取民智是为了知道该怎么做。主动从老百姓那里汲取他们的智慧是相信群众、依靠群众、尊重群众首创精神的体现。

第七，调研的方式可以多种多样，主要是"走出去"（如访谈、蹲点）与"请进来"（如座谈会）两大类。"走出去"是指，"迈开你的两脚，到你的工作范围的各部分各地方去走走，学个孔夫子的'每事问'"；"请进来"是指，"召集那些明了情况的人来开个调查会，把你所谓困难问题的'来源'找到手，'现状'弄明白"。不管是"走出去"还是"请进来"，关键是要接触基层干部群众。只有这样，"才能获得在办公室难以听到、不易看到和意想不到的新情况，找出解决问题的新视角、新思路和新对策"。"走出去"的一个重要形式是有选择地开展蹲点调研，解剖"麻雀"。蹲点调研"要注意选择问题多、困难大、矛盾集中，与本职工作密切相关的农村、社区、企业等基层单位，开展蹲点调研，倾听群众心声，找准问题的症结所在"。当然，调研方式也要与时俱进。在坚持传统方式的同时，也应"进一步拓展调研渠道、丰富调研手段、创新调研方式，学习、掌握和运用现代科学技术的调研方法，如问卷调查、统计调查、抽样调查、专家调查、网络调查等,并逐步把现代信息技术引入调研领域,提高调研的效率和科学性"。

第八,调查与研究并举。调查的作用是对某一现象或问题进行深入了解,把握一手经验材料;研究的作用是"把大量和零碎的材料经过去粗取精、去伪存真、由此及彼、由表及里的思考、分析、综合,加以系统化、条理化,透过纷繁复杂的现象抓住事物的本质,找出它的内在规律,由感性认识上升为理性认识,在此基础上做出正确的决策"。调查与研究并举实际上就是"实事求是"。用陈云的话说,"实事求是,先要把'实事'搞清楚。这个问题不搞清楚,什么事情也搞不好"。"实事,就是要弄清楚实际情况;求是,就是要求根据研究所得的结果,拿出正确的政策。"没有细致的调查,研究就"成了无源之水、无本之木,而只是主观自生的靠不住的东西了";没有认真的研究,调查就等于暴殄天物,辛辛苦苦收集一批终将会被弃置的材料。"调查研究的根本目的是解决问题,调查结束后一定要进行深入细致的思考,进行一番交换、比较、反复的工作,把零散的认识系统化,把粗浅的认识深刻化,直至找到事物的本质规律,找到解决问题的正确办法。"

由上述八个特征可以看出,调研体现的正是群众路线的精髓:"一切为了群众,一切依靠群众,从群众中来,到群众中去";从调研到决策的过程正好回答了有关代表的四个问题:代表谁?由谁代表?代表什么?怎样代表?

近年来,笔者与合作者进行了两项有关中国政府决策模式的研究,一项是关于中国医改决策过程的研究,另一项是关于中国《十二五规划》形成过程的研究。它们都清楚地表明,调研是中国决策模式的最大特色。换句话说,尽管存在种种问题,中国的政治过程确实践行着代表型民主。

六 结语

通过与代议型民主进行对比,本文梳理了代表型民主的理论及其在中国的实践。也许国内外有不少人仍会对把中国的政治体制称之为"民主"耿耿于怀,在他们看来,历史已经终结,民主只能采取一种形式,即西方主流意识形态认可的代议型民主。中国政治制度的运作方式与代议型民主不同,就肯定它不是民主,这种武断与霸道是典型的"一叶蔽目,不见泰山;两豆塞耳,不闻雷霆"(《鹖冠子·天则》)。如果中国也有人持这种看法,那只能叫做"目有眯则视白为黑,心有蔽则以薄为厚"(苏轼《明君可与为忠言赋》)。

(作者单位:香港中文大学政治与公共行政系)

(原载《开放时代》2014年第2期)

"公正社会"取向的国家治理与制度建设

——党的十八大与中国的政治发展

杨光斌　舒卫方

一　观察中国政治发展的视角

要理解中国政治的基本走向，前提性问题是看问题的"角度"，或者说是影响中国政治的最基础性变量。笔者认为如下"角度"是少不了的，至少对于我们观察中期中国政治走势而言。

（一）党的团结

对于一党执政的国家而言，党内上层的合作状态决定着该国的走向。中共的历史、苏共的历史和中国国民党的历史都多次告诉我们这个常识。新中国成立的最初 10 年之所以取得如此巨大的成就，一个关键因素就是党的团结，团结是党的最宝贵的财富。苏共和中国国民党都因为党内团结出现问题而导致执政权的丧失。政治过程有分歧和竞争，这是政治常态。但是，如果政治分歧和政治竞争影响到党内团结，就是一种非常态的政治。"薄熙来事件"应该被看作今后相当长一段时期党的正资产，如同苏共失败对中共而言是一种正资产一样，即从中汲取教训从而加强党的团结和巩固党的执政地位。在中国这样的国家，只要党内上层团结，社会运动、民族主义、国外渗透、国内异见等看起来影响很大的事件，事实上都不会动摇根本，都是可控事件。

（二）历史遗产

政治具有历史性。就观察中期政治而言，前任遗产至关重要，积极遗产要发扬光大，消极因素要加以克服，因而"钟摆"是任何国家的任期制政治的常态。比如，社会主义新农村建设，是因为过去积累下来的"三农"问题；科学发展观的提法与政策是长期以来以经济建设为中心而导致的负面效应的反思性应对。同样，十八大开启的新政治也离不开过去10年的政治议程和政治状况。

在过去10年，三代政治家（第三代、第四代和即将到来的新一代）达成的战略共识就是中共十六大提出的21世纪头20年是中国的战略机遇期，2011年的"十二五规划"再次强调战略机遇期，这就意味着，至少到2020年，在常态的政治环境下，发展和建设依然是重心，所有其他的工作和政策都要围绕这个战略来进行。这样，我们就应该清楚，决策者不会选择那些可能影响发展与建设的政策或制度。换句话说，那些有可能诱发大的争论甚至冲突的政策绝对不会是优先选项，因为争论会丧失战略机遇期。

过去10年的积极遗产是多方面的，官方给予了很多也很好的总结。在此不必赘言。但是，留下的问题也是不少的，比如腐败猖獗、法治不彰、利益集团绑架国家，以及由这些因素而形成的社会更加不公正下的民怨和社会暴戾之气。这些问题应该是下一届决策者的施政出发点。

（三）政策议程

决策者每天都会面对数不清的问题甚至难题，但是什么样的问题会成为政策选项或政策议程？决策者个人或决策者集团的观念与偏好固然很重要，但大多数情况下都是"问题导向"。在问题导向的条件下，存在一个上下互动，即最大多数百姓最希望解决什么问题，决策者最容易解决什么问题。如果是百姓期待的又是决策者能够解决的，必然会是决策者的优先选项。如果不戴"有色眼镜"，必须承认，中共是民意导向型政党，过去30多年的公共政策已经充分说明这一点。在承认这一点的前提下，我们将会看到，民生问题将是新一届领导集团的优先政策选择。

（四）决策者集团

在政治生活中，一种常见的现象是，很多该做的而没有做，或者已经有了方案的政策又难以执行。这其中的关键是决策者个人和决策者集团，而这一点对政治的影响最直接又最难判断，只有在新进程开启2—3年以后才能研判。

如前，在一党执政的国家，党的团结是执政党的宝贵财富。但是，一个真正团结的政党还要看其决策者集团达成政策共识的愿望和能力，否则再好的政策蓝图都得不到执行，反过来又会影响到党的团结和执政者的合法性基础。这是因为，中共的核心领导体制是个人分工与集体领导相结合，这样的体制对决策者集团达成政策共识的愿望和能力要求很高。我们知道，个人分工的制度建立在归口管理之上，如果7位政治局常委，除总书记为总管外，其他6人每人负责一个"口"，归口管理制度下的负责人就具有很大的政策主导权，个人在常委会中有很大的政策话语权。为此，能否达成共识，不但取决于这些"个人"的愿望，总管的意志与决心具有决定性作用。

有了上述"角度"，我们对中国政治的走向就有了基本判断。比如，排除了最可能影响中国政治进程的突发事件，未来5年的中国政治应该是常态的、渐进的，并且具有高度的连续性；而"政策议程"告诉我们，新的政治的起点应该从解决过去留下来的问题出发。

二　价值导向："公正社会"

按照中国政治的传统（其实各国政治都是如此），每一届执政者都要确立自己的治理目标或引导全社会前进的价值导向。我们相信党内智库早已经开始做这方面的工作了，即未来10年用什么样的话语最能表达其执政理念和执政目标。对此，我们首先需要简单回顾一下改革开放以来的执政理念以及围绕执政理念而提出的政策工具。

以邓小平为核心的第二代领导集体的执政目标是社会主义初级阶段时期的"小康社会"，政策工具就是"以经济建设为核心"，即以发展来建小康社会。应该说，无论目标还是政策工具，都是时代的需要，定位非常准确。以江泽民为核心的第三代领导集体基本上是"高举邓小平旗帜"，小康社会和以经济建设为中心都没有变，但重大理论遗产是"三个代表"重要思想和"依法治国"的提出。以胡锦涛为总书记的党中央的执政理念是"和谐社会"，而政策工具则是"科学发展观"以及应对社会冲突加剧而出现的"大维稳"。

如前，"和谐社会"是针对经济导向下的诸多问题而提出的。现在看来，这个执政理念很先进。在事实逻辑上，"小康社会"主要解决的是一部分人先富起来，带来的是社会结构的大转型，人们传统上所依存的社会结构不复存在，导致心理上的和观念上的巨大落差，结果必然是阶层、地区之间的贫富差异以及由此而来的阶层之间的利益冲突。

因此，"小康社会"之后或者建立小康社会的过程之中，指导思想应该是"公正社会"，即建立一种公正的政治——经济——社会机制，以保证富裕起来的人的利益的增加不以社会弱势群体利益的损失为代价，从而既保护富人的利益而使社会保有创造力，又保护弱势群体的利益而使社会进步更平稳。有了社会的基本公正，才有社会的和谐。

"公正的小康社会"是现实的迫切需求。根据中国青年报社会调查中心通过题客调查网和民意中国网所做的万人调查，在公众眼中，最有可能阻碍中国未来10年发展的问题依次有："贫富分化严重"（75.4%）、"权力不受制约"（59.4%）、"利益集团坐大"（52.8%）、"生态环境恶化"（52.6%）、"弱势群体利益受侵害"（50.3%）（《中国青年报》2012—11—06）。所有这些问题或者不满基本上都与社会不公正有着直接或间接的体制性关联。

"公正社会"不仅是小康社会的理论上的自然延续和现实社会的最大需求,也是"社会主义"价值体系的应有之义。公平和正义理论虽然源远流长,而自由主义大师罗尔斯甚至还有影响巨大的《正义论》,但是真正把"公正"当作一种制度目标而追求则要归功于社会主义运动,也是社会主义首先把公正引入哲学。我们知道,作为三大意识形态之一的社会主义,与自由主义和保守主义一样,有自己的一套价值体系和价值目标,其中必须包括平等、自由、繁荣、民主和公正。需要指出的是,民主充其量不过是实现社会主义的一种工具或一种价值,公正是社会主义的最高价值。没有公正就谈不上社会主义;即使有了民主,甚至繁荣,也并不必然会有公正。

关于社会价值导向,党的十八大这样提出:"倡导富强、民主、文明、和谐,倡导自由、平等、公正、法治,倡导爱国、敬业、诚信、友善,积极培育和践行社会主义核心价值观。"即人们常说的12个词24个字。笔者认为,在上述价值观中,当下最迫切表现为政策性工具的是公正。十八大政治报告正是这样提出"公平正义"的:"公平正义是中国特色社会主义的内在要求。要在全体人民共同奋斗、经济社会发展的基础上,加紧建设对保障社会公平正义具有重大作用的制度,逐步建立以权利公平、机会公平、规则公平为主要内容的社会公平保障体系,努力营造公平的社会环境,保证人民平等参与、平等发展权利。"

在我们看来,实现"公正社会"的政策工具首先是民生政治,这是实现公正社会的最直接路径。"权力不受制约"直接危害着公正社会,因此必须以法治(宪政)来约束权力。法治不但包括宪法政治,还包括合理的政府管理体制即大部门制以及相关的分权。这样,在"公正社会"的执政理念下,民生、法治和大部门制应该是必不可少的政策选择。

三 "公正社会"的支撑点

第一,不会间断的社会权利建设。

如前,社会大众的需求与决策者最容易操作的问题的统一将最可能成为优先的政策议程。以社会保障为中心的社会权利便是这样的一个政策选项。事实上,过去几年以及"十二五规划"都把社会权利当作重点政策在推行并取得了不俗的成就。但是,即使到 2015 年实现了医保城乡全覆盖,也只是最初级阶段的社会保障,并不能保障人民有尊严地活着。这是因为,在过去 10 年,就小口径的社会保障(医疗、养老、失业)而言,预算比例几乎没有增加,都在 11% 以下,只不过今天的 10% 远大于 10 年前的 10%。这个比例应该大大提高,才能保障百姓有尊严地活着。为此,就百姓最关心的政策议题而言,依然是医疗、住房、教育等社会政策。

根据《中国青年报》社会调查中心通过题客调查网和民意中国网所做的万人调查,未来 10 年中,公众最期待能得到显著改善的领域,排在首位的是"医疗"(68.8%),第二是"教育"(62.8%),第三是"食品安全"(60.3%),第四是"收入分配"(56.7%),第五是"住房"(53.5%)。其他领域依次是:"反腐败"(53.4%)、"养老"(52.1%)、"社会保障"(50.4%)、"环境保护"(46.3%)、"就业"(43.5%)等(《中国青年报》2012—11—06)。

所有这些诉求,其实都是民生政治范畴。新的领导集体无疑也将会把民生政治当作优先的政策加以连续性地执行,而且会加大力度地执行。

谈到社会权利,离不开社会管理体制与事业单位的社会化改革。社会管理体制有多大程度的创新,还是一个未知数。我们知道,改革开放的一个副产品就是"社会"的出现,以及由此而来的社会自治的要求。但是,也应该认识的新现实是,改革开放也是一个国家社会关系再调整以及对社会的再组织化,以及由此而来的对社会管理的制度化的过程。在过去十几年里,对于新兴经济组织、社区的"全覆盖"式的管制,无论私有企业、外资企业、中介机构和居民社区,都要纳入国家的政治管理范畴。"全覆盖"式的治理无疑是人类历史上的一个重大举措,因为历史上还没有一个国家能够做到对商业化和市场化的经济与社会组织进行这样的刚性的组织化管理。因为是一项史无前例的创新,其结果很难用既有的历史知识去解释，只有等待未来去检验。也正是在"全覆盖"式管理体制的背景下，任何所谓的"社会管理体制的创新"，必然会被纳入既定的社会管制系统。因而不难理解的是，社会管理体制的创新由政法部门来主管，自然被融入"维稳"系统，"社会自治"也只能服从"维稳"的大政治。比如，中共十八大在谈到社会管理体制的创新的时候，落脚点是国家安全："加强和创新社会管理……完善国家安全战略和工作机制，高度警惕和坚决防范敌对势力的分裂、渗透、颠覆活动，确保国家安全。"也正是在这个意义上，作为社会权利组成部分的社会管理体制的创新在未来 5 年里能够走多远，应该持审慎态度。

第二，迫在眉睫的法治（宪政）建设。

如果说社会权利建设主要是花钱问题，那么法治（宪政）则是制度建设。这已经不是要不要的问题，而是不得不做的燃眉之急。从薄熙来的违法乱纪、"打黑"黑打，到普通百姓在反日游行中的"打、砸、抢"，都是法治的危急时刻，法治在告急。必须认识到，中国比任何时候都更加需要法治。

法治危机不但出现在关键时刻，就是在日常生活中，"政治"已经湮没了法治，比如法院的二审判决没有终审效力，原告和被告都可以通过"上访"的程序而推翻法院的审判；因为"维稳"是衡量地方治理的重要指标，就养成了一批专门靠"上访"而吃定"维稳饭"的"上访专业户"，几乎各县都有若干这样的专业户。无论什么事，"专业户"只要事情闹大，闹到北京，合理的、不合理的利益要求都必定得到满足。对此，地方政府早已苦不堪言。可以说，从关键事件到日常政治生活，过去的几年法治水平不进反退，法律不彰。

应该以法"维稳"，而不是靠钱来换取虚假的稳定。靠钱而维持的稳定最终换来的是蔑视法律的社会群体。如果司法部门不敢庄严执法，代表国家的法律威严就荡然无存。无疑，司法部门的权力应该被约束和监督，但是司法部门必须保有尊严，因为司法是"国家性"（国家之所以为国家）的最具体的象征。

法治关乎共产党的长治久安。"无法"首先侵害的是执政党，可谓已经多次反复证明了的历史规律:"不受约束的权力必然会毒害掌握这种权力的人。"从"文革"的无法无天到薄熙来的违法乱纪,都是因为法治不彰甚至法治被破坏而直接侵害着共产党的形象和利益,侵蚀着执政者的合法性基础。

对于法治的重要性以及迫切性,中共十八大政治报告中的"法治"提法比以前任何一次政治报告都多,即使在谈到"人民民主"的时候也不忘法治,即以法治为基础和前提的民主:"人民民主不断扩大。民主制度更加完善,民主形式更加丰富,人民积极性、主动性、创造性进一步发挥。依法治国基本方略全面落实,法治政府基本建成,司法公信力不断提高,人权得到切实尊重和保障。""加快推进社会主义民主政治制度化、规范化、程序化,从各层次各领域扩大公民有序政治参与,实现国家各项工作法治化。""更加注重发挥法治在国家治理和社会管理中的重要作用,维护国家法制统一、尊严、权威,保证人民依法享有广泛权利和自由。""提高领导干部运用法治思维和法治方式深化改革、推动发展、化解矛盾、维护稳定能力。党领导人民制定宪法和法律,党必须在宪法和法律范围内活动。任何组织或者个人都不得有超越宪法和法律的特权,绝不允许以言代法、以权压法、徇私枉法。"

习近平在十八届中共中央政治局第一次集体学习会议上重点强调中共十八大提出的要把制度建设摆在突出位置:"邓小平同志1992年在视察南方重要谈话中指出:'恐怕再有三十年的时间,我们才会在各方面形成一整套更加成熟、更加定型的制度。'党的十八大强调,要把制度建设摆在突出位置,充分发挥我国社会主义政治制度优越性。我们要坚持以实践基础上的理论创新推动制度创新,坚持和完善现有制度,从实际出发,及时制定一些新的制度,构建系统完备、科学规范、运行有效的制度体系,使各方面制度更加成熟更加定型,为夺取中国特色社会主义新胜利提供更加有效的制度保障。"可以预见,未来的制度建设将会是以法治为核心。

怎么样进行法治制度建设?

首先,还是要加强我们的根本政治制度即人民代表大会制度的建设,其中关键是加强人大常委会及其专门委员会的制度建设，并真正发挥其监督职能。在过去 10 年，恰恰是人大制度建设停滞的 10 年。

其次，司法体制和行政执法体制的改革。像改革人民银行体制一样改革我们的司法体制和行政执法体制，使得法律真正具有国家性，超越于地方性。如果司法体制像人民银行体制一样，薄熙来怎么可能滥用司法权？

上述体制建设和改革，就是"一个中心、两个基本点"，即以人大制度为中心、以司法体制和行政执法体制为两个基本点，最终形成"以人民代表大会为平台的法治民主"。

最后，倡导"依法治党"的理念。仅有体制建设还是不够的，必须倡导法治就是最大政治、共产党最大利益的观念，让党员干部带头守法，依法治国。法治不但用来"治党""治国"，还要用来"治民"。应该有一个全党甚至全民的法治教育活动。

第三，绕不开的大部门制以及再分权。

让我们从残酷的现实主义角度来看这个问题。社会普遍不满甚至整个社会充满暴戾之气，根源在于最近十来年国家过分垄断资源而导致的社会不公正和腐败；而国家所以能过分垄断资源直接与政府管理体制有关。

在当下中国，人们都能感受到社会的不满，而不满的原因来自社会的不公正，而社会的不公正则根源于官商结合下的权力垄断所导致的社会结构的利益集团化、集团利益的制度化。基于市场和权力结盟的强势利益集团的形成，标志着中国的社会结构已经利益集团化，或曰"利益集团化的社会结构"。权力和市场结盟而形成的社会结构必然是封闭性的，这是因为，（1）一个人要进入权力阶层就离不开财富，同样一个人迈入财富的门槛（比如大型国有企业）也离不开权力；（2）权力和市场的结盟还形成排他性垄断，即好处只能归强势利益集团，其他人不得或没有机会进入被垄断的产业。这样，个人很难以自己的天赋或才干来改变自己的命运，只能生活在父辈所处的结构之中。

由此导致的社会矛盾是：民营企业难以进入法定的垄断部门从而使营商环境更加恶化；公务员考试空前热门，从 2003 年的不到 10 万人报考到这几年的 140 多万人报考，不到 10 年增长了十几倍；出身草根的大学生没有进取的机会，或者就业无门，从而形成了一个强大的体制外不满力量。这是中国最当务之急的状况。如果这个判断准确的话，用什么样的办法去解决这个难题呢？

人们的不满还因为生活中的无处不在的腐败，而对腐败产生的不满无疑直接侵蚀着政治合法性。在中国，腐败的最重要的原因是国家可掌控的资源太多，寻租的空间太大。从报道出来的腐败案看，各级、各种规模的腐败基本上产生于行政审批和工程项目，大到刘志军这样的高铁案，小到一个县的腐败案，莫不如此。如果腐败的根源是资源的国家化或集中化，那么又需要用什么样的办法去减少资源的集中化呢？

无论社会结构的利益集团化还是资源集中化而导致的腐败，都源于一个问题，即资源垄断。如果说改革开放之初的"总病根"是邓小平所说的权力过分集中，特别是书记这个一把手，而改革开放 30 多年后的中国的"总病根"则是市场化积聚的庞大资源又被国家所垄断，即政府资源垄断，否则很难想象怎么会有那么多的人如过江之鲫争当人民的"仆人"。为此，我们必须而且最好就政府资源垄断问题而寻求问题的解决之道。

"再分权"势在必行。既然总病根是国家垄断资源，直接的办法就是分权改革。我们知道，中国的改革开放就是以分权为出发点的。问题在于，市场有了，权力依旧，结果资本与权力的结合导致权力比以前任何时代都更加诱人。很简单，过去的权力更多是文化上的象征意义，而能够直接支配财富的权力的利益意义大于象征意义。这就是只改革经济而不改革权力结构的必然后果。问题是，这 10 年连改革经济结构的动力都没有了，因为改革经济结构必然牵动着政治权力结构。但是，时事逼人，面对目前转型危机下的暴戾之气，不改革只能进一步积累民怨。

如何改？中国的"总病根"也迫切要求进一步功能性分权。如何分权？思想界讨论得很多了。其实，我们有现存的经验性路线图：政府体制——政治与市场——社会管理，即实行大部门制并转变政府的计划性和部门主义的职能，改革因权力垄断而形成的资源和市场垄断，在此基础上培育多元化的、相对自治的社会管理体制。

所以说有一套我们已经熟悉的经验性路线图，因为 30 多年的改革开放就是在做这些事。所不同的是，这些问题是在改革开放中形成的，其中最大的不同是权力与资本的结盟而形成的权力对资源的垄断，其中来自利益集团的阻力是必然的。但是，今天的这些阻力并没有邓小平当初面对的所有制领域的计划经济的阻力那么大；今天的阻力也没有 20 世纪 90 年代开放互联网、建立分税制、改革银行体制、军队与商业脱钩，甚至加入 WTO 时遇到的阻力大，这些已经是中国发展的"制度红利"。

邓小平的分权改革释放了被计划经济压抑已久的能量，笔者相信新一轮的分权改革必将使中国的改革开放事业踏上新的征程，释放新的能量！

分权的前提是实行大部门制。问题的基本逻辑是，政府垄断资源是因为政府部门本身的合理性问题。政府的根本性质是责任制政府，关于政府性质的其他说法都不着边际。而责任是基于人民和社会的需要，当人民和社会不需要时，政府部门的存在就是多余的。不仅是多余的，甚至变成了与民争利的"公权力"。假国家利益之名的公权力而与民争利，人民的利益空间必然被大大挤压。对此，我们不是没有认识，要不然为什么中共十七大政治报告会明确提出实施大部门制？遗憾的是，我们的大部门制又实施得如何呢？

维持国家正常运转的政务部门（如司法部、外交部、民政部、文化部、教育部等）和宏观经济调控部门（如央行、财政部、发改委、国资委等）是任何国家都必须有的。但是，目前，中国政府部门设置依然具有计划经济的特征，即按照行业和产品而设置政府主管部门。正常来说，中央各部委应该是中央政策的执行者，自身保持政治中立，只努力追求政策执行的效率。但是在当今的中国，因为中央决策机制的不健全，在很多场合，实际上部委决策，中央背书，很大程度上中央各部委成了中央政策的决策部门。这就使他们有能力将自己的"部门利益"凌驾于社会公共利益，乃至于国家利益之上，通常被称为"特殊利益集团"。不仅如此，由于行业和产品的交叉性，按行业和产品而设置主管部门必然导致部门的重叠和功能的交叉与利益冲突。这些部门的行政级别相同，而功能和利益存在交叉，利益冲突是常见的现象。在市场经济的今天，这些行业主管部门很容易演变为该行业或产品的利益代言人，利益冲突导致机构之间的矛盾。

政府部门设置的计划经济后遗症的恶果不但是执法部门之间的利益冲突，更多地表现为与民争利，比如：利用公权力而设置进入市场的门槛并"寻租"，大大增加市场的交易费用；在财政预算中分得一大块"蛋糕"，而这些不必要存在的部门的预算本来是可以花在民生上的。正是基于这些考虑，笔者才说分权改革的第一步或前提是实施方案中的大部门制。

这样，有了大部门制才有再分权，有了再分权才有相对合理的资源分配，社会才会更加公正。简单的路线图就是：大部门制——再分权——资源分配合理化——社会趋向公正。

第四，红色底色更浓和中国味更重的意识形态。

话语权争夺以及由此而来的话语权建设将是中国共产党中期，甚至长期内的任重道远的挑战。在过去10年里，面对来势凶猛的新媒体的挑战，中国共产党的主要应对之道有两个：一是传统的管制，二是加强马克思主义话语权（比如轰轰烈烈的"马克思主义理论建设工程"）。目前看来，传统的管制在一定程度上还能管用，即稳得住，因而未来会继续使用管制手段。但是，要在意识形态上占据主动位置，必须有自己的话语权，用自己的理论来解释中国政治的实践，从而加强执政党的合法性基础。

话语权建设将是最大的一项挑战，因为社会科学和思想界流行的观念基本上来自他国，而理论和观念都是基于特定国家的特定历史时期的特定经验而形成的。这样，在中国流行的是基于"他者"经验而形成的理论与观念来阐释中国实践，这无疑会把中国置于被动的地位，在观念上处处挑战执政党的合法性。

为此，笔者认为，今后意识形态的重中之重应该是基于中国文化、中国经验的话语权建设，而不是让整个社会科学界去搞什么对策性研究。没有自己的理论基础的所谓对策性研究到底有多少价值？

必须看到，在话语权建设和未来的意识形态工作中，作为底色的"红色"将会更加浓厚,即十八大政治报告提出的"理论自信"。中共党史中的经验遗产,中共治国理政的经验遗产,都有可能更加被重视。比如我们熟悉的"群众路线";不仅如此,在谈到共产党的建设时,重提多年未提的"对共产主义的信仰";还有,第一次出现"学习党的历史"。对此,思想界应该有足够的认识。

四 余论:"民主"在哪里?

"公正社会"价值导向下的社会保障体系、法治、大部门制和话语体系,可能是中国政治在未来5年甚至更长一些时间的政策选项。人们可能会问:民主在哪里?

其实,熟悉民主历史和民主理论的人都应该知道,法治(宪政)本身就是一种民主形式(我们熟悉的宪政民主),而且是民主的根本保障形式。对于西方宪政理论家而言,提到多数决民主,首先必须有立宪民主,只有多数决民主而无立宪民主只能是"多数人暴政",民主变成了非民主甚至专制,只有有了立宪民主的多数决民主才能称为"自由民主"。可以认为,把保障自由的宪法说成"民主的",这应该是一种高度智慧的历史叙事,因为西方历史上自由和民主具有根本的冲突性。

在罗尔斯看来,政治分为宪法政治和日常政治,宪法政治即司法复审制度确保的基本权利与自由,而日常政治实现的是多数决立法原则,而多数决立法当然可能侵犯个人的基本权利和自由。为此,"关键是要在两种民主观念(宪法民主和多数决民主)之间做出选择"。一方面,"民主的宪法应确保某些基本的权利和自由不受日常政治(与宪法政治相对)之立法多数决的影响";另一方面,"即使那些支持司法复审制度的人也必须假定,在日常政治中,立法的多数决原则必须得到遵守"。

笔者认为,罗尔斯是在"词典式序列"的意义上使用立宪民主和多数决民主。用他自己的话说,"我倾向于接受司法复审制度",但又不得不向多数决民主妥协。也就是说,宪法政治是第一位的,日常政治是第二位的,二者的次序不能颠倒。应该看到，萨托利虽然是"熊彼特式民主"即"选举式民主"的理论集大成者，但前提还是确保自由和基本权利的立宪民主，其理论上的多数决民主只不过是对大众民主政治的妥协和退让。在这一点上，布坎南和罗尔斯没有什么区别，都把"立宪"时刻放在第一位。

那么，相对于多数决民主的立宪民主到底是何物？无须系统地理论梳理，常识告诉我们，立宪民主就是宪政，或者说就是法治。无论柏拉图还是亚里士多德，法治都是一切政体的基础，法治优于人治。到了近代，从洛克、孟德斯鸠到美国建国者如联邦党人，设计的政体都是以贵族为政治主体的宪政体制或法治政体，排斥的是大众权利或民主政治。就是这样一个明白无误的概念，宪政或法治怎么与民主勾连在一起呢？排斥大众权利而确保精英权利和自由的宪政被说成所谓的"宪政民主"，进而变成了一种民主的流行观念，不能不说是"冷战"中西方人意识形态建构的巨大成就。用萨托利的话说，"二战"后西方社会科学的所有努力就是如何使自由与民主相融合，即如何在理论上说得通。

明白了立宪民主其实就是宪政或法治，我们当然接受立宪民主相对于其他民主的第一位的重要性，因为法治是一切政体的基础。

分权本身也是一种民主形式。如果西方人把宪政称为一种民主形式，我们更有理由把分权政治与民主联系在一起，称之为"分权民主"。这样说不仅有政治理论上的资源支撑，还因为分权本身最符合民主的本义。

首先，民主的最基本的含义就是人民当家作主或者多数人统治。到了现代国家时代，原始意义上的民主变成了代议制民主或代表制，要么由皇帝作为"代表"，要么由选举产生的议员或官员作为"代表"。无论谁是代表，都与原始意义上的民主相去甚远。但是，分权却可能找回原始意义上的民主，即让"人民"直接行使各种权利。这是因为，对于早发达国家而言，现代国家的形成就是权力集中化或中央化的过程，从而大大削弱既有的地方自治。为此，托克维尔无比正确地指出，追求民主的大革命却强化了中央集权而削减了地方自治。就此而言，中央对地方的分权难道不是重新找回"人民"的过程？因此，中央对地方的分权其实就是一种民主化的过程。关于这一点，专门研究政治抗争的查尔斯·梯利又给我们以智慧的启示：争取平等权、民族独立和地方自治的运动都是民主化的一个组成部分①。

在《论美国的民主》中，托克维尔谈论的民主显然主要是平等、分权和地方自治，而不是选举——事实上在托克维尔看来选举势必导致多数人立法所形成的侵害富人的多数暴政，虽然当时的美国还没有实行普选。而托克维尔谈论的平等、分权和地方自治，显然是为了集权化的法国寻求出路，呼吁法国向美国学习。在《论美国的民主》中，托克维尔列举了大量的公共生活国家化的弊端以及民主化的地方自治的生动活泼的场景。

如果分权和地方自治就是民主，那么资源集中化或中央化的国家直接有违民主的基本原则，而公共权力的中央化是现代国家的一般特征，而现代国家的另外一个重要特征则是权力的公共化即民主化，这两个特征具有内在的张力。中央化实际上是集权化，而民主化又意味着分权化。没有集权化，现代国家就建立不起来。但是，中央化的弊端是：且不说其行政成本以及部门利益所导致的官僚利益集团（事实上是一种国家利益集团），中央化必然要求官僚化，而官僚化的泛滥必然又导致国家与公民的疏离。在托克维尔看来，"行政集权只能使它治下的人民萎靡不振，因为它在不断消磨人民的公民精神"，"它可能对一个人的转瞬即逝的伟大颇有帮助，但却无补于一个民族的持久繁荣"②。

更重要的是，现代国家是一个不断强化权力的抽象性的过程，权力归属于任何个人、家族、特定团体都会受到越来越强大的质疑，即权力只能属于最为抽象的人民，因而民主化是现代国家的必然诉求。抽象的人民不会直接掌控或行使权力，要么通过代议制下的代表来行使权力，要么通过分权化而使权力落在职能部门、团体或民众所在的生活单位。

根据比较历史，我们可以总结出民主形式之间的关系是词典性关系，

---

① ［美］罗尔斯：《政治哲学史讲义》，杨通进、李丽丽、林航译，中国社会科学出版社 2011 年版。
② ［法］托克维尔：《论美国的民主》（上），董果良译，商务印书馆 1988 年版，第 97 页。

不能颠倒的词典式秩序依次是"法治民主——分权民主——选举民主"。法治民主不但保障个人权利和自由,也保障国家主权,因而是一种基本政治秩序的民主;分权民主则是为了实现民主初衷而去中央化的一种使制度安排更加合理化的民主,但分权不是无度的,即不能形成无政府主义式的分权;选举民主则至少是一种在形式上保障大众平等权利的民主,但是"大众"既可能用选举来拥护非民主政体,也可能通过选举而分裂国家。

这些关系说明,第一顺位民主是法治民主,这是一切民主形式的"最大公约数"。借用马克思的"经济基础"和"上层建筑"的比喻,法治民主和分权民主可以并称为"基础性民主",是好的民主政治的最重要的基础;而选举民主、协商民主(对话民主)和参与民主则是"上层性民主",是民主的表面化形式。一个国家可能实行各种形式的"上层性民主",但是没有"基础性民主","上层性民主"就可能演变为"无效的民主",进而导致国家的无效治理甚至国家失败。

转型国家的历史都告诉我们,当大众选举式民主轰轰烈烈到来时,转型好的国家至少需要15年的过渡期,其间不会有好的经济建设和制度建设;转型不好的国家则会重返专制甚或国家失败(国家分裂或恐怖主义横行)。因此,在未来5年甚至更长的时间内(10年),中国最迫切的任务依然是基础设施的建设——夯实经济设施基础、社会权利基础和政治设施基础。

(作者单位:中国人民大学国际关系学院)

(原载《行政论坛》2013年第1期)

"五四宪法"与中国特色
社会主义民主政治建设

——纪念"五四宪法"颁布 60 周年

王冠群　薛剑符

一　问题的提出

　　60 年前,作为中华人民共和国第一部社会主义类型的宪法,"五四宪法"诞生了。"五四宪法"承载着近代百年来中华民族对于民主建国理想的追求,作为社会主义民主政治的起点,其在中国民主政治建设和发展过程中的开创性和奠基性的作用,使"五四宪法"成为中国政治民主化进程中一个重要的里程碑。同时,这部满载荣誉和光环的宪法却时运不齐,命运多舛,蕴涵着诸多令人回味和沉思的镜鉴。"五四宪法"不仅未能完成为中国民主政治建设保驾护航的历史使命,相反在其颁布实施三年之后就遭到了不宣而废的厄运。

　　"五四宪法"颁布 60 年后的今天,作为以"五四宪法"为基础发展起来的"八二宪法"以"国家根本法的形式,确立了中国特色社会主义道路、中国特色社会主义理论体系、中国特色社会主义制度的发展成果,反映了我国各族人民的共同意志和根本利益,成为历史新时期党和国家的中心工作、基本原则、重大方针、重要政策在国家法制上的最高体现"[①]。正是由于"五四宪法"在我国法制史上的特殊地位,在21世纪中国全面推进依法治国,建设社会主义民主法治国家的进程中,对"五四宪法"必须进行深入的反思和研究。然而,就现阶段而言,学界对"五四宪法"的研究更多集中在历史学和法学的角度。如何从政治学的角度,以民主政治为切入点,探讨"五四宪法"与中国特色社会主义民主政治的内在关系,对于进一步树立宪法意识和宪法权威,推动中国特色社会主义民主政治建设无疑具有重要意义。

因此,本文将从中国政治民主化的角度,透视、剖析"五四宪法"与中国民主政治建设的内在关系,揭示"五四宪法"在中国民主政治建设中的奠基性、开创性的地位,探讨"五四宪法"对当代中国特色社会主义民主政治建设所具有的历史价值和现实意义,以就教于学界同仁。

二 宪法:政治民主化的要求和保障

要深入理解和把握"五四宪法"对中国民主政治建设所具有的历史价值和现实意义,首先要明确宪法与民主之间的关系,尤其是宪法对民主政治的保障作用。毋庸置疑,在政治民主化的进程中,宪法始终与民主紧密联系在一起。"民主与宪法有着密切的逻辑联系,在传统的宪法学理论中,一种通行的观点视民主为宪法的价值基础,而有些学者甚至将宪法的价值特征概括为'民主的法'。"[②] 民主对宪法的性质、内容、形式以及运行和发展的限定,决定了民主成为宪法存在的前提,离开了民主的宪法只能是一纸空文。另外,在现代社会,民主的核心价值和原则最终要通过宪法的形式加以实现,也只有通过宪法才能实现民主的制度化、规范化和法律化。宪法作为政治民主化的必然要求和实现保障主要体现在三个方面:

[①] 胡锦涛:《在首都各界纪念中华人民共和国宪法公布施行二十周年大会上的讲话》,《人民日报》2002年12月5日。

[②] 莫纪宏:《现代民主与宪法之关系新论》,《江苏行政学院学报》2007年第2期。

（一）宪法是民主核心价值的集中体现

宪法是民主事实法律化的集中体现，宪法实施的过程也是推进和保障民主政治发展的过程。近代以来，伴随着资产阶级革命的胜利，"民主"不再是仅仅停留在一句反对欧洲封建专制主义口号的层面上，资产阶级所关注的是通过何种方式将民主所体现的核心价值和基本要求加以实施和保障。资产阶级将民主从思想意识形态层面的论证转移到制度层面的建设上来，通过宪法和法律将民主的形式和内容具体化，以国家的意志来保障本阶级利益的实现。无产阶级在取得革命胜利后同样也面临这样的问题，"无产阶级革命过程中建立起来的民主制度是产生无产阶级宪法的前提条件，而无产阶级宪法则是无产阶级民主制度的确认和保障"[①]。"五四宪法"也正是在这种历史的背景下颁布实施的，从某种意义上说"五四宪法"的颁布标志着新中国政治民主化进程的开启。正如毛泽东所言："世界上历来的宪政，不论是英国、法国、美国，或者是苏联，都是在革命成功有了民主事实之后，颁布一个根本大法，去承认它，这就是宪法。"[②] 作为国家根本法的宪法以既存的民主事实为前提，以其制定的民主性，规范的准确性和执行的强制性等特点，阐明了民主的性质、地位、内容以及实现的路径等重要问题，是民主制度化、规范化和法律化的集中表现。历史充分证明，尽管各国历史、文化、制度等存在着巨大的差异，但都"用宪法这种根本大法的形式把已争得的民主体制确定下来，以便巩固这种民主体制，发展这种民主体制"[③]。

（二）宪法是政治民主化的规范形态

毫无疑问，在现代国家，政治民主化作为一项系统的工程，其实现需要规范的形态，这种规范形态的表现形式就是宪法。历史的经验充分证明

[①] 许崇德、何华辉：《宪法与民主制度》，湖北人民出版社1982年版，第5页。
[②] 《毛泽东选集》第2卷，人民出版社1991年版，第735页。
[③] 许崇德：《宪法与民主政治》，中国检察出版社1994年版，第3页。

了缺乏规范的民主不仅不会带来国家政治民主化，相反会造成政治秩序的混乱和政权的动荡，最终导致政治民主建设的停滞和倒退。"宪法的价值就在于以民主方式规范政治秩序，其核心是民主。这是衡量一部宪法是好是坏，作用是积极还是消极的唯一标准。"① 一方面，宪法以国家根本法的形式规定了国家的根本制度。宪法的特殊地位决定了宪法对国家根本制度的规范是根本性与最高性、全局性与整体性、纲领性与原则性、长期性与稳定性的有机统一。宪法通过对根本制度的纲领性、导向性的规范来确认、维护和巩固民主政治制度，指引民主政治建设的发展方向，制定民主政治体制的目标，充分发挥其所具有的普遍适用、高度权威的法律效力，确保规范能够得到有效施行和普遍遵守。另一方面，宪法规定了国家政权机构的组织和运行规范。近代以来，世界各国在探求民主政治建设的实践中认识到国家政权机关的组织及其运行方式是否规范直接关系到民主政治建设的成败。作为公共权力掌握者的国家政权组织，如果缺乏必要的规范和监督，过分集中和垄断的公共权力极易造成对公民权利的侵犯。这不仅破坏了民主政治发展所需要的相对稳定的政治秩序，而且失去控制和监督的公共权力必将导致腐败，民主政治建设成为空谈。资本主义国家的宪法采用以权力的分立和制衡为原则规范国家机关的组织及其运行方法，为民主政治的发展提供法治保障。与资本主义国家宪法采取的"三权分立"不同，社会主义国家的宪法尽管没有明确规定权力分立和权力制约，但是，宪法对国家权力组织和运行的规定也遵循现代民主政治核心思想。

（三）宪法是公民民主权利的根本保障

众所周知，公民权利的实现和保障是民主政治建设的出发点和落脚点。"民主的价值具有丰富的蕴涵，其基本的价值就在于在多大程度上能够保障实现公民应有的权利"②，而就宪法自身的作用而言，其最根本的体现就

---

① 许崇德、王丛虎、黄江天：《1999年宪法学研究的回顾和展望》，《法学家》2000年第1期。
② 杨海蛟：《政治文明：理论与实践的思考》，中国社会科学出版社2009年版，第233页。

是对权利的保障。自宪法诞生之日起,通过以最高法律权威来规范公共权力的运行轨道,以尊重和保障公民的权利为界限和目的,这是衡量一部宪法是否是良法的标准。正因为如此,尽管各国宪法的内容和形式千差万别,但都将实现和保障公民权利作为其首要目标和核心价值。

此外,宪法对公民权利的保障是制度性、根本性的保障。制度是指在特定的社会活动领域中围绕着一定目标形成的具有普遍意义的、比较稳定和正式的社会规范体系[①]。宪法从最高的法律制度层面上规定了人权和公民权利的保障。这种根本性的制度保障以无与伦比的权威性和强制性,对公共资源进行分配、调节,规范和制止公共权力侵犯公民权利的行为,保障法定范围内公民的合法权利。同时,制度的长期性和稳定性并不意味着宪法有关公民权利保障的内容就是一成不变的,随着政治民主化的不断深入,公民享有的民主权利也会更加丰富和广泛。宪法通过自身的不断修改和完善,彰显了民主建设的新经验和新成果,规定民主运行新的规范形态,通过制度性的保障确保民主的可持续发展。总之,"民主的发展以公民权利的扩大和保障机制的健全和完善为标志"[②]。

综上所述,宪法和民主是密不可分的,民主是宪法的前提,而宪法则是民主的保障。只有正确理解和处理好宪法与民主的关系,才能有效推进宪法对民主政治建设的保障作用。

三 "五四宪法":中国特色社会主义民主政治建设的基石

宪法是民主政治发展的产物,是民主政治的制度化和法律化,并为民主政治的发展提供原则性的指导和根本性的保障。"五四宪法"作为新中国第一部宪法,开创了社会主义民主制宪的历史先河,不仅奠定了社会主

[①] 郑杭生:《社会学概论新编》,中国人民大学出版社1987年版,第253页。
[②] 杨海蛟:《政治文明:理论与实践的思考》,中国社会科学出版社2009年版,第234页。

义民主政治制度框架的基础，而且开启了以宪法的形式保障公民基本权利的进程，为未来中国政治民主化建设指明了前进的方向。正是因为如此，从某种意义上说"五四宪法"就是中国社会主义民主政治建设的基石。

（一）"五四宪法"开创了社会主义民主制宪的历史先河

历史充分表明，在半殖民地半封建社会，民主制宪道路行不通。自近代以来，由于内忧外患的国内外环境，中国的民主制宪道路可谓曲折而艰辛。清末由清政府公布的《钦定宪法大纲》和《宪法重大信条十九条》两部旨在实行君主立宪制的宪法未付诸实施，这两部宪法代表了封建买办阶级的制宪主张，只不过是以根本法的形式确认专制独裁的统治，维持半殖民地半封建的统治秩序。此后，从中华民国成立到国民党败退台湾的32年间，中华民国先后制订了五部宪法［1912年的《中华民国临时约法》，1914年的《中华民国约法》（即袁记约法），1923年的《中华民国宪法》，1931年的《中华民国训政时期约法》，1946年的《中华民国宪法》］，五部宪法虽然蕴含着民主因素，体现了某种程度上的民主宪政，但是由于当时的中国依旧处于半殖民地半封建社会的状态，加之两千多年来封建专制主义思想的根深蒂固，这几部宪法无论从制宪理念、制宪原则还是制宪程序都离真正意义上的民主制宪相差甚远，中国并没能走向民主宪政的道路。此外，在新民主主义革命时期，当资产阶级的立宪之路屡受挫折之时，中国共产党也努力尝试着无产阶级性质的新民主主义立宪。《中华苏维埃共和国宪法大纲》《陕甘宁边区施政纲领》《陕甘宁边区宪法原则》和《中国人民政治协商会议共同纲领》这四部宪法都体现着中国共产党在民主宪政道路的有益尝试。同时我们也要看到，这四部宪法都存在诸多缺陷和不足，加之诸多主客观因素的存在和影响，这些宪法并未能得到切实贯彻或者全面实施。

"五四宪法"的制定充分体现了民主制宪的精髓。"五四宪法"是我国宪政史上第一部由人民真正行使制宪权的宪法，它开创了社会主义民主制宪的历史先河。首先，"五四宪法"的制定过程充分体现了制宪主体的广泛性。在"五四宪法"起草的过程中，中央政府专门成立了宪法起草委员会，包含了中国共产党、各民主党派、各人民团体的负责人及相关方面的专家。同时，为了发挥群众民主参与积极性，"五四宪法"的草案初稿和宪法草案都曾组织了全国范围内的群众性讨论。这种将精英与大众共同参与的制宪形式，体现了"五四宪法"将制宪的群众性、广泛性和法律的权威性和严肃性之间有机的结合。其次，"五四宪法"制定体现了本土化与国际化的统一。"五四宪法"的制定绝非封闭和狭隘的，而是具有开阔的国际视野的。它不仅借鉴了包括苏联在内的社会主义国家的立宪经验，而且也充分吸收西方国家宪法中的先进思想。与此同时，"五四宪法"充分总结和考虑了中国革命和建设的经验，并且结合当时过渡时期的特殊国情，坚持在本土化的基点上吸收外国经验，以世界性的眼光确立了中国式的风格。最后，"五四宪法"的制定体现了原则性和灵活性的统一。毛泽东在《关于中华人民共和国宪法草案》中指出："我们的宪法草案，结合了原则性和灵活性。原则基本是两个：民主原则和社会主义原则。"① 作为国家的根本法，"五四宪法"在关系到社会主义国家的根本制度等根本性的问题上坚持了社会主义宪法的基本原则。同时考虑到特殊国情，适时调整了宪法的规定，真正做到实事求是，充分体现了宪法原则性与灵活性的完美结合。

（二）"五四宪法"奠定了社会主义民主政治制度框架的基础

作为新中国的第一部宪法，"五四宪法"所确立的人民代表大会制度、多党合作和政治协商制度、民族区域自治制度以及基层群众自治制度等基本政治制度被"八二宪法"所继承，构成了社会主义民主政治制度的基本框架。

其一，"五四宪法"确立的人民代表大会制度成为我国的根本政治制度。"五四宪法"第 2 条规定："中华人民共和国的一切权力属于人民。人

---

① 中共中央文献研究室：《建国以来重要文献选编》第 5 册，中央文献出版社 1992 年版，第 288 页。

民行使权力的机关是全国人民代表大会和地方各级人民代表大会。"同时宪法对全国和地方各级人民代表的产生、每届任期、会议制度以及机构设置等都进行了规定,保障了人民代表大会制度的正常运用。人民当家作主是社会主义民主政治的本质和核心,是社会主义民主本质优越性的集中体现。人民代表大会制度能够在最大程度上代表、反映和保障广大人民的共同意志和根本利益。作为人民当家作主的重要制度载体,人民代表大会制度赋予了人民依照法律规定,通过各种途径和形式,管理国家事务和社会事务,管理经济和文化事业的权利。"人民代表大会制度的实施,标志着我国政权组织形式和议事规则的进一步民主化,保证了人民民主的实现,为我国政治体制的制度化、法律化和程序化奠定了基础。"[①]

其二,"五四宪法"确定了中国共产党领导的多党合作和政治协商制度。中国共产党领导的多党合作和政治协商制度是具有中国特色的社会主义政党制度,它开创性地将马克思主义政党理论和统战学说与中国实际国情紧密结合,是当代中国一项基本政治制度。"五四宪法"指出:"我国人民在建立中华人民共和国的伟大斗争中已经结成了以中国共产党为领导的各民主阶级、各民主党派、各人民团体的广泛的人民民主统一战线。"这就以宪法的形式明确了未来在中国民主政治建设中,中国共产党与各民主党派的关系,为多党合作和政治协商制度的存在和发展提供了制度性的根本保障。多党合作和政治协商制度有利于加强中国共产党与民主党派合作联系,支持了民主党派和无党派人士更好地履行参政议政、民主监督职能;同时吸收和扩大各界人士有序政治参与,拓宽社会利益表达渠道,实现了广泛而有序的政治参与,推动了政治民主化的发展。

其三,"五四宪法"确立了解决中国民主问题的民族区域自治制度。"五四宪法"规定:"中华人民共和国是统一的多民族的国家。各民族一律平等,禁止破坏各民族团结的行为,各少数民族聚居的地方实行区域自治。各民族自治地方都是中华人民共和国不可分离的部分。""五四宪法"关于

[①] 薛剑符、刘世华:《五四宪法的民主政治意蕴》,《理论探讨》2012年第2期。

民族区域自治制度的规定是在坚持多民族国家主权统一的前提下，充分尊重了少数民族依法自治的权力。作为我国基本政治制度，民族区域自治制度在建国60年间，保证民族自治地方依法行使自治权，保障少数民族合法权益，加快少数民族和民族区域自治地方发展，巩固和发展平等团结互助和谐的社会主义民族关系，使民族关系更加和谐、民族团结更加紧密，巩固了国家和民族的统一。

其四，"五四宪法"开启基层民主制度的初步探索。基层民主制度是我国民主政治建设的重要组成部分，它提供了人民依法直接行使民主权利，管理基层公共事务和公益事业的渠道，基层民主建设对于保障最广大的人民群众直接参与基层社会的管理、维护自己的切身利益和民主权利有着十分重要的意义。"五四宪法"认识到保护工人阶级和农民阶级的一些基本民主权利，在基层政权和基层社会生活中实现人民民主对巩固社会主义民主政治的重要性。因此，宪法对基层人民代表大会和人民政府的产生办法、任期、职权、议事规则、相互监督制约关系等基层民主制度作了较为详细的规定，用根本法的形式从制度层面为基层民主政治的发展提供保障。

回顾60年来中国民主政治的发展，我们不难发现，社会主义民主政治建设辉煌成就的取得正是坚持了"五四宪法"所确定的民主政治制度。"五四宪法"奠定了社会主义民主政治制度框架的基础，成为实现中国政治民主化的坚固的基石。

（三）"五四宪法"开启了以宪法的形式保障公民基本权利的进程

公民权利的保障是宪法核心，"五四宪法"对公民权利的规定和保障开启了以宪法的形式保障公民基本权利的历史进程。"五四宪法"立足国情，诸多公民权利保障的条款都体现了该宪法在保障公民的基本权利方面所具有的先进理念，这也是其宪法条款基本被"八二宪法"继承和发展的重要原因。

其一，"五四宪法"首次提出了宪法对公民权利的保障。对公民权利的保障是宪法的核心思想和基本要求，然而在"五四宪法"颁布之前，在清政府和中华民国政府总共颁布了7部宪法中却并没有出现宪法所保障的权利主体——"公民"一词。纵观我国的宪法发展史,将公民作为国家权利主体,并通过法律的形式加以规范和肯定并非一蹴而就,其间经历了从"臣民"——"国民"——"人民"——"公民"的曲折过程。

清末,清政府颁布了两部旨在推行君主立宪的仿行宪法,该法并没有现代意义上的"公民"一词,取而代之是带有浓厚封建色彩的"臣民"一词。清政府颁布的宪法实质上扭曲了个人与国家之间的关系,否定了宪法保障公民权利的核心作用。辛亥革命胜利后,民国政府先后颁布了5部宪法,由于依旧未能在理论与实践上对个人与国家关系进行全面而准确的界定。几部宪法在规范个人与国家关系时采用的法律术语也相对混乱,"国民"与"人民"两者之间多次混用。直至新中国成立后,"公民"这一概念第一次出现在"五四宪法"的文本之中。"五四宪法"科学地界定了个人与国家的关系,以国家根本法的形式从制度层面明确了公民的权利,确立了以"公民"为身份的权利保障体系,奠定了社会主义宪法所确立的公民基本权利的制度基础。

其二,"五四宪法"奠定了我国公民基本权利保障的制度体系。"五四宪法"对公民基本权利进行了较为系统和全面的规定,初步奠定了我国公民基本权利保障的制度体系,体现了社会主义国家对保障公民民主权利的重视。"五四宪法"设立了"公民的基本权利与义务"专章,规定公民享有平等权、选举权与被选举权、政治自由(言论、出版、集会、结社、游行、示威的自由)、宗教信仰自由、人身自由、住宅通信居住迁徙权、劳动权、休息权、获得物质帮助权、受教育权、科学文化权、妇女平等权、控告赔偿权等近15项基本权利,建立了我国公民基本权利的完整法律制度体系。宪法对公民基本权利的保障,从最起码的底线的意义上体现出国家对个体人缔结社会的基本贡献和对人的种属尊严的肯定。尽管此后由于诸多原因"五四宪法"颁布不久后就被废除,但其关于公民基本权利的规定,基本构成了我国宪法权利和公民基本权利体系,并被"八二宪法"比较全面的恢复和继承下来。

其三,"五四宪法"为保障公民基本权利的实现创造了物质保障。社会主义民主政治的建设离不开公民的积极参与,而物质的保障是公民参与国家政治生活和社会事务的基础,它为公民基本权利的实现创造必不可少的条件。"五四宪法"不仅通过制度的形式宣告了对公民基本权利的保护,而且也为公民权利的实现提供了相应的保障机制,并且为逐步扩展实现这些权利规定了物质保障,体现了社会主义宪法对公民权利保障的真实性。"五四宪法"在规定对公民基本权利保障之后,几乎在每条基本权利之后就另外规定国家有义务采取有效的措施为保证此类权利的实现提供必需的物质上的帮助。如劳动权,"五四宪法"规定:国家通过有计划的发展,逐步扩大劳动就业,改善劳动条件和工资待遇,以保证公民享受这种权利。对于休息权,"五四宪法"提出:国家规定工人和职员的工作时间和休假制度,逐步扩充劳动者休息和修养的物质条件,以保证劳动者享受这种权利。对受教育权则规定:国家设立并且逐步扩大各种学校和其他文化教育机关,以保证公民享受这种权利。由此可见,"五四宪法"对公民基本权利的规定不是抽象和空洞的,其物质性的保障表明了社会主义民主的真实性。

四 "五四宪法"时代价值

作为新中国第一部社会主义宪法,"五四宪法"奠定了中国社会主义民主政治的基础,在中国宪法发展史上具有里程碑的地位。对当代中国民主政治建设的时代价值,无疑具有重要的理论价值和现实意义。

(一) 树立宪法的权威性,为民主政治建设提供良好的环境

毫无疑问,宪法的权威性是宪法目的和价值得以实现的基本要求和重要保证,只有树立宪法至高无上的权威性,才能发挥宪法作为根本法的作用,为社会主义民主政治建设提供制度性的根本保障。第一,要加强和完善宪法实施的监督机制,维护宪法权威。"五四宪法"在颁布不久后就遭废除,其重要原因就是宪法本身缺乏对维护宪法权威,监督和保障宪法实

施提供必要的制度性保障。"五四宪法"虽然也规定了全国人民代表大会来监督保障宪法的实施,但由于缺乏应有的重视,"五四宪法"并没有为了防止公共权力的滥用而建立一套完善的、专门的宪法实施监督机制。面对此后不断出现的违宪行为,"五四宪法"的各项规定形同虚设,宪法的权威性遭到严重损害。以史为鉴,当前在全国人大及其常委会监督宪法实施这一体制下,建立合理而有效的宪法监督制度,对于确立以宪法作为最高法的权威地位有着重要的意义。第二,规范党的与宪法的关系,维护宪法的权威。中国共产党的特殊执政地位决定了党与宪法关系的重要性,能否处理好二者之间的关系直接决定了我国能否最终建成民主法治的国家。一方面,依法治国与坚持党的领导是统一的,相互促进的。宪法的制度建设只能在党的领导下推进才能真正取得成功。依法制宪和修宪并不是否认和削弱党的领导,而是要在党的领导下,将党的主张和人民意志相统一,最终通过宪法的形式加以保障。另一方面,"宪法是国家的根本法,具有最高的法律地位、法律权威、法律效力。全国各族人民、一切国家机关和武装力量、各政党和各社会团体、各企业事业组织,都必须以宪法为根本的活动准则,并且负有维护宪法尊严、保证宪法实施的职责"。[①]《中国共产党党章》规定:"党必须在宪法和法律的范围内活动",这是一项极为重要的原则,十年"文化大革命"发生的重要原因之一就是对这一重要原则的破坏。历史的启示总是深刻的,回顾我国宪法制度发展历程,"五四宪法"在颁布的几年后就受到漠视、削弱甚至破坏,以党代法,以党压法的情况屡屡出现,其结果就是社会主义民主政治建设进程的停滞和倒退。第三,积极培养宪法精神,树立宪法权威。从世界各国宪法的发展史来看,宪法作为国家根本法,具有最高法律权威的地位并不是自然而然形成的,更不是天赋的。宪法的实施除了依靠他所规定一系列规章和制度外,还需要整个社会培养一种对宪法信仰和崇拜的宪法精神。要维护宪法的权威,

---

[①] 习近平:《在首都各界纪念现行宪法公布施行30周年大会上的讲话》,《人民日报》2012年12月5日。

就是要将宪法意识和精神根植于人心,让宪法的最高法律效力得到全社会的普遍尊重和服从,培养全体公民对宪法的敬畏之心。

(二)维护宪法稳定性,为民主政治建设提供制度性保障

回顾我国的立宪史,我们不难发现,本应具有稳定性和长期性等特征的宪法却经历了不断废立的过程,从1908年的《钦定宪法大纲》至1982年的《中华人民共和国宪法》的74年间,共制定了十几部宪法,即使新中国成立后,也先后有四部宪法颁布,宪法的频繁废立与变更严重损害了宪法作为国家根本法的权威性,直接迟滞了中国的民主政治建设。新中国成立后,虽然"五四宪法"确立了人民当家作主的社会主义制度,同时也规定了人民享有的各项民主权利。但是,一方面,由于对宪法重要性认识不足,"五四宪法"在制定时就被定位为一部过渡性的宪法,宪法自身存在的缺陷造成了宪法缺乏必要的稳定性和长期性。缺乏稳定性和长期性的宪法直接削弱了宪法的权威性,"五四宪法"颁行不久就受到漠视、削弱甚至破坏,社会主义法制、人民的民主权利和自由、人民民主政权合法性基础都遭到践踏。另一方面,由于"五四宪法"自身的局限和不足,宪法对民主的保障缺乏与之相配套的具体法律、法规和制度,宪法的各项规定在实际实施和操作过程中缺乏相应的法律、法规的保障,民主权利的保障甚至会流于形式,成为纸上谈兵。

"五四宪法"废除不久,失去了法制保障的民主政治建设随即陷入的瘫痪,这也是导致"文化大革命"的重要原因。十一届三中全会召开后,党和国家充分认识到民主政治建设离不开宪法的保障,发展社会主义民主、健全社会主义法制成为党和国家坚定不移的基本方针。正如邓小平所言:"为了保障人民民主,必须加强法制。必须使民主制度化、法律化,使这种制度和法律不因领导人的改变而改变,不因领导人的看法和注意力的改变而改变。"[①] 正是在此思想的指导下"八二宪法"诞生了,"八二宪法"

---

① 《邓小平文选》第2卷,人民出版社1994年版,第146页。

是"五四宪法"的继承与发展，它克服了"五四宪法"的局限与不足，是一部真正体现中国国情的社会主义宪法。在"八二宪法"的指引下我国的社会主义民主政治实现了制度化、法律化、程序化，人民民主权利得实现，社会主义民主建设要取得显著成就。"五四宪法"与"八二宪法"在保障民主过程中所表现的强烈反差使得党和国家充分认识到宪法稳定对于发挥宪法保障作用的重要性。"八二宪法"颁布三十多年来，民主建设的成功经验充分说明了只有稳定的宪法才能为民主政治建设提供制度性的保障。因此，尽管为了不断适应新形势、吸纳新经验、确认新成果，全国人大也只是对我国宪法个别条款和部分内容作出了必要的修正，并没有采取全面修宪的方式，就是为了最大程度上维护宪法稳定性和权威性。

总结我国宪法发展史正反两方面经验，我们必须坚持现行宪法的基本理念和根本原则，维护宪法的稳定性和长期性，为民主政治建设提供制度性保障。

（三）保持宪法的时代性，引领民主政治建设的前进方向

在强调宪法稳定的同时，要推进宪法与时俱进、不断完善，保持宪法的时代性。"五四宪法"总结了中国革命和建设的经验，结合了过渡时期的具体国情，并在此基础上借鉴了国外宪法的先进经验，适应了特定时期的历史需要，为中国的民主政治建设奠定了基础。"八二宪法"顺应了时代发展的需要，在深刻吸取教训和总结经验的基础上，对"五四宪法"进行了继承和发展，为社会主义民主政治的发展提供了强大动力和重要保证。另外，我们应该认识到，宪法不是封闭和僵化的，"八二宪法"同样"要适应改革开放和社会主义现代化建设的发展要求，根据实践中取得的重要的新经验和新认识，及时依照法定程序对宪法的某些规定进行必要的修正和补充，使宪法成为反映时代要求、与时俱进的宪法"。此后"八二宪法"经历了1988年、1993年、1999年、2004年的4次修宪，无论在修宪方式上，还是修宪内容上，都紧跟时代前进步伐，反映了改革开放和社会主义现代化建设的最新成果，对推动中国特色社会主义民主更好更快地发展也

具有十分重要的意义。

此外，保持宪法时代性的同时应当充分尊重和保持宪法的权威性和稳定性，只有这样才能更好地发挥宪法对民主的保障作用。就宪法的修改频率而言，由于宪法是国家的根本法，是治国安邦的总章程，具有最高的法律地位、法律权威、法律效力。修宪涉及国家根本政治制度的重大完善和发展，关系到中国特色社会主义民主政治的健康发展，是一项重大的政治行为和政治任务。为了避免因为频繁修宪而削弱宪法的权威性和稳定性，宪法的修改只能针对被实践证明了成熟的重大认识和重要经验，且这些认识和经验不仅需要用宪法来规范，而且必须进行修宪才能加以保障。同时在修宪的过程中，为了维持宪法的权威和稳定，应当避免采取全面修宪方式，尽量采取宪法修正案的方式。现行宪法先后进行的四次修改，都采取宪法修正案，在保证宪法时代性、适应性的同时有效地维护了宪法的稳定性和权威性。

（作者单位：中国社会科学院政治学所）

（原载《社会主义研究》2014年第5期）

创新解读全国人民代表大会
权能与形制的中国特色

——人民代表大会制度六十周年华诞感怀而作

陈云生

2014年是人民代表大会制度60周年华诞，如果从1925年省港工人大罢工中产生的"罢工工人代表大会"及其"罢工委员会"算起，人民代表大会制度已经走过了90周年的风雨历程。从我们人生的短暂的天然寿命的角度上看，60年更至90年已经是属于长寿的范畴了。长寿总是与历史的深度相关联，抛开作为根本政治制度本身的功能与价值不谈，光是长寿就值得我们敬重了。当然，就政治制度的时间历程上看，相比苏联的苏维埃人民代表大会制度而言，已经接近和超过了苏联政治制度的历程，而苏维埃人民代表大会制度已经变成了历史的陈迹，虽然至今有时被一些人们所缅怀和追忆，但只是学者们进行科学研究的对象了。彼情此景，两相映照，使我们对人民代表大会制度产生肃然起敬之情。

不过，作为宪法学人，我们当然不能只满足于上述的感性层面的感慨。对人民代表大会制度进行理性的把握、深刻的正确解读，并在此基础上关照人民代表大会制度现实运行的状况和未来发展的前景，以及提出进一步完善的建议，这才是宪法学人应秉持的学术本分。在我们看来，目前学术界在关于人民代表大会制度的种种观点和意见中，有些长期流行性的观点其实是建立在对人民代表大会制度缺乏科学体认，主观联想甚至是误解的基础之上的，用我们大家耳熟能详的时代话语表述，即是我们学术界包括宪法学术界对人民代表大会制度的中国特色并没有准确地把握，一些学术分析长期以来在学界和坊间流行，学人们习以为常。在人民代表大会制度正式建制60周年之际，我们认为有必要创新解读全国人民代表大会权能和形制的中国特色，以正学术流行之误。

一　全国人民代表大会"权能定性"的中国特色

就一般意义而言，人民代表大会制度与世界上任何其他国家的代表制或代议制都不同。从学术的意义上来说，我们当然不能只满足于这种表述差异性的中国特色。现在就让我们先从人民代表大会的"权能定性"方面入手来深入解读其中国特色。

在初民社会发展到一定阶段以后，随着生产力的发展，原始社会的以血缘关系为基础的氏族制度逐渐受到冲击并最终解体，代之以某种特定的社会关系成为必然，原先氏族生活和生产的狭小领域也被纳入到更广阔的疆域。于是，以社会联系结成的各种形态的人类群体以及一定范围的疆域的国土面积便成为初期国家形态的自然基础。但这只是个国家的自然基础，要把一定规模的庞大人口在一定规模的国土上组织和管理起来，还需要建立超群体和超地域的公共权力体系，而这公共权力体系只能是由人来组织和运行，故必然要求分官设职、分工合作，以履行相应的国家权能。这是一个国家的必要建置，从最初级的国家形态到如今庞杂到无以复加的程度的现代国家，概莫能外。

在中国，传说中的人文始祖轩辕黄帝就因为"迁徙往来无常处，以师兵为营卫。官名皆以云命，为云师。置左右大监，监于万国"[1]。尧帝因"试舜五典百官，皆治"[2]。而把帝位传予舜。舜继帝位后，因有22人协助

---

[1] 司马迁：《史记卷一·五帝本纪第一》，中州古籍出版社1996年版，第1页。
[2] 同上书，第3页。

舜治国有功，便设官职予以重用。"皋陶为大理，平，民各伏得其实。伯夷主礼，上下咸让。垂主工师，百工致功。益主虞，山泽辟。弃主稷，百谷时茂。契主司徒，百姓亲和。龙主宾客，远人至。十二牧行而九州莫敢辟违。唯禹之功为大，披九山，通九泽，决九河，定九州，各以其职来贡，不失厥宜。"①舜帝时，还任命了地方行政长官，即所谓的"十有二牧"②。还设有相当后世的宰相之类的官职——百揆③，即百官之长。至秦国统一全国后，秦始皇始设"丞相"一职，统摄行政要务，率领百官。又"分天下以为三十六郡，郡置守、尉、监"④。以后历朝各代，官职之设虽有繁简，名称也多有差异，但都担负着各自的国家权能，维护了封建王朝的一统天下。

西方国家的官职之设虽与中国大不相同，但其执行国家的各种权能的本质是不变的。需要特别指出的是，自启蒙学者洛克、孟德斯鸠提出分权学说，并将国家权能分为立法、行政、司法三种之后，除被美国严格遵守并以此建制外，英、法、德等国家也都有各自的变异。但各自都为本国的资产阶级政权担负相应的权能。从国家权能的意义上看，权能的分设也好，议会主权或者总统制也罢，本质上说，就是分散配置的一种政治设计，为了执行基于分工而设计的国家权能。在西方，国家实现政治统治而人为设计出来的一种政治组织形式和建构的活动原则，它本身并不带有天然的"邪恶"本质，马克思主义揭示的资本主义社会的邪恶本质在于它的剥削制度，它必然灭亡的命运也是由于这个剥削制度。将资本主义国家的政权组织形式妖魔化，实无必要。如果西方人愿意这样配置和组织实施其国家权能，就由他们好了，他人大可以平常心作壁上观，如果东方人或其他国家的人认为这种国家权能配置和组织方式不适合自己的国情，就不用好了。重要的问题是，要高度集中政治智慧，对国情进行深入考察，找到并建构

---

① 司马迁：《史记卷一·五帝本纪第一》，中州古籍出版社1996年版，第4页。
② 陈襄民等注译：《五经四书全译（一）》，中州古籍出版社2000年版，第302页。
③ 同上。
④ 司马迁：《史记卷六·秦始皇本纪第六》，中州古籍出版社1996年版，第34页。

适合本国国情的政治权能的设置组织方式的政治形式。至于有人将这种国家权能的设置政治形式和组织方式拿来说事，以达到其某种超出国家权能意义上的目的，则另当别论。

中国现实的国家权能定性极具中国特色，主要体现在以下几个方面：

首先，设立一个"最高权能"。在国家权能中设立一个"最高权能"，并不是中国首创。西方启蒙学者卢梭是第一个提出"政治共同体"或"主权者"的概念，并赋予主权基于"公意"而具有绝对的强制性或服从性。他说，"因而，为了使社会公约不至于成为一纸空文，它就默契地包含着这样一种规定——唯有这一规定才能使其他规定具有力量——即任何人拒不服从公意的，全体就要迫使他服从公意"。"正因为'主权'既然不外是公意的运用，所以就自然永远不能转让；并且主权者既然只不过是一个集体的生命，所以就只能由他自己来代表自己；权力可以转移，但是意志却不可以转移。[①]""由于主权是不可以转让的，同样理由，主权也是不可分割的。因为意志要么是公意，要么不是；它要么是人民共同体的意志，要么就只是一部分人的。在前一种情形下，这种意志一经宣示就成为一种主权行为，并且构成法律。在第二种情形下，它便只是一种个别意志或者是一种行政行为，至多不过是一道命令而已。[②]"卢梭还提出，各种区分主权的主张之所以是错误的，是因为"出自没有能形成主权权威的正确概念，出自把仅仅是主权权威所派生的东西误以为是主权权威的构成部分"[③]。除此之外，卢梭还提出主权存在的基础是"契约的神圣性"，以及主权的各个部分都"只是从属于主权的，并且永远要以至高无上的意志为前提"[④]。主权神圣性、至高无上性、强制与服从的绝对性、不可分割性和不可转让性，这些就是卢梭赋予主权、公意、社会契约的基本品质。

不过，在美国建国后的政权建构中，主要受洛克和孟德斯鸠分权学说

[①] ［法］卢梭：《社会契约论》，何兆武译，商务印书馆1980年版，第29页。
[②] 同上书，第35页。
[③] 同上书，第36—37页。
[④] 同上书，第37页。

的影响，以及基于对国家权能的分别配置的多种价值期待①，最终没有完全采纳卢梭的政治设计。但这并没有完全消损卢梭关于"公意""社会契约""主权"理论的价值，在后世的西方国家政权建构中，通过"代议制""宪法""选举合法性"等国家权能的配置与机理设定，"人民主权"的理论及其形制得到传承和弘扬，一直成为西方政治学、宪法学的主流理论与实践。只是到了最近几十年，西方人权理论的漫无边际的扩张与延伸，竟至"人权高于主权"的霸权式话语流传开来，最终使主权的至高无上性、神圣性、不可转让性、不可分割性受到剥蚀，主权沦为人权，也就是霸权的符号语言的附庸。

最高国家权能之设也曾在苏俄和苏联有过实践，新诞生的1918年的苏俄政权，以及自1924年建立直到20世纪90年代解体之间的苏联政权，都在国家权能中设立过"最高权能"，名义上属于人民并为人民所实施。苏俄1918年宪法和苏联历次宪法对此都有明文规定，苏联解体后，现俄罗斯改行西方国家的权能分设，不再有"最高权能"的设置了。

中国的国家"最高权能"的中国特色主要体现在如下方面：

首先，通过宪法确认："中华人民共和国的一切权力属于人民"，在这一根本前提之下，通过民主集中制，由整体意义上的人民行使国家的最高权力。由于人民被法理和宪法确认为是国家的主人，通过理论上的预设具有共同的"意志"和根本的"利益"，再通过特定的政治设计的形式和机制，使这种"共同意志"和"根本利益"理论预设得到最大限度的现实体现，于是由人民行使国家最高权能在理念上得以承认，并在实践中得以实现。最高国家权能的设置体现的"人民主权"或"人民当家作主"的理念，从而使国家政权具有坚实的民主基础，并给予国家最高统治行为以最高的合法性。

其次，基于分工和合作产生最大效益的现代治理理念等诸多现实价值的考量。中国在设置最高权能的前提下，并没有盲目排除国家权能在一般

---

① [法]卢梭：《社会契约论》，何兆武译，商务印书馆1980年版，第38页。

分工意义上的加以配置的内在需要。即是说，在最高权能的体系中又派生出立法权、行政权、司法权、元首权、军事权共五项权能。但这五项权能并不是各自独立存在的，也不是并列对等排序的。立法权深嵌在最高权能之中，行政与执行权并列，而司法权既由最高权能自己在特定需要下自行行使，又派生出两大司法机关担负日常的司法职能，这也不是完全独立性的权能。元首权中部分是不独立的，军事权是独立的。

以上述说明可以看出，中国的国家权能既不同于西方的平等并列排布，也不同于苏联的配置模式。权能虽有高下之分，但不是判然分离，在最高国家全能的统摄下，有分有合，你中有我，我中有你，相互交叉、重叠，各自担负宪法规定的权能，而结合起来，就构成了独具中国特色的国家权能的整体图景。

最后，就是在制定1982年宪法时，除在宪法中明文写下"国家立法权"（第58条）外，其余的各项权能都没有在宪法中作出明文规定。这一不寻常的行文背后，其实隐秘一个重要的制宪指导思想，即中国决意要走具有中国特色的社会主义道路，就必须建构具有中国特色的宪政体制，绝不照搬西方三权分立的政治体制，在宪法上只用"立法权"，而回避同时使用"行政权"和"司法权"，就是让人们体认：从宪法的规定的差别上，就表明中国要建构自己独具特色的宪政体制的决心和勇气了。当然，从宪法明文规定的"国家立法权"的规定上，我们还可以从学理的意义上合情合理地作出如下的推测，即中国虽然决心要走具有中国特色的社会主义道路和建构具有中国特色的宪政体制，但在改革开放的总的战略态势下，中国要崛起和以强势立于世界民族之林，也不能与世隔绝而成为与世界潮流格格不入的"另类"。"国家立法权"入宪，就显而易见地搭建了中国宪法与世界上绝大多数宪法相互沟通的桥梁，表明中国立宪与实行宪政已经汇入了世界性的立宪和宪政的潮流，成为后者一个有机组成部分。

二 全国人民代表大会的"机关定位""国家权能"设定和配置

无论多么科学、合理或适合国情，归根到底，也只属于政治观念和宪政体制上的类别范畴，要使这些权能在现实的国家政治活动和社会生活中得到实现，就要相应地配置国家机关以实际担负各自的国家权能。没有国家机关之设，就根本无实现国家权能的可能。古往今来的国家，都要分官设职，各谋其政，以实现各自不同的国家治理，概莫能外，区别的只是国家机关的名称与职级不同而已。在通常的情况下，国家机关应当与国家权能相对应与匹配，权能责任相表里，以保证国家机器的正常运转。但由于各国的国情不同，历史、文化、传统、建国理念、选择的道路各异，故各国在国家机构的设置方面，虽多数趋同，但各自多有不同。中国的国家机构同样具有鲜明的中国特色，不仅机构设置具有特色，在相互关系的配列上也很有特色。

首先需要对"国家机构"和"国家机关"这两个概念做些说明，中国宪法上第3章规定的"国家机构"，其中各节分别规定了各个"国家机关"。从这种宪法规定上看，"国家机构"应当是全部国家机关的总称，包括所有在宪法第3章规定的"国家机关"，因此，"国家机构"应当是一个统合的范畴，而各具体的国家机构在分解的语境下通常被称为"国家机关"，实务界和学术界通常也是这样区分和使用这两个概念的，但这不是确定性的，也不具有规范意义的称谓。这里只是说明一下而已。

按照中国宪法规定的"国家机构"，我们可以简单地布列于下：

1. 与国家最高权能匹配的国家机关是"全国人民代表大会"，宪法规定它是最高国家权力机关。它的最高性首先是由它组织的民主基础决定的。它由全国各阶层、各党派、各人民团体和军队分别提名，然后通过直接、间接地选举而产生，具有广泛的代表性。其次，它是制定和修改国家宪法的唯一机关。在其他一些国家，为了突出宪法的最高法或根本法的地位与效力，往往通过临时组成的"制宪会议"来制定宪法，而这种"制宪会议"又往往在革命成功或重大国家转制或社会转型之后临时组建的，它的基本功能就是以人民的名义制定宪法，此时的国家政治被学术界称之为"非常政治"，完成制宪以后，"制宪会议"解散，国家转入"正常政治"时期，此后再没有相应的机关再来制定新宪法，要制定新宪法就必须等到下一次"非常政治"时期的到来。中国的全国人民代表大会，由于其最高的权力机关的国家地位，事实上代替了特别的"制宪会议"。由此可见其最高性。再次，全国人民代表大会还被宪法赋予了一系列有关国家事务的重大职权，而这些职权的行使具有独占性，任何其他国家机关都不能取代，除非有全国人民代表大会予以委托，否则，任何国家机关都不能行使全国人民代表大会的职权。最后，应当着重说明的是，如前所述，宪法并没有专设立法机关，宪法第 58 条规定由全国人民代表大会和全国人民代表大会常务委员会行使国家立法权。这就是说，全国人民代表大会代行了其他国家立法机关的立法权，或者说，全国人民代表大会在行使立法权期间把自己降格成为国家立法机关，而它作为最高国家权力机关的地位始终保持不变，舆论界和学术界，常常把全国人民代表大会和全国人民代表大会常务委员会一般性地称为"国家立法机关"，这是对宪法的误读和最高国家权力机关地位和性质的误判。

2. 与国家行政权能匹配的国家机关是"国务院"，或"中央人民政府"。宪法第 58 条规定它一身二任："中华人民共和国国务院，即中央人民政府，是最高国家权力机关的执行机关，是最高国家行政机关。"作为最高国家权力机关的"执行机关"，它负责执行最高国家权力机关制定的宪法和法律、重大国策和决议等。从这个意义上来说，它给予"议行合一"的理论与学说以强有力地支持与证明。如果将最高国家权力机关的职权行使行为看作一种"议"的活动，包括在民主的基础上集思广益，依法定程序审议和最终以投票形式形成的"决议"这些活动；那么，由它根据国家主席的提名，不是经由选举的多数票决定，而是直接决定国务院总理，再由总理提名，经全国人民代表大会常务委员会批准的国务院其他领导成员，共同组成的国务院，即中央人民政府，就可以看作并在事实上就是最高国家权力机关自生或内置的执行机关。在这个意义上就是一个"议行合一"的组织原则和体制。但国务院即中央人民政府并不只是作为最高国家权力机关的"执行机关"，它同时又是最高国家行政机关。宪法第89条第3款规定："规定各部和各委员会的任务和职责，统一领导各部和各委员会的工作，并且领导不属于各部和各委员会的全国性的行政工作。"第4款规定："统一领导全国地方各级国家行政机关的工作，规定中央和省、自治区、直辖市的国家行政机关的职权的具体划分。"此两款具体规定表明，国务院作为最高国家行政机关又是外在于最高国家权力机关，宪法赋予它独立行使国家行政的专属职权。只有从这两方面理解国务院即中央人民政府的地位与性质，才能真正认识到它的中国特色。

3. 与国家司法权匹配的司法机关是最高人民法院和最高人民检察院。这在学术上通常被称司法机关的"双轨制"，或形象化地称为"双驾马车"。宪法规定法院行使"审判权"，检察院行使"检察权"，前者的审判机关的地位与职权，除了并非完全的独立性之外，其他与其他国家的法院设置并无重大差异。而检察院则不同，宪法第129条规定："中华人民共和国人民检察院是国家的法律监督机关"；而在第131条规定："人民检察院依照法律规定独立行使检察权，不受行政机关、社会团体和个人的干涉。"这两条规定在学术界特别是在检察理论界引发了多种理解，其中最大量的理解即认为人民检察院既然是国家的法律监督机关，其职能当然是行使"国家的法律监督权"，而宪法上并没有"法律监督权"的规定，而有明确规定的"检察权"在学理上通常被忽视或冷落，鲜见有论者对人民检察院、法律监督机关、检察权三者之间相互关系作出有逻辑自洽性的说明。

对于这种"法律监督机关"定位，笔者曾在专论中作出过自己创新性的解释，主要集中在两个方面：一是因为中国现在既不能发展出严谨而又科学的检察权理论体系，又不能建构严谨的权责相匹配的适格的国家检察机关，鉴于此种状况，现在的宪法安排，可以理解为是以一种实事求是的精神来对待检察机关的建制问题，即用现行较为重要并且能够予以实现和运作的法律中司法执行环节中的法律监督职权"暂代"整体的和完全意义上的"检察权",并通过建立相应的国家机关来担负和执行这项职权。二是在宪法上将担负检察职能的机关定位于"法律监督机关",也是展现灵活性的体现。在法学界看来,法律监督是一个很宽泛的概念,其职权有广泛的伸缩余地。在宪法制定时,主导力量和方面审时度势,对"法律监督机关"的具体职权和适用的原则适时地、及时地加以调整,以适应新的宪治、法治发展情势的需要。改革开放30多年来的实践证明,通过适当地、及时地调整法律监督机关的职权,使国家的法律监督机关的地位得到了提高,也使其法律监督的职能得到了更好的实现。

4. 与国家元首权匹配的国家机关是中华人民共和国主席。本来,1982年制定宪法时,第80条的规定:"中华人民共和国主席根据全国人民代表大会的决定和全国人民代表大会常务委员会的决定,公布法律,任免国务院总理、副总理、国务委员、各部部长、各委员会主任、审计长、秘书长,授予国家的勋章和荣誉称号,发布特赦令,发布戒严令,宣布战争状态,发布动员令。"第81条规定:"中华人民共和国主席代表中华人民共和国,接受外国使节;根据全国人民代表大会常务委员会的决定,派遣和召回驻外全权代表,批准和废除同外国缔结的条约和重要协定。"按照第80条的规定,国家主席不能自己独立进行国务活动,只能在最高国家权力机关已经作出"决定"的基础上从事必要的程序上要求的行为,而按照第81条的规定,国家主席作为国家元首也只能从事礼仪性活动。这在宪法学术上描述为"虚位元首"或"职务超脱"。这种国家主席,即国家元首的宪法规定,也是基于和服从于国家设立一个执行国家最高权能的最高国家权力机关这一总的宪政制度建构安排。

不过,根据新的国际交往的加强和从事实际国务活动的现实需要,第十届全国人民代表大会第二次会议,于2004年3月4日对第81条规定作了如下修改:"中华人民共和国主席代表中华人民共和国,进行国事活动,接受外国使节;根据全国人民代表大会常务委员会的决定,派遣和召回驻外全权代表,批准和废除同外国缔结的条约和重要协定。"新增加的"进行国事活动"规定的意义绝非一般,它是一种具有实质内容的改变,国家元首从这一规定起,就改变了原来的"虚位"定位,也不是仅仅从事具有礼仪性的活动了。从此国家主席的地位和职权变得"实"起来。然而宪法学术界对这一重大的、具有实质意义的修改并没有引起足够的重视,更鲜见有力道的分析意见。其实,还需要从"国家权能"定性和"国家机关"定位的高度上重新进行解读。至于仍有些学者没有注意到这一重大变化,仍然坚持"虚位"和"超脱"的原宪法规定的意义分析,则另当别论了。

5. 与国家军事权相匹配的国家机关是"中央军事委员会"。"中央军事委员会"的设置是以前历次宪法规定所没有的。在制定 1982 年宪法时,时值邓小平从国家的领导岗位上退下来,但当时政治领导核心的各个层面,仍一致要求邓小平保留"中央军事委员会主席"一职,邓小平同意留下这一职位。但在当时制宪时,在各国家机关都不能安排邓小平任职的情况下,宪法修改委员会在征求宪法专家意见后,决定在宪法国家机构一章中增加一节,即第 4 节,将"中央军事委员会"作为确立的国家机关在宪法上规定下来。这在当时宪法学术界被认为是制宪灵活性的体现,也是基于特殊情势的一个临时性或过渡性安排。但在后来的宪法学理研究中,由于客观上在国家军事权的问题上缺乏开放讨论和研究的空间,宪法学术界基本上对宪法上的这一规定的与军事领导权相匹配的国家机关只是点到为止,不去深入地进行研究。从我们国家权能和机关定位的意义上看来,上述学术态度虽然可以理解,但并不必要,无须多虑。既然宪法上已然白纸黑字,明文规定了在国家的宪政体制内设立了这样一个军事领导机关,这既是宪法所保障的最可靠的合法性,也是全国各族人民意志的根本体现。至于在宪政实践中,根据军事领导权的实际情况和需要,在体制上实行"两个机关,一个牌子"的做法,正是体现了中国宪政体制的中国特色。执政党对军队的绝对领导的理念与体制并没有受到丝毫影响,与此同时,军队是国家的军队的理念与意见,从宪法颁布实施的那一刻起,就已经成为中国的立宪理念与宪政体制的事实。不应当更无必要对此讳莫如深。如果对此仍然采取不适当的立场和态度,那就应当被视为对宪法、宪政和军事领导权及其机关的中国特色的误读和误判了。

三 坚持和完善人民代表大会制度

在执政党和国家满怀理论自信和制度自信地坚持走中国特色的社会主义道路的总的国家战略选择和志向的情势下，如何坚持和完善作为国家根本政治制度的人民代表大会制度，突兀地提到执政党和国家领导层以及广大人民群众面前和议事日程上来。这方面可考虑的因素很多，但我们认为以下三点应优先予以考虑：

第一，正如本文主题所强调的，要坚持和完善人民代表大会制度，首要的是需深刻解读人民代表大会制度的中国特色。观念、思想是行动的先导，没有全国人民代表大会制度合乎宪法原则和规定的正确解读，就根本不可能对坚持和完善人民代表大会制度提出科学的、可操作性的具体建议。不待说，原先长期存在的将全国各级人大的不被重视的政权地位和功能调侃为"橡皮图章"，还是在现在各级人民代表大会的政权地位不断提高，功能也日见显著实现的情势下，对人民代表大会制度本身的改革势头远不如国家全面深入的大潮那样强劲。这种状况的出现原因是多方面的，其中社会的各个方面乃至全民的政权意识仍待提高是一个重要原因，而知识界包括宪法学术界至今仍然不同程度地存在着对人民代表大会制度的误读和误判的现象这也是一个重要原因。从一般的意义上说，任何人事上的制度都不会是十全十美的，总有一些需要改进和完善的空间，而长期以来在理论界包括宪法理论界，除偶尔有人提出一些偏激的意见外，基本上都是在长期稳定不变的理论框架下，用相似的话语来描述人民代表大会制度，而用科学的探索精神进行深入分析，并进而提出可行性建议的研究少而又少。因此，在理论界包括宪法学术界破除长期以来的固步自封，不仅仅满足于人民代表大会制度不证自明的民主性和合法性的契合，以及天然优越性的描述，已成为当务之急。只有人民代表大会制度理论的精研进而形成科学理论体系的影响力量，才能在今后更好地坚持和完善人民代表大会制度，这一理论与实践的关系理顺的重要性，应当得到格外的体认与重视。

第二，尽最大力量捍卫人民代表大会制度的纯洁性。人民代表大会制度作为国家的根本政治制度，保持其纯洁性无论怎么强调都不过分。从一般意义上说，人民代表大会制度同任何政治制度一样，要实现人们对其的价值期待，满足国家政治主导者对"政治机器"的功能要求，首先应当保持用以制造有关"机器"材料的质量的"货真价实"，如果用伪劣的材料来制造"机器"，即使该"机器"能够运转一时，但很快就会失灵，甚至很快会被锈蚀掉。近些年来，社会和国家各方面对反腐败的形势看得越来越真切了，反腐力度也在不断加强，然而，对于人民代表大会制度中存在的一些腐败现象特别是在人大代表选举中存在的腐败现象却关注不足，更谈不上有力的反腐措施。长期以来，在利益的驱使下，资本力量不断侵蚀人大的肌体，通过金钱贿选，使一些握有资本权势的人和其他不适合当选的人甚至是一些不法分子当选为"人大代表"，使国家政权基础的纯洁性受到玷污。由于此种现象得不到重视，也没有采取必要的积极措施予以治理，在资本势力无限扩张本性的作用下，或许在事实上早已造成了对人民代表大会制度的严重损害。如此一来，被曝光的湖南衡阳发生的大规模贿选事件，虽然可能只是一个个案，但其发展到如此令人触目惊心的程度，绝不是偶然。这一严重事件应当给我们一个警醒，社会和国家的各个方面，包括理论界都应当把保持国家根本政治制度的纯洁性提高到反腐的议事日程上来。

第三，大力加强人民代表大会制度自身的建设。人大自身的建设包括"硬件"和"软件"两个方面。笔者在改革开放之初的1980年曾去江苏、上海、山东等省市对当时刚刚根据宪法建立的地方各级人大常委会的初建情况进行了调研，当时的各级人大常委会的办公场所都是普通的机关用房，办公条件也很简单，其工作人员大多是从其他部门抽调出来的业务骨干，工作热情极高，在访谈和座谈中，给我提出最多的问题是有关人大的地位、职权应当是什么，工作怎么开展。当时"文化大革命"刚结束不久，这方面的教育、宣传极不普及，工作人员是从基本常识开始了解并在摸索中开展工作。他们都希望我向上级反映一下他们迫切希望上级人大常委会能在业务上给予必要的指导，更希望社会，特别是国家政治领导层面给予地方人大常委会的建设予以大力支持。我调研之行所到之地，到处都显现满怀激情的工作氛围和探索精神，这给我留下了深刻印象，也使我很感动。回京后写了一篇《大力加强地方人大常委会建设》的文章，发表在《人民日报》上，据反馈，一些地方如江苏无锡的人大工作人员认为这篇文章的发表，对于他们来说，犹如一场"及时雨"。而近些年来我每到外地开会或调研，所到之处，都见到专为人大常委会机关建设的宏伟大厦及考究的装饰，心中常常感慨人大"硬件"建设之快，变化之大。

由于久已没去地方人大调研，对其"软件"方面的变化与进步没有直观的印象，但从其他方面获得的信息，已知这方面的发展与进步也绝非当年可比。与此同时，各方面的信息也反映出人大"软件"建设方面，也有一些亟待改进和完善的方面。

首先，人大应当采取坚决有力的措施，大幅度地减少，最好杜绝人大代表选举中的贿选行为。这不是一般的权钱交易或权力寻租行为。如上所述，这关系到人大作为各级国家权力机关的纯洁性问题。我们的社会各方面都不能腐败，而人大尤其不能腐败，还要特别加大反腐力度，其中防止和杜绝代表选举中的贿选现象是重中之重，像衡阳人大代表选举出现的大范围贿选现象，绝不允许再在全国其他地方出现。

其次，在近些年来，在人大常委会的工作机构和工作班子中，同其他国家机关一样，行政化的倾向日益显著。人大特别是人大常委会作为主要与"参与"功能相匹配的"议事"和"决议（定）"的职能实现方式，本身具有自身的特点，如果在其工作机关和工作班子的管理、程序流程中，不加区分地适用行政式的管理和程序，势必会损害作为"议事"和"决议（定）"的权力机关自身的特点，从而造成对人大职能履行的滞碍。这种情况应当尽快转变，为此提高对这种"行政化"倾向的体察以及改进的关注度，是必要的前提。

坚持和完善人民代表大会制度是一个重要而又需要长期关注的重大课

题。值此庆祝人民代表大会制度正式创建 60 周年之际，冀望人大工作得到进一步改进，功能进一步得到加强，在国家的政治生活中发挥越来越大的作用。

（作者单位：中国社会科学院法学所）
（原载《辽宁大学学报（哲学社会科学版）》2014 年第 5 期）

始终坚持中国特色社会主义
辩证分析民主社会主义

王 浩

世界社会主义发展的历史，尤其是苏联、东欧演变的教训告诉人们：社会主义国家的马克思主义执政党应当从本国实际出发，进行社会主义改革，摆脱封闭僵化的社会主义模式，走适合自己国情的发展道路，这是在当今世界各国激烈竞争中发挥社会主义制度优越性，使社会主义站稳脚跟并不断发展壮大的必由之路。走这样的道路，并不妨碍社会主义国家与不同制度的国家以及马克思主义执政党与不同的政党，尤其是社会民主党合作共处，这是在当今和平发展时代条件下，社会主义不断发展壮大的前提。

民主社会主义作为一种社会思潮或政治主张，在当今世界范围内仍然具有重要的影响。这其中也包括对我国意识形态产生了很大的影响。但是，究竟应该怎样认识和对待民主社会主义和社会民主党，这在我国理论界是一个尚未取得统一认识的重要问题。笔者认为，必须在坚持科学社会主义基本原则和中国特色社会主义前提下，辩证分析民主社会主义。既不能认为只有民主社会主义才是社会主义的正统，也不能简单地宣布它是错误的甚至是反动的思潮，并与它一刀两断。本文着重从历史的角度，运用马克思主义辩证观点，谈谈对民主社会主义和社会民主党的一些认识，供读者参考并求教于同行。

一 民主社会主义与科学社会主义的聚散离合简析

我国理论界老前辈胡乔木同志于1980年7月7日在同《关于建国以来党的若干历史问题的决议》起草小组成员的谈话中讲道:"共产国际犯了两方面的错误:(一)对第二国际没有留一点余地,把它说成是反革命,是社会帝国主义,列宁这个判断也是不正确的,把社会民主党完全等同于帝国主义,结果弄到现在共产党同社会民主党很难合作。(二)建立了一个集中制的共产国际,这可以说是列宁关于共产党建党思想的扩大""这样做的结果,就是俄国要变成全世界的统治者",并指出"我们要奉行的社会主义,在国内是民主的,在国际上也是民主的。如果没有这种民主,社会主义搞不成,共产主义也搞不成"①。

笔者认为,胡乔木同志这段话是经过他深入研究和深思熟虑后讲的。很清楚,他的这段话实际上指出了:虽然我们不能赞同民主社会主义或社会民主党的立场和主张,但是从总结国际共产主义运动的历史经验上看,我们在对待民主社会主义和社会民主党的态度上是受了共产国际的影响,是有值得反思的地方。他认为这是马克思主义理论工作者应持有的正确态度。那么科学社会主义与民主社会主义在历史上到底有过怎样的关系?今天这两者的关系怎样呢?

第一,民主社会主义与科学社会主义在历史上有着共同的渊源。在社会主义思想史相当长的时间里,社会主义与民主社会主义这两个概念并没有明确的区分。从国际共产主义运动史上看,19世纪40年代初,欧洲出现了民主社会主义者,他们主要是代表小资产阶级的利益。当民主社会主义者刚刚踏入政治舞台时,科学社会主义的创始人马克思和恩格斯是把他们当作可以结盟的朋友的,并没有视他们为异己力量。1847年恩格斯在《共产主义原理》中说:"民主主义的社会主义者,他们和共产主义者同

---

① 《胡乔木谈中共党史》,人民出版社1999年版,第82页。

道……直到争得民主制度和实行由民主制度产生的社会主义措施为止，这个阶级在许多方面都和无产阶级有共同的利益。"① 显然，马克思恩格斯这一时期是把民主社会主义者看成和无产阶级有着共同利益的可以联合的对象。恩格斯在《共产主义原理》中还阐明了无产阶级与民主社会主义者联合的策略。

19世纪70年代初，于1869年创立的德国社会民主工党要与当时的拉萨尔派合并，并起草了一份充满拉萨尔主义的党的《纲领草案》。马克思看到这《纲领草案》非常生气，并为此写了《德国工人党纲领批注》，即著名的《哥达纲领批判》。在马克思、恩格斯的严厉批评下，德国社会民主党接受了关于阶级斗争和无产阶级专政等观点。当时马克思、恩格斯的战友，德国社会民主党领导人威廉·李卜克内西，就曾把民主社会主义与科学社会主义当作同义语，认为科学社会主义跟民主社会主义或社会民主主义是一回事。他有过这样一段名言："民主社会主义深信政治问题和社会问题有着紧密的联系"，"力求为社会争取一个民主的国家，以便在社会主义的原则上组织社会"。"未来将属于以民主为基础的社会主义和以社会主义为基础的民主。"这是威廉·李卜克内西当时对民主与社会主义相互关系的精练概括②。1889年在恩格斯领导下成立的第二国际，其成立大会的标语上就明确写着："剥夺资本家阶级的政治权利和经济权利，生产资料社会化。"当时参加第二国际的各国社会民主党大多也是把民主社会主义与科学社会主义视为同义语。

由此可见，马克思、恩格斯所创立的科学社会主义与民主社会主义在历史上有过密切的联系，并且在很长的一段时间里，民主社会主义者是接受马克思、恩格斯领导的，是以科学社会主义为指导的，这是历史事实。

第二，民主社会主义在其发展过程中逐渐疏离并最终背离科学社会主义轨道。虽然民主社会主义与科学社会主义有过一段紧密的联系，而且从

---

① 《马克思恩格斯选集》第1卷，人民出版社1995年版，第245页。
② 高放：《科学社会主义与民主社会主义的百年分合》，《南方周末》2007年5月31日。

一定意义上，即就其对资本主义持批判的态度上说，两者历史渊源是相同的。但是随后的发展，民主社会主义逐渐疏离并最终背离了科学社会主义的基本原则。

从1889年社会民主党的右翼领袖伯恩斯坦赋予民主社会主义以改良主义的含义，并力图把德国社会民主党变成民主社会主义的改良政党开始，到1914年8月第一次世界大战爆发，第二国际大多数社会民主党发生了质的变化，由革命的政党变成改良主义的政党。以1951年德国法兰克福社会党国际成立并发表《民主社会主义的目的和任务》的宣言为标志，民主社会主义与科学社会主义正式分道扬镳。社会党国际在其宣言中指出："欧洲民主中，马克思主义不再作为无产阶级革命理论的有效力量。"1959年德国社会民主党通过的《哥德斯堡纲领》，明确表示放弃科学社会主义目标，放弃主张生产资料社会化这个社会主义制度性的规定，并把"自由、公正、团结"作为民主社会主义的基本价值，同时还宣布"社会民主党已从一个工人阶级的政党变成一个人民的政党"。20世纪80年代以来，社会民主党根据时代和欧洲社会状况的变化，对其理论和实践纲领作出新的调整。先后提出了"第三条道路""新中间派""社会民主主义现代化"等主张。这些观点或主张进一步淡化了社会主义意识形态，强调民主主义是当前的中心任务，突出"自由"目标，强化了党纲的伦理色彩，把人权、环保、就业等作为其纲领的重点等。虽然社会民主党的纲领总在变化，各国社会民主党的主张也有区别，但是民主社会主义的内涵是有共同点的，这也需要我们清楚地看到。比如，民主社会主义或社会民主党都把社会主义界定为一种人与人之间的伦理关系，都放弃了社会主义制度性的规定即主张生产资料社会化，都主张在资本主义制度范围内求得经济社会发展，反对社会主义代替资本主义的必然性等。又如，在指导思想上，他们提倡以多元主义为指导。有些国家的社会民主党明确把马克思主义从自己纲领中剔除出去；在制度上，攻击无产阶级专政、反对生产资料公有制。在政党性质上，主张社会民主党是全民的党，放弃了工人阶级政党的性质，主张执政后要搞资本主义多党制；在目标上，明确取消了科学社会主义的奋斗目标等。至此，民主社会主义已经从根本上背离了科学社会主义的基本原则。

二 在社会主义发展新阶段如何对待民主社会主义

自1848年马克思、恩格斯发表《共产党宣言》以来，科学社会主义经历了160多年的发展历程。伴随着时代的发展，科学社会主义的基本原理、基本原则与各国国情相结合，科学社会主义理论在不断发展、不断创新。一个半世纪以来，科学社会主义发展大体可分为三个阶段，与此相适应的，科学社会主义所处的时代和要解决的历史课题也在发生变化。

第一阶段从19世纪40年代后半期到19世纪90年代中期，这是科学社会主义的创立和完善时期；第二阶段从19世纪末到20世纪中后期，是科学社会主义由理论变为现实并不断发展的时期。从俄国"十月革命"胜利到第二次世界大战后欧亚一系列经济文化比较落后的国家走上社会主义道路，这是社会主义由理论变为现实的实践阶段；第三个阶段就是从20世纪中后期以来到现在，时代主题已经从革命与战争转变为和平与发展，特别是自20世纪七八十年代以来，这是社会主义发展的主题由革命为主转变为以建设为主的时期。

在第三阶段，和平与发展成为当今时代的主题。国际社会的经济、政治发生了巨大的变化，尤其是经济全球化的兴起和进一步发展，使各国之间联系愈来愈紧密，需要共同合作解决的问题愈来愈多，也就是说进行无产阶级世界革命的主客观条件都已具备。而资本主义要想把社会主义力量加以彻底消灭也是不可能的，社会主义国家和资本主义国家需要并存共处成为了客观现实。随着经济全球化发展的不断加深，国与国之间的联系更加紧密，任何一个国家都不可能脱离当今世界而独立存在。两种社会制度国家的关系也由先"热战"对抗，后"冷战"对峙，发展到了激烈竞争，和平共处。在这样的历史发展新阶段，真正的马克思主义者要坚持历史唯物主义的基本观点，实事求是地对待不同社会制度长期并存的客观事实。要正确对待与资本主义国家的合作，并在与不同社会制度国家的交流、合作和激烈竞争中发展壮大自己，从而不断增强社会主义制度的优越性和影响力。但是，这绝不意味着我们要放弃共产主义的信仰，放弃我们坚信社会主义最终必然要代替资本主义的历史发展总趋势的信念。相反，只会更加坚定真正的马克思主义者和执政的共产党人为实现共产主义信仰和社会主义信念而不断努力奋斗的信念。

与此同时，我们还应深刻认识到社会主义社会，尤其是世界社会主义的发展是一个长期的过程。马克思在1875年写的著名的《哥达纲领批判》中把共产主义社会划分为两大阶段，即共产主义社会第一阶段和共产主义社会高级阶段。笔者赞成这样的理论观点：马克思为什么称共产主义社会第一阶段而不称其为共产主义社会初级阶段而与共产主义社会高级阶段相对应呢？考察马克思、恩格斯关于共产主义发展阶段的一系列论述，而不仅仅是马克思在《哥达纲领批判》中的论述，就可以看出，马克思、恩格斯认为，由共产主义社会第一阶段向高级阶段过渡，是一个阶梯式的、螺旋式的上升发展过程，也是渐进式发展的过程。这就是说，从资本主义向共产主义过渡，不是通常认为的只有三个阶段，应该有更多的阶段。这是符合马克思恩格斯研究未来社会发展的科学方法论的。

中国共产党人把马克思主义发展阶段理论与我国实际相结合，在总结我国和其他社会主义国家经验教训的基础上，提出了社会主义初级阶段理论。这是马克思主义在中国的新发展。邓小平指出，社会主义事业需要我们几代人、十几代人，甚至几十代人坚持不懈地努力奋斗。我们党把社会主义初级阶段看作一个长期发展的过程，这决不是对我们要实现的最终目标失去信心，恰恰是从我国经济文化基础落后的国情出发，为建设中国特色社会主义而提出的科学理论。社会主义初级阶段理论充分体现了中国共产党是最高纲领和现阶段纲领的统一论者。

我们要看到，民主社会主义在奋斗目标和实践纲领方面与我们存在的根本区别，但这并不妨碍我们对它作辩证的分析。对于民主社会主义这样从20世纪40年代起迄今在国际社会产生过重大影响的社会思潮，仅仅简单地宣布它是错误的、本质上是维护资本主义的，这是不够的。要分析它为什么能长期存在并产生着影响,要研究它与刚出现时的社会民主主义的联系和区别,还要研究在社会民主党执政的国家的内外政策等。当然,也要深入研究和分析民主社会主义与科学社会主义的根本区别。这不仅是我们对外交往的需要,也是我们吸收借鉴人类一切文明成果,尤其是西方国家治国理政经验的需要。比如,在社会民主党执政的国家,他们在发展经济、改善人民生活,促进国家和社会民主等方面取得的成绩,对此需要作出客观的评价。又如,民主社会主义关于要使政府、社会、资本三者处于一种相对平衡状态的主张和政策,确实促进了经济的发展,缓和了阶级矛盾,促进了社会稳定和谐等。对这些有利于人民和社会的政策和办法,也要作出实事求是的分析。总之,我们要运用马克思主义的立场、观点和方法,深入研究和辩证分析民主社会主义。

三 坚持中国特色社会主义与如何对待民主社会主义

在总结新中国成立以来 60 多年实践,尤其是改革开放 30 多年辉煌成就的基础上,我们找到了中国特色社会主义道路,形成了中国特色社会主义理论体系,建立了中国特色社会主义制度。正如十八大所指出:"在改革开放三十多年一以贯之的接力探索中,我们坚定不移高举中国特色社会主义伟大旗帜,既不走封闭僵化的老路、也不走改旗易帜的邪路。中国特色社会主义道路,中国特色社会主义理论体系,中国特色社会主义制度,是党和人民九十多年奋斗、创造、积累的根本成就,必须倍加珍惜、始终坚持、不断发展。"[1] 中国特色社会主义是当代中国发展进步的根本方向,只有中国特色社会主义才能发展中国。

中国特色社会主义是科学社会主义基本原则与时代特征和我国实际相结合的产物,是科学社会主义理论逻辑与中国社会发展历史逻辑的辩证统

---

[1] 胡锦涛:《坚定不移沿着中国特色社会主义道路前进为全面建成小康社会而奋斗》,人民出版社 2012 年版,第 12 页。

一。因而，它既有社会主义质的规定，又有自己鲜明的特点。

在理论上，我们党围绕"什么是社会主义，怎样建设社会主义；建设什么样的党，怎样建设党；什么是发展，怎样发展"进行了不断的探索并形成了新的认识成果。以1992年邓小平南方谈话和党的十四大召开为标志，表明我们党对社会主义的认识达到了新的科学水平。邓小平指出："社会主义的本质，是解放生产力，发展生产力，消灭剥削，消除两极分化，最终达到共同富裕。"① 这一科学概括具有如下三个特点，迄今我们仍然要全面把握：其一，突出了生产力的基础地位。解放生产力的根本目的就是要打破旧的生产关系对生产力的束缚，为生产力发展开辟道路；其二，突出了社会主义的价值目标。消灭剥削，消除两极分化，最终达到共同富裕，是社会主义的价值目标，也是社会主义和资本主义的根本区别；其三，指出了实现社会主义本质的动态性，即社会主义本质的实现是一个长期过程。

习近平总书记在总结以往我们党对社会主义认识的基础上，在回顾和分析世界社会主义500年发展历史后，对科学社会主义的基本原则作了精要的概括：未来社会主义是在生产资料公有制基础上组织社会生产，满足全体社会成员的需求是社会主义生产的根本目的；对社会生产进行有计划的指导和调节，实行等量劳动领取等量产品的按劳分配原则；合乎规律地改造和利用自然；无产阶级革命是无产阶级进行斗争的最高形式、必须由无产阶级政党领导、以建立无产阶级专政的国家为目的；通过无产阶级专政和社会主义高度发展最终实现向消灭阶级、消灭剥削、实现人的全面而自由发展的共产主义社会过渡。这是我们党对科学社会主义认识的最新成果，必将对我们坚持和发展中国特色社会主义具有重要的指导意义。

在实践中，我们在政治上坚持中国特色社会主义民主政治发展道路，坚持中国共产党的领导，决不搞西方的三权分立和多党制；在经济上，坚持社会主义市场经济体制和以社会主义公有制为主体、多种所有制经济共

---

① 《邓小平文选》第3卷，人民出版社1993年版，第373页。

同发展的基本经济制度；在文化上，坚持社会主义先进文化的前进方向，努力培育和践行社会主义核心价值观，不断提高全体人民的思想道德素质和科学文化素质；在社会建设上，坚持建设民主法治、公平正义、诚信友爱、充满活力、安定有序、人与自然和谐相处的和谐社会，最大限度地实现好、维护好、发展好最广大人民群众的根本利益。

坚持中国特色社会主义，就是真正坚持科学社会主义。这并不排斥在生产力发展范围、国家治理和企业管理等方面，吸收借鉴包括民主社会主义所创造的文明成果在内的人类社会一切优秀文明成果。邓小平指出："社会主义要赢得与资本主义相比较的优势，就必须大胆吸收和借鉴人类社会创造的一切文明成果，吸收和借鉴当今世界各国包括资本主义发达国家的一切反映现代社会化生产规律的先进经营方式、管理方法。"如果我们坚持这样实事求是的态度，那么对于民主社会主义，尤其是西方执政的社会民主党推行的理论和政策中包含的文明成果，我们也要大胆地吸收和借鉴。因为我们是在坚持中国特色社会主义基础上的吸收和借鉴。这只会增强而不会削弱我们社会主义的实力。2008年9月以来，由于美国次贷危机而引起的全球性金融危机的快速扩散和蔓延，我国经济也受到了严重冲击。面对当时国际国内新形势新挑战，中国特色社会主义不但经受了考验，而且中国是最早走出受全球金融危机造成严重影响的国家之一。因此，我们要充分发挥中国特色社会主义制度的优势性，毫不动摇地沿着已经开辟出来的中国特色社会主义道路继续奋勇前进。

如果说以上我们是从宏观上论述了吸收借鉴民主社会主义所创造的文明成果，以增强中国特色社会主义实力的话，那么我们还可以在微观上，即在一定历史维度内吸收借鉴当今民主社会主义所提倡的在促进社会公平和扩大社会民主方面的成果，尤其是这些方面的具体做法。其实，治国理政的很多具体政策措施并非都具有意识形态色彩。只要我们立足本国国情，在坚持自己的发展道路的基础上，吸取和借鉴这些有益的成果，并把这些作为一定时期内实现我们目标的手段，完全可以达到为我所用的目的。这是中国共产党人道路自信、理论自信、制度自信的体现。

世界上的事物是复杂的，并不存在纯而又纯的事物。往往是你中有我、我中有你、真中有假、假中有真，因此，认识事物也不能绝对化，这是符合马克思主义辩证法的。对待民主社会主义也必须坚持马克思主义的辩证法，即辩证分析民主社会主义。当然，我们队伍内部在如何对待民主社会主义上还存在着分歧，有些观点激进些，有些认识保守一些，这是不奇怪的。对于这方面讨论，笔者始终主张同志之间都应抱着心平气和、以理服人、坚持真理、修正错误的态度。人民内部、同志之间真正能上升到主义层面的分歧并不多。要防止无限上纲上线，把正常的讨论变成内耗的工具。如果那样做其影响是很消极的。

只要我们始终坚持马克思主义的立场、观点和方法，始终坚持科学社会主义的基本原则，始终坚持中国特色社会主义，在这样的基础上吸收和借鉴民主社会主义的有益成果，不但不会背离科学社会主义的轨道，反而能进一步体现中国特色社会主义制度的优越性和中国共产党人的自信与定力。

（作者单位：中国社会科学院马克思主义学院）

（原载《中共石家庄市委党校学报》2015 年第 5 期）

要警惕对民族复兴"中国梦"的误导和曲解

钟　君

一　中国梦不是西方宪政梦

一段时间以来,"宪政"概念受到追捧。一些人宣称宪政是解决当前中国问题的良药,把中国梦说成"宪政梦"。事实上,这些人心目中的"宪政",是西方资本主义的宪政,这样的"宪政梦"只是看上去很美。

第一,"宪政梦"不等于"法治梦"。西方宪政倡导法治,但其倡导的法治是少数人运用法律对多数人的统治,即拥有生产资料的少数资产阶级对多数无产阶级的法制化统治。"宪政"的核心内容是三权分立、多党轮流执政、司法独立制度,这些制度看似民主、自由,但其实质都是为资本主义制度和资产阶级服务的。"相当多的人把'宪政'仅仅理解为'法治',即政府必须落实宪法对公民权利的保护,同时自身严格按宪法和法律办事。但宪政的本来含义是用宪法来制约国家的权力,不管这个权力是由封建帝王行使,还是由民主政府行使。"(王绍光:《民主四讲》,三联书店2008年版,第35页)美国被公认为是典型的宪政国家,"但美国的宪法本身是一个矛盾体,一方面在根本上保障资产阶级垄断生产资料、剥削人民大众的权利;另一方面又在很多地方谈人民主权、全民自由。这两者是无法同时存在的。究竟哪个方面的条款更能得到落实呢？显然是前者"。（马钟成：《美国宪政的名不副实》，《人民日报》（海外版）2013年8月6日第1版）在美国这样一个典型的资本主义国家，垄断资产阶级占国家的统治地位，其宪政制度和法治理念只是统治阶级愚弄人民大众的迷魂药和障眼法罢了。

第二，"宪政梦"不等于"民主梦"。不可否认，历史上宪政作为近代资产阶级革命的主要政治成就，对于推翻封建专制统治，实现资产阶级民主，起到了重要作用。在实践中，西方宪政制度在保护公民个人权利，防止专制暴政方面的确有其可取之处。但西方宪政制度的产生绝不是用来保障最广大人民群众当家作主的，而是保障少数垄断资产阶级当家作主的。西方宪政实质上是用宪法来约束民主，弱化民主的无限权利。更准确地说，宪政不但约束了政府的权力，也用宪法等法律体系约束着广大人民群众的民主权利。因此，宪政不仅不等同于民主，而且是用来约束民主、反民主的制度设计。

第三，"宪政梦"并不都是美梦。中国曾在辛亥革命后颁布《临时约法》实行宪政，孙中山制定了行政、立法、司法、监察及考试等五权独立的五权宪法，试图"以五权分立救三权鼎立之弊"。但是后来，五院制政府成了国民党内部各派系斗争的场所，也成了蒋介石个人独裁的牺牲品。印度一直是欧美国家认定的亚洲最大的宪政民主国家，但等级森严的种姓制度，猖獗的官商勾结，严重的两极分化，令人担忧。菲律宾在20世纪70年代被美国人誉为亚洲民主的"橱窗"，但国内政局混乱，贪污腐败问题严重。日本作为亚洲宪政民主标杆也因黑金政治、家族政治饱受诟病。时下的伊拉克、利比亚、埃及在西方宪政理论的指导下进行的政治更替带来的痛苦和创伤令人扼腕。苏联戈尔巴乔夫搞的政治体制改革，也是因为以西方宪政为蓝图而彻底失败。因此，宪政只不过看上去很美。

中国梦的实现绝不能指望西方宪政制度，必须以中国特色社会主义制度作保障。中国特色社会主义崇尚法制，建设中国特色社会主义就是要完善社会主义法制，建设社会主义法治社会。新中国成立之初，就颁布施行了具有临时宪法作用的《中国人民政治协商会议共同纲领》，1954年第一届全国人大第一次会议通过了《中华人民共和国宪法》。1978年，我们党召开具有重大历史意义的十一届三中全会，开启了改革开放历史新时期，发展社会主义民主、健全社会主义法制成为党和国家坚定不移的基本方针。根据党的十一届三中全会确立的路线、方针、政策，总结我国社会主义建设正反两方面经验，适应我国改革开放和社会主义现代化建设、加强社会主义民主法制建设的新要求，1982年制定了我国现行宪法。1988年、1993年、1999年、2004年，全国人大分别对我国宪法个别条款和部分内容作出必要的，也是十分重要的修正，使我国宪法在保持稳定性和权威性的基础上紧跟时代前进步伐，不断与时俱进。

我国宪法以国家根本法的形式，确立了中国特色社会主义道路、中国特色社会主义理论体系、中国特色社会主义制度的发展成果，反映了我国各族人民的共同意志和根本利益，成为历史新时期党和国家的中心工作、基本原则、重大方针、重要政策在国家法制上的最高体现。30年来，我国宪法以其崇高的法制地位和强大的法制力量，有力保障了人民当家作主，有力促进了改革开放和社会主义现代化建设，有力推动了社会主义法治国家进程，有力促进了人权事业发展，有力维护了国家统一、民族团结、社会稳定，对我国政治、经济、文化、社会生活产生了极为深刻的影响。

与西方资本主义宪政通过明确多党制、三权分立等制度只保障少数资产阶级利益不同，中国特色社会主义政治制度和法律体系坚持国家一切权力属于人民的宪法理念，最广泛地动员和组织人民依照宪法和法律规定，通过各级人民代表大会行使国家权力，通过各种途径和形式管理国家和社会事务、管理经济和文化事业，共同建设，共同享有，共同发展，成为国家、社会和自己命运的主人。按照宪法确立的民主集中制原则、国家政权体制和活动准则，实行人民代表大会统一行使国家权力，实行决策权、执行权、监督权既有合理分工又有相互协调，保证国家机关依照法定权限和程序行使职权、履行职责，保证国家机关统一有效组织各项事业。根据宪法确立的体制和原则，正确处理中央和地方关系，正确处理民族关系，正确处理各方面利益关系，调动一切积极因素，巩固和发展民主团结、生动活泼、安定和谐的政治局面。适应扩大人民民主、促进经济社会发展的新要求，积极稳妥推进政治体制改革，发展更加广泛、更加充分、更加健全的人民民主，充分发挥我国社会主义政治制度优越性，不断推进社会主义政治制度自我完善和发展。正因为此，2012年12月4日，习近平同志在纪念现行宪法公布实施30周年纪念大会上发表重要讲话，强调要"恪守宪法原则、弘扬宪法精神、履行宪法使命"，强调"宪法的生命在于实施，宪法的权威也在于实施"，"任何组织或者个人，都不得有超越宪法和法律的特权。一切违反宪法和法律的行为，都必须予以追究"。

二 中国梦不是自由放任梦

20世纪七八十年代以来，随着高新科技的迅猛发展，生产力获得巨大发展，资本主义由国家垄断向国际垄断发展。为适应这种需要，新自由主义意识形态化，成为国际垄断资本推行全球一体化的重要工具。

新自由主义曾经在相当长的一段时间里被当作经济快速增长的代名词，被奉为增加财富的法宝。然而，新自由主义作为当前西方资本主义国家的主流意识形态，解决不了资本主义的基本矛盾，即企业内部生产的有组织性与整个社会的无组织状态之间的矛盾或一个国家或跨国企业内部的有组织性与全球资本生产和运动无序性之间的矛盾。新自由主义所主张的自由化，主要是指全盘私有化以及金融自由化、贸易自由化、投资自由化等，这实际上是对广大发展中国家经济主权的弱化，符合国际垄断资本利益。2007年美国次贷危机爆发，随之而来的金融危机，引起全球的经济危机持续至今。此次经济危机根源于资本主义基本矛盾，其直接原因是绝对自由化的经济理念。新自由主义鼓吹市场原教旨主义，把市场机制说成是万能的，认为市场这只"看不见的手"会源源不断地创造出无尽的财富。实际上，资本主义市场边界的无限扩大，公平势必会被效率侵蚀，从而造成两极分化。实践证明，即使资本主义经济运作也不可能全面市场化，也不可能不要政府干预。新自由主义主张全面私有化，把决策权交给追求自身利益最大化的私人业主，取消公有制的主体地位。从某种意义上说，全面私有化就是两极分化的代名词。生产资料占有的不平等是在私有制基础上出现的，因而两极分化是以私有制的存在为前提的。没有私有制，就不会有两极分化。即使在资本主义社会，全面私有化也因为它不符合生产力发展的内在要求而无法实现。

西方国家推行新自由主义，在世界范围内造成工人大量失业、贫富两极分化、政府垮台、社会动乱等严重社会问题，对广大发展中国家更是造成了灾难性后果。现在，世界上最富有国家的人均收入比最贫穷国家高出330多倍。"在英美等发达国家，实行新自由主义所鼓吹的私有化、减税和削减社会福利等政策，导致消费需求不足，金融投机猖獗，虚拟经济恶性膨胀，收入差距进一步拉大。2000年美国贫困人口为3160万人，2008年为3980万人，2009年达到4240多万人，占其总人口的14.13%。国际金融危机使世界失业人口猛增。据国际劳工组织评估，世界失业人口从2007年的1.9亿增加到2009年底的2.1亿。世界粮农组织和粮食署报告显示，目前全世界人口约为67亿。全球饥饿人口由2008年9.15亿人，上升到2009年的10.2亿人，增加了11%。"（李慎明：《从国际金融危机进一步认清新自由主义的危害》，《红旗文稿》2010年第6期）由此可见，新自由主义带来的绝不是广大人民群众的自由致富美梦。

中国特色社会主义制度强调以公有制为主体，多种所有制经济共同发展、以按劳分配为主体，多种分配方式并存。这种基本经济制度从法律和制度层面保障了公有制的主体地位，防止了全面私有化可能带来的两极分化。经济社会发展水平越高，就越需要社会提供更多的公共物品。而公共物品的生产和流通，不可能完全建立在私有制的基础之上，而必须建立在公有制基础上。当前，必须始终坚持以公有制为主体的社会主义基本经济制度，高度警惕私有化风险，防止贫富差距扩大化，防范两极分化可能会引起的社会动荡等风险。与此同时，要使公有制的具体实现形式不断因时而进，使国有资本在产业结构不断升级变迁的过程中保持相当的流动性，确保国有经济的控制力。

总之，中国梦是国家富强、民族振兴、人民幸福的梦，必须坚持中国特色社会主义制度，始终坚持公有制为主体，坚持按劳分配为主体，坚持把市场经济与社会主义基本制度相结合，从而避免跌入新自由主义陷阱。

三 中国梦不是"普世价值"梦

西方"普世价值"打着"自由、平等、民主、博爱"的幌子，宣扬这些价值是客观存在的人类共同价值观，放之四海而皆准。其实，这种"普世价值"不过是人们的美好幻想而已。

价值和价值观是两个不同的概念，决不能混为一谈。价值是在人类社会实践中主体与客体之间存在的客观关系，具体到社会生活中，价值就是主体与客体之间的利益的实际满足关系。一个事物作为客体能满足主体的利益需要，我们就可以说，这个事物有价值。通俗地说，价值就是利益。而价值观是人们对世界本体（存在）之间的客观关系的认知，通俗地说，价值观就是人们对某个事物可能有用或者无用的感觉和认知，是价值事实的反映。这种反映可能是真实的，也可能是虚假的。人们有时会一厢情愿地希望满足自己的一切利益需要，但由于资源的稀缺性，人们的利益需要只能得到一部分的满足。当前，我们的世界在整体上还是阶级社会，阶级分化依然存在，因此，普遍适用于所有国家、民族和阶级的"普世价值"是不存在的，只不过是人们的一个良好的愿望而已。

"普世价值观"的基础在于人类共同利益，如果缺乏共同利益的支撑，"普世价值"只能作为一种美好的愿望或幻想而存在（例如关于"世界大同"及各种"乌托邦"的追求），不具有真正的意义。因此，"普世价值观"只能是未来共产主义社会的价值观。人类共同利益的出现需要形成真正的人类共同体，真正的人类共同体存在的社会将是取代资本主义社会的共产主义社会，这就是"自由个人的联合体"。在此之前，我们只能为建立这种联合体创造条件。因此，不能把价值和价值观混为一谈，更不能浪漫地把虚假的"普适价值观"当成普适性的价值事实。

西方推崇"普世价值"的背后，有着鲜明的政治取向和价值取向：宣扬普世价值的人崇拜和迷信西方的资产阶级抽象的价值观念和基本制度，主张资本主义是人类"最终制度归宿"。鼓吹"普世价值"的实质是淡化意识形态，意图实现"非意识形态化"。"'非意识形态化'的结果是抽象人性论的泛滥。把社会矛盾的最终解决归结为抽象人性（良知、爱、同情心、容忍等），把人性不仅视为超阶级、民族、历史阶段的抽象存在，而且视为可以创造一切'奇迹'的神奇力量（例如可以改变物种本性，使'狼爱上羊'一类）。"（侯惠勤：《我国意识形态建设的第二次战略性飞跃》，《马克思主义研究》2008年第7期）淡化意识形态的本质是把资本主义的意识形态中性化、普遍化、神圣化、绝对化为超阶级和超时代的所谓的"普世价值"，然后用所谓的"普世价值"来置换资本主义价值的概念，从而用资本主义价值观来取代社会主义价值观，用资本主义意识形态取代社会主义意识形态。实际上，"普世价值"与资本主义价值是同义但只是采用了不同表达形式而已。

尽管"普世价值"总是打着"人类文明""世界文明"的幌子，但是其目标非常明确，一是在理论上消解共产主义理想和社会主义理想，以历史终结的名义确立资本主义在道德和价值上的制高点。二是在方法论上消解马克思主义的阶级观点和阶级分析方法。其最终目的是按照西方资本主义的民主模式全面颠覆我国的社会主义政治制度，根本改变我国民主政治建设的社会主义方向。"普世价值"通过鼓噪"民主宪政"，从政治体制改革打开"突破口"，实行"全盘西化"，改行资产阶级多党制，走所谓的"宪政之路"，从而使共产党放弃领导权，颠覆中国社会主义制度。对此，我们必须始终保持警惕。

四　中国梦不是个人主义梦

　　个人主义是资产阶级价值观的核心，其基本特征就是把个人价值看得高于一切，把个人的特殊利益凌驾于社会公共利益和他人利益之上，为达到个人目的，甚至不惜损害和牺牲社会公共利益和他人利益。在个人主义者看来，对人性的尊重就是对个人利益的尊重。实际上，单个人并不完全等于人性，人性不是单个人的简单叠加，还包括人和人之间的社会关系。正是这种社会关系的存在决定了个人利益需要服从集体利益。但在个人主义者眼里，只有原子式的个人，而没有社会化和集体化的个人。个人主义是生产资料私有制在人们意识中的反映。作为私有制的产物，它是一切剥削阶级共同的道德原则。在资本主义上升时期，它作为资产阶级反对封建禁欲主义、专制主义和宗教统治的有力思想武器，曾发挥过解放思想的积极作用，但同时又有鲜明的损人利己的弊端。随着资本主义的发展，资产阶级个人主义发展到了顶点，成为极端个人主义。极端个人主义者为了榨取更多的剩余价值，损人利己，损公肥私，尔虞我诈，唯利是图，甚至要求国家、集体、他人的利益服从于个人利益。

　　中国梦凝结着民族、国家、人民共同的利益追求，体现了集体主义价值观。集体主义根植于社会主义制度，同社会主义的基本经济制度和政治制度相联系，是社会主义的核心价值原则和道德原则之一。集体主义强调个人与集体在根本利益上是一致的，个人要自觉维护集体的利益，在个人利益与集体利益发生矛盾的时候自觉以集体利益为重，只有坚持以集体利益为重，才能形成推动实践发展的历史合力，才能集中力量办大事。

　　坚持集体利益为重是社会主义的制度优势。在强调集体利益为重的同时，集体主义并不抹杀个人利益的合理性和正当性，主张要充分尊重、关心和保护个人的正当利益，促进集体利益与个人利益的两个最大化。集体主义价值观具体表现为人民至上的价值原则。人民至上是由我国的国体和我们党的性质等根本制度属性决定的基本价值。"人民"是以先进阶级为基础的社会群体，因而是和绝大多数个人的命运紧密相连的具体概念，而绝不是一个空洞的集合名词。坚持人民的历史主体地位，才使得历史客观规律的发现成为可能（突破个体主体的局限性），使得历史规律性和选择性的统一成为可能，使得超越个人利益和献身共同理想具有坚实的基础。

中国特色社会主义制度保证了广大人民群众根本利益的一致性，从而确保我们现在的集体在本质上属于"真实的集体"。马克思、恩格斯强调要建立"真实的集体"，反对虚假的或与个人相对抗的集体。在《德意志意识形态》中，他们把集体分为"真实的集体"和"虚构的、冒充的集体"，他们说：从前各个人联合而成的虚假的共同体，总是相对于各个人而独立的；由于这种共同体是一个阶级反对另一个阶级的联合，因此对于被统治的阶级来说，它不仅是完全虚幻的共同体，而且是新的桎梏。在真正的共同体的条件下，各个人在自己的联合中并通过这种联合获得自己的自由。[①] 今天我国社会主义初级阶段的集体，虽然还没有达到马克思、恩格斯所说的"真实的集体"的标准，但我国的根本政治制度和基本政治制度确立了人民的政治主人翁地位，以公有制为主体的基本经济制度保证了集体利益与人民的个人利益在根本上是一致的。因此，在这个意义上，我们今天的集体在本质上属于"真实的集体"的范畴。

中国特色社会主义制度，构建出新型的国家、社会、个人关系。个人主义造成了个人利益同社会利益、国家利益的对立。中国特色社会主义制度则把国家利益、社会利益与个人利益的统一建立在制度和法治的基础上，体现了国家、社会与个人之间的互动关系，展示了国家利益、社会利益与个人利益统一关系的全面性。这样，社会主义核心价值观及其道德原则，就会更充分表现出自己的时代特点，从而就更加具有了生命力。中国梦正是这样一种新型国家、社会、个人关系的话语表达。

中国特色社会主义保证了中国梦的实现能始终坚持集体主义价值原则

---

① 参见《马克思恩格斯文集》第1卷，人民出版社2009年版，第571页。

和人民至上的价值观。人民代表大会制度保证了人民是国家和社会的主人，使国家权力最终掌握在广大人民手中，保证全国各族人民依法享有宪法和法律规定的民主、自由和权利，真正实现了最广泛的人民民主。中国共产党领导的多党合作和政治协商制度团结和包容社会不同阶层和利益群体能够进行充分的合作、参与和协商国家事务。坚持尊重多数与照顾少数的统一，坚持广泛民主与集中领导的统一，使人民群众的知情权、参与权、表达权和监督权得到更好的保障，使社会各方面的愿望和要求得到更充分的反映和实现。民族区域自治制度充分尊重了少数民族的民族情感，尊重了各民族的主体地位，真正实现了少数民族人民翻身解放，保障了少数民族人民成为自己的主人。基层群众自治制度通过制度化的方式确保在基层政权和基层社会生活中逐步实现人民的直接民主。宪法和村民委员会组织法、居民委员会组织法明确规定基层群众自我管理、自我教育、自我服务，进行民主选举、民主决策、民主管理、民主监督，从而真正保证了最基层群众的各项权利。公有制为主体、多种所有制经济共同发展的基本经济制度，既保证了公有制经济中生产资料公平占有的制度优越性，有利于广大人民群众更好地共享改革发展的成果，防止两极分化，促进共同富裕和人的全面发展，又保证了非公有制经济的正常发展，有利于激发人民群众的积极性和创造力。

在中国特色社会主义制度的保障下，党和政府必将以保障和改善民生为重点，多谋民生之利，多解民生之忧，解决好人们最关心最直接最现实的利益问题，在学有所教、劳有所得、病有所医、老有所养、住有所居上持续取得新进展，努力让人民过上更好生活。每一个中国人的个人之"梦"，必将汇聚成为中华民族之"梦"，成为全民族的集体梦想。

（作者单位：中国社会科学院马克思主义研究院）

（原载《红旗文稿》2014年第10期）

发展导向型参与民主：
中国民主建构的路径分析

周少来

当代中国的社会主义现代化进程在30多年改革开放的强力推动下，经济和社会发展取得了举世瞩目的成就，中国的社会面貌和社会结构发生了深刻的变化。中国社会主义现代化发展道路呈现出勃勃生机各种学术理路努力对中国发展道路作出理性解读。其中，中国政治现代化[①]和政治发展问题引起国内外的多方关注和探讨，而作为政治现代化和政治发展内在目标和核心内容的民主建构尤其引人深思：作为政治现代化内在目标的"中国民主"是怎样建构和扩展的？它在中国现代化进程中起到什么政治作用？中国的民主建构之路呈现了什么样的路径特征？这些路径特征对未来中国的民主建构有哪些限定作用？未来10年中国的民主建构将在哪些制度路径上实现突破和扩展？本文尝试对这些问题作出概括性的解读和回答。

一 发展导向型参与民主的意涵

对民主的追求，是中国人民近代以来的梦想，伴随中国社会主义现代

[①] 在本文中，"中国政治现代化"是指当代中国的政治发展和政治建设进程，这是中国社会主义全面现代化的重要组成部分。其目标是完善和发展中国特色社会主义政治制度，推进国家治理体系和治理能力现代化。参见《中国共产党第十八届中央委员会第三次全体会议文件汇编》，人民出版社2013年版，第4页。

化在各个层次和领域的不断推进和展开社会主义民主在当代中国的现代化进程中不断发展。总结新中国成立多年来,特别是改革开放多年来的中国民主建构和扩展的方式和路径可以初步地概括出中国特色社会主义民主建构的基本路径特征。

这便是当代中国全面现代化进程中的发展导向型参与民主如此概括和解读的学理依据可以从以下几个方面来理解:

第一,以现代化发展为国家的根本目标的选择。在各种内外发展压力和生存危机的限定性约束条件下,中国共产党执政的新政权,以社会主义现代化发展,尤其是经济社会发展为根本目标选择。虽然对现代化道路的探索历经艰难曲折,但实现社会主义现代化始终是国家的根本发展目标。正如邓小平所指出的:"社会主义现代化建设是我们当前最大的政治,因为它代表着人民的最大的利益、最根本的利益。"[①]

社会主义现代化能否实现决定着中华民族的前途命运,关系到中华民族伟大复兴的梦想。集中国家权力和国家资源,以国家主导力量引领现代化进程,以推动经济社会发展为首要任务,依次递进实现经济现代化、社会现代化和政治现代化[②],这就是当代中国的"发展导向型"国家现代化建设进程。

第二,以民主促进和服务于现代化发展进程。在社会主义现代化发展进程中,限于"全面现代化"的目标不可能同时铺开、一步到位地全面实现,中国共产党领导的国家政权,选择了以经济社会现代化优先发展、依次渐进推进现代化的战略路径。这便是当代中国现代化的展开逻辑:"先把经济搞上去,一切都好办。现在就是要硬着头皮把经济搞上去,就这么一个大局,一切都要服从这个大局。"[③]

[①] 《邓小平文选》,第2卷,人民出版社1994年版,第163页。
[②] 本文概括的中国实现全面现代化的过程性特征是:经济现代化—社会现代化—政治现代化有其依次递进、逐渐展开的实现逻辑。这并不是说一个阶段只能推进一种现代化,而是说在一个发展阶段,一般以一种现代化为中心任务,其他的现代化发展只是围绕和服务于中心性现代化任务而进行,依次递进地推进社会主义现代化的全面实现。
[③] 《邓小平文选》第3卷,人民出版社1993年版,第129页。

所以，当代中国的政治现代化服务于经济社会现代化，政治现代化紧紧围绕经济现代化，现代化发展逻辑压倒民主建构逻辑，民主建构以有利于和服务于经济社会发展为根本指向，民主参与扩展的领域、层次、次序，以及民主参与的范围和方式等，都以不妨碍或有利于推进经济社会发展为根本立足点。这便是以民主参与推进现代化发展，"发展导向型民主"的路径选择。

第三，在现代化发展进程中扩展和深化民主。在新时期改革开放的进程中，经济建设始终是中心任务，扩展和深化民主只具有服务于发展的手段性或工具性价值。民主逻辑依据发展逻辑而展开，扩展民主是为了调动广大人民参与经济社会建设的积极性，"调动积极性是最大的民主。至于各种民主形式怎么搞法要看实际情况"①。

同时，扩展民主也是为了适应经济社会现代化进程中民众不断增长的权利意识和参与要求，以民主扩展和政治发展来制度化地吸纳、引导公民参与保障经济社会发展有一个稳定的社会条件和秩序架构。邓小平指出："民主是我们的目标，但国家必须保持稳定"②，也就是谈扩展民主参与始终是以保证政治秩序和有利于现代化发展为根本前提的。

第四，扩展和深化民主的主要方式是扩大公民有序政治参与。"中国式的现代化必须从中国的特点出发。"③ 同样，中国式的民主建设，也必须内在于中国全面现代化的整体发展逻辑。这就决定了中国式民主发展的基本进路是民主服务于现代化发展，在现代化发展中扩展民主。所以，为了以民主促进现代化发展必须做到民主扩展是可控的、有序的，必须有利于调动广大民众参与现代化建设的积极性和创造性。

这就决定了当代中国民主扩展的主要方式和重点形式是有序扩大参与，即在扩大参与的过程中深化民主进程。有序扩大参与，即在现代化发展的不同阶段、围绕现代化发展的中心任务，分领域、分层次、分程度地扩大

---

① 《邓小平文选》第3卷，人民出版社1993年版，第242页。
② 同上书，第285页。
③ 《邓小平文选》第2卷，人民出版社1994年版，第164页。

参与。也即有序扩大公民个体、社会组织和新闻媒体等各种社会力量,在立法、政策制定和权力监督等各领域、各层次中的参与程度。此即为"参与民主"。

综合以上路径特征和内在逻辑关联,本文把当代中国特色的民主建构模式归纳为"以发展为导向、以参与为重点"的民主建构路径简称"发展导向型参与民主",其含义是,以现代化发展为优先目标选择,推动民主建构是为了促进现代化发展,在现代化发展中扩展民主,扩展民主的主要方式是扩大公民有序政治参与。这既是中国民主构建历程的路径总结,也是未来中国民主继续提升的路径选择。

二 发展导向型参与民主是历史与现实的选择

在中国近代历史中,旨在救亡图存、民族复兴的现代化发展逻辑压倒一切,国家发展和民族富强成为中华民族第一位的选择,这是由中国所处的"被迫上路的现代化"[①] 初期的阶段性特征和历史条件所决定的。

新中国成立之后,中国共产党领导中国走上了社会主义现代化发展道路。社会主义政治制度建立以后,经过对社会主义现代化发展道路艰难曲折的探索,当代中国走上了改革开放的社会主义现代化道路,而此后的快速经济社会现代化进程是在社会主义政治制度架构的保障下展开的。国家现代化发展的优先目标选择和共产党执政的政治逻辑,决定了当代中国新时期民主建构的发展导向型参与民主的基本路径选择:

第一,全面现代化依次展开的推进逻辑。限于国内紧迫的经济发展压力与人民改善物质文化生活水平的要求作为最大发展中国家的中国,其现代化展开逻辑只能从最基本的经济现代化开始,经济发展成为第一位的选择和压倒一切的大局,集中全力推进经济现代化,并在经济发展的基础上依次推进社会现代化和政治现代化。这样便奠定了当代中国现代化发展依

---

① 周少来:《东亚民主生成的历史逻辑》,中国社会科学出版社2013年版,第24页。

次递进的内在逻辑：一切为了现代化发展，一切服务于现代化发展，依次推进经济现代化、社会现代化、政治现代化最终实现全面的社会主义现代化。

第二，国家主导的现代化实现战略。当代中国社会主义政治制度的基本架构，加上推进国家现代化实现的发展逻辑更是强化了集中国家权力和国家资源，以实现国家战略性发展和现代化目标的国家主导型现代化战略。这种现代化实现战略在东亚地区的现代化发展中，表面上，具有某种程度的相似性：国家主导的威权型"发展型国家"[1]，集中国家政治权力和保障国民经济权利，即集中国家权力，推动国家主导的战略性长期发展实行相对高效稳定的社会管制，有序扩大现代化进程中的公民参与，为经济社会现代化提供政治保证和政治秩序；同时保障国民一定的经济社会权利，调动国民投入经济现代化的积极性，形成充分的生产性激励，为国家主导的现代化提供强劲的发展动力[2]。但是，中国的现代化进程，是在中国共产党领导下，在社会主义道路上的国家主导的全面现代化。

现代化发展进程中国家权力的相对集中性，决定了在以发展为中心的现代化过程中，民主扩展的形式只能是有序参与，民主发展的阶段目标只能是服务于发展的"参与型民主"。

第三，民主阶段性渐次扩展的建构选择。在民主逻辑服务于发展逻辑的核心原则下，当代中国的民主扩展，只能是服务于现代化发展不同阶段、不同任务、不同需要的渐次扩展也即呈现阶段性建构的路径特征。同时，民主是中国共产党和中国人民始终追求的目标和理想，是中国共产党始终高举的旗帜，人民民主是社会主义的生命。"没有民主就没有社会主义，就没有社会主义的现代化。当然，民主化与现代化一样，也要一步一步地前进。社会主义愈发展民主也愈发展。"[3]

---

[1] 禹贞恩编：《发展型国家》，吉林出版集团有限责任公司2008年版，第44—47页。
[2] 房宁等：《自由、威权、多元——东亚政治发展研究报告》，社会科学文献出版社2011年版，第17页。
[3] 《邓小平文选》第2卷，人民出版社1994年版，第168页。

这就决定了当代中国特色的民主建构路径选择，只能是把民主扩展的工具性、阶段性与民主价值的目标性、终极性有机统一起来，在保证中国社会主义现代化依次推进、全面实现的过程中，以民主参与促进现代化发展在现代化发展中渐次扩展民主，在民主扩展中实现政治现代化最终实现全面现代化的目标。

中国的全面现代化是中国人民近代以来的百年梦想，是一项庞大复杂而长期艰巨的系统工程，不可能一体推进、一举成功。中国全面现代化发展的阶段性和规律性，决定着中国现代化的推进逻辑必然是先急后缓、先易后难、依次推进和开展的。是一个通过"发展的阶段性"不断接近"目标的全面性"的历史渐进过程。

中国社会主义全面现代化的过程性特征：经济现代化——社会现代化——政治现代化有其递进逻辑。但并不是说一个阶段只能推进一种现代化，而是说在一个发展阶段，一般以一种现代化为中心任务，而它的现代化进程只是围绕和服务于中心性现代化任务。如以经济现代化为中心时政治现代化是以保证经济现代化的推进为前提，社会现代化是以保证社会秩序和社会稳定为前提，政治现代化中民主参与以及社会现代化中公民自治，都要以有利于保障和促进经济现代化为宗旨，以经济发展的任务、节奏和展开进程决定民主参与、公民自治的任务、节奏和展开进程。

这便是当代中国依次递进实现现代化的路径特征，也是中国在推进现代化进程中保持高效有序、活力涌现的制度根源。而一些发展中国家在工业化、城市化尚未完成时，就仓促开放民主化进程，各种现代化进程同时推进，致使各种政治、经济和社会矛盾同时爆发、交织叠加，出现参与爆炸、政局不稳和社会动荡，现代化发展陷入进退摇摆、停滞反复的困局之中，这与中国现代化的治理路径和治理绩效方面形成鲜明对比。

中国社会主义全面现代化过程，呈现出矛盾依次显现、问题依次解决，国家治理体系依次完善，国家治理能力依次提高的递进过程。在此过程中，先行推进经济发展，快速实现工业化和城市化，保持经济现代化过程的高效平稳并在城市化进程中进一步推进社会现代化，构建现代城市社会治理的制度体系。在社会流动基本稳定、阶层分化合理稳定、社会结构相对稳定、经济现代化和社会现代化基本完成、社会和谐基本形成后，再行推进以民主建设为核心的政治现代化。这种在经济社会现代化过程中有序扩大民主参与的发展导向型参与民主的制度绩效保证了中国全面现代化进程的稳步推进、递进实现。

在经济现代化、社会现代化过程中，扩大民主参与是为了促进发展，并在发展中持续扩大民主参与，由此形成现代化过程与民主参与相互适应、相互协调的互动共进循环。这便是中国特色社会主义民主依循中国特色社会主义现代化进程而依次展现、不断扩容的民主生成逻辑，这便是中国特色社会主义发展导向型参与民主依次递进、不断完善的民主生成路径。

社会主义全面现代化是中国现代化的最终目标，中国特色社会主义民主建构的进程也将在这一全面现代化过程中渐进展现并将在发展导向型参与民主的不断发展中，开拓中国民主的空间，提升中国民主的品质。

三 发展导向型参与民主的路径特征

在当代中国的现代化进程中，发展逻辑优先民主逻辑，民主成为现代化各个阶段的工具性手段，民主建构服务于经济发展，民主逻辑围绕发展逻辑，也就是说，有利于经济发展的民主参与即被认可和实施不利于经济发展的民主参与即受到限制，以保证"有序的民主参与"有利于现代化进程。

但从长远来看，中国现代化发展的最终目标是社会主义全面现代化应对和处理全面现代化进程中的矛盾和问题，特别是制度性和结构性问题需要国家治理体系和治理能力的现代化。新时期不断深化的体制性改革进程也是中国国家治理现代化不断发展的进程。

国家治理现代化离不开政府、市场、社会和公民个体的参与和合作，是多元主体的参与互动、合作共赢的现代治理过程。改革开放的进程，就是不断在经济、社会和政治领域中扩大公民有序参与的过程，如果没有广大人民的积极、自主参与，国家治理体系和治理能力的现代化就会缺失最广泛、最根本的主体构成，也就不可能最终完善并实现制度性成熟。

从改革开放以来呈现的中国特色社会主义民主建构路径与未来国家治理体系和治理能力现代化的制度要求中可以看出：以现代化发展为根本任务有序扩大公民参与，在参与中促进发展，在发展中扩大参与。从内在发展逻辑和制度演进路径来观察，可以对这一路径的特征做如下概括：

（一）在社会主义政治制度架构稳定条件下的民主参与

从新中国成立之初，中国共产党长期执政制度、人民代表大会制度，共产党领导的多党合作和政治协商制度，民族区域自治制度的社会主义政治制度体系，其基本的制度架构和制度要素，就一直保持了稳定性和连续性。[1] 自改革开放以来的政治体制改革和政治建设的进程，只是其制度结构和制度功能的自我完善和发展。这是新时期中国经济社会现代化不断推进的政治保证，也是中国经济社会腾飞的政治根源实现了中国现代化快速发展中的有序、高效和稳定。

所以，改革开放30多年来的中国民主建构，是在服务于国家现代化发展的根本目标的前提下，在社会主义政治制度架构稳定条件下的扩大民主参与。也就是说，当代中国的民主建构，有其扩展的根本和基本政治制度架构和制度限定，这些根本和基本的政治制度架构决定了当代中国民主在根本和基本制度层面的运作和实施，也决定了当代中国民主是这些根本和基本制度架构下所包容和限定的民主，这就是当代中国扩大民主参与的根本和基本制度空间和扩容范围。[2] 这也为中国未来民主建构限定了基本的历史逻辑和制度空间。

（二）与经济社会发展相协调的民主参与

在"发展是硬道理、稳定是硬任务"的刚性执政逻辑中，政治改革是

---

[1] 史卫民：《"政策主导型"的渐进式改革》，中国社会科学出版社2011年版，第126页。
[2] 周少来：《当代中国民主建设的历史逻辑与制度空间》，《中国社会科学报》2012年10月12日。

为了促进经济社会发展，民主参与同样也是为了促进经济社会发展。扩大民主参与，根本的原则是有利于经济社会发展，并与经济社会发展的阶段任务、规划步调、结构变迁相适应。所以，民主参与的领域、层次、重点、方面，以及什么时间参与、在什么环节参与、什么主体参与、如何组织参与、参与意见如何处理等问题，都要与经济社会发展的速度和规划相协调，都要有利于社会主义现代化特定发展阶段的中心任务，都要有利于政治秩序的稳定和社会的和谐。这就要求在适应社会主义现代化发展阶段和任务的进程中，以扩大民主参与促进现代化发展，以现代化发展的节奏、进程决定民主参与的节奏、进程并在推进现代化的过程中继续扩展民主参与，保证民主参与与经济发展的良性互动、协调共进。

（三）以多样化参与机制实现公民利益的民主参与

伴随着中国 30 多年高速现代化的进程，当代中国的社会结构已经发生了深刻复杂的变迁，阶级阶层分化、利益诉求多样、参与主张多元，这就给中国的民主扩展提出了挑战。如何制度化地吸纳公民及其组织的民主呼声和参与要求，同时又保持经济社会发展的秩序和活力，为回应这一问题，中国各级党政部门创造出各种各样富有成效的民主参与的方式和路径。如加强基层人大代表选举力度的直接选举参与加强各个层次、各个领域协商民主的政策参与加强基层群众民主自治的自治参与等。

总体来看，民众参与程度与制度绩效密切相关：越是与公民的利益相关，越是参与的成本较低，越是参与的成效显著，就越是受到民众的欢迎和重视。据中国社会科学院政治学研究所 2012 年政治参与问卷调查统计，当被问及"哪一类政治参与对自己最为重要"时，6145 名被测试有效选择的百分比排名为：

第一位是"参加人大代表、村委会、居委会选举"的"选举参与"，有效百分比为 45.96%；第二位是"参加社区建设和基层群众自治"的"自治参与"，有效百分比为 18.71%；第三位是"支持和参与社会团体活动"的"社团参与"，有效百分比为 11.83%；第四位是"以上访、集会等方式维护公民权益"的"维权参与",有效百分比为10.50%;第五位是"参与政策讨论"的"政策参与",有效百分比为8.90%;第六位是"在互联网上发表个人意见"的"网络参与",有效百分比为4.10%。① 从调查中可以看出:越是在基层的参与,越是民众身边的参与,越是直接有效的参与,越是与切身利益相关的参与,民众就越重视并越有效。多元的阶层诉求、多样的利益格局、流动而开放的社会样态,不断推动着以多样化的民主参与机制切实保障公民的现实利益和权利主张。这是当代中国更具实质意义的民主参与形式和实现机制。

(四)选举性民主与协商性民主共同推进的民主参与

当代中国的民主建构,是选举性民主与协商性民主的协调互补、共同推进。广大民众在城乡基层自治组织选举和县、乡人民代表大会代表选举中,以直接参与的形式实践着直接性选举民主权利,这是以人民代表大会制度和基层群众自治制度为基本制度路径和形式的选举性民主是当代中国民主建构的基本制度形式之一,也为协商性民主的扩展和延伸奠定了基本的制度基础和制度支持。

在基层以及基层以上的政治活动和政策制定中,当代中国的民主建构,为了保证稳定有序的民主参与,更多地是以参与协商的形式实践着协商性民主。健全社会主义协商民主制度,推进协商民主广泛、多层、制度化发展,已被执政党确定为社会主义民主实现的基本形式之一。

从各层次、各领域扩大公民有序政治参与,分层级、分类型创新和推进协商民主形式是中国式协商民主的路径特征也是未来中国式协商民主发展的路径走向②。这是因为,经济社会的高速发展引发了大量与民众切身利益直接相关的矛盾和纠纷,广大民众有了强烈的参与意识和权利要求。为了维护政治社会稳定和解决利益纠纷,就需要建立民众参与的利益诉求

---

① 房宁主编:《中国政治参与报告(2013)》,社会科学文献出版社2013年版,第31—32页。
② 房宁:《民主的中国经验》,中国社会科学出版社2013年版,第271—274页。

表达和利益纠纷调处的制度和机制。在中央和地方的各个层面和各个领域，在党政部门主导下各种形式的协商民主的参与机制，在各级政府层面和基层社会、在各种领域和各种公共决策中被创造出来，如各种立法听证会、价格听证会、民主恳谈会、政策协调会、项目论证会等，都是以扩大公民参与、实现民生利益为主要诉求的协商民主形式它们在实践中被创造出来，并得到制度化推行。

广泛多层制度化协商民主的不断创新和丰富，给中国的民主建构注入了更多的制度生机和活力，也在与选举性民主的互动互促中提升了中国民主建构的空间和品质。

（五）党政主导的可控有序的民主参与

当代中国最大的政治现实和政治事实是中国共产党执掌国家政权，这决定了当代中国的国家主导的现代化实现路径，也决定了发展导向型参与民主建构的党政主导特征。

在共产党领导下的各级党委和政府，在主导规划经济社会现代化发展的进程中，同样决定、规划和引导着扩大民主参与的各种形式和进程，民主参与的领域、面、层次以及参与的广度、深度、节奏、步骤等都在党政主导的可控范围和统一规划之中，这是"有领导、有秩序的民主参与"，也是"可调控的、可适应的民主参与"。这是由民主参与是为了促进发展的现代化逻辑所决定的，同时也适应了民众的民主权利意识不断提高的发展趋势。以党政主导的可控有序民主参与促进经济社会发展，在经济社会发展中深化民主参与，在深化民主参与的进程中提升中国的民主品质。这就是现代化高速推进的当代中国，能够实现有序、效率和民主协调共进的根本制度性原因，也许可以说是当代中国发展"之谜"的"谜底"。

四 发展导向型参与民主的未来建构路径

中国共产党的十八大报告和十八届三中全会的决定，全面规划了未来年中国现代化进程的蓝图和方案,中国未来全面深化改革的路线图和时间表已经确定并付诸实施。

从经济现代化,到社会现代化,再到政治现代化的现代化展开逻辑必将继续延伸;以民主参与促进现代化发展,在现代化发展中扩展民主,在发展与民主的互动提升中,实现全面现代化的民主生成逻辑也将继续延伸。

按照中国特色社会主义民主建构的既有路径特征和生成逻辑,未来中国民主建构的基本原则是:开掘现有民主制度的潜在功能,创新多元的民主实现形式。基本目标是:通过发展导向型参与民主的制度扩展和机制创新,实现中国民主建构的制度化和法治化水平。

根据前文论述的中国特色社会主义民主建构的内在逻辑,结合笔者多年来对中国政治发展和民主建构的观察和研究,本文从理论性探讨和预期的视角,认为中国未来年的"民主蓝图"可以概括为"完善民主、权力监督"的基本架构和路径走向[①]。依据近期(2014—2015 年)、中期(2016—2017 年)、远期(2017—2020 年)递进提升、不断深化的一般趋势,具体的可操作性制度改革可分述如下,这些预期和建议仅为笔者个人研究结论。

(一)党内民主

以党内民主带动人民民主,是未来中国民主扩展的基本路径指南,以最终实现每个党员的民主参与权利为根本标准,以完善党的代表大会制度和党内选举制度、党内协商制度为重点,发挥党内民主给予人民民主的强

[①] 下文对完善民主的分析,从党内民主、代议民主、协商民主、基层民主协同共进四个方面进行,这并不意味着四个方面是完全分离和孤立的,而只是遵从一般的分类习惯以期相对深入的分析。这四个方面之间有相互的交叉和包容,并能够相互促进和推动,但并不影响对其进行相对独立的分析。如"党内民主"当然包含着党代表大会制度之中的党代表的"代议民主",也包含着党内决策中各个层面所进行的"协商民主",也有党内基层组织的"基层民主"。基层民主中也包含着在基层决策中的"协商民主","代议民主"中也包含着人大代表间接选举中的"协商民主"和在基层民主中的"代议民主"。这和党的十八大报告中所说的"保证人民依法实行民主选举、民主决策、民主管理、民主监督"这四个方面并不矛盾。也就是说,本文所论完善民主的四个方面是从民主实现的领域和层级来分类的,一般意义上的"四个民主"是从民主实现的制度形式和权利主张来分类的,如党内民主,当然包括党内的民主选举、民主决策、民主管理、民主监督基层民主当然包括基层治理中的民主选举、民主决策、民主管理、民主监督。参见胡锦涛:《坚定不移沿着中国特色社会主义道路前进,为全面建成小康社会而奋斗——在中国共产党第十八次全国代表大会上的报告》,人民出版社 2012 年版,第 25—27 页。

大示范和带动效用。

近期，以完善和创新干部选拔任用制度为重点，扩大普通党员和基层组织在干部选拔任用中的参与范围和决定权重；试点党内重大事项和决策与普通党员或党员代表协商决定的制度规则。中期试点和推行基层党组织由本单位所有党员直接选举产生县区和乡镇两级地方党委由所在地区全体党员直接选举产生县级以上各级党组织的全委会、常委会由本级党员代表大会直接选举产生；建设和完善党内重大事项和决策与普通党员或党员代表协商决定的制度体系。远期，在完善基层党组织和县区、乡镇两级地方党委直接选举产生，县级以上党组织间接选举产生的制度体系后，推行各级党组织向本级党员大会或党员代表大会汇报工作并接受其监督和质询的制度；实现党内重大事项票决制和决策协商机制的制度化。

（二）代议民主

人民代表大会制度是我国实现人民民主的根本政治制度，是民主建构的最高制度形式和实现机制。人民代表大会制度的完善和发展，主要是现有制度结构的完善和功能的充实真正使人民代表大会制度的功能落实到位。这涉及人民代表如何更好地履行职责，如何更好地加强代表与选民的制度化联系，如何精简代表人数、推进代表专业化水平，强化代表职权和代表性，如何进一步加强人民代表大会及其常委会对"一府两院"的监督等方面的工作。

近期，全面实现各级人民代表大会代表联络机制的制度化和日常化运作试点精简县、乡两级人民代表大会代表数量，并推进代表专业化建设。中期，推进县级以上人民代表大会代表精简数量和实行专业化建设试点，并推进试点县级"一府两院"向本级人民代表大会报告工作、接受监督质询的制度化。远期，精简全国人民代表大会代表数量并加大推行代表专业化建设，实行"一府两院"和各部委行政首长接受全国人民代表大会监督和质询的制度。

(三) 协商民主

如何推进协商民主的广泛多层制度化发展，如何在政府、人民代表大会、人民政、人民团体、基层群众性自治组织、社会团体等各个层面，将协商民主的程序，纳入决策的制定和执行之中，保证协商民主真正制度化、公开化推进协商民主范围的扩大和质量的提升重点是扩大协商民主的范围，提高协商民主的质量。

近期，继续完善和充实各级人民政协组织、基层政府和基层群众性自治组织中协商民主的制度化和法治化水平真正在"协商议题如何设置？协商主体如何选择？什么人主持协商？以什么程序进行协商？协商结果如何运用和反馈？"等方面制定出完整的制度规范。中期，探索各级人民代表大会、各级政府在立法、决策和干部任命等过程中的协商民主的制度化规范。远期，各级人民政协组织职权和职能的充实和法治化，以全国政协为主体制定"中国协商民主总章程"，省级人民政协分级、分类制定"协商民主实施细则"。

(四) 基层民主

这是中国公民更为直接、更为有效的民主参与形式，要在巩固基层群众性自治组织民主选举的基础上，进一步加强民主决策、民主管理和民主监督，以加强基层群众民主参与的实效保证快速城镇化过程中农民的基本权利和利益在基层民主参与的基础上保证城镇化进程的有序高效。

未来 10 年将是中国新型城镇化的快速推进阶段要探索建立适应快速城镇化给基层民主带来的挑战和冲击的制度规范；要探索建立城乡基层民主互通一体的制度化保障体系，要在降低城镇化门槛、加快农民融入城镇化进程的过程中，制定农民在村级自治组织中的权利与进入城镇后在城市社区自治组织中权利相互衔接、相互配套的制度规范形成城乡一体的基层民主参与一体化制度体系。

近期，尽快制定村民在土地征用、房屋拆迁、土地流转等重大公共事务中民主参与的制度规范，保障农民在乡村公共事务中的权利和利益探索建立进城务工农民在其工作生活的城镇中享有民主参与等政治权利、教育医疗住房等经济社会权利落实保障的制度规范，解除农民工融入城镇的权利歧视和制度障碍。中期，在巩固村民选举制度体系的基础上，加快完善保障村民民主决策、民主管理、民主监督的法律制度体系；制定实施农民工融入城镇后，作为城镇居民享有民主选举、民主决策、民主管理、民主监督权利的制度规范。远期，在实现城乡一体、互通一致、无差别国民待遇后，制定和实施中国基层民主的统一制度体系和法律规范。

（五）权力监督

在推进法治中国建设的进程中，以权力运行法治化为根本原则，构建把"权力关进制度笼子"的完整制度体系，推进让人民监督权力的制度建设，实施让权力在阳关下运行的公开透明的制度，是未来 10 年中国民主建构的重要一环，也是以法治和民主监督权力的重要步骤，是独具特色的中国民主蓝图的重要组成部分。

强化权力运行的制约和监督体系，事关执政党的生死存亡事关党和政府的形象和威信、事关反腐倡廉举措的成效和实绩，受到人民群众的高度关注和认同，具体的权力监督制度体系建设必须在法治和民主的轨道上扎实推进、务求实效。

近期，完善各级党委和政府内部权力的合理配置和制度化规范，试点法院、检察院司法权力和纪检监察监督权力相对自主和独立行使的制度和机制，探索构建司法权力和纪检监察权力的"去地方化""去行政化"的制度和法律保障。中期，在明晰各级党委和政府部门权力清单的基础上制定规范各级党委权力配置和运行的党内法规，制定规范各级政府及其部门权力运行的行政法规；制定和实施司法权力和纪检监督权力垂直化管理的制度和法律体系。远期，修改完善人民法院和人民检察院组织法等相关法律，以全国人大立法的形式保证法院、检察院依法独立行使司法权。整合党组织系统的纪检部门、行政组织系统的监察部门和预防腐败局、检察院系统的反贪局等机构。构建单一、独立、统一、垂直化领导的国家反腐败组织体系并以全国人大立法的形式制定统一的国家反腐败法。

当代中国全面现代化的蓝图已经绘就，政治发展和民主建构的路径日趋成熟，关键在于落实和行动。在民主建构中发展民主，在民主实践中完善民主，这不仅需要政治智慧，更需要政治勇气。发展导向型参与民主既是中国实现全面现代化的政治保证，也是中国民主全面提升和进步的制度之路。

（作者单位：中国社会科学院政治学所）

（原载《政治学研究》2014年第2期）

"微自治"与中国基层民主治理

赵秀玲

自改革开放以来，中国的基层民主自治获得了轰轰烈烈的发展，也面临着一些需要突破的瓶颈性问题。有人认为它沉寂和滞后了，于是抱悲观和否定的看法；也有人即使肯定基层民主自治需要拓展与深化，但对其发展态势却缺乏足够的认识，这就容易产生模糊甚至错误的判断。笔者认为，目前中国基层民主自治速度虽有减缓，但深度却在推进，这直接表现在"微自治"的探索与创新上。所谓"微自治"是"微观自治"的简称，是对村居委自治模式的突破与超越；它将自治进行细分，让自治进入"微观"和"细化"的具体层面。这一趋向虽未形成大势，但在全国一些地方已有所表现，并取得了可喜的成绩。认识到这一点，既有助于纠正目前的一些含糊和错误看法，又可以看到中国基层民主自治的未来发展方向。

一 "微自治"：中国基层民主治理的转型

从系统论和动态发展的角度看，中国基层民主治理经历了一个漫长的孕育、生成和发展过程，它与中国近现代社会的巨变与转型是分不开的。中国基层民主自治的形成与发展至少经历了四次重要转型，它们分别处于清末民初、20世纪三四十年代、改革开放初期、21世纪以来这四个节点上。当然，这四个阶段既有联系又各自独立和各具特点，因此，我们理解当下的中国基层民主政治发展,不能忽略其历史性、阶段性和发展性。

早在清晚期的太平天国,就开始重视基层自治,其军队所到之处往往"声以兵威,令各州县并造户册,即于乡里公举军帅、旅帅等,议定书册并各户籍敛费,呈伪国宗检点,申送江宁"①。在此,"乡里公举"就有一定的民主自治因素。有学者这样概括太平天国的"乡里公举":"乡官之选举法,虽非如今代投票普选之纯全民主制度,然确有多少民主作风与自治作用,比之当代满清治下乡土民事之操纵于绅士耆老之手者尚胜一筹……其制度略近于现代各省乡村间之自治职员,如区长、乡长、村长等,盖各乡官究以民意民望为依归,而凡被选出者乃正式受任治事也。"② 不过,这种民主自治毕竟是中国古代乡里制度的延伸或改良,其现代意识并不凸显,而"民主"的性质更无从谈起。1908 年,一些有识之士向光绪帝呈奏了《城镇乡地方自治章程》,这一章程虽未能得到实施,且内容多为纸上谈兵,但它毕竟是首提"自治"概念,且专谈"城镇乡地方自治",这为中国基层民主自治开启了一扇窗户,可称之为萌芽期或萌生期。

民国初年至 20 世纪三四十年代,中国基层民主自治向前推进了一大步。早在 1912 年,孙中山对地方自治就逐渐形成较为深刻的见解,他认为:"人民自治是政治之极则""以地方自治权,归之其地之民""人民对于本县之政治,当有普通选举之权、创制之权、复权之权、罢免之权"③。1915 年,河北定县翟城村的"自治公所"成立,这成为中国基层民主自治过程中建章立制的一个标志。有人说,"谈乡村自治者,必自翟城村始"。④ 阎锡山于 1917 年任职山西省长后,也倡行"村治",通过制定《村治通行简章》等章程,对村组织设置、村公职人员选举和村民会议制度等作了具体规定,推动了基层自治的发展。20 世纪二三十年代以来,晏阳初和梁

---

① 张德坚:《贼情汇纂》卷 3《伪官制》,杨家骆主编:《太平天国文献汇编》第 3 册,台北鼎文书局 1973 年版。
② 简又文:《太平天国典制通考》上册,香港简氏猛进书屋 1958 年版,第 385 页。
③ 陈锡祺主编:《孙中山年谱长编》上册,中华书局 1991 年版,第 147 页;《孙中山全集》第 1 卷,中华书局 1981 年版,第 297 页;《孙中山全集》第 6 卷,中华书局 1985 年版,第 205 页。
④ 《茹春浦先生序》,杨天竞:《乡村自治》,北平曼陀罗馆 1931 年版。

漱溟倡导的"乡村建设运动"影响甚大，如江苏无锡此时成立了"自治协进会"，其目的"即在于实现乡村自治，而乡村自治的实现，必须使一盘散沙之农民，先有组织，俾民众在共同信约之下，得发挥其力量"[①]。1934年，南京国民政府还制定了《改进地方自治原则》，对乡、镇、村自治都做了规定。不过，这一时期的基层民主自治由于带有强行政化特色，且各自为政，对"人民"概念的理解比较狭窄，因此在不少方面只具有章程规定和探索意义，其实效就大打了折扣。如曾被誉为"实开吾国下层政治重心之先河"[②]的山西"村治"，其实主要是靠行政强力推动的，村民完全处于被动地位。另外，村民的权利也受到财产的限制，其自治缺乏法治保障。

值得注意的是，中国共产党领导的解放区基层民主自治，使人民群众成为基层民主自治的主体和主人，其显著标志是民主选举受到重视，自治精神得以发扬。如1947年1月23日颁布的《晋察冀边区行政委员会关于今年村选工作的指示》规定："村选必须大胆放手，发扬民主，不要丝毫加以限制，要耐心说服群众参选、讲话、批评领导、提出建设村政意见。"[③]当然也应看到，由于处于特殊的历史时期，根据地的民主自治主体——人民群众，是将敌对者和反对者摒弃于外的，加之行政领导的总体掌控，使得基层民主自治难以实现其整体功能和精神主旨。因之，可将20世纪20—40年代视为有限的基层民主自治时期。

人民公社时期，广大农村实行的是"政社合一"的管理体制，"一元化"领导成为主要的管理形式。这样，基层社会往往缺少自主权，自治能力也就无从谈起。不过，这一时期实行的民主管理和民主监督等制度，如村务和村账公开等，为后来的村民自治提供了宝贵的资源和有益的经验。"文革"10年，中国基层社会受到了严重破坏，但基层民主自治的一些因

---

① 章元善、许仕廉编：《乡村建设实验》第2集，上海书店1935年版，第172—173页。
② 吕振羽：《北方自治考察记》，《村治》第1卷第1期。
③ 韩延龙、常兆儒编：《中国新民主主义革命时期根据地法制文献选编》第1卷，中国社会科学出版社1981年版，第417页。

素仍具有内在的传承性，否则就不可理解第一个村委会能自发生成，并成为20世纪80年代以来村民自治活动开展的先导。真正的基层民主自治发生于改革开放的新时期，这就是影响巨大而深远、被称作农村"静悄悄革命"的"村民自治"，其主要特点是：第一，民主自治主体——人民群众的范围更广大了。它突破了长期以来包括新中国成立之初和"文革"时期形成的"阶级斗争"观念，赋予"人民群众"以更大的自治权，这是中国历史上任何时期都无法比拟的。第二，民主自治的范围得以拓展，它几乎包括中国基层尤其是广大农村的每个村落，这与之前包括20世纪三四十年代的区域和试点大为不同，几乎在一夜之间，中国广大基层都进入了轰轰烈烈的民主自治进程。第三，民主的思想和精神得以确立。以往包括新中国成立之初，民主和自治一直处在行政化甚至是强行政化的影响和笼罩之下，其思想和精神实质难以得到真正发挥。然而，自新时期以来却迥然不同，去行政化和权力下放，民主选举、民主决策、民主管理和民主监督，成为一个时代的关键词和流行语，也成为中国政治包括基层民主的一大转向。邓小平说："调动积极性，权力下放是最主要的内容。我们农村改革之所以见效，就是因为给农民最多的自主权，调动了农民的积极性""调动积极性是最大的民主""把权力下放给基层和人民，在农村就是下放给农民，这就是最大的民主。我们讲社会主义民主，这就是一个重要内容""农村改革是权力下放，城市经济体制改革也要权力下放，下放给企业，下放给基层，同时广泛调动工人和知识分子的积极性，让他们参与管理，实现管理民主化。"① 很显然，改变政府职能，尤其是改变以行政命令为主的中国基层治理体制，让人民群众自己管理自己，即实行真正的民主自治，是邓小平基层民主思想的核心。从此，中国基层民主进入了村委会发展的重要时期，强调在广大农村实行民主选举、民主决策、民主管理和民主监督。

应当指出的是，随着中国基层民主自治的发展，尤其是中国基层社会

---

① 《邓小平文选》第3卷，人民出版社1993年版，第242、252、180页。

的快速转型，一些与基层社会和民主自治不相适应的问题开始凸显出来。最典型的是村居民自治的治理理念、模式和方法往往很难将具体问题落到实处，也难以将村居民自治继续推向深入。对于如何避免村居委会受制于政府的行政干预、如何更好地培育和发挥广大村居民的民主自治能力与水平、如何将广大基层具体矛盾和问题快速解决等问题考虑得很不充分，也缺乏足够的理论自觉和实践创新。如一个村委会往往只有几个人，它要管理居住分散、组成复杂、人数众多的村庄事务，确实有些力所不及，而这些乡村事务又都与人民群众的利益直接相关，如处理不了或解决不好，所产生的负面影响不可想象。所以，经过改革开放 30 多年的努力，村居民自治在许多重要问题上有了根本性发展之后，如何具体解决与广大人民群众息息相关的问题，让村居民真正成为民主自治的主体，成为一项艰巨任务被提到议事日程，也成为广大基层开始升级探索的路径和方向。基于此，21 世纪中国基层民主自治开始出现新探索，即"微自治"开始出现。所谓"微自治"，主要是指针对自己的地方特色，采取具体可行、细致有效、深入透彻的方式，创造式地实行民主自治，从而弥补了以往村居委自治的不足。这主要表现在：将自治范围不断下移，让自治内容更加具体化，使自治方式趋于细化；赋予自治主体以更大的空间和自由度，从而更好地发挥基层民主自治的功能，将广大人民群众的自治水平与创新能力提升到一个新的高度。这是继村居民自治后的又一次制度创新和转型。

在村民自治活动中，村民理事会尤其是村民小组理事会等自治组织的成立是对村委会的补充和超越。在村民自治初期，人们将自治聚焦于村委会，但后来发现，村委会很难管理一个大的村庄，尤其是由几个自然村组成的行政村，于是许多地方将视野集中在村民小组，由村民小组通过选举成立村民理事会，从而推动村民自治向"微自治"发展。早在 1987 年，广东连州保安镇熊屋村便在村民代表基础上，成立了村民理事会，与村干部一起管理村中事务[1]。这恐怕是村民理事会的萌芽。自 2002 年始，安徽

---

[1] 魏金锋：《清远农村新气象："村民理事会"悄然兴起唱主角》，《南方日报》2012 年 12 月 13 日。

省望江县118个行政村陆续建立村民理事会,覆盖了几乎每个自然村。由村民选出理事会,就是为了自己的事情自己办[①]。在总结望江、全椒、金寨、南陵等县村民理事会制度创新经验的基础上,2013年8月2日,安徽省第十二届人大常委会第四次会议通过了修改后的《安徽省实施〈中华人民共和国村民委员会组织法〉办法》,其中规定"村民小组的村民可以自愿成立村民理事会,其成员由村民推选产生""村民理事会配合、协助村民委员会开展工作,村民委员会支持、指导村民理事会组织村民开展精神文明建设、兴办公益事业",这是首次在全国范围内将村民理事会写入《村组法》实施办法,反映了村民理事会的进一步发展以及巨大影响。[②] 近几年,江西九江共青城已建立村民理事会216个[③]。另外,"微自治"还体现在武汉等地的社区"院落和门栋"的自治上。早在1998年,武汉市江汉区满春街小夹社区民族路5号,就由电控门的安装开始,实行了门栋自治,2000年,社区居委会又在5号门栋成立"门栋自管会"。而院落自治则始于2003年[④]。这样,在武汉市就形成了"社区——居民小组——门栋"三元自治管理和服务的网络平台。这种注重"居民小组"甚至更小单位的"微自治",是对于以往村居民自治的超越式发展。

二 中国基层"微自治"范式及其特征

从全国范围看,"微自治"并未普及,也未引起学界足够的重视。不过,它却在潜移默化中成长,有的地方还渐成规模和趋向,并创新了"微自治"的范式。"微自治"模式虽各有不同,但却不是彼此孤立的,而是有诸多共同特征。

[①] 钱伟、周然:《村民自治,咋办才好:安徽省望江县设置村民理事会,覆盖几乎每一个自然村》,《人民日报》2011年10月31日。
[②] 程茂枝、陈倩:《村民理事会在全国首次入法》,《安徽日报》农村版2013年8月6日。
[③] 李杰、伍国强:《基于现状分析的村民理事会功能及运作模式思考》,《经济研究导刊》2012年第18期。
[④] 张大维、陈伟东、孔娜娜:《中国城市社区治理单元的重构与创生——以武汉市"院落自治"和"门栋自治"为例》,《城市问题》2006年第4期。

(一) 中国基层民主"微自治"范式

1. "村民小组"自治。在以往的村民自治中,"村民小组"也是一个层级单位,是村委会的基础单元和实施者,如 2010 年修改后的《村组法》第 1 章第 3 条规定:"村民委员会可以根据村民居住状况、集体土地所有权关系等分设若干村民小组。"可见,村民小组在村民自治中的地位并不显著,它在组织关系和权限上隶属于"村委会",村民自治的许多活动都由村委会决定,而"村民小组"只是实施者,因此它往往处于被动甚至被忽视的地位,很难发挥决定作用和自治功能。"微自治"则打破了这一局面,它强化了"村民小组"的自治功能,使之成为一个独立的自治单位和主体,直接行使民主自治权,从而使之由被动变主动,从幕后走上台前,由客体成为主体,这成为村民自治向"微自治"转变的关键。较有代表性的是广东的"云浮模式",它强调村民小组的独特功能,在村民小组(自然村)一级建立村民理事会,由村民选举农村老党员、老教师、老干部、复员退伍军人、经济文化能人等乡村精英为理事会成员。到 2012 年 9 月,云浮市已培育乡贤理事会 8203 个,基本实现全覆盖;有理事成员 73330 人,其中外出乡贤和经济能人达 36257 人,占 49.5%。在镇政府(街道办事处)备案登记率达 100%[①]。另外,广东省云安县还成立村和乡镇两级理事会,并与村民小组理事会形成"以组为基础、三级联动"的基层治理机制。成都邛崃市油榨乡马岩村于 2011 年创建"村民自治管理大院"模式,它也是以村民小组为基本单位,按村民居住区将全村划为五个服务管理区,成立五个村民自治大院。每个大院从村民议事会成员中民主选举一名院长以及一名至三名联络员,负责自治大院的服务管理工作。为了更好地推进民主理财,马岩村还探索出"五瓣梅花章"的民主理财新模式,即将理财章一分为五,五瓣印章分由公推直选的五名民主理财监督员掌管,每张发票必有五瓣监督章盖全后方可入账报销。这种用五瓣梅花章管理村庄财务

---

① 云浮市社会工作委员会:《云浮市培育和发展自然村乡贤理事会》,《亚太日报》2014 年 5 月 9 日。

的模式,在全国尚属首例,反映了农民的草根智慧。① 此外,安徽、江西赣州、厦门海沧等地也纷纷进行以"村民小组"(自然村)为自治单元的"微自治"探索,从而将村民自治推进到一个新阶段。

2."院落—门栋"自治。以往,居委会作为社区群众性自治载体,它对上要承载繁重的行政任务,对下则面临"千条线穿一根针"的局面,所以很难发挥自治功能。为解决这一难题,一些地区探索出将社区自治重心下移的办法,使"院落"和"门栋"成为社区居民的自治平台和关节点,以承担居民自治的重任。这种微单元的自治方式是对社区居委会自治的进一步拓展。最突出的是成都社区建立的"小单元"自治。早在2009年,成都锦江区就开始了"小单元、大党建"的社区自治探索,它根据院落分布情况、地缘关系和居民特点,按"规模适度、居民认同、有利自治、便于服务"的原则,在充分尊重居民意愿的基础上进行自治单元划分;规模较小且居民较少的院落、小区形成一个自治单元,成立一个自治组织,规模较大且居民较多的院落、小区,划成几个自治单位,组建若干自治组织。又如成都武侯区以街道为条、院落为块,将社区划为8个网格片区,8名综合协管员"下沉"到片区,开展网格便民服务;以院落为单位,民主选举产生院落民情代表议事会,按照院落党小组审议、院落民情代表会决议,公开决议事项、公开实施结果的"两议两公开"制度规范议事流程;再由院落民情代表选出的院落自治管理小组负责自治事务的实施。此外,还以院落为单位,定期对社区各类干部实行民主评议和监督,从而形成较为严密细致的院落自治机制。2012年5月31日,成都市民政局下发《关于加强社区居民院落自治的指导意见》,在全市范围内全面推行社区居民院落自治,以院落为居民自治的基本单元成立院落居民小组等自治组织,培育社区居民的社会责任感和公民主体意识。这样,通过社区自治组织向居民院落、楼栋、单元延伸,形成了居民(代表)会议、居民议事会、社区居委会及其下属委员会、社区监督委员会、院落居民自治组织上下贯通、左

---

① 宋歆:《"五瓣梅花章",城乡统筹的"草根"智慧》,《解放军报》2011年12月20日。

右联动的社区居民自治组织体系新格局①。在当今中国城市化快速发展和社会转型期,"院落作为城市社区最基本的细胞,现已逐渐成为各社会群体的聚集点、各社会组织的落脚点、各利益与矛盾的交汇点"②。这种"小单元"自治很有代表性,是居民"微自治"最突出的表现形式。

3. "小事物"自治。所谓"小事物"自治,主要指将以往村居民自治所抓的"大事",转向村居民日常生活"小事"的治理,从而培养村居民直接参与基层民主自治的习惯、意识和能力,并将村居民自治引向深入。具体表现在:不少城乡社区将自治工作的重点放在"院落—门栋"内的日常生活中,这与许多村居委负责处理村和社区范围内涉及公众利益的"大事"不同,这是关于"小事物"自治的一大特点。还有,一些地方将更小的事物作为工作重点,即"微事物"自治。厦门海沧区的"微事物"自治较为典型,其做法为:一是立足于人民群众的小心愿,关心社区的生活琐事和小环境,创立"微梦圆愿小屋""爱心储蓄银行""贴吧交友平台",丰富、改善和提升人民群众的生活质量;二是从人民群众最关心和需求的小事着手,设置"微项目",如凉亭修建、水池改动、绿地护养等,使广大居民在参与项目建设过程中分享参与的乐趣,培养参与的能力。③ 海沧兴旺社区还打造了"邻里中心",进一步抓住更微小事情进行自治。其具体做法是,围绕 12 项具体配套功能,以"油、盐、酱、醋、茶,衣、食、住、行、闲"生活的各个方面为切入点,将社区的悦实广场、永辉超市片区打造成集商业、文化、体育、卫生和教育为一体的"邻里中心",为居民提供一站式服务。④ 这就拓展了社区自治的内容,走出了过去社区治理只抓大事略小事的误区。解决了人民群众的各种小事,也就解决了人民群

---

① 民政部基层政权和社区建设司:《四川省成都市把居民自治延伸到院落》,2012 年 6 月 21 日(http://zqs.mca.gov.cn/article/sqjs/dfdt/201206/20120600325082.shtml)。
② 中共成都市委组织部编:《成都市基层治理机制典型案例集(一)》,2012 年 11 月,第 3、110—111 页。
③ 民政部政策研究中心、基层政权和社区建设司:《关于福建省厦门市海沧区社区"微治理"创新成果的说明》,2014 年 2 月 26 日(http://politics.people.com.cn/n/2014/0226/c99014 - 24472904.html)。
④ 《微自治:创新社会治理的微观内容》,2013 年 12 月 25 日(http://www.xmfish.com/detail.php?id = 124977)。

众和平、稳定、安全和幸福的基础。

（二）中国基层"微自治"范式的主要特征

从全国范围看，"微自治"模式虽各有不同，但却不是彼此孤立的，而是有诸多共性特征。这一共性特征主要表现为内外两个层次。

1. 就内部共性而言，中国基层"微自治"范式有三个方面的特征：一是小单元自治。无论村居民小组，还是院落和门栋，都属于"微自治"范围，它将原来的村居委自治范畴不断细分，于是权力更趋细化。二是微事物自治。指的是将自治由关注村居民的"大民生"转向"小生活"，处理那些百姓关心的"小事物"，这样既可解燃眉之急，又是村居民自治的基础。三是精细化管理，克服了以往粗线条治理的方式。从"微自治"的内涵与功能看，它重在一个"小"字。就是靠"微自治"中的"小"，中国基层民主自治才重新获得了活力，并进入了一个新的发展阶段。

2. 就外部共性来说，中国基层"微自治"范式主要有以下方面的特征：一是强调党的领导，尤其强调广大党员在"微自治"中的模范带头作用，无论是成都社区以党组织为核心的"三驾马车"，还是云浮模式中让老党员发挥作用，都是如此。二是依法自治，确保"微自治"不超出法律边界。十八大报告明确指出："在城乡社区治理、基层公共事务和公益事业中实行群众自我管理、自我服务、自我教育、自我监督，是人民依法直接行使民主权利的重要方面。"[①] 全国各地的基层民主自治虽各有特点，但都要在法治允许的框架内进行，这是不容置疑的。三是"小平台、大参与"的多元联动机制。因为当下许多问题都不是靠单方就能够解决的，而是需要通过互动合作来解决的。如兴旺社区不仅设有居民议事的"民智议事厅"，还创设了"社区同驻共建理事会"和"社企同驻公共服务平台"，实现社区与社会组织、社会企业的协同共治。此外，通过企业和社会组织

[①] 胡锦涛：《坚定不移沿着中国特色社会主义道路前进，为全面建成小康社会而奋斗——在中国共产党第十八次全国代表大会上的报告》，人民出版社2012年版，第27页。

的合力推动,在社区成立"新厦门人服务综合体",为"新厦门人"实现自我服务、自我管理、自我教育、自我监督提供有效载体。① 四是个性化与人性化服务,打破了制度和规章的格式化与冰冷感。如成都武侯黉门街社区实行"三化一制",其中的"院落化管理"采取书面、电话等方式公开院务信息,广求居民意见,具有灵活性和人性化特点。这些"微自治"不仅是内容和形式的延展,更是一种观念创新,是"以人为本"参与式治理理念的充分体现。五是真正赋权于民,让基层民主自治成为人民群众自我管理的自觉行为。如成都青羊区康庄社区推出的"群众主体工作法"包括:充分尊重群众的主体意愿,群众自己的事情由自己定;激发群众主体的参与,群众自己的家园由自己来建;接受群众主体的监督,工作成效如何由群众说了算;围绕群众的满意导向,发展成果由群众共享。

三 中国基层"微自治"实践之成效分析

在中国基层民主治理中,"微自治"趋向初见端倪,其作用不可低估,也取得了一些成效,具体来说:

(一)"微自治"可使中国城乡社区治理摆脱行政命令的困扰,从"政府的腿"变成"居民的自治"

与以往相比,改革开放以来的城乡基层民主自治无疑是历史上的一大进步,它开始摆脱行政命令和管理的束缚,以村民自治和城市社区自治的方式迈开前行的步伐。不过,这种变化是相对的,在许多地方甚至是城乡基层民主政治得到较快较好发展的示范区,村居民自治也难以真正摆脱行政事务的困扰。2012 年对广东清远县的一份调研显示:该县一个行政村和政府签订的各类责任书就有 13 份以上,多的则有 20 多份,包括扶贫开发、

---

① 民政部政策研究中心、基层政权和社区建设司:《关于福建省厦门市海沧区社区"微治理"创新成果的说明》,2014 年 2 月 26 日 (http://politics.people.com.cn/n/2014/0226/c99014-24472904.html)。

计划生育、殡葬改革等,甚至连学生升学率也要签责任状。而一个村委会只有数人,往往难以完成乡镇交办的这些工作。有位乡干部感慨良多:"各级党委政府习惯于把村委会当作下属机构分派工作任务,村委会自治功能淡化,村民自治被'悬空'和'虚置'",很难有效发挥作用①。这也是为什么在基层民主自治实施多年后,仍有许多城市社区和村委会苦不堪言、怨声载道的原因,因为它们实际上一直充当政府工作的延伸机构,很难轻装上阵、全力以赴地投身于基层民主自治工作。成都基层民主建设也是这样,在很长一段时间,其自治功能受到行政事务的制约,以至于很难发挥自身的自治功能。实行院落自治后,成都社区局面大为改观,如成华区在老旧院落改造中,坚持"三问于民",即改不改,问需于民;怎么改,问计于民;好不好,问效于民,成功探索出"先自治、后整治"的院落改造模式,大大提高了群众参与的积极性和满意度。2013年对成华区的第三方测评显示,群众对老旧院落改造的满意度达90%以上;通过整治,院落居民实现了从漠不关心到理解支持、从被动接受到主动参与管理的转变,群众参与度达85%以上②。这和以往形成了鲜明对照,充分体现了院落自治的价值意义和深远影响。

(二)"微自治"可改变政府"包揽一切"的管理和供给方式,真正做到由"替民做主"变为"让民做主"

江西省赣州市大余县新城镇某领导表示:"政府工作一度费力不讨好,替农民思考,帮农民做主,整天忙着让农民种这种那,很累,万一市场不好还落得农民埋怨。农民抵触情绪最严重的时候,甚至'政府号召的百姓就反对',干部一进村,自己都觉得灰溜溜。"③ 然而,村民理事会的成立则解决了这一矛盾,因为它强调的是农民的事情由农民自己做主。还有,

---

① 汤凯锋等:《清远:化解矛盾的乡村实验》,《南方日报》2014年4月15日。
② 民政部政策研究中心、民政部基层政权和社区建设司:《关于成都市成华区"老旧院落先自治后整治"建设创新成果的说明》,2014年2月26日(http://news.xinhuanet.com/yuqing/2014 - 02/26/c - 126195669.htm)。
③ 杨军:《新农村建设的赣州模式:最大程度尊重农民意愿》,《南风窗》2006年3月2日。

理事会成员多是村中有威望的人士,他们与村民是乡里乡亲,比较了解农民的真实愿望和诉求,由他们出面与村民沟通与协商,比政府更易得到信任。如安徽长岭镇杨家老屋村民理事会成立6年以来,在新农村建设项目上平均每年向每户村民筹资8000元,村民几乎没有不交的。可见,改变以往"自上而下"的管理和供给模式,充分尊重人民群众的意愿,群众的事情让群众自己做主,往往会有事半功倍之效。

(三)"微自治"可使基层社区自治真正落到实处

以往的中国城乡社区自治所关注和解决的问题,往往都是村居民之中的"大事","微自治"则不同,它在强调大的原则和自治精神的前提下,更强调向更小的单元渗透,从而达到民主与自治的本义。如广东清远县有些山区的村庄,最多的一个行政村有77个村民小组,人口达到8000人,还有的行政村面积为50多平方公里,村庄半径为20公里。然而,一个村委会只有3人至7人,于是村民戏称:见村干部一面就像进城,更不要说办个证书之类的,难啊![①]显然,这样的差异和格局就需要改变原来的治理体系。成都锦江区原来的治理单元较大,社区规模达到2000户至3000户,常住人口为1万人至2万人,要实行全体居民的自治和有效管理是相当困难的。于是,锦江区根据院落分布情况、地缘关系和居民特点将院落进行划分,以更适当的单元进行自治。随着城市化进程的加快,厦门海沧区近年来外来人口剧增,2013年在该区45万人口中,外来流动人口增至近30万人。有的社区如兴旺社区,居民中90%是外来务工人员,辖区内还有各类企业6800多家,个体工商户1.2万多个,从而形成城市社区、"村改居"社区、农村社区及外来人口集中居住区并存的局面。如何凝聚和调动这些不同社区的力量共建家园成为当务之急。为此,海沧区探索和创新了"差异化"自治形式:一方面将农村社区的自治单元下移至自然村,另一方面在城市社区中突出院落自治的特色。这种根据社区实际和居

---

① 汤凯锋等:《清远:化解矛盾的乡村实验》,《南方日报》2014年4月15日。

民需求划分自治单元,由居民自行治理的方式,可使自治更深入、细致、到位、有效,这是以往的村居民自治很难达到的。

(四)"微自治"有助于村居民自治水平和能力的提高,使村居民自治得以深化

要实现治理的现代化,治理能力的现代化是基础和关键。在以往的村居民自治中,村居民自治水平和能力虽然逐步得到提高,但是也存在一些不容忽视的问题。如在村民自治选举中,尽管有的地方村民参与率很高,但"被选举"的情况普遍存在;在民主决策、管理和监督中,村民往往很难真正发挥自己的作用,尤其是很难对村委会进行有效监督,这也是农村腐败现象一直相当严重的根本原因。在城市社区自治中也是如此,作为政府职能的延伸,居委会往往对上派的行政事务应接不暇,很难开展自治活动,更不要说人民群众关心的诸多细枝末节。"微自治"则不同,它是在小单元内"自己管理自己"的"自治"。有人说:"民主要在大范围内取得成效,必须先在小范围内实行……他必须具有实际参加的经验,并亲自体会这样做确能使大家得到利益与满足。如缺乏直接自治的经验,间接形式所要求的那种气质决无机会发展。"[1] 而"微自治"即是如此:自己成为自己的主人,自己的事情自己办,以快乐和奉献之心去从事自己熟悉的事情,将人民群众的满意度作为工作成败的衡量标准。这种将工作重心下沉、方式细化、效率优化的自治模式,是对以往容易流于形式、难以落实的村居民自治模式的根本性超越。成都双流县红桥社区充分发挥小组议事会的作用,凸显了"微自治"的作用。议事员饶某表示:"以前都是党支部、村委会说了算,代民做主,即便是出于公心,掏心窝子地为群众办事,群众不一定会买账。现在通过议事会,实现群众的事群众说了算,真正做到还权于民、由民做主,群众满意了、社区也更加文明和谐了!"[2] 江西九江官

---

[1] [美]科恩:《论民主》,商务印书馆2004年版,第194页。
[2] 中共成都市委组织部编:《成都市基层治理机制典型案例集(一)》,2012年11月,第90页。

牌夹社区，于 2012 年建起了首家院落居民自治理事会，从开始的"被动接受"到后来的"主动融入"，院落自治使居民真正关心自己身边的人与事，成为提高自治能力和水平的加速器。有人真诚地表示："有了院落，我们就好像有了娘家一样，有什么事就首先找他们解决。"[①] 有了院落自治，社区工作不仅变得轻松，而且有利于通过院落议事会掌握小区居民的情况，更可以使人民群众大大提高自治能力与水平。

四 结语

在中国基层民主治理实践中，"微自治"不仅取得了初步成效，并且奠定和夯实了参与式治理的微观基础，其理论意义和价值不可忽视。

（一）有助于夯实参与式治理的微观基础

参与式治理是近些年颇为引人注目的民主自治理论，它注重的是沟通、协同、协商、互助、共赢等，从而形成多元互动的民主自治格局。不过，长期以来，在参与式治理实践中，对于参与主体及其构架大多停留在宏大的设计上，所以，尽管也强调公众参与，但更多仍是政府、自治组织、社会团体、学术机构等的精英式参与，普通民众很难参与其中，更不要说成为参与式治理的主体了。

在中国基层民主实践过程中，以村民小组、院落门栋和微小事物等形式进行的"微自治"，直接让广大人民群众成为自治主体，为参与式治理奠定了坚实的微观基础。因为只有高端设计与精英阶层形成的参与式治理，极容易远离民主自治的本质。在此，中国式"微自治"既为参与式治理提供了成功的实践范本，又是对参与式治理理论的进一步丰富和提升。"'参与式治理'就是倡导从那些与公民个人利益切身相关的微观领域入手，引

---

① 江慧：《居民唱主角，念好自治经——探访全市首家院落自治试点社区官牌夹社区》，《九江日报》2012 年 10 月 23 日。

入公民参与的实践,扎实地培育公民的政治认知和政治活动能力。"[①] 只有这样,参与式治理才能真正面向广大人民群众,找到智慧的源泉;才能解决百姓关切的现实问题,获得民众基础;才能使深奥的理论问题立于坚实的大地上,为其提升留下更广阔的空间。所以,"微自治"可以使参与式治理理论走出空泛的精英设计,真正关注民生,尤其是更贴近普通百姓的日常生活,从而赋予这一理论更加丰富、可靠和深刻的内涵。

(二) 有助于推动村居民自治的理论建设

中国村居民自治实践已形成富有中国特色的理论,但并不完善,一些方面还需要完善和发展。"微自治"实践在一定程度上可以提供可资借鉴的理论资源。从某种意义上说,村居民的"微自治"实践不仅突破了原来村居民组织法的有效空间,更在理论的广度、高度和深度上向前迈出了一大步。

一是进一步拓展了村居民自治的责、权、利的界限。在以往的村居民自治中,村居两委是主要的治理主体,治理边界基本上是以它们为中心而划定的,这就带来了治理方式的粗线条和单一化,无法覆盖非常广阔、丰富多彩的、复杂的城乡基层民主治理,尤其是难以进入广大民众的日常生活以及人民群众切实关心的实际问题。"微自治"改变了原来的村居民自治的边界,将自治的"单元"进一步下移,对村居委原来的责、权、利进行了收缩,使其主要集中在全面执行村代会或议事会决议等全局性、整体性的治理工作;细化了村居民自治的边界,由原来较为单一的粗线条变成细密的多元化界分。"微自治"的出现使村居民自治的边界和范畴变得更加细致、科学、有序。

二是丰富了村居民自治的概念。"微自治"在概念上使村居民自治若干概念实现了新的增殖。除了"微自治""小单元自治"外,院落自治、门栋自治、楼道自治等都是一些新概念,它们成为村居民自治的理论资源。通过这些新概念,既可更准确解释和命名发生于当下的村居民自治新变化,

---

① 王锡锌:《政府改革:从管理主义到参与式治理》,《中国改革》2011 年第 4 期。

也可为建构新的基层自治理论增加新元素，提升基层民主自治理论水平。

三是进一步深化了中国基层治理及其理论。长期以来，村居民自治如何真正成为自治主体，而不是被动地参与所谓自治，始终未能在实践和理论上得到解决。"微自治"则以实践方式较好地回答了村居民自治的重心、关键、目的、方式、逻辑和理论，即"赋权于民"，让广大人民群众针对自己关切的重要问题及身边琐事进行"自我管理"。而村居两委则针对村居自治的原则和重大问题，实行领导、指导、执行、协调和监督。

（三）有助于基层民主实践根植本土进行制度和理论创新

在中国基层民主自治尤其是在20世纪的民主选举中，基本遵从的是西方理论范式和价值观。这既加快了民主自治实践进程，又存在着照搬、套用的倾向，导致实践与理论脱节。因此，如何基于中国国情进行制度和理论创新，成为进入21世纪以来党和国家、地方政府以及学界的强烈诉求。习近平总书记指出，中国特色社会主义政治制度过去和现在一直生长在中国的社会土壤之中，未来要继续茁壮成长，也必须深深扎根于中国的社会土壤。"微自治"结合中国国情，将西方的民主自治理念进行了中国化的再造。一系列基于中国国情和基层实际的"微自治"实践，有助于基层民主治理以及中国化的自治理论建构，从而走出简单搬用和模仿西方理论的误区。

随着中国基层"微自治"实践的发展，需要注意以下几个方面的问题。

一是要用联系的眼光看"微自治"，避免自我封闭。"微自治"具有独立性、自主性和自足性，如无开放、包容的视野，"微自治"很难获得其增长点与发展活力。同时，"微自治"独立性的彰显和积极作用的进一步发挥，也离不开村居"两委"的作用，离不开党的领导，否则，"微自治"不但没有前途，反而还会走向基层民主治理的反面。以成都为例，加强党的领导和对社会组织的重视是其成功经验。因此，既注重发挥"微观自治"的优势，又要注重它与党和政府的紧密联系，这是未来中国基层民主自治的关键所在。

二是用发展的眼光看待"微自治",推动其良性发展。目前"微自治"实践的感性、个性层面的探索多于理性、普遍性的提升。没有富有典型性的"微自治"制度创新,就很难走向广阔与深远,也无法推广应用并具有更大的辐射力;同样,只有地方特色,但缺乏高度的理论概括力和可推广的典型性,就很难有进一步的理论创新和实践超越力度。因此,中国基层的"微自治"实践既需要有个性与特色,又需要有理论高度与普遍的典型性意义。

三是处理好治理中科学化与人性化的关系。以"人性化"理念来提升"微自治",可以在推进过程中避免机械和异化现象发生。在"微自治"实践中,强调规范化、细化和联动式管理是正确的,但也要注意不要走向过于烦琐的怪圈,尤其是要克服呆板、机械和异化的治理模式,这就需要处理好制度与人的关系。制度是为人服务的,在治理过程中,不能无视"人"的存在,更不能不顾人的主体性,因为"参与方法是建立在关注组织中人类行为的基础上的。或者从根本上说,个人在组织及政治生活中之所以能被激励,主要是出于'休戚与共'——参与的原因,而不是出于物质——如薪资和酬奖——的原因"。[①] 科学式管理要服务于人民群众自己管理自己,从而提升公民的素质和水平,实现治理的真正目的。

(作者单位:中国社会科学院政治学所)

(原载《政治学研究》2014 年第 5 期)

[①] [美] B. 盖伊·彼得斯:《政府未来的治理模式》,中国人民大学出版社 2001 年版,第 84 页。

中国的基层民主建设与政治建设和政治发展

郑 言

众所周知，在中国特色社会主义民主体系内，基层民主是参与主体最为广泛，涉及与群众利益关系最直接、最丰富的实践，是民主政治建设的基础性工作。依托于基层民主提供的实践平台，广大社会成员在基层民主的实践过程中习得必要的民主知识，增强了参与意识与能力，并潜移默化地改良和培育民主发展的生态环境，充分实现了人民当家作主的权利，体现了社会主义民主的本质和优越性。

一

自政治现象产生以来，政治建设与政治发展的价值选择均以政权的维系和巩固为依归。基层政权作为国家政权的根基，其巩固与否直接影响国家政权的巩固，可谓基础不牢地动山摇。20世纪以来世界范围内民主发展的历史充分证明，民主的健康发展需要国家政权的高效运转作为其政治基础。自改革开放以来，在基层社会治理的进步过程中，中国基层民主的发展对基层政权的巩固有积极的影响，主要表现为：

其一，基层民主的发展推动了基层政权的治理改革。20世纪70年代末，随着人民公社体制的解体，村民自治作为一种渗透着全新治理理念的新生事物在传统行政管理体制的土壤中破土而出，并逐渐发展为具备多样化实践形式和较为完备的法律制度保障体系的基层民主自治制度。这种将基层社会的治理权交还于基层社会本身的改革，是沿着一条与近代以来中国国家政权"内卷化"进程完全相反的路径展开的，它赋予了农村的基层党组织、基层自治组织以及广大基层群众管理与自己切身利益直接相关的事务管理权，同时也将上级基层政府从效率比较低的自上而下、事无巨细的管理体制中解放出来，得以集中更多的资源与精力处理全局性的发展议题。与农村地区的改革类似，中国城市基层民主发展过程，也推动了城市地区的基层行政管理机构重新认识自身"掌舵者"而非"划桨者"的职能定位，不再一味地将基层社会的治理当作行政机关的禁脔，而是以更加开放的心态营造出一种国家与社会协同治理的新模式。改革开放后，尤其是1998年以来，中国市级以下的行政机关撤并建制编制、减员增效的改革取得了很大成绩，使得管理行为的规范化、制度化、程序化、科学化、民主化水平不断得到提高，服务型政府建设工作也稳步推进。这些成就的取得，离不开基层民主政治发展所带来的基层社会自我管理能力的增强。

其二，基层民主的发展规范了基层政权的行政行为，改善了基层政权同社会与群众的关系。改革开放以来，中国各级基层政府按照法治政府的要求，推动着一系列规范行政行为的改革。比如，在行政处罚方面，普遍建立起处罚听证和罚缴分离制度，完善了行政执法监督；在行政许可方面，通过集中整改大幅减少了行政审批事项，改变了一度出现的滥设行政许可的状况；在信息公开方面，依托于2008年开始实行的《政府信息公开条例》，提高了各级政府行政行为的透明度水平；在完善公共服务职能方面，基层政府普遍地设立了行政服务中心，在便民、利民方面取得了一系列实效。值得注意的是，上述成绩的取得，与同时期基层民主政治的发展有着密不可分的联系。正是由于基层群众对政策过程的积极参与和对政府行为监督诉求的加强，才带来了基层政务公开化和诸如听证、质询等制度的建立完善。这些积极转变的必然结果，就是增进了政府与社会、政府与群众之间的互信互惠关系，通过实实在在的政府工作绩效改善了一度紧张的"官民关系",赢得了基层群众的理解支持,树立起基层政权的必要权威。

其三,基层民主的发展降低了基层政权的运行成本,提高了行政效能。中国基层民主的发展,不仅为解决政府与社会在管理格局中的定位问题提供了正确答案,而且完全突破了以往就机构改革谈机构改革思路的局限性,使得政府有可能在加强与社会的良性互动过程中有效地降低行政成本,提高行政效能。与此同时,还直接带动了责任制政府建设工程,而责任制政府建设的题中应有之义就是政府绩效的提高。时至今日,我们已经初步形成了与目标责任制相结合、与经济社会发展指标相结合、以督察验收重点工作为主、以加强机关效能建设为目标、以公众评议为主要方式等五种绩效评估模式。值得注意的是,考察推动上述改革的动因,不难发现,基层民主政治的发展对于促使"节支增效"内化为基层行政管理机构的"主动作为"产生了不可忽视的重要影响。就中国政治发展事业的全局看,基于改革增效、赢得社会支持的基层政权巩固同基层民主政治的发展应当是得到合理兼顾的目标,正如奥斯本所指出的那样,对于一个成熟稳定的现代社会来说,"一个有活力的、强大的和非常活跃的政府""一个能够治理和实行治理的政府"仍然是不可或缺的。而这种"强国家—强社会"合作共赢局面的形成,也只有依靠政府主动适应基层民主发展带来的基层治理格局的变迁趋势,更好地履行自身服务者的责任才可能真正实现。

二

政治稳定作为政治建设和政治发展的目标选择,历来是理论和实践工作者关注的重大问题。"二战"后,许多后发现代化国家照搬西方"民主化"模式,罔顾本国国情和人民对稳定的渴求,过于激进地推动民主在选举这类容易造成社会分裂的领域内孤军深入,结果往往是一方面动摇了政治共同体稳定发展的基础;另一方面则导致了民主本身的失败。改革开放以来,中国经济政治社会的发展已经进入了一个结构优化、深入调整的新的历史时期，伴随大量转型期社会矛盾和冲突的出现。如果我们能够合理地引导与处理这些矛盾冲突，可以将它对稳定大局的影响控制在一定的范围内，并发挥社会压力"安全阀"的作用。国内外工人阶级政党治国理政过程中积累的经验证明，一味地迷信自上而下的行政性强制手段，而罔顾广大人民群众的利益与感受，往往非但换不来社会的稳定和谐，反而可能导致矛盾冲突进一步积聚发酵，在表面上一潭死水下形成腐蚀工人阶级政权的基层根基的暗流，并最终颠覆整个社会秩序、破坏整个社会结构的重大危机。归根到底，维护稳定的目标是为了更好的发展，而更好的发展需要来自国家、社会与公民多方面的积极参与。基层民主的发展，通过调整三者的互动关系，特别是赋予社会和公民更大的自主空间，实现三者在以稳定求发展，以发展促稳定的根本利益上的高度统一，使社会的稳定和和谐成为水到渠成的事情。概括起来而言，中国基层民主发展对于实现政治稳定的积极影响主要表现为：

其一，基层民主有利于重塑维护政治稳定的主体结构。近年来，中国基层社会维稳状况的改善，很大程度上源于基层维稳主体结构的积极变迁。随着基层民主的发展，通过民主选举和社会自发产生的各种社会自治组织在社会管理活动中扮演着越发重要的角色，相应地带来了当前社会管理过程中行政化和管制化色彩的逐渐弱化。一方面，基层政府维稳主体更加明确了自身作为社会管理活动中规则制定者、矛盾协调者和仲裁者的身份，并清楚地意识到真正长久的稳定是要依靠经济社会发展的实效持久地维系的；另一方面，包括基层社区自治组织、业主委员会和慈善组织等在内的社会组织发挥着社会发展期矛盾"预警者"和"减压阀"的作用，并以组织化的形态将政府与社会结合起来。正是这两方面力量的良好互动协作，初步建立起目前以政府维稳主体为主导，多种社会维稳主体与之协同互补，因地制宜地整合各种维稳资源，有针对性地建立维稳机制，共创团结、稳定的政治局面的维稳主体结构。在促进维稳主体结构变迁的过程中，基层民主在确保政治稳定的前提下推动改革和发展，从根本上激发了社会自身的活力，使国家与社会共同建立起必然的联系。

其二，基层民主有利于提供必要的协商空间，促进矛盾冲突的缓和解决。改革开放带来了中国经济社会的飞速增长，同时也极大地改变了中国的社会结构和利益分配格局，使得变革社会中的一系列矛盾与冲突集中凸显出来。然而，一套合理完善的利益分配协调机制还未真正建立起来。由此必然导致以越发活跃的经济活动中出现的利益碰撞为核心的社会矛盾和冲突，构成对当前社会稳定的主要威胁因素。与此同时，某些尚未公平地享受改革开放和经济发展成果的群体和个人会产生一定的心理落差，激发出由不同动因驱动的群体性事件等严重破坏稳定大局的行为。面对这些问题，传统的主要依靠行政力量，并以解决政治敌对势力颠覆破坏活动为核心的维稳机制显然力不从心，这就需要通过大力发展基层民主，建立起社会内部的利益协调与矛盾化解机制，在可能萌生威胁的政治稳定因素的第一线筑起以社会为主力的坚固堤防。近年来，一些地方在维护社会稳定的过程中积极地引入了各种社会自治组织，同时还依托基层党员在这些组织活动中发挥主导作用，引导具有不同利益诉求的主体在社会协商框架内化解矛盾冲突。事实证明，这种将基层民主发展同社会治理改革统一起来的路径，在相当程度上适应于目前我国经济社会转型发展的需要，有利于有效地避免由经济动因引发的社会矛盾发展成为一种"结构性的、长期性危机"。

其三，基层民主的发展有利于使对稳定的需求内化为全社会的共识。改革开放以来基层民主的发展，不仅包含了民主选举的内容，而且还创造性地将协商民主机制作为实践创新的主要领域，这就在一定程度上抑制了由选举竞争所带来的对共同体团结的周期性压力，同时引入了更具建设性的利益协调等维稳机制。通过政府与社会之间的民主沟通，两者都得以更准确、更客观地评估对方的诉求，也更可能在协商中寻求共同利益的交汇，形成双赢的局面。同样，在多方主体协作处理各种社会矛盾冲突的过程中，包括矛盾主体各方在内的社会成员也会发现，稳定且具有权威的政治共同体的存在对于控制矛盾冲突烈度具有不可替代的重要作用。在此基础上，就有可能实现整个社会范围内对于稳定价值的共识。当前，社会利益的分化、社会结构的变迁和公民权利意识的增强已使中国客观上进入了一个"利益博弈时代"。从过去那种分配结构均平固定向多元化差异分配格局的过渡过程中必然伴随着一个利益碰撞和矛盾冲突大量增长的过程,从某种意义上而言,这是一种社会进步的表现,从一个侧面反映出各阶层、群体和公民个人权利意识和参与意识、参与能力的提高,而同时期基层民主政治的发展,则可以引导公民倾向于寻求体制内解决矛盾冲突的方法,从而将这种社会进步的积极意义最大限度地发挥出来。从中国改革发展的大局看,"没有稳定的环境,什么都搞不成,已经取得的成果也会失掉"。但要将这一认识转化为全社会的统一意志,仅仅依靠自上而下的宣讲还是远远不够的,基层民主的发展就为不同阶级、阶层、社会集团和个人在互动中自觉意识到"稳定压倒一切"原则的正确性创造了良好的条件。

三

"二战"后,以西方国家为代表的代议制自由民主的保守特性日益暴露,与民主以人民根本利益为皈依的原初价值渐行渐远,在片面鼓吹选举的"决定性价值"的同时,民主的参与内容则被有意无意地忽略了,用某些西方学者的话来概括,在当代西方民主实践中,"少数精英的参与才是关键,缺乏政治效能感的冷漠的、普通大众的不参与,被看作社会稳定的主要屏障"。这种舍弃了民主参与本质的民主形式显然与中国政治发展事业的初衷南辕北辙,因此,致力于使民主的发展惠及最广大人民群众的中国特色社会主义民主必然要在包括基层民主建设等民主实践领域中突出强调参与民主的意义。就不同性质的民主留给公民参与的空间而言,中国特色社会主义民主显然具有极大的质的优越性。

其一,广泛的基层民主实践,有利于提高普通公民的参与意识和参与能力,形成推动中国政治发展强劲的动力。考察中国基层民主政治发展历史进程可以发现,中国基层民主的发展历程同扩大公民民主参与的过程是高度统一的。在中国基层民主实践当中,无论在城乡社会、基层党组织,还是企事业单位的范围内，民主参与都是体现基层民主成就的最主要领域之一。就参与主体而言，中国基层民主中的参与主体涵盖了包括执政党、参政党、民主人士、各阶级阶层各民族、各人民团体和社会组织、各职业群体等在内的最广泛主体，充分体现了社会主义民主广泛性与平等性本质的高度统一。就参与内容而言，中国基层民主的参与不仅包含了对行政机关行政行为的合法性授权和民主监督内容，而且广泛涉及社会管理、公共服务和其他经济社会文化事务领域，这就体现出民主参与直接服务于解决与人民群众切身利益相关问题的本质属性。就参与形式而言，中国的基层民主政治的发展不仅得到了来自国家制度和法律保障的固有民主参与机制的支持，而且在实践过程中通过激发最广大人民群众的参与热情，创造出组织化参与与个体参与相结合、常态化参与与事务性参与相结合、实际行动参与与虚拟舆论参与相结合的众多创新参与形式。就参与效果而言，由于中国基层民主建设过程中公民参与始终围绕着巩固和完善社会主义民主制度的目标，始终强调服务于培育民主社会的合格公民、始终关注解决现实具体的政治经济发展问题，保证了中国公民参与的拓展，不仅有效地发挥了参与式民主"修补民主大厦，重新构建合法性"的基础性作用，而且切实地起到了弥补选举民主缺陷，与后者共同支撑起中国基层民主政治的大厦。基层民主发展相当程度上冲击了传统政治文化中的官本位因素，将责任制与服务型政府的理念引入行政机关及其工作人员的意识当中，改变以往政治文化中完全不对等的政治定位，使广大普通民众真实地感受到民主为自身带来的平等政治地位与实际政治权益。中国基层民主的发展还与中国基层社会法治事业的进步保持了高度的协调一致，这对于改变中国重人治、轻法治的政治文化传统无疑起到了相当重要的积极作用。民主法治建设的推进，不仅有效地规范了政府行为，而且也影响到所有社会成员的政治心理与行为习惯，使其在处理各种政治社会事务时更倾向于诉诸体制内的合法有序的表达和沟通渠道来反映自身的合理诉求。值得注意的是，基层民主发展所带来的社会主义民主理论实践体系的丰富成熟，也促使我们超越了西方中心主义和教条主义思维的局限，从而能够更加全面地分析中国传统政治文化，并结合时代的需求，从中发现有利于推动中国现代政治发展事业的资源。

其二，基层民主的发展过程也是一个克服公民参与道路上各种障碍挑战、培养合格公民的过程。在我国基层民主政治的发展过程中，民主主体的扩大与参与主体广泛性的实现是高度一致的，民主形式的创新也往往对应于参与渠道的拓展，而民主发展所带来的社会管理模式的变革，也显著地增强了公共管理事务的公开性与透明性，促进了参与规则、参与程序、参与形式的科学化、合理化改革，带动了行政管理与社会自治水平的共同提高。更为重要的是，深入人心的基层民主实践还起到了"强化政治效率感，弱化人们对于权力中心的疏离感，培养对集体问题的关注，并有助于形成一种积极的、具有知识并能够对政府事务有更敏锐的兴趣的公民"的作用。当然，从根本上说，中国基层民主参与发展道路上的最大障碍还在于缺少大量高素质的参与主体，而要弥补这一缺憾，就必须真正让所有公民享有参与民主政治的机会。纵观世界民主政治的发展，民主参与的价值从来都是不可低估的，特别是对于缺乏民主传统的后发现代化国家而言，参与实践的重要性有时候还要远远大于选举形式。不难发现，自改革开放以来，中国基层民主政治发展的创新领域主要在于参与。也正是这种参与空间的不断拓展与参与渠道的逐渐通畅，为从根本上逐步改变中国现阶段民主参与中缺乏高素质的参与主体的情况创造了条件，更为在确保政治社会稳定的前提下进一步拓展民主参与的广度与深度扫除了障碍。

其三，基层民主的建设过程是具有巨大潜力的良性循环过程。中国基层民主的发展，不仅解决了经济社会发展过程中出现的许多具体现实问题，而且更加有利于建立一套体现社会主义民主真实性的参与影响——反馈改进机制，使得公民的参与对政治经济社会事务产生了确实的影响力。例如，近年兴起的社会组织，就在中国经济社会的发展中承担了大量的服务性职能，将公共性精神注入了行政机关的改革当中，而由这些组织参与的包括旁听制度、听证制度等相关参与制度的逐步建立完善，以及媒体与公共舆论对政府行为和政策过程进行的监督等，都清晰地显现出一条由不断拓展通畅的参与渠道、丰富的参与形式和真实的参与实效构成的完整民主参与的逻辑链条。更为可贵的是，当前中国基层民主的发展，一方面引导和鼓励了广大公民更多地采用体制内有序参与的形式拓展民主参与、提高参与能力；另一方面也促使政府更主动地在政策运行过程中保持与社会和群众的良好互动，避免那种维稳压力下被动改进模式的弊端。总而言之，中国的基层民主之所以能成为当代中国最具有活力的民主实践领域，与其所实现的目标、内容、形式和效果四者的高度统一是分不开的。

（作者单位：中国社会科学院）

（原载《新视野》2013年第1期）

网络民主的价值分析

贾可卿

20世纪末以来,随着信息技术的发展,互联网的影响力迅猛增长,令整个世界在经济、政治、文化等各个领域发生了并仍在发生着深刻的变化。网络科技与民主理念的结合,诞生了网络民主这一现代化的民主模式。

一 网络民主的理论价值

所谓"网络民主",是指以网络信息技术为媒介和平台,以公民直接参与为特征和趋向的民主模式。网络民主之所以区别于传统民主,主要是由互联网的特点所决定的。归结起来,网络至少带给民主如下三方面的新特点:民主参与方式的无界性(普遍性)、直接性、迅即性、交互性;民主参与成本的低廉性(源于时间、交通等费用的节省);民主参与主体的匿名性、平等性、自由性。网络民主的出现为民主理论的发展提供了新的路向和可能。

(一) 超越代议民主

网络民主作为一种政治参与的新形式,其无界性、迅即性、低成本性带来了对传统代议制民主的超越。民主的本意是人民当家作主。人民为了实现自己的利益,最理想的情况是自己参与,直接作主。比如,古代城邦国家雅典的民主就是一种直接的公民参与模式。但是,这种直接参与受到国家规模和人口数量的极大限制。在空间意义上的触及，乃是参与式民主发挥作用的先决条件。但在一个人口众多、地域广阔的现代国家，如果人们都来进行直接的政治参与，则很难有一个同时满足所有人需求的活动空间，而且时间、交通等参与成本也非常高。在这种情况下，人们只好由选出的代表代其作主，进行有关其利益的政治决策，于是形成了代议民主制。代议民主制虽然解决了国家规模和人口数量对于民主的制约问题，但是这种间接民主具有内在的缺陷：它主要表现为定期的选举投票，而对于选举之外的政治过程缺乏监控机制，只是一种不得已的、最低限度的公民参与。卢梭甚至批评说在这种代议制中，人们只有在选举时才是自由的，选举之后人们又会回到奴隶的状态。此言虽然极端，但点出了代议制的要害。由于人们感到代议制民主并不能保证自己的意愿进入政治决策过程，因而很多民主国家出现了普遍的政治冷漠与低程度的政治参与的情形。

在检讨、反思传统民主形式的基础上，帕特曼、麦克弗森等人提出了参与民主模式，认为真正的民主应当保证所有公民直接地、充分地参与公共事务的决策，从政策议程的设定到政策的执行，都应该有公民的参与。托夫勒、奈斯比特等未来学家也对民主提出预测，主张凡生活受到某项决策影响的人，都应该参与那些决策的制定过程；如果议会制定的法律不能适应选民的需要，那就由选民自己动手来制定法律。

参与式民主理论于20世纪70年代兴起后，在很长时期内还只是一种无法实践的理想，其原因就在于"屋子装不下"的问题难以解决。然而，互联网的出现突破了传统民主在地理位置上的局限，也解决了时间、交通等参与成本过高的问题，从而使这一过去的难题不再成为问题。有了网络的平台，马克思、恩格斯在《共产党宣言》中的如下预言似乎已变为现实："过去那种地方的和民族的自给自足和闭关自守状态，被各民族的各方面的互相往来和各方面的互相依赖所代替了。物质的生产如此，精神的生产也是如此。各民族的精神产品成了公共的财产。"[①] 通过网络，民主将

[①] 《马克思恩格斯文集》第2卷，人民出版社2009年版，第35页。

不再局限于公民选出的代表,而是日益表现为全体公民自身的直接参与。

(二)奠基协商民主

互联网是一个普遍交往的、自由开放的数字平台。从理论上讲,每个人、每种文化都可以在这种平台之上自由展现。每一个网络终端在形式上都是平等的,权力和阶层在网络空间里失去了原有的价值。网络的数字性、虚拟性以及由此而来的平等性、自由性,在很大程度上满足了一些理论家关于社会正义和民主实现的前提要求,比如罗尔斯关于"无知之幕"遮掩下的原初状态的逻辑假定以及哈贝马斯关于协商民主的理想条件。

哈贝马斯认为,现代民主不必也不应该依靠旧式的社会契约理论来求得,更无须用一种人为的幕布来遮盖各自道德观点的差异,而完全可以依靠公共交谈基础上所达成的公共理性来保证。其中的关键就在于建立理想的公共论坛,创建能够为利益各方所理解的语言平台和语境。在平等、自由、包容的讨论沟通机制的基础上,各个社会阶层都有渠道来反映自己的利益、需求和偏好,通过反复磋商和讨论,最后可能达成某种程度的正义共识。公民在协商过程中分享彼此的观点,分析产生分歧的原因,不断修正自己的认识,有助于化解相互之间的矛盾,改善决策的品质,促进社会的稳定与和谐。

从一定意义上来看,互联网基本满足了哈贝马斯关于理想沟通情境的要求。具有匿名性特征的网络为人们提供了一个"去中心化"的空间,提供了超越不同社会背景和从属关系从而能够真实表达自我的平台,曾经由精英阶层所掌握的话语权在很大程度上被下放、分散到普通网民手中。网络的匿名性实际上产生了类似于罗尔斯所谓"无知之幕"的作用。虽然哈贝马斯认为严格的"无知之幕"的遮挡并不必要,但正是有了这种匿名性的网络,真正平等、自由的协商才更易于实现。在网络"隐身衣"的保护下,人们能够脱离现实束缚,在虚拟的平等、自由状态下,在互联网公共论坛中表达和分享自己的观点,就共同关心的话题畅所欲言,进行无拘束的交流。这种直接的、平等的、自由的参与使普通民众真正有了话语权被尊重的感觉。借助于公民在各种网络论坛中的对话、讨论和争辩，社会普遍关心的公共问题和焦点利益诉求将会逐渐清晰并凸显出来。

二 网络民主的实践价值

价值是某一事物所能产生的作用或功能，是事物对人的需求予以满足的特性。网络民主作为当代民主发展的一种新形式和新趋势，不仅具有独特的理论价值，而且在公众意愿汇集、公共事务管理、公共权力监督、公民权益维护等实践方面发挥着重要的功能。

（一）民意的网络表达

在民意表达方面，网络有着其他媒体所不具备的特殊优势。首先，借助计算机网络，普通民众均有机会了解各种各样的重大问题，直接参与对这些问题的决策而不需要依赖代表，从而极大地减少了信息衰减并避免了意愿扭曲。精英主义民主观或所谓的"寡头统治铁律"受到了前所未有的冲击。其次，网络帮助公民实现了身份的匿名性转化，摆脱了社会角色身份的限制，使人们被认出的概率变得非常小。由于消除了对报复的恐惧，从而有可能真正实现"知无不言，言无不尽"。最后，网络传播可以迅速聚集民意，打破公民个人"人微言轻"的局面，使网络民意具有广泛的代表性和公共性。今天的互联网已从一种资讯传播载体演变为民意表达、民智汇集、民声互动的重要平台。网民通过各种论坛、微博等对时事热点的讨论此伏彼起，争鸣激荡，在很大程度上影响了社会舆论的发展方向。政府也努力顺应网络时代的潮流，比如每年"两会"时都会通过互联网进行实时播报，重要的法律草案都会在中国人大网公布并征集公众意见，并在中央政府网站设立意见征集系统等。网络意见表达已成为中国公民参与公共生活的最主要途径之一。

当代中国的民主是"由民作主"与"为民作主"的结合，既包括人民群众进行直接的、普遍的正向政治参与，也包括管理者、决策者主动深入公众中调研和征询意见的逆向政治参与（或称"群众路线"）。只有基于公众参与和民主共识而制定的方针、政策才更具有合理性和可行性，其实施的成本和难度才会降低。因为公众更愿意接受那些经过公开辩论、代表了普遍性利益而不是秘密出台且仅反映特定人利益的政策，更愿意接受自主制定的而不是被强制遵守的政策。徒具民主形式却无民主内容，甚至完全没有公众参与的政治决策貌似统一、高效，但这必然会导致社会的自组织能力变差，产生各种非法活动的隐患，损害政治合法性的基础，从而埋下政体崩溃的祸根。就吸纳民意而言，上下通达的双轨民主形式相对于单一的民主参与要合理得多，而网络则可能使政治参与的这两条路径结合起来实现前所未有的充分表达和高效运行。只要能够真正把民意吸收进政策决议过程，多党竞争就不是中国政治的必要选项。

（二）政务的网络公开

在民意得到表达和获取之后，是否能够被吸收进政策决议过程，是否能够通过政府机构的行动成为现实呢？公众要了解这一点，必须借助于政府公务的公开，即所谓知情权。阳光是最好的防腐剂。要确保权力正确行使，必须让权力在阳光下运行。为跟上网络时代的步伐，政府正在加速实现"电子化"，即利用网络技术建立数字化的政府信息系统。其中一个最基本的内容即实行"网络公开"，也就是将政府机关的有关信息——政府机关的办公地点及其各机构的职权范围、活动程序和方式等——放到网络上，供社会成员了解和使用。每个公民都有知晓政务内容的平等权利，任何国家机关的职权都应当基于法律的明确规定而公开，并严格按照法律明确规定的程序、方式去行使。除法律规定的特别情形外，国家机关制定的法规、规章、命令、政策及其说明和解释也应向公众公开。公开应是一般情况，不公开则是例外。国家机关不能以任何方式强迫公民服从尚未公布的规章制度，任何人的合法权益也不应受非公开的规范性文件的影响。

自1999年启动政府上网工程之后，中国政府政务信息的公开程度迅速提升。由工业和信息化部中国软件评测中心、人民网等共同发布的2012年中国政府网站绩效评估报告显示，中央和省级政府网站普及率达到100%，地、市级达到99%以上，区、县级超过85%[①]。这些数据表明，网站已经成为政府信息公开的重要窗口。虽然很多政府网站存在更新周期过长、服务意识欠缺、对网民意见缺少反馈、互动渠道不畅等问题，但正确的方向已经择出。公开是公正的前提，而暗箱操作则是中国传统人治政治的痼疾。在现代社会，只有实行重要政务信息的及时、充分公开，摆脱"民可使由之，不可使知之"的专制套路，才能让民众感到自己的主人翁地位，激发其参与国家治理的能动性，从而才能避免王朝周期更替的死结。

（三）权力的网络监督

公民通过表达权说出了自己的意愿，也通过知情权了解了政府机构的作为。但在权力缺乏有效制约的条件下，一些政府部门可能出于利益考虑，对民众的要求漠然处之甚至变本加厉。在现实中，如果政府将公民的意见搁置起来，一般人很难长久地进行呼吁和要求，即便坚持这样做成本也会非常高。而网络作为一种新媒体，集中体现了"第四种权力"的力量。由于网络的结构特点，信息的可控性日益衰微。如果政府对网络上公众关注的问题不予理睬，网民的愤怒很容易汇集为各大论坛热点，并通过不断转发形成联合的、持久的舆论压力，迫使政府最终不得不重视公民意见——如果执政者懂得民意重要性的话。在现实权力监督乏力甚至无力的情况下，网络使公众真正开始拥有了监督、制约乃至改变权力的力量。一个官员在现实中可能习惯于讲官话、套话、大话、空话，无论他讲得多长、多烂、多没道理，台下听众也可能鼓掌叫好——每次讲话都被数十次掌声打断的齐奥赛斯库或许是一个最生动的注脚。而网络上的话语权是平等的，每个人只能依靠事实和逻辑的力量去说服别人。这样的语境压力逼迫官员必须学会用平等讨论的姿态发言。如果一个官员将现实中的官本位复制到网络，只会得到漫天的板砖和口水。网络中只有公众的圆桌会，没有官员的主

---

① 《人民日报》2013年1月16日。

席台。

　　人们体会更深的，是网络舆论监督已成为反腐败的主阵地。网络反腐之所以极具震慑性，首先，在于网络的传播速度之快与传播范围之广，可在瞬间让腐败案件曝光于天下。腐败分子可能不怕信访和上访，但十分害怕被网络举报。网络的公开透明性使得被举报人不便于隐蔽或逃遁，其同谋者也不便于袒护。其次，网络的匿名性保护了举报人的人身安全，极大地扩展了反腐力量的来源，不少信息就是来自腐败分子身边的知情人士。在近年发生的很多事件如孙志刚案、瓮安事件、三聚氰胺奶粉事件以及一些官场腐败案中，网络舆论都发挥了极其重要的作用。当传统媒体步履维艰，甚至在某些事件上无能为力、无法作为的时候，公众总能借助网络媒体挺身而出，给予事件中的受害者强大的道义支持，成为制约公共权力滥用的强大力量。事实表明：互联网已经成为当今时代最具社会公器品格的媒体平台。

（四）权利的网络救济

　　监督权力本身不是目的，它的目的是为了保护公民权利。国家公职人员的权力是人民的委托之权，应以保障公民权利实现、保障人民当家作主为目的。当公民的合法权利受到侵害时，应保证其通过一定渠道获得权利的救济，如司法程序、信访程序等。然而，现实中的渠道往往淤堵不畅或相互冲突，造成公民权利被侵害的现象难以得到矫正。比如信访、上访本质上是人民群众寻求在更高一级领导干预下解决问题，是一种权力上、下级之间的制约，而不是人民依靠自身的权利进行制约。这种做法很容易遇到截访甚至打击报复，难以解决当事人的具体问题，而且干扰了司法的正常运行。在无法通过正常渠道解决矛盾的情况下，人们势必会寻求制度外的利益表达和求助渠道。有的公民可能会转向请愿、游行等非常态的政治参与形式，有的甚至会采取暴力恐怖行动。2008年杨佳在多次上访无效并受辱后采取的袭警杀人行为就是非常典型的极端表现。在既定权力结构及其运转模式短期内无法改变的前提下，当事人如果尝试运用网络的力量表达维权诉求，或许有关部门会在短时间内解决其问题，就不会出现现实中那样沉痛的悲剧。

网络维权比信访维权方便得多，有效得多，成本也低得多。中国网络维权出现的萌芽和标志，应是发生于2003年的"孙志刚事件"。当年3月，刚到广州工作、尚未办理暂住证的孙志刚在某收容所被殴打致死。此后几个月内，天涯社区、新浪网等各大网站论坛对此事展开了激烈讨论，形成了强大的民意共识和舆论风暴。三位法学博士以普通公民身份向全国人大常委会提出审查《城市流浪乞讨人员收容遣送办法》是否违宪的建议。2003年6月，温家宝总理签署国务院第381号令，发布《城市生活无着的流浪乞讨人员救助管理办法》，并同时废止1982年5月的《城市流浪乞讨人员收容遣送办法》。虽然付出了沉重的代价，但"孙志刚事件"最终得到较为妥善的解决，平息了沸腾的民怨，显示了网络维权的力量。此后，各式各样的网络维权层出不穷，有个体性的权利维护，也有公益性的维权活动。很多知名人士与普通民众迅速参与进来，使网络成为中国维权斗争的主战场之一。

三 批评与辨正

互联网技术将中国的民主建设快速推进到大众参与阶段，缩短了民主转型的历史进程。伴随着网络的普及和网络民主的发展，一些负面的议论也随之而生，比如网络可能导致人为控制和信息失真、群体极化和多数暴政、贫富分化和信息鸿沟等，这令网络民主或多或少地蒙上了阴影。然而，这些负面评价的真理性究竟几何，还需进行全面而具体的分析。

（一）网络民主与技术控制

有一种看法是：网络可能带来技术专制主义。首先是技术人员的控制。计算机是由程序支配的，而这些程序往往由多个程序编制人员和研究人员完成，出现错误或漏洞在所难免。倘若人类将决策交给这样的机器来完成，当计算机系统出错时，可能会得出让人难以置信的结果。出现这种情况的概率非常小，但毕竟存在。其次是网络公司的控制。网络公司控制着传播信息的技术架构，出于政治控制、商业交易、利益输送等目的，可能会丧失道德底线，对公众知情权构成损害。比如搜索引擎公司可以按照特定标准设计"算法"，对网络信息进行排序，或者干脆屏蔽和删除某些信息。最后是国家的控制。由于网络技术具有高度的公共性，国家对网络技术具有最终控制权。公民个人和社会团体虽然可以在网络上自由地发表言论，但这终究只是在国家控制的网络空间发表言论的权利，国家可以通过封锁网站、过滤网络信息等方式，消除不利于政治统治的舆论。

的确，通过技术控制舆论在理论上存在，在实际中也时常出现。但情况并非普遍如此，更非必然如此。技术发展本身也会成为消除技术控制的力量。比如，有人认为中国人大网征求的网民意见受到干扰和控制，不能代表现实中的纳税人。但了解全国人大法律草案征求意见系统的人都知道，对这一系统进行灌水或技术干扰几无可能。相对于其他媒体平台，网络上的舆论是最难控制的，即便实施干扰和控制也只能是相对的、暂时的。可以一时控制，无法长期控制；可以控制一隅，难以控制全网。有关部门的网络控制很容易被网络本身曝光并被网民唾骂，从而形成抑制网络控制的力量。在网络多元化的条件下，一些被封锁的意见很容易发表到相对友好、宽容的其他网络平台中，从而使封锁实际失效。可见，具有"双刃"功能的网络技术并不天然与民主为敌。

（二）网络民主与数字鸿沟

"数字鸿沟"（Digital Divide）又称信息鸿沟，意指信息富有者与信息贫困者之间的巨大差距。这一假说认为，那些社会经济地位越高、社会知识越丰富的用户越有可能参与互联网的活动，能比地位低者更快、更多地获得信息。大众媒介传送的信息越多，两者之间的知识鸿沟也就越加扩大。在莫斯卡、帕累托、熊彼特等精英民主论者看来，也许这是不可避免的正常现象，他们认为掌握话语权的永远只能是少数政治、经济和文化精英。网络参与的现实似乎也印证了这一点。比如在微博中,各种认证的企业家、官员、明星、作家、学者、律师、企业机构凭借现实影响力和网站的操控而迅速成为意见领袖,是微博中信息量最大、发言最多、最具影响力的活跃分子,而普通民众则往往是沉默的大多数,是各界名人的跟随者,是信息的接收者。网络信息与网络参与的不平等,很可能会加剧现实资源分配的不平等。因为在现代科技时代,信息就是财富。这种"数字鸿沟"不仅在中国存在,在西方科技发达国家也普遍存在。它不仅存在于一个国家内部,也存在于国家与国家之间。

然而,这种说法或许有些夸大其词了。即便同意"数字鸿沟"的存在,我们至少可以说网络科技的应用是符合"帕累托优化"原则的。也就是说,在网络的条件下,大家的信息总量都增加了,从中获得的利益也都增加了,虽然有人的增加量大,有人的增加量小。对于由此产生的信息分化乃至贫富分化,完全可以通过二次分配和社会保障体系的健全而得以解决。而且,所谓"数字鸿沟"可能只是一个暂时现象,它将随着科技的发展、普及而逐渐缩小、消逝。实际上,网络空间的信息分布是均衡的,信息传播是广泛的,这使更多人拥有了平等发展的机会。例如,正是由于网络技术的存在,才使遥远山村的孩子获得与大城市的孩子大致相同的知识,从而尽可能获得同等的人生起点。网络总体上促进了信息的平等,而非不平等。它使民主成为可能,而非不可能。应当通过网络科技的进步解决数字鸿沟的问题,推动网络民主的发展,而不是因噎废食,惧溺自沉。参照中国互联网络管理中心的数据,截至 2014 年 6 月,中国网民规模达 6.32 亿人,互联网普及率达到 46.9%[①]。随着 3G 乃至 4G 技术普及,移动网络广泛使用,网络促进信息平等的功能会更加明显。

(三) 网络民主与群体极化

与精英民主论相反的一种论断,是所谓网络可能导致群体极化和多数

[①] 中国互联网络信息中心:《第 34 次中国互联网络发展状况统计报告》(http://www.cnnic.net.cn/gywm/xwzx/rdxw/2014/201407/t20140721_47439.htm)。

暴政。美国法哲学家孙斯坦提出的"群体极化"（Group Polarization）概念，是指在网络传播领域里，持有近似观点的人们更愿意进行沟通讨论，并促使彼此朝既有的偏向持续移动，最后形成极端的、排他的群体性观点。网络公共论坛虽然是多样化的，但人们总是倾向于选择与自己观点一致的论坛并加入其中。长期浸染的结果，就是使网民强化了对自己观点的固守乃至极端化。正因为这种现象的存在，有人认为，时常席卷网络的舆论洪流不一定代表真相，也未必彰显公平与正义。比如在"药家鑫杀人案"中，其杀人事实无疑是确凿的，但一些有意无意的谣言误导网民，把药家鑫捏造为官二代、富二代，使得案件演化为官民之间的对立、富人和穷人的对立，专家的学理分析也被认为是替权势阶层代言，从而形成了群情激愤、喧嚣谩骂的网络舆论场景。这种话语暴力对司法独立造成了极大的压力，加深了社会本就存在的裂痕。再如，时下所谓"五毛党"和"美分党"之间的攻击、"法治"与"专政"主张者之间的敌视，也是所谓群体极化的表现。这一现象使真正需要重视的理论问题以及需要解决的具体问题被忽视和搁置了。

不过，"群体极化"现象也并非那么可怕。由于人们的生活阅历、知识背景等各不相同，对于同一个问题总会存在不同的看法。当然，具有相同观点的人的确容易形成一个团体，也会形成某种极端的观点或行为。但是，毕竟不同的意见团体是同时存在的，社会可以听到不同的声音。竞争性思想的并存、争鸣是真理显现所必需的条件，即便是群体极化的多种观点并存，也要比只允许一种观点存在的思想专制好得多。药家鑫案之所以非理性发酵，并非因为网络舆论非理性和所谓的群体极化，而是因为信息不公开、不透明。群体极化不过是信息不透明的结果。假如政府部门重视公众要求，解答网民疑问，自然就会消解人们的极端情绪。此外还要看到，群体极化在某些时候具有强化民众监督力量的正面价值。在很多官员腐败案中，正是由于群体极化形成的强大网络舆论压力，才迫使政府最终依法作出公正处理。尽管一些悲观主义者担心政治参与失控会导致无政府主义甚至社会动乱，但到今天为止，这些情况并未有任何出现的迹象，恰恰相反，网络民主很好地起到了社会"安全阀"的作用。

(四) 网络民主与意识形态

随着网络的普及，越来越多的民众习惯于在网上表达自己的观点，"百花齐放，百家争鸣"的思想画面空前充分地展现出来。意识形态多元化是网络科技发展的必然结果，是人类走向世界历史过程中剧烈碰撞的必然反应。与中国相比，西方国家无论在经济实力上还是在技术条件上都占有优势。众所周知，全球顶级服务器只有13台，其中10台在美国；互联网上90%的信息是英语信息，中文信息仅占1%左右。凭借对技术和话语的垄断，西方发达国家大量宣传其价值观念、政治制度、生活方式，对一些发展中国家的意识形态造成了强烈冲击。难怪美国学者查德威克称互联网已成为"西方价值观出口到全世界的终端工具"[①]。但是，任何一个国家的主流意识形态都负有凝聚人心和维护统一的责任，特别是对于后发展的、处于现代化过程中的国家而言更是如此。因此，网络时代意识形态的民主化、多元化与一个国家的主流意识形态所要求的统一性可能形成矛盾。

然而，这种矛盾和冲突不能被认为是必然的、敌对的、你死我活的。正是由于不同国家、不同文化、不同阶层、不同地域、不同职业、不同经历的人发出不同的声音，才为一个国家的执政党汇集世界智慧、凝聚社会共识、制定执政方略、择取治理良策提供了丰富的思想资源。一些网民的言辞可能比较激烈，但往往是出于对国家发展过程中某些社会问题的关心，而未必是受西方敌对势力操控的反政府、反国家行为。对于网络舆论，"禁"与"堵"只是下策，最好的办法是尊重群众、相信群众、重在疏导。正如习近平所说："对中国共产党而言，要容得下尖锐批评。[②]"此外，互联网毕竟只是意识形态传播的工具，而不等于意识形态本身。如果主流意识形态的传播不尽如人意，那么，所应检讨的绝不止于网络管理这一方面。更需要反思的，是意识形态的内容本身是否具有充分的解释力，是否符合

---

① [美] 安德鲁·查德威克:《互联网政治学：国家、公民与新传播技术》，任孟山译，华夏出版社2010年版，第35页。
② 《习近平同党外人士共迎新春》，新华网，2013年2月7日。

时代发展的需要,是否符合人民利益的需要。在网络这样一个多元化的平台之上,各种思想观点并存、争鸣并相互影响,有助于主流意识形态更趋理性化,有助于最大限度地凝聚社会共识。具有丰富多样性的网络带来的不是意识形态的危机,而是意识形态的契机。

(作者单位:中国社会科学院马克思主义研究院)

(原载《兰州学刊》2015年第4期)